Alfred Pritz

# Kurzgruppenpsychotherapie

Struktur, Verlauf und Effektivität
von autogenem Training, progressiver Muskelentspannung
und analytisch fundierter Kurzgruppenpsychotherapie

Mit 26 Abbildungen und 32 Tabellen

Springer-Verlag Berlin Heidelberg New York
London Paris Tokyo Hong Kong Barcelona

Dr. Alfred Pritz
Krieglergasse 11/5
A-1030 Wien

ISBN 3-540-52266-2 Springer-Verlag Berlin Heidelberg New York
ISBN 0-387-52266-2 Springer-Verlag New York Berlin Heidelberg

CIP-Titelaufnahme der Deutschen Bibliothek
Pritz, Alfred:
Kurzgruppenpsychotherapie: Struktur, Verlauf und Effektivität von autogenem Training, progressiver Muskelentspannung und analytisch fundierter Kurzgruppenpsychotherapie/Alfred Pritz. – Berlin; Heidelberg; New York; London; Paris; Tokyo; Hong Kong; Barcelona: Springer, 1990.
ISBN 3-540-52266-2 (Berlin ....)
ISBN 0-387-52266-2 (New York ...)

Dieses Werk ist urheberrechtlich geschützt. Die dadurch begründeten Rechte, insbesondere die der Übersetzung, des Nachdrucks, des Vortrags, der Entnahme von Abbildungen und Tabellen, der Funksendung, der Mikroverfilmung oder der Vervielfältigung auf anderen Wegen und der Speicherung in Datenverarbeitungsanlagen, bleiben, auch bei nur auszugsweiser Verwertung, vorbehalten. Eine Vervielfältigung dieses Werkes oder von Teilen dieses Werkes ist auch im Einzelfall nur in den Grenzen der gesetzlichen Bestimmungen des Urheberrechtsgesetzes der Bundesrepublik Deutschland vom 9. September 1965 in der jeweils geltenden Fassung zulässig. Sie ist grundsätzlich vergütungspflichtig. Zuwiderhandlungen unterliegen den Strafbestimmungen des Urheberrechtsgesetzes.

© Springer-Verlag Berlin Heidelberg 1990
Printed in Germany

Die Wiedergabe von Gebrauchsnamen, Handelsnamen, Warenbezeichnungen usw. in diesem Werk berechtigt auch ohne besondere Kennzeichnung nicht zu der Annahme, daß solche Namen im Sinne der Warenzeichen- und Markenschutz-Gesetzgebung als frei zu betrachten wären und daher von jedermann benutzt werden dürften.

Produkthaftung: Für Angaben über Dosierungsanweisungen und Applikationsformen kann vom Verlag keine Gewähr übernommen werden. Derartige Angaben müssen vom jeweiligen Anwender im Einzelfall anhand anderer Literaturstellen auf ihre Richtigkeit überprüft werden.

Satz: K+V Fotosatz GmbH, Beerfelden
2119/3140(3011)-543210 – Gedruckt auf säurefreiem Papier

# Danksagung

Dieses Forschungsunternehmen hat vielen Menschen sein Entstehen und Gedeihen zu verdanken.

An erster Stelle stehen die beteiligten Patienten, die mit großer Geduld und Verständnis die umfangreichen Tests absolviert haben. Sie namentlich zu nennen verbietet die Schweigepflicht; ich danke ihnen sehr.

Prof. U. Baumann und Frau Prof. B. Rollett sowie Prof. B. Dies und Dr. S. Budman haben mir bei der Konzeption des Projekts „Pate" gestanden und mir wichtige Hinweise in forschungsmethodologischer Hinsicht gegeben.

Frau Mag. E. Kraxberger und Frau Mag. D. Baumann trugen die Hauptlast der Datenerhebung und waren bis zum Schluß engagierte Mitarbeiter. Herrn W. Schmetterer und Herrn Dr. F. Uhl danke ich für die statistische Beratung.

Frau Mag. A. Weghaupt und Frau Dr. C. Kölbl haben durch die Arbeit an wissenschaftlichen Subprojekten eine Reihe von zusätzlichen Fragestellungen beleuchten können. Frau Dr. U. Panagl erstellte eine Datenbankstruktur, die in der Folge sehr hilfreich war.

Daß eine solche Untersuchung in diesem Umfang im Rahmen einer Gebietskrankenkassenambulanz durchgeführt werden konnte, verdanke ich zunächst dem damaligen Chefarzt Dr. P. Bolen und im weiteren den Kollegen der Ambulanz, insbesondere Frau Dr. Ch. Fritsche, Frau Dr. H. Weise und Herrn Dr. F. Huber sowie den engagierten Krankenschwestern Frau G. Pauer und Frau E. König.

Frau R. Leitgeb hat zusammen mit Frau M. Knirsch in bewundernswerter Geduld und Zähigkeit das Manuskript erstellt.

Der finanziellen Unterstützung der „Österreichischen Forschungsgemeinschaft" in der Anfangsphase und des „Fonds zur Förderung der wissenschaftlichen Forschung" in der Hauptphase des Projekts ist es zu verdanken, daß ausreichende Mittel zur Verfügung standen, um den Arbeits- und Materialaufwand abzudecken.

Schließlich will ich mich noch bei meiner Frau bedanken, die viel Verständnis für meine Abwesenheit aufzubringen vermochte.

# Vorwort

Mit der vorliegenden Studie zur Kurzgruppentherapie soll zu zwei wichtigen Fragen der Psychotherapieforschung beigetragen werden. Einmal gilt es zu klären, inwieweit Kurzgruppentherapien nachweisliche Veränderungen in Personen hervorrufen können oder nicht, zum anderen soll die Studie ein Beitrag zur Verbesserung des psychotherapeutischen Angebots für die Bevölkerung sein. Psychotherapie ist bis heute nach wie vor ein Gut, das oberen Schichten der Bevölkerung zugutekommt, während weniger bemittelte Schichten kaum Zugang dazu haben. Kurzgruppen sind zwar keine Lösung dieses Problems, können aber doch einen wichtigen Baustein in der Gesundheitsfürsorge bilden. Tatsächlich gibt es in den Industrieländern eine Tendenz, derartige psychische Heilverfahren in größerem Umfang einzusetzen. Derzeit finden sich Kurzgruppentherapien vorwiegend in öffentlichen Institutionen, infolge der Weiterentwicklung von Theorie und Technik sollten aber diese Methoden auch in den niedergelassenen Praxen immer mehr Verwendung finden, sofern klare Indikationen, Prozeßabläufe und Effekte aufgezeigt werden können.
Im 1. Abschnitt der Arbeit wird versucht, den derzeitigen Wissensstand zur Kurzgruppentherapie darzustellen. Neben der Einführung in die Problematik der Entwicklung von psychotherapeutischen Konzepten soll hier auch all denen eine Orientierungshilfe geboten werden, die sich im Rahmen ihrer praktischen therapeutischen Tätigkeit in Zukunft mit Kurzgruppentherapien beschäftigen wollen. Die Orientierung erfolgte nicht an einem starren theoretischen Modell, sondern es wurde versucht, der tatsächlichen Wirklichkeit von angewandten Kurzgruppentherapien mit ihrem jeweiligen theoretischen Hintergrund gerecht zu werden und die Diskussion um das Dogma der „wahren" Psychotherapie in den Hintergrund zu stellen. Zu Hilfe wurden dabei Ergebnisse aus der vergleichenden Psychotherapieforschung genommen, welche zur Einordnung der eigenen wie der fremden Positionen im Kanon der Psychotherapieverfahren dienlich waren. Es wurde der Versuch unternommen, im Vergleich der beschriebenen Kurzgruppentherapieverfahren kei-

ne Wertung zu treffen, doch ist es sicherlich nur vom Leser zu beurteilen, ob es gelungen ist, die Methoden mit adäquater Einführung in ihr jeweiliges Konzept darzustellen.

Psychotherapie wandelt sich zu einer konzeptlosen Praxis, die auch in ihrer Effektivität abnimmt, wenn sie nicht reflexiv ist, sondern allein von Glaubenssätzen und Alltagserfahrung gespeist wird. Daher werden Befunde gesucht, die die Wirksamkeit der Methoden belegen können. Dazu wird noch die Schwierigkeit der Psychotherapieforschung geschildert, wenn es gilt, Untersuchungsdesigns zu entwerfen, die verläßliche Ergebnisse erwarten lassen. Es werden Begründungen dargelegt, warum ein Kontrollgruppendesign für diese Untersuchung gewählt wurde. Dies hat nicht nur forschungsmethodologische Gründe, sondern liegt auch daran, daß bis dato keine mir bekannte Studie in diesem Umfang zur Kurzgruppentherapie vorliegt. In diesem Sinn ist die Untersuchung eine Pilotstudie, welche gewissermaßen „geographisch" zunächst das Untersuchungsfeld absteckt. Es ist zu erwarten, daß weitere Ergebnisse die vorliegenden modifizieren, ergänzen oder auch widerlegen werden.

Die Untersuchung umspannt ein weites Feld der Psychotherapieforschung, es gibt kaum ein Gebiet, das in der Studie nicht berührt wird, seien es nun die Epidemiologie von psychischen Störungen, die Vor- und Nachteile von Kurztherapien, Probleme der Therapieforschung, Effektivitätsprüfung, Testpsychologie, Inhaltsanalyse, Kurz- und Langzeitfolgen durch Psychotherapie, Prozeßphänomene, subjektive und objektive Einschätzungen von Erfolg und Mißerfolg, Therapeutenverhalten, vorzeitige Beendigung von Kurzgruppentherapien oder das Problem von Katamnesen. Die Fülle der verschiedenen Fragestellungen hat natürlich den Nachteil, daß dem einen oder anderen Leser einzelne Punkte zu kurz behandelt erscheinen mögen; vor allem dann, wenn er selbst Spezialist auf diesem seinem Gebiet ist, doch schien eine breit angelegte Studie dem Gegenstand gerechter zu werden als vorzeitige Spezialisierung, die das Blickfeld u. U. für andere wichtige Phänomene versperrt.

Diese Überlegungen fanden in einem diskursiven Prozeß statt, und auch im Laufe der mehrjährigen Arbeit an der Studie ergaben sich immer wieder neue Gesichtspunkte, so daß die vorliegende Studie einen langen Entwicklungsprozeß mitbeschreibt, an dem viele Kolleginnen und Kollegen beteiligt waren.

Die Untersuchung soll dazu dienen, Klärung in die Fragen der Methodik, der Prozesse und Wirkungen von Kurzgruppentherapie zu bringen – aber nicht abstrakt oder im Laborexperiment, sondern orientiert an der täglichen psychotherapeutischen Tätigkeit, an dem Therapeuten wie Patienten gleichen Anteil haben. Die Ergebnisse sollen daher auch wiederum in die

Praxis einfließen. Letztlich soll damit dem psychotherapeutisch bedürftigen Patienten geholfen werden, seine Situation deutlicher zu erkennen und Lösungsstrategien zu finden, die sich günstiger für ihn auswirken. Der Leser, der sich eine neue Therapieform durch die Lektüre verspricht, wird enttäuscht werden. Das primäre Ziel der Arbeit war es vielmehr, tatsächlich praktizierte Kurzgruppenverfahren darzustellen und zu untersuchen, von welchem therapeutischen Wert sie sind. Daher wurde im zweiten, empirischen Teil eine Abfolge von unterschiedlichen Untersuchungsergebnissen dargestellt, die nach Meinung des Autors von grundsätzlicher Bedeutung für diese Fragestellung sind. Ob therapeutische Gruppen gegenüber unbehandelten Kontrollgruppen Behandlungseffekte zeigen; diese Frage zieht sich nun schon seit Jahrzehnten durch die Psychotherapieforschung, ebenso die Frage nach der „idealen" Indikation. Prozeßverläufe sind für die innere Struktur von Kurztherapien von Bedeutung. Neben objektiven Testmaßen sollten aber die subjektiven Einschätzungen der Patienten nicht zu kurz kommen, denn das Objektive wird dem Subjektiven nie gerecht. Ein wichtiger Punkt war die Einschätzung der therapeutischen Funktion. Dabei wurde der Weg der inhaltsanalytischen Untersuchung gegangen, denn dem Autor lag wenig an gut formulierten Aussagen über richtiges Therapeutenverhalten, viel aber an dem, was Therapeuten in der konkreten Therapie wirklich tun. Wenn Therapiemethoden verglichen werden, denkt man schnell an einen Konkurrenzkampf: Welche Methode ist der anderen überlegen? Auch der Autor ist nicht frei von diesem Gedanken, diese Frage ist sowohl wissenschaftlich als auch therapiepraktisch von großer Wichtigkeit, doch sollten in dieser Studie differenzielle Aspekte herausgearbeitet werden und keine globale Hierarchisierung der Effektivität von Therapiemethoden vorgenommen werden. Tatsächlich läßt sich eine generelle Über- oder Unterlegenheit von Therapiemethoden ja auch gar nicht beweisen, da jede Methode prinzipiell nur aus der jeweils eigenen Theorie zu erklären ist. Übergreifende Ansätze prüfen aber wieder nur nach ihren vergleichenden Kriterien.
Schließlich ging es auch noch um die Klärung, ob die Behandlungseffekte nur vorübergehender Natur sind oder ob sie eine Wirkung über einen längeren Zeitraum hinweg ermöglichen. Dieser Frage wurde in der Katamnese nachgegangen.
Diese Studie stellt den Versuch dar, therapienahe Forschungsergebnisse zu liefern, die zur Entwicklung von besser konzeptualisierten Kurzgruppentherapien führen sollen. Dazu bedarf es neben der Sammlung von empirischen Befunden einer weiteren Entideologisierung der verschiedenen Therapieschulen, wobei gerade das Gemeinsame das Differente erst wirklich zum Vorschein bringt.

# Inhaltsverzeichnis

*1*   *Einführung in den Problemkreis der Kurzgruppenpsychotherapie* .............. 1

1.1   Prävalenz psychischer Störungen und steigendes Bedürfnis nach Psychotherapie . 1
1.2   Finanzierungsproblematik von Psychotherapie . 3

1.3   Grundlagen der Kurzpsychotherapie .......... 5
1.3.1  Therapieziele ............................. 8
1.3.2  Zeitfaktor ................................ 10
1.3.3  Konflikt (Fokus) .......................... 11
1.3.4  Indikation ................................ 11
1.3.5  Interventionstechniken .................... 12

1.4   Grundlagen der Gruppenpsychotherapie ....... 14
1.4.1  Entwicklung von gruppentherapeutischen Behandlungsformen ........................ 14
1.4.2  Therapeutische Bedeutung der inneren Konfiguration ............................ 16
1.4.3  Rahmenbedingungen von therapeutischen Gruppen .................................. 17
1.4.4  Indikation ................................ 18
1.4.5  Gruppenkohäsion .......................... 18
1.4.6  Rolle des Gruppenleiters .................. 19
1.4.7  Heilfaktoren ............................. 19

1.5   Gegenwärtiger Stand der Kurzgruppenpsychotherapie .............. 21
1.5.1  Begriffsbestimmung ........................ 21
1.5.2  Indikation ................................ 23
1.5.3  Vorbereitung auf die Kurzgruppenpsychotherapie 24
1.5.4  Zusammenstellung der Gruppen ............. 25
1.5.5  Arbeitsbündnis ........................... 26
1.5.6  Phasen des Kurzgruppentherapieverlaufs ...... 26
1.5.7  Gruppenkohäsion und Gruppenklima in der Kurzgruppentherapie ................. 27

| | | |
|---|---|---|
| 1.5.8 | Übertragung – Gegenübertragung ........... | 27 |
| 1.5.9 | Heilfaktoren ............................. | 28 |
| 1.5.10 | Therapeutenverhalten ..................... | 28 |
| 1.5.11 | Therapieziele ............................ | 30 |
| 1.5.12 | Kurzgruppenpsychotherapie bei stationären Patienten ................................ | 31 |
| 1.5.13 | Effizienzkontrolle ........................ | 37 |
| | | |
| 2 | **Angewandte kurzgruppenpsychotherapeutische Verfahren** ............................... | 38 |
| | | |
| 2.1 | Autogenes Training nach J. H. Schultz ........ | 38 |
| 2.1.1 | Entstehungsgeschichte und theoretische Grundlagen .............................. | 38 |
| 2.1.2 | Physiologische Parameter .................. | 40 |
| 2.1.3 | Übungen ................................ | 41 |
| 2.1.4 | Indikation ............................... | 43 |
| 2.1.5 | Rolle des Therapeuten .................... | 44 |
| 2.1.6 | Neuere empirische Untersuchungen zur Effektivität ........................... | 44 |
| 2.1.7 | AT als Gruppentherapie ................... | 46 |
| 2.2 | Progressive Muskelentspannung nach Jacobson . | 47 |
| 2.2.1 | Entstehungsgeschichte und theoretische Grundlagen .............................. | 47 |
| 2.2.2 | Physiologische Parameter .................. | 49 |
| 2.2.3 | Übungen ................................ | 50 |
| 2.2.4 | Indikation ............................... | 52 |
| 2.2.5 | Rolle des Therapeuten .................... | 53 |
| 2.2.6 | Neuere empirische Untersuchungen zur Effektivität ........................... | 54 |
| 2.2.7 | PME als Gruppentherapie ................. | 55 |
| 2.3 | Analytische Kurzgruppenpsychotherapie ....... | 56 |
| 2.3.1 | Entstehungsgeschichte und theoretische Grundlagen .............................. | 56 |
| 2.3.2 | Indikation ............................... | 60 |
| 2.3.3 | Aufgaben ................................ | 62 |
| 2.3.4 | Rolle des Gruppenanalytikers ............... | 63 |
| 2.4 | Gegenüberstellung der 3 Behandlungsmethoden (AT–PME–AKG) ......................... | 65 |

## Inhaltsverzeichnis XIII

**3** *Methodische Grundlagen der Untersuchung* ... 66

3.1 Psychotherapieforschung
 als Anwendungsforschung .................. 66
3.2 Vortest-Nachtest-Kontrollgruppendesign ....... 67
3.3 Testbatterie als Evaluierungsinstrument ........ 69
3.4 Prozeßforschung .......................... 69
3.5 Inhaltsanalyse ............................ 70

3.6 Kontrollgruppen
 in der Psychotherapieforschung .............. 73
3.6.1 Kontrollgruppen ohne Behandlung ........... 74
3.6.2 Placebokontrollgruppen .................... 74
3.6.3 Kontrollgruppen mit Alternativbehandlung .... 75
3.6.4 Wartelistenkontrollgruppen ................. 75

3.7 Bedeutung der „inneren" Reagibilität im Vorfeld
 einer psychotherapeutischen Behandlung ...... 76
3.8 Statistische Auswertung .................... 76
3.9 Unterschiede zwischen idealen Bedingungen
 des Laborexperiments und
 der Realität der Psychotherapieforschung ...... 79

**4** *Aufbau und Durchführung der Untersuchung* .. 81

4.1 Ort ...................................... 81
4.1.1 Struktur der Ambulanz für Psychotherapie .... 81
4.1.2 Organisation der Ambulanz ................ 82

4.2 Experimentelles Design und Datenerhebung ... 83
4.2.1 Eingangsinterview und Kriterien der Zuweisung
 zur Studie ................................ 84
4.2.2 Ausgangswertunterschiede .................. 85

4.3 Anzahl der untersuchten Personen
 und Therapiegruppenzugehörigkeit ........... 85
4.4 Meßinstrumente .......................... 86
4.5 Psychotherapeuten ........................ 87
4.6 Ablauf der kurzgruppenpsychotherapeutischen
 Behandlungen ............................ 88
4.6.1 Autogenes Training ....................... 88
4.6.2 Progressive Muskelentspannung ............. 90
4.6.3 Analytische Kurzgruppenpsychotherapie ...... 91

## XIV  Inhaltsverzeichnis

| | | |
|---|---|---|
| **5** | ***Beschreibung der untersuchten Patienten*** ...... | **93** |
| 5.1 | Beschreibung der Patientenstichprobe nach verschiedenen Kontrollmerkmalen ............ | 93 |
| 5.2 | Beschreibung der Teilnehmerstichprobe auf den Kriteriumvariablen der psychologischen Tests .. | 97 |
| 5.2.1 | Freiburger Persönlichkeitsinventar (FPI) ....... | 97 |
| 5.2.2 | Gießen-Test (GT) ........................ | 99 |
| 5.2.3 | Gießener Beschwerdebogen (GBB) ............ | 99 |
| 5.2.4 | Depressionsstatusinventar (DSI) .............. | 100 |
| 5.3 | Diagnostische Einschätzung der Patientenstichprobe aufgrund der Testergebnisse | 101 |
| | | |
| **6** | ***Testpsychologische Vergleichsuntersuchungen der Kurzgruppenpsychotherapiemethoden*** ..... | **103** |
| 6.1 | Veränderung der gesamten Therapiegruppe (AT+PME+AKG) im Vergleich zur Kontrollgruppe ............. | 103 |
| 6.1.1 | Vergleich der Ausgangswerte ................ | 103 |
| 6.1.2 | Zusammenfassung und Diskussion der Ergebnisse ........................... | 105 |
| 6.2 | Therapieeffekte des AT .................... | 109 |
| 6.2.1 | Darstellung der Ergebnisse ................. | 109 |
| 6.2.2 | Interpretation der Ergebnisse ............... | 110 |
| 6.3 | Therapieeffekte der PME .................. | 111 |
| 6.3.1 | Darstellung der Ergebnisse ................. | 111 |
| 6.3.2 | Interpretation der Ergebnisse ............... | 112 |
| 6.4 | Therapieeffekte der AKG .................. | 113 |
| 6.4.1 | Darstellung der Ergebnisse ................. | 113 |
| 6.4.2 | Interpretation der Ergebnisse ............... | 114 |
| | | |
| **7** | ***Testpsychologische Untersuchungen zur Indikationsstellung in den Kurzgruppentherapien*** ............... | **115** |
| 7.1 | Problemstellung .......................... | 115 |
| 7.2 | Bildung der unterschiedlichen Symptomkomplexe ....................... | 116 |
| 7.3 | Therapiegruppenvergleiche .................. | 116 |

| | | |
|---|---|---|
| *8* | *Determinanten des Therapieerfolgs (Pfadanalyse)* .............................. | 120 |
| 8.1 | Problemstellung ........................... | 120 |
| 8.2 | Planung und Durchführung ................ | 120 |
| 8.3 | Ergebnisse ................................ | 121 |
| *9* | *Verlaufsmessungen und subjektive Beurteilungen des Therapieerfolgs* ........................ | 126 |
| 9.1 | Gruppenbefindlichkeitssoziogramm .......... | 126 |
| 9.2 | Therapeutenbeurteilung .................... | 126 |
| 9.3 | Medikamentengebrauch .................... | 129 |
| 9.4 | Übungsverhalten .......................... | 131 |
| 9.5 | Beurteilung des Therapieerfolgs durch die Patienten ....................... | 132 |
| *10* | *Vorzeitige Beendigung der Therapie (Therapieabbruch)* ......................... | 143 |
| 10.1 | Problemstellung ........................... | 143 |
| 10.2 | Gründe für die vorzeitige Beendigung einer Gruppentherapie ..................... | 144 |
| 10.3 | Beschreibung der untersuchten Stichprobe .... | 149 |
| 10.4 | Darstellung der Testergebnisse .............. | 149 |
| 10.5 | Durchführung der inhaltsanalytischen Untersuchung ............................. | 151 |
| 10.5.1 | Kategoriensystem .......................... | 151 |
| 10.5.2 | Darstellung der Ergebnisse der inhaltsanalytischen Untersuchung ........ | 153 |
| 10.6 | Zusammenfassung der testdiagnostischen und inhaltsanalytischen Untersuchung ....... | 156 |
| *11* | *Inhaltsanalytische Evaluierung des Therapeutenverhaltens* ................... | 157 |
| 11.1 | Problemstellung ........................... | 157 |
| 11.2 | Inhaltsanalytische Auswertung der Tonbandprotokolle ..................... | 157 |
| 11.2.1 | Transkription und Kategorisierung ........... | 157 |

| | | |
|---|---|---|
| 11.2.2 | Beschreibung der inhaltsanalytischen Kategorienschemata | 158 |
| 11.2.3 | Intercoderreliabilität | 162 |
| 11.3 | Evaluierung des Therapeutenverhaltens in den unterschiedlichen Therapiegruppen (AT, PME, AKG) nach den Kategorien von Temple, Lennard u. Bernstein und Truax u. Carkuff | 163 |
| 11.3.1 | Kategorien nach Temple | 163 |
| 11.3.2 | Kategorien nach Lennard u. Bernstein | 165 |
| 11.3.3 | Kategorien nach Truax u. Carkuff | 167 |
| 11.3.4 | Zusammenfassung der Unterschiede im Therapeutenverhalten in den einzelnen Therapiegruppen nach den unterschiedlichen inhaltsanalytischen Kategorienschemata | 169 |
| 11.4 | Diskussion | 170 |
| | | |
| *12* | *Nachuntersuchung* | 173 |
| | | |
| 12.1 | Problemstellung | 173 |
| 12.2 | Durchführung | 174 |
| 12.2.1 | Stichprobe | 174 |
| 12.2.2 | Interview | 175 |
| 12.3 | Ergebnisse | 175 |
| 12.3.1 | Beurteilung des allgemeinen Befindens | 176 |
| 12.3.2 | Symptomveränderung | 177 |
| 12.3.3 | Veränderungen durch die therapeutische Behandlung | 179 |
| 12.4 | Zusammenfassung | 190 |
| | | |
| *13* | *Zusammenfassung und Diskussion* | 193 |
| | | |
| 13.1 | Patientenstichprobe | 193 |
| 13.2 | Effekte der Kurzgruppentherapie | 194 |
| 13.3 | Effekte in der Kontrollgruppe | 196 |
| 13.4 | Unterschiedliche Effekte der 3 Behandlungsmethoden | 197 |
| 13.4.1 | Autogenes Training | 197 |
| 13.4.2 | Progressive Muskelentspannung | 197 |
| 13.4.3 | Analytische Kurzgruppentherapie | 198 |
| 13.4.4 | Unterschiedliche Therapieeffekte | 198 |

| 13.5 | Determinanten des Therapieerfolgs | 198 |
| 13.6 | Indikationsstellung | 199 |
| 13.7 | Verlaufsmessungen | 200 |
| 13.8 | Vorzeitige Beendigung der Therapie | 203 |
| 13.9 | Therapeutenverhalten | 204 |
| 13.10 | Nachuntersuchung | 206 |
| 13.11 | Probleme bei der Untersuchungsdurchführung | 208 |
| 13.12 | Weitere Forschungsperspektiven | 210 |

*Literatur* .................................... 212

*Sachverzeichnis* ............................... 226

# 1 Einführung in den Problemkreis der Kurzgruppenpsychotherapie

## 1.1 Prävalenz psychischer Störungen und steigendes Bedürfnis nach Psychotherapie

Die vorliegende Arbeit befaßt sich in erster Linie mit der Psychotherapie von Personen, die mit dem Sammelbegriff „Neurotiker" (Redlich u. Freedman 1970) zu bezeichnen sind. Die Symptomatik von neurotischen Patienten ist vielfältig, die Genese wegen der vielfältigen theoretischen Begründungen schwer differentialdiagnostisch abgrenzbar (vgl. Meyer 1972; Schwidder 1972). Demgegenüber lassen sich die Personen mit neurotischen Störungen aber von den sog. Geisteskranken oder von psychiatrischen Erkrankungen besser abgrenzen (vgl. Bach 1981; Degkwitz 1981). Diese sollen in dieser Arbeit nur insoweit Berücksichtigung erfahren, als sie zur Erklärung psychischer Störungen außerhalb des psychiatrisch-kranken Geschehens dienlich sind.
Der Begriff der „psychischen Störung" wird gewählt, um nicht zu früh eine diagnostische Einengung vorzunehmen, die dann in der konkreten Untersuchung den Blick auf die Vielfalt der untersuchten Phänomene versperrt. „Neurose" und „psychische Störung" werden in der Folge daher synonym verwendet.
Redlich u. Freedman (1970) schätzen die Häufigkeit von psychischen Störungen in der Bevölkerung zwischen 10% und 75%, wobei anhand der Streuung dieser Prozentsätze schon deutlich wird, daß in diesen Schätzungen ganz verschiedene Kriterien und häufig nichtrepräsentative Stichproben verwendet werden. Srole et al. (1962) fanden bei 36% der von ihnen untersuchten Großstadtbewohner leichte, bei 22% mäßig schwere Störungen. Schepank (1987) untersuchte eine repräsentative Gruppe von Einwohnern einer deutschen Großstadt und kommt auf eine Zahl von 25% der Stichprobe, welche einen behandlungsbedürftigen Störungsgrad aufweisen.
Strotzka (1969) führt Schätzungen zwischen 25% und 40% von Personen an, die an behandlungsbedürftigen psychischen Störungen leiden. Strotzka et al. (1979) haben eine Untersuchung zur Frage der Kosten von psychischen Störungen durchgeführt und kommen dabei zu folgenden Ergebnissen: So finden sich im Klientel von Arztpraxen 16,8% Personen, die unter „psychogenen Reaktionen" leiden, und 20,1% Personen, die an „Neurosen" und „psychosomatischen Erkrankungen" leiden. Der Anteil an „Charakterneurosen" betrug 1,9%. Neben diesen Beschwerden fanden sich noch eine Reihe von psychischen Beschwerden mit bedingten organischen Erkrankungen wie etwa: Herzjagen, Völlegefühl im Bauch, Juckreiz, Rückenschmerzen, Kloßgefühl im Hals etc. (vgl. Strotzka et al. 1979, S. 87ff.).

Psychische Störungen stellen also ein eminentes gesundheitliches Problem der Gesamtbevölkerung (vgl. Dilling et al. 1984; Harvey-Smith u. Cooper 1970) dar, ganz abgesehen vom subjektiven Leidensdruck, den neurotische Symptome hervorrufen. Fleissner (1979) kommt in obiger Studie (vgl. Strotzka et al. 1979, S. 141 ff.) zu einer Kostenberechnung psychischer Störungen von 4,2% Kostenanteil am Bruttosozialprodukt in Österreich. Die angeführten Werte korrespondieren mit dem wachsenden Bedürfnis nach psychotherapeutischer Hilfe in diesen Fällen. Obwohl zwar der Anteil an medikamentöser Beeinflussung psychischer Störungen v. a. durch Tranquilizer, Antidepressiva und andere Beruhigungsmittel ständig ansteigt, ist die Wirkung doch unbefriedigend. Die zugrundeliegende Problematik wird dadurch nicht berührt, und diese Medikamente erzeugen oft unangenehme Nebenwirkungen (z. B. Abhängigkeit).

Sowohl die psychologische als auch die ökonomische Notwendigkeit, sich dem Problem der neurotischen Störungen zuzuwenden (vgl. v. Ferber 1971; Häfner 1985), führte in den letzten 40 Jahren zu einer z. T. explosiven Entwicklung von psychotherapeutischen Behandlungsmethoden und deren Anwendung in privaten und staatlichen Institutionen. – Bach u. Molter (1976) sprechen von einem „Psychoboom", der neben der wissenschaftlichen Weiterentwicklung von bereits bestehenden Psychotherapiemethoden eine Reihe von weiteren Methoden geboren hat. Diese finden rasche Verbreitung, wenn sie auch oft eine sehr schmale theoretische Basis aufweisen und die Wirksamkeit noch empirisch unüberprüft ist.

Strupp (1986) spricht vom „one billion dollar business", zu dem sich die Psychotherapie (zumindest in den USA) ausgewachsen hat. Ein weiteres Indiz für die wachsende gesellschaftliche Bedeutung der Psychotherapie in den Industriestaaten sind die zunehmenden justiziellen Bemühungen (vgl. Trenkel 1987; Stumm 1988; Jandl-Jager et al. 1987), den Psychotherapeuten eine rechtliche Grundlage als eigener Berufsstand zu verschaffen, während vor einigen Jahrzehnten die Psychotherapie fraglos noch eine Subdisziplin der Medizin war. Ein Beispiel dafür zeigt sich in der Tatsache, daß in Österreich ein erstes Universitätsinstitut für Tiefenpsychologie und Psychotherapie erst 1971 eingerichtet wurde oder daß die Wiener Gebietskrankenkasse (bei der über 95% aller Einwohner Wiens krankenversichert sind) ihr seit 1952 bestehendes Ambulatorium für Psychotherapie von einem auf mittlerweile 9 Psychotherapeuten ausgebaut hat. In der BRD, den USA und in manchen nordischen Ländern sind Krankenkassen dazu übergegangen, psychotherapeutische Behandlungen entsprechend zu honorieren, obgleich noch harte Verteilungskämpfe mit den biologisch orientierten Medizinern bevorstehen. Es muß jedoch betont werden, daß die psychotherapeutische Versorgung der Bevölkerung, insbesondere in ländlichen Gebieten, noch immer sehr im Argen liegt bzw. noch überhaupt nicht gewährleistet ist (vgl. Jandl-Jager et al. 1987). Die psychotherapeutische Versorgung ist zudem sehr einkommensspezifisch orientiert, insofern sie bis dato fast ausschließlich privatrechtlich organisiert ist und daher vorwiegend von einer zahlungsfähigen Mittelschicht in Anspruch genommen werden kann (vgl. Bauer 1976; Moeller 1972; Binder u. Angst 1981).

Strotzka (1973) weist auf die soziale Verantwortung des Psychotherapeuten hin, auch für unterprivilegierte Schichten der Bevölkerung ein Behandlungsangebot zu entwickeln, um eine entsprechende Gleichbehandlung zu ermöglichen.

## 1.2 Finanzierungsproblematik von Psychotherapie

Die Entwicklung von Kurzpsychotherapien wird neben methodenimmanenten Gründen, wie z. B. die adäquatere Behandlung von Personen mit spezifischen Problemen, bestimmt durch das zunehmende öffentliche Interesse an der psychotherapeutischen Versorgung eines größeren Anteils der Bevölkerung (vgl. Winkler 1972; Katschnig 1975). Dadurch wird die Kostenfrage für öffentliche Auftraggeber aktuell, da es sich in diesem Fall um größere Summen handelt, insbesondere wenn übergreifende Krankenkassen die Kosten psychotherapeutischer Behandlung zu übernehmen beginnen.

In der psychotherapeutischen Literatur spielte das Thema der Honorierung von Psychotherapie zunächst eine geringe Rolle. Klassische Schriften zur psychoanalytischen Therapie wie die von Greenson (1986), Loch (1977), Morgenthaler (1978) blieben ohne konkrete Thematisierung der Geldfrage. Erst mit den Kassenregelungen taucht das Thema zunehmend in der Literatur auf (vgl. Cremerius 1984).

Tatsächlich findet bis heute ein beträchtlicher Teil aller psychotherapeutischen Behandlungen in privaten Praxen statt; Bezahlung durch den Patienten und nicht durch Dritte wird von vielen Therapeuten aus unterschiedlichen, noch zu erörternden Gründen bevorzugt (vgl. Wirth 1982).

Die Fremdfinanzierung durch Krankenkassen hat viele Kritiker gefunden (vgl. Parin u. Parin Matthey 1986; Mannoni 1973). Vorwiegend werden finanzierende Stellen als einmischend und nicht als ermöglichend erlebt. Hier muß allerdings unterschieden werden zwischen der Einstellung des Therapeuten und des Patienten. Besonders Angehörige der unteren sozialen Schichten erfahren durch die öffentliche Finanzierung überhaupt erst einen Zugang zur Psychotherapie, während sich der Therapeut bei Fremdfinanzierung nicht nur dem Patienten, sondern auch dem Geldgeber gegenüber verantwortlich fühlt und sich auch verantworten muß.

Bezahlung von Psychotherapie hängt mit dem vorherrschenden Gesundheits- bzw. Krankheitsbegriff zusammen. Die Weltgesundheitsorganisation (WHO) definiert folgendermaßen: „Gesundheit ist ein Zustand vollkommenen körperlichen, geistigen und sozialen Wohlbefindens und nicht allein das Fehlen von Krankheiten und Gebrechen" (zit. nach Strotzka 1979). Zweifelsohne verhindern psychische Störungen Gesundheit im Sinn der WHO. In Österreich und in der BRD werden neurotische Störungen auch als Krankheit anerkannt, allerdings organmedizinisch definiert und als Indikationsgebiet nosologisch festgelegt. Dynamische Sichtweisen fehlen bei den Festlegungen der Krankenkassen. Die auftretenden Schwierigkeiten der Krankenkassen mit dem Gegenstand „psychische Störungen" und der adäquaten finanziellen Abgeltung von deren Behandlung hängen mit der engen Bindung an den medizinischen Krankheitsbegriff und mit der zeitlichen Befristung der Leistungspflicht unter den Gesichtspunkten „Notwendigkeit", „Zweckmäßigkeit" und „Wirtschaftlichkeit" zusammen. Kristallisationspunkte öffentlich bezahlter Psychotherapie sind also „Zeit und Ziel". Die Schwierigkeit liegt nun darin, die Krankheitswertigkeit psychischer Störungen zu definieren und prognostische Kriterien aufzustellen, denen zufolge ein Behandlungsziel erreicht werden kann (vgl. Angst et al. 1984; Heigl 1975; Faber 1984). Dabei können subjektive Ziele des Patienten,

des Therapeuten und des Kostenträgers identisch, sie können aber auch bedeutend unterschiedlich oder im Zuge einer Behandlung auseinanderlaufend sein.
Thomä u. Kächele (1986) schätzen, daß etwa 10%–20% der Patienten von Psychoanalytikern nach Ablauf der Fremdfinanzierung die Behandlung (in diesem Fall Psychoanalyse) fortsetzen, um sich der Vertiefung ihrer Sinnsuche im Leben hinzugeben. Wenn man bedenkt, daß für die unteren Schichten der Bevölkerung die monatliche Bezahlung, die der Analysand an den Analytiker zu entrichten hat, etwa so hoch ist wie das monatliche Nettoeinkommen, wird ersichtlich, daß nur die Fianzierung durch öffentliche Kostenträger für diese Personen in Frage kommt. Das Heilungsziel der Krankenkassen muß daher ein pragmatisches sein: Es strebt Veränderung, Besserung und Lösung von Konflikten an – im Prinzip jedoch nur bis zu jenem Punkt, an dem die Krankheitswertigkeit einer psychischen Störung endet. Psychotherapie als eine kulturelle Lebensform, wie sie bei manchen Analysanden, die über Jahrzehnte beim Analytiker verweilen, beobachtet werden kann, ist in diesem Modell nicht auffindbar, obwohl es natürlich Personen gibt, die ohne ihren Therapeuten nicht lebensfähig sind.
Es erhebt sich nun die Frage (und die vorliegende Studie soll einen Beitrag dazu leisten), wieviel Zeit der therapeutischen Beziehung gegeben werden muß, damit sie im Sinne der Krankheitswertigkeit zum Heilungsziel kommt. Zur Fremdfinanzierung ist zu bemerken, daß natürlich Versicherte der Krankenkassen ihre monatlichen Beiträge entrichten, um den Versicherungsschutz zu erreichen; diese Beitragskosten sind jedoch im Vergleich zu den tatsächlichen Kosten einer Psychotherapie gering.
Kemper weist auf den Zusammenhang zwischen Geld und psychischer Problematik hin, wenn er meint: „Wer einmal auf diese Dinge zu achten gelernt hat, der wird beobachten, daß in den Tagen der fälligen Bezahlung die anale und orale Thematik in den Einfällen und Träumen der Patienten sich gehäuft zeigt" (1950, S. 213). So wird die Zahlungsverpflichtung geradezu zum analytischen Movens. Kempers Legitimierung der Privathonorierung legt nahe, daß die besondere Bedeutung des Geldes durch den Patienten provoziert wird. Tatsächlich fehlen aber Befunde, die die Wirksamkeit eines hohen Honorars, das direkt vom Patienten an den Therapeuten übergeben wird, für den Therapieerfolg beweisen würden. Hingegen zeigen die vielen durch Dritte finanzierten Psychotherapien, daß diese ebenso wirksam sein können, wenn der Patient keine persönliche Zahlung (bzw. eine über den Krankenkassenbetrag) leistet. Das persönliche Opfer des Patienten besteht ja nicht im Geld allein, sondern auch in der Bereitschaft, sich auf die bestimmte Form der therapeutischen Beziehung einzulassen und deren Regeln (z. B. regelmäßige Termine) zu beachten. Unter dem Blickwinkel einer demokratischen Gesellschaftsordnung ist es auch nicht länger begründbar, warum riesige Gruppen der Bevölkerung aus der psychotherapeutischen Behandlung, die historisch gesehen zunächst der oberen Mittelschicht und der Oberschicht vorbehalten war, auszuschließen sind. In der Diskussion der Psychoanalytiker in der BRD bezüglich einer möglichen Kassenbezahlung von Psychoanalysen sprach sich die überwiegende Mehrheit der Psychoanalytiker, die neben ihrer psychoanalytischen Tätigkeit noch in einem Angestelltenverhältnis in einer Klinik arbeiteten, wo sie mit Unterschichtpatienten konfrontiert waren, für die Bezahlung durch die Krankenkassen aus, während eine große

Anzahl der ausschließlich in eigener Praxis tätigen Psychoanalytiker für die Beibehaltung der Privathonorierung plädierten (Ehebald 1978, S. 373).

## 1.3 Grundlagen der Kurzpsychotherapie

Die Geschichte der Kurzpsychotherapie ist eng mit der Geschichte der Psychoanalyse verbunden. So würde man heute die meisten Therapien, die Freud in den ersten Jahren vorgenommen hat, als Kurztherapien bezeichnen (vgl. Pritz 1985). Im Laufe der Entwicklung der Psychoanalyse wurden die Behandlungen aber immer länger, so daß sie schließlich einen Zeitraum von mehreren Jahren umfaßten. Um 1929 begannen die ersten Mitstreiter Freuds die Möglichkeiten einer systematischen Verkürzung der Behandlung zu erkunden. Insbesondere Ferenczi u. Rank (1925) sind hier zu nennen. Sie kritisierten die passive Rolle des Analytikers und die Notwendigkeit langjähriger Behandlungen für den therapeutischen Fortschritt. Strupp u. Binder (1984) äußern sich dazu: „To this date we have no hard evidence to show that there is a reliable relationship between length of analysis and extend of therapeutic change" (S. 84). Allerdings ist zur Verlängerung der Behandlung im Laufe der Entwicklung der Psychoanalyse zu sagen, daß sich die Zielsetzungen geändert haben: Waren die Ziele Freuds anfänglich die, neurotischen Personen ein Mehr an Handlungsspielraum und eine Verminderung des Leidensdrucks zu verschaffen, so wurden die Ziele später ambitionierter: Charakteränderung (vgl. Reich 1971) und generelle Erforschung des Seelenlebens (bei der die Psycho*therapie* eine zweitrangige Stellung einnimmt; vgl. Freud 1937). Strupp u. Binder (1984) weisen auch darauf hin, daß die Behandlung bezüglich des Zeitrahmens natürlich auch abhängig ist von der Art der Störung: So bedeutet die Behandlung eines Borderline-Patienten u. U. eine größere Herausforderung als die Behandlung einer eng umschriebenen Phobie. Die Zeitbegrenzung als therapeutische Technik taucht bei Freud bereits auf, als er in der Fallbeschreibung vom Wolfsmann von einer günstigen Entwicklung in der Behandlung spricht, nachdem er dem Patienten ein definitives Ende der Behandlung in Aussicht gestellt hat (vgl. Freud 1915). Ferenczi u. Rank (1925) betonten neben der aktiveren Rolle des Therapeuten in der Kurztherapie auch die therapeutische Funktion der Empathie und die Notwendigkeit, bei Kurztherapien die Übertragungsreaktionen des Patienten möglichst rasch mit realistischen Beziehungsaspekten zu konfrontieren. All diese Aspekte spielen in der heutigen Kurztherapie eine wichtige Rolle (s. auch Zusammenfassung bei Thompson 1950; Malan 1976; Flegenheimer 1982).
Aufgrund der negativen Resonanz, die Ferenczi und Rank in bezug auf ihre Bemühungen zur Entwicklung von Kurztherapien in der psychoanalytischen Kollegenschaft erfuhren, blieben ihre Versuche über lange Zeit unberücksichtigt. Erst in den 40er Jahren wurden diese Überlegungen von Alexander u. French wieder aufgegriffen und weiterentwickelt (Alexander und French 1946). Sie führten den Begriff der „korrektiven emotionalen Erfahrung" ein, mit dem sie eine therapeutische Situation meinten, in der der Patient eine dem alten neurotischen Erlebnismuster entgegengesetzte Erfahrung machen kann (z. B. indem der Therapeut bei einem Patienten mit strengem Vater eine nachgiebige Vaterfigur verkörpert).

Alexander u. French (1946) sahen die kurztherapeutische Behandlungsform als einen Ersatz für die klassische Psychoanalyse und handelten sich dadurch im Therapieestablishment langfristige Ablehnung ein. Es blieb schließlich auch offen (entsprechende empirische Untersuchungsmethoden über Effektivität waren noch nicht entwickelt), inwieweit tatsächlich von einer gleichwertigen Konkurrenz zur klassischen Psychoanalyse zu sprechen ist, insbesondere als die Indikationsfrage nicht soweit geklärt werden konnte, daß es zu einer differentialdiagnostischen Abgrenzung hätte kommen können.
Nicht zu übersehen ist die soziale Komponente, die für Alexander u. French eine starke Rolle gespielt hat; ebenso wie die damalige politische Situation in den USA, in der es den psychoanalytisch orientierten Psychiatern gelang, im Militärwesen wichtige Einflußpositionen zu erringen. Es ergab sich durch die Kriegshandlungen des 2. Weltkriegs die Notwendigkeit, Behandlungsformen für große Massen von an Kriegsneurosen erkrankten Soldaten zu entwickeln.
Die wichtigste Phase in der Entwicklung von Kurzgruppentherapien fand zwischen 1960 und 1980 statt. In den verschiedenen Zentren – v. a. des angloamerikanischen Sprachraums – fanden sich Forschungsgruppen, die die unterschiedlichen Techniken psychoanalytischer Kurztherapie zu entwickeln begannen.
Neben der Psychoanalyse entwickelten sich zusätzlich andere Psychotherapiemethoden, die Verhaltenstherapie und die Gesprächstherapie, die ebenfalls den Kurztherapien zuzuordnen sind. Diese konnten jedoch keine besonderen theoretischen und praktischen Beiträge zur Problematik des Settings und der Zeitverkürzung leisten.
Mit der Zunahme des öffentlichen Interesses für psychotherapeutische Hilfseinrichtungen müßte auch der Anzahl der zu Versorgenden Rechnung getragen werden. Mit der klassischen analytischen Kur sind vielleicht 10 Personen von einem Therapeuten im selben Zeitraum behandelbar (und diese benötigen den Analytiker über mehrere Jahre), während mit kürzeren Behandlungsverfahren eine wesentlich größere Anzahl von Personen therapierbar wird. „Die Ökonomie einer Trainingsmethode ist die Voraussetzung dafür, daß sie in größerem Ausmaß angewandt werden kann" (Innerhofer 1977, S. 14).
Durch das öffentliche Interesse hervorgerufen, entwickelte sich eine lebhafte Konkurrenz unter den Psychotherapeuten, eine wirksame Methode zu finden, die eine ähnliche Wirkung zu entfalten in der Lage ist wie die Psychoanalyse.
In Berufsgruppen, welche nicht hauptsächlich als Psychotherapeuten arbeiten wollen (z. B. Sozialarbeiter), sondern eine therapeutische Unterstützung in der Tätigkeit suchen, erweisen sich die Ausbildung und Supervision in Kurztherapien als eine mögliche Lösung.
Vor allem aber konnte die größere Wirksamkeit von Langzeittherapien gegenüber Kurzzeittherapien nicht nachgewiesen werden (vgl. Luborsky 1984; Malan 1963; Strupp 1986). Das mag allerdings nur zum Teil bei den vielleicht gleichwertigen Therapien liegen; zum anderen, vermutlich wichtigeren, Teil liegt es wohl an der Forschungsmethodik, welche erst in den Anfängen steht bezüglich adäquater, dem Forschungsgegenstand wirklich angepaßter Untersuchungsinstrumente (vgl. Thomä u. Kächele 1986; Grawe 1987).
Kurztherapien sind forschungsmethodologisch wesentlich leichter zu konzipieren, Randvariablen und Außenfaktoren besser zu kontrollieren, und vor allem sind die

Daten einfacher zu sammeln (wollen sie Stichprobengrößen erreichen, die generalisierbare Aussagen erlauben).

Zeitverkürzung in der Psychotherapie ist manchmal mehr ein von „außen" kommender Faktor, als vom Patienten selbst gewünscht. J. Mann (1973) macht daraus eine Tugend und entwickelte ein Kurzzeitverfahren, das er die 12-Stunden-Therapie nennt. Als Vorteil betrachtet er, daß die Patienten eher dazu veranlaßt würden, eigene Problembewältigungsstrategien zu mobilisieren, und sich weniger in die passive Rolle begeben und Anleitung vom Therapeuten erwarten. Ein häufig unbeachteter Aspekt ist das Bedürfnis vieler Psychotherapiepatienten nach einer Kurzpsychotherapie. Tatsächlich ist bei den meisten Patienten, besonders der unteren sozialen Schichten, das Bedürfnis nach einer kurzen Behandlung gegeben, – einmal aus ökonomischen Gründen, da sie Behandlungszeiten schwieriger in ihre Arbeitszeit integrieren können, andererseits orientieren sich die Vorstellungen von

**Tabelle 1.** Therapiedauer. (Garfield 1978)

| Anzahl der Sitzungen | Anzahl der Patienten (n) | [%] |
|---|---|---|
| <5 | 239 | 42,7 |
| 5–9 | 134 | 23,9 |
| 10–14 | 73 | 13,0 |
| 15–19 | 41 | 7,3 |
| 20–24 | 24 | 4,3 |
| ≥25 | 49 | 8,8 |
| Gesamt | 560 | 100 |

**Tabelle 2.** Durchschnittliche Anzahl von Psychotherapiesitzungen. (Nach Garfield u. Bergin 1986)

| Klinik | Durchschnittliche Anzahl der Sitzungen | Jahr | Quelle |
|---|---|---|---|
| VA Clinic, St. Louis | 5 | 1948 | Blackman |
| VA Clinic, Boston | 10 | 1949 | Adler et al. |
| VA Clinic, Milwaukee | 6 | 1952 | Garfield u. Kurz |
| VA Clinic, Baltimore | 4 | 1956 | Kurland |
| VA Clinic, Oakland | 9 | 1958 | Sullivan et al. |
| VA Clinic, Chicago | 3 | 1959 | Affleck u. Mednick |
| Psychiatric Clinics General Hospitals, New York City | 6 | 1949 | NYC Commission on Mental Hygiene |
| Clinics in Four States und VA Clinic, Denver | 5–7 | 1960 | Rogers |
| Yale University Clinic | 4 | 1954 | Schaffer u. Myers |
| Henry Phipps Clinic | 6 | 1958 | Rosenthal u. Frank |
| Nebraska Psychiatric Institute | 12 | 1959 | Garfield u. Affleck |
| Nebraska Psychiatric Institute | 8 | 1961 | Affleck u. Garfield |
| University of Oregon Clinic | 4 | 1964 | Brown u. Kosterlitz |
| Ohio State University Clinic | 4 | 1970 | Dodd |

Psychotherapie stärker am medizinischen Modell, welches nur bei Schwerkranken langjährige Intensivbehandlung kennt. Viele Krankenhäuser, die eine ambulante psychotherapeutische Behandlungsmöglichkeit anbieten, orientieren sich an den Bedürfnissen ihrer Patienten und stellen sich auf Kurzzeitbehandlungen ein.

In einer Untersuchung von Garfield (1978) finden sich Daten über die durchschnittliche Länge von Psychotherapie, ausgedrückt über die Anzahl der Sitzungen, die 560 Patienten besuchten (Tabelle 1). Die Untersuchung wurde an einer „mental hygienic clinic" durchgeführt.

Wie Tabelle 1 zeigt, liegt die mittlere Länge der Behandlung bei ungefähr 6 Sitzungen, 2/3 der Patienten erhielten weniger als 10 Sitzungen. Weniger als 9% der Patienten kamen zu 25 und mehr Sitzungen.

Tabelle 2 stellt die Ergebnisse einer repräsentativen Anzahl von Untersuchungen dar, die an verschiedenen Kliniken durchgeführt wurden. Obwohl die mittlere Länge der Behandlung zwischen 3 und 12 Sitzungen variiert, gibt es ebenfalls eine Häufung bei 6 Sitzungen. In der Mehrzahl der untersuchten Kliniken beendeten mehr als die Hälfte aller Patienten die Behandlung noch vor der 8. Sitzung.

### 1.3.1 Therapieziele

Die Frage nach den Therapiezielen läßt sich polarisieren zwischen der Absicht, psychische Strukturen zu verändern, und dem Ziel, spezifische Probleme zu verändern oder zu mildern. Die Therapieziele reichen in der Psychotherapie von dem Ideal der Umwandlung des ödipalen in den genitalen Charakter, wie es Reich beschreibt (1971), bis zur bescheidenen Aufgabe, die Stimmung zu erhellen oder Symptome zu lindern.

Insbesondere die Psychoanalyse steckt sich zum Ziel, strukturelle Änderungen im Menschen zu erreichen. Untersucht man den Begriff der Struktur genauer, wird es schwierig, ihn in operative Termini zu zerlegen: Eine Struktur setzt sich nämlich aus hochkomplexen Ereignisketten zusammen, die zergliedert die Struktur nicht mehr erkennen lassen. So finden sich bei der Beschreibung struktureller Änderungen vorwiegend metapsychologische Definitionen (vgl. Heigl 1978): Veränderungen der Ich-Stärke, Erhöhung der Frustrationstoleranz, Erhellung des unbewußten Konflikts, Reduzierung der Angst, Auflösung von Übertragungs- und Widerstandsreaktionen, Stärkung der Realitätsprüfung, Integration abgespaltener Ich-Anteile, Aufhebung verdrängter Konflikte.

Diese Therapieziele sind gekennzeichnet durch ein sehr hohes Abstraktionsniveau der dahinterliegenden Absichten und empirisch daher schwer zu fassen. Kurztherapien haben in der Regel bescheidene Ziele, die sich dafür besser operationalisieren lassen. Bellak (1980) formulierte es so: „We don't change characters, we solve problems."

Das Therapieziel ist natürlich abhängig von den Problemen des Patienten, seiner Motivation, seinen Fähigkeiten, Lösungsstrategien für Konflikte zu suchen, und von der spezifischen Übereinkunft zwischen Therapeut und Patient, was in der Therapie erreicht werden soll.

Ein besonderes Merkmal der Ziele in der Kurztherapie ist die Konkretheit. Im Gegensatz dazu formuliert Kächele (1987) die Psychoanalyse als eine Abfolge immer wieder auftauchender neuer Konflikte, die es immer wieder von neuem zu lösen gilt.
Therapieziele lassen sich nach unterschiedlichen Kriterien aufstellen:
a) nach dem Symptom,
b) nach dem psychischen Konflikt, der das Symptom erzeugt bzw. am Leben erhält,
c) nach dem Leidensdruck,
d) nach den Vorstellungen des Patienten,
e) nach den Vorstellungen des Therapeuten.

In der Kurzpsychotherapie müssen die Ziele genau operationalisiert werden, da die zur Verfügung stehende kurze Zeit zu rationellem Vorgehen von seiten des Therapeuten zwingt. Die Therapieziele müssen daher so gewählt werden, daß sie in der verfügbaren Zeit auch erreicht werden können. Daher müssen sie gut konzeptualisiert werden.
Ein vorrangiges Ziel des Therapeuten ist es, Bedingungen zu schaffen, die es dem Patienten ermöglichen, selbst seine psychischen Konflikte weiterhin zu bewältigen. Dies kann gelingen, wenn der Druck des Symptoms sich reduziert und damit der Grad des Leidens geringer wird. Im Idealfall gelingt es in der Kurztherapie, den zugrundeliegenden Konflikt hinter dem Symptom soweit zu bearbeiten, daß sich das psychische System des Patienten reorganisiert.
In der Kurztherapie ist es von außerordentlicher Bedeutung, daß Therapeut und Patient sich über das gemeinsame Therapieziel einig sind. Dabei kommt der Explikation des Ziels besondere Wichtigkeit zu. Haben Therapeut und Patient unterschiedliche Auffassungen über das Therapieziel, so wird zumindest einer der Partner am Ende der Behandlung unzufrieden sein. Insbesondere sind dabei magisch idealisierte Ziele hervorzuheben, die von Patientenseite formuliert werden. Dem Therapeuten wird dabei eine heilende Kraft zugeschrieben, die er gar nicht besitzt. So kann zunächst am Beginn der Behandlung eine Enttäuschung stehen, wenn der Therapeut auf die Grenzen seiner Möglichkeiten aufmerksam macht und den Patienten zwingt, sich realistische Ziele zu stecken.
Gelingt es nicht, ein abgrenzbares Ziel für die Behandlung zu formulieren, so ist dies einer der Ausschlußgründe für eine Kurzpsychotherapie (vgl. Malan 1963). Auszuschließen sind Kurztherapien auch dann, wenn das Ziel zwar konkret formuliert werden kann, der zur Verfügung stehende Zeitraum für die Bearbeitung des Ziels aber keineswegs ausreichend ist. Dieser Zeitraum ist natürlich nicht immer leicht bestimmbar, insbesondere auch deswegen, weil der Therapeut zunächst die Fähigkeiten des Patienten, seine Konflikte zu bewältigen, noch nicht genug kennt. In diesem Fall kann eine ausführliche Anamnese einer bereits gelungenen Konfliktbewältigung in der Lebensgeschichte des Patienten ein Hinweis für seine Bewältigungskapazität sein.

## 1.3.2 Zeitfaktor

Kurzpsychotherapien dauern zwischen 6 (vgl. Bellak u. Small 1975) und 50 Sitzungen (vgl. Sifneos 1967; Pritz 1983a). Die Frequenz der Sitzungen beträgt in der Regel 1–2 Sitzungen pro Woche.
Als einen der radikalsten Vertreter der Zeitbegrenzung können wir J. Mann betrachten, der seine Kurztherapien auf 12 Sitzungen limitiert (vgl. J. Mann 1973). Er sieht den Vorteil einer strikten Limitierung darin, daß dabei einerseits die Bedeutung der Autoritätsproblematik besonders akzentuiert wird: „Das Unbewußte ist zeitlos, die Zeit ist demnach dem Realitätsprinzip zugehörig und mit der väterlichen Autorität verknüpft. Genauer müßte man sagen, die Zeitbegrenzung ist mit dem Vaterprinzip verbunden" (S. 17). Andererseits sind für den Patienten Zeitaufwand und Kosten leichter überschaubar.
Die Zeitbegrenzung ist nicht nur abhängig von der Art des Problems, sondern auch häufig mitbestimmt von externen institutionellen Faktoren, – etwa die Notwendigkeit, viele auf Behandlung Wartende zu berücksichtigen (oder schlicht der Zeitmangel des Therapeuten). Aber auch der Patient wünscht sich häufig eine Kurzpsychotherapie in der Hoffnung, seine Konflikte möglichst rasch zu beseitigen. Die Festlegungen sind bezüglich der Sitzungsanzahl willkürlich und lassen sich nicht von psychodynamischen Gesichtspunkten allein bestimmen. So können Versicherungen nur eine bestimmte Anzahl von Sitzungen bezahlen und limitieren dadurch auch die Therapie.
Einen psychodynamischen Gesichtspunkt bringt Bellak (1980) in die Diskussion, wenn er meint, daß viele Personen keine lange Psychotherapie benötigen, da eine Kurztherapie genügend psychische Energie freizusetzen vermag, um dem Individuum die Möglichkeit zu verschaffen, wieder selbst für die Regulation seines Seelenlebens zu sorgen. Ein kritischer Einwand betrifft auch die Erfahrung, daß Personen in langzeitorientierten Psychotherapien dazu neigen, sich in eine passive Haltung zu begeben, in der sie sich Wärme und Wertschätzung vom Therapeuten holen und ihn in eine Surrogatfunktion drängen, die die Auseinandersetzung mit den Konflikten hinausschiebt, und damit eine Wiederauflage des ursprünglichen Vermeidungsverhaltens erreicht wird.
Für alle Beteiligten ist die Kurztherapie anstrengender als eine Langzeittherapie. Das Bewußtsein, daß es sich um „ökonomisierte" Zeit handelt, spielt von Anfang an eine besondere Rolle. Einerseits erschreckt die Zeitgrenze, da sie ein Ende markiert, das auch ein Ende von Hoffnungen auf Heilung oder Besserung sein kann, andererseits fördert das gewisse Ende auch die Bereitschaft, intensiv in der Behandlungszeit zu arbeiten und sich auf das Wesentliche zu konzentrieren.
Bellak (1980) weist auf die wichtige Bedeutung des Durcharbeitens der Zeitgrenze insbesondere gegen Ende der Therapie hin. Dabei sind Trauerreaktionen und die Konzeptualisierung der Therapieerfahrung im Sinne des Transfers auf „danach" besonders bedeutsam.
Je größer die Bestimmtheit, mit der die Zeitgrenze festgelegt wird, desto stärker die Konfrontation der „Kinderzeit" mit der „Erwachsenenzeit". Die Kurztherapie arbeitet in diesem Sinne gegen die Vorstellung der Zeitlosigkeit, unter Verzicht auf tiefe Regression und zugunsten der Konfrontation mit den aktuellen Konflikten.

Dabei wird deutlich, daß Hilflosigkeit ein guter Schutzmantel gegen notwendige Veränderungen sein kann.

### 1.3.3 Konflikt (Fokus)

Von einigen Autoren wird Kurztherapie als „Fokaltherapie" (vgl. Balint et al. 1972; Alexander u. French 1946) beschrieben. Damit ist die Behandlung eines abgegrenzten Konflikts oder bestimmter Probleme gemeint, die nicht die ganze Persönlichkeit betreffen und in Mitleidenschaft gezogen haben, wie es bei Charakterneurosen der Fall ist. Je eindeutiger der fokale Konflikt, desto günstiger ist die Indikation für eine Kurztherapie. Alexander u. French (1946) unterscheiden zwischen einem Kernkonflikt und einem fokalen Konflikt. Der fokale Konflikt ist ein Derivat des Kernkonflikts, daher bewußtseinsnäher als dieser. Der fokale Konflikt konfiguriert sich aus dem Triebimpuls oder Triebwunsch und der reaktiven Wirkung des Gewissens darauf sowie der Schaffung einer Lösung durch einen Kompromiß, der sich in Form eines Symptoms oder anderer Beschwerden äußern kann. Kernkonflikt und Fokalkonflikt können auch zusammenfallen. Zum Beispiel kann man einen fokalen Konflikt an einer konkreten Prüfungsangst erkennen. Der fokale Konflikt äußert sich symptomatisch an einer Lernhemmung durch Angstvorstellung mit den entsprechenden vegetativen Begleitsymptomen. Es handelt sich um eine innere Vorstellung, eine Autorität (der Prüfer) würde über das Wohl und Wehe des Prüflings befinden und nicht nur das angesammelte Wissen prüfen. Dieser fokale Konflikt reicht zurück in die Kindheitsgeschichte des Prüflings und steht in Zusammenhang mit dem Erleben von seinen Autoritäten.
In der Kurztherapie soll von Therapeuten und Patienten ein fokaler Konflikt gesucht werden, der zum Gegenstand der Behandlung erhoben wird. Nun ist es gar nicht so einfach, den „richtigen" Fokus zu finden. Rosenbaum (1986) behauptet, es sei nachrangig, welcher fokale Konflikt in der Kurztherapie wirklich erörtert wird, viel wichtiger sei die Notwendigkeit, daß sich Therapeut und Patient auf einen Fokus einigen können, der beiden bedeutsam erscheint. Damit ist die Suche nach einem Behandlungsfokus junktimiert mit der Festlegung von Zielvorstellungen für die Therapie.

### 1.3.4 Indikation

**Motivationale Faktoren**

Die wichtigsten Voraussetzungen für eine Kurztherapie ist die genügend hohe Motivation beim Patienten. Die Bereitschaft zur Veränderung des Konflikts steht hierbei im Vordergrund, während der Wunsch nach Reduktion des Leidensdrucks allein nicht als Indikationsmerkmal ausreicht. Sifneos (1972) führt folgende Aspekte der Motivation an:
a) eine gewisse Fähigkeit, die Symptome als psychisch bedingt anzusehen,
b) eine Tendenz zur Introspektion und aufrichtigen Berichterstattung über emotionale Schwierigkeiten,

c) Bereitschaft, aktiv in der therapeutischen Situation mitzuarbeiten,
d) Neugier und Bereitschaft, sich selbst verstehen zu wollen,
e) Bereitschaft sich zu verändern, Neues zu entdecken und auszuprobieren (Experimentierbereitschaft),
f) realistische Erwartungen in bezug auf den Therapieerfolg,
g) Bereitschaft, entsprechende Opfer zu bringen (z. B. Zeitaufwand, Honorar).

Sifneos (1972) erklärt, daß die Motivation für eine Kurzpsychotherapie ausreichend sei, wenn von den oben aufgezählten Punkten wenigstens 4 zufriedenstellend beantwortet werden können.

**Persönlichkeitsfaktoren**

Um von einer Psychotherapie überhaupt profitieren zu können, müssen einige Persönlichkeitsaspekte ausreichend vorhanden sein, die in bezug auf die Kurztherapie folgendermaßen beschrieben werden können:

a) Eine gewisse Ich-Stärke (vgl. Langsley 1980; Sifneos 1972): Der Patient muß z. B. in der Lage sein, die Sitzungszeiten einzuhalten, über seine Situation zu sprechen, in der Therapie auftauchende Spannungen auszuhalten und auszutragen, sowie die symbolische Form der therapeutischen Beziehung von anderen Beziehungsformen zu unterscheiden.
b) Das Herstellen einer Beziehung mit dem Therapeuten in der 1. Sitzung: Dabei kann die Reaktion des Patienten auf eine „Reizdeutung" zur Evaluierung des „response" hilfreich sein.
c) Ein Verständnis für psychologische Zusammenhänge und Gefühlsausdruck. Bellak (1980) spricht in diesem Zusammenhang von „psychological mindedness".

**Nosologische Faktoren**

Kurztherapie kann bei den meisten psychischen Störungen angewandt werden, soweit die oben beschriebenen Voraussetzungen gegeben sind. Prognostisch ungünstig sind Störungen, die auch bei Langzeittherapien spezifische Modifikationen verlangen, z. B. Suchterkrankungen, Borderlinestörungen, psychotische Erkrankungen und andere Störungen, die das gesamte psychische System betreffen (z. B. schwere Zwangsneurosen oder schwere Depressionen). Kann kein abgrenzbarer Fokus formuliert werden, ist es ebenfalls günstiger, eine Langzeittherapie ins Auge zu fassen.

### 1.3.5 Interventionstechniken

Interventionstechniken in der Psychotherapie sind immer abhängig von einer konkreten Situation, die zwischen Therapeut und Patient gegeben ist. Sie sind auch bestimmt durch die theoretische Ausrichtung des Therapeuten. Dennoch lassen sich allgemeine Interventionstechniken beschreiben, die immer von einer gewissen

Bedeutung sind. Bellak u. Small (1975) beschreiben 9 Hauptinterventionstechniken:

1) *Deuten*: Dabei versucht der Therapeut, den unbewußten Sinngehalt einer Äußerung des Patienten aufzudecken und mit ihm die Verknüpfung zu seinem aktuellen Problem herzustellen. Menninger u. Holzmann (1973) sprechen vom „triangle of insight", das durch die Deutung hergestellt werden soll:
a) Die Deutung verbindet Aktuelles mit Vergangenem.
b) Sie verbindet das Vergangene mit den Beziehungen in der Gegenwart.
c) Sie verbindet beide Aspekte mit der Beziehungskonfiguration, die der Patient in der Therapie zum Therapeuten hin entwirft.

2) *Stärkung des Selbstwertgefühls*: Mangelndes Selbstwertgefühl ist eine Begleiterscheinung fast aller psychischer Störungen. Um Konflikte bewältigen zu können, bedarf es oft einer Ermutigung durch den Therapeuten. Der Selbstzweifel nährt die Vorstellungen, man sei grundsätzlich nicht in der Lage, den auf sich lastenden Konflikt zu bewältigen. Gerade diese Vorstellung soll der Therapeut in Frage stellen und damit die Eigenaktivität des Patienten mobilisieren.

3) *Mittelbare Katharsis („mediate catharsis")*: Damit meinen die Autoren die Technik, gewissermaßen über den Umweg des Therapeuten eine psychische Entladung zu erreichen, z. B.: Patient: „Ja, ich fühle mich schon ein wenig gekränkt, daß ich nicht zu jener Party meines Freundes eingeladen wurde." Therapeut: „Ich an Ihrer Stelle wäre wütend und würde dem Freund gehörig meine Meinung sagen...".

4) *Technik der Triebeinschränkung und Verdrängung*: Bei dieser Technik soll dem Patienten mitgeteilt werden, daß man innere Ereignisse auch abschließen kann, ohne daran weiter zu leiden. Dies ist beispielsweise der Fall bei einer abnormen Trauerreaktion nach dem Verlust des Partners. In dieser Situation kann es eine Hilfe sein, wenn der Patient erfährt, daß es durchaus zulässig ist, sich wieder der Gegenwart zuzuwenden und vielleicht sogar einen neuen Partner zu suchen.

5) *Stärkung der Realitätsprüfung*: Hierbei weist der Therapeut auf Widersprüche hin, die er zwischen subjektiver Erlebniswelt des Patienten und äußeren Faktoren wahrnimmt. Beispiel: Patient X fühlt sich in seiner Firma nicht wertgeschätzt und phantasiert, daß ihn sein Vorgesetzter ablehne. Kurz vor Therapiebeginn wurde er jedoch befördert. Der Therapeut macht ihn auf diese Beförderung aufmerksam.

6) *Sensibilisierung für Signale*: Dies beinhaltet eine allgemeine Sensibilisierung sowohl für innere (z. B. Körpersignale: Magenschmerzen) als auch für äußere Signale (z. B. Zuwendung von anderen).

7) *Rationalisierung als therapeutische Technik*: Rationalisierung dient normalerweise der Abwehr unerträglicher Ängste, stellt also einen Abwehrmechanismus dar (vgl. A. Freud 1936). Rationalisierung als therapeutische Technik meint, daß gerade bei Konflikten, die eine enorme emotionelle Belastung hervorrufen, das Durchdenken der Konfliktstruktur zu einer Entlastung und Neueinschätzung des Problems führen kann.

8) *Stützung*: In Lebenskrisen – etwa beim Tod eines nahen Angehörigen –, die zunächst ein differenziertes Eingehen auf die Problematik unmöglich machen,

kann die mitfühlende Haltung des Therapeuten die einzige wirkliche Hilfe sein.
9) *Beratung und Anleitung*: Zeit zum Durcharbeiten und wiederholten Besprechen eines Problems ist in einer Kurztherapie oft nicht gegeben. Hier kann eine adäquate Beratung oder eine Handlungsanweisung durchaus sinnvoll sein. Wesentlich ist, die Anleitung so zu formulieren, daß sie auch für den Patienten handhabbar wird. Anleitungen zum Üben (z. B. für Entspannungsübungen) können ein brauchbares Instrument für den Patienten sein.

Ein weiteres Charakteristikum ist das Herausarbeiten und die Beachtung eines Behandlungsfokus über die gesamte Therapie hinweg. Sifneos (1972) weist auf die Bedeutung des Abweichens bzw. Nichtabweichens vom Fokus hin. Das Abweichen kann einen Widerstand gegen die Behandlung bzw. die Lösung des Konflikts signalisieren.

Die Beachtung des Fokus durch den Therapeuten über die gesamte Therapie hinweg führt zu einer hochgeladenen emotionalen Spannung zwischen Therapeut und Patient, die durchaus konflikthaft sein kann (Sifneos, 1972, nennt sein Kurzpsychotherapiemodell nicht zufällig „anxiety-provoking-therapy").

## 1.4 Grundlagen der Gruppenpsychotherapie

### 1.4.1 Entwicklung von gruppentherapeutischen Behandlungsformen

Rogers (1974) bezeichnete die Entdeckung der „Gruppe" als eine der wichtigsten Errungenschaften des 20. Jahrhunderts. Tatsächlich hat die Bedeutung der Erforschung von Gruppenphänomenen in der Psychologie wie in der Soziologie einen immer breiter werdenden Raum eingenommen. Die Gruppentherapie, genauer die Psychotherapie von Personen, zwischen denen gruppendynamische Beziehungen bestehen oder bewußt erzeugt werden, um eine therapeutische Wirkung zu erzielen, hat dabei einen besonderen Stellenwert. Wenn man von den Pionierleistungen Morenos, Adlers, Pratts u. a. vor dem 2. Weltkrieg absieht (historische Analysen finden sich bei Rosenbaum u. Berger 1963; Kadis et al. 1963), so steht die Entwicklung der Gruppentherapie in engem Zusammenhang mit den Geschehnissen des 2. Weltkrieges. Merkwürdigerweise wurden gruppentherapeutische Behandlungsformen ausschließlich in den angelsächsischen Ländern entwickelt, um den „Kriegsneurotikern" Entlastung zu bieten und sie wieder fronttauglich zu machen (vgl. Yalom 1975; Bion 1971; Wolf u. Schwartz 1962). Die Gruppentherapeuten waren durchwegs in Psychoanalyse ausgebildete Psychiater, die in den Armeen Dienst leisteten. Auch hier spielte das ökonomische Motiv eine zentrale Rolle. Erst im Zuge dieser Entwicklung wurden die psychodynamischen Kräfte ins Blickfeld der therapeutischen Bemühungen gerückt und nutzbar gemacht.

Ein wesentlicher Einfluß für die Entwicklung der Gruppentherapie nach dem 2. Weltkrieg kam aus der T-Gruppenbewegung (vgl. Pritz 1986). Diese von Lewin (1963) in ihren Anfängen stark bestimmte (und damit gestalttheoretisch geprägte) Gruppenbewegung hatte primär pädagogische Ziele und sollte v. a. den freiwilligen

Mitgliedern Chancen bieten, ihr Verhaltensrepertoire in sozialen Situationen zu erweitern. Die T-Gruppen (T steht für „Training") entwickelten sich zunächst unabhängig von der Gruppentherapie und reichten sehr stark in die Beeinflussung von Organisationen und Wirtschaftsbetrieben hinein. Yalom (1975) führt eine Reihe von gemeinsamen Berührungsflächen zwischen der T-Gruppenbewegung und der Gruppentherapie an: Ziel beider Bewegungen ist es:

1) das positive Potential des Individuums zu entwickeln,
2) das Individuelle und Subjektive besonders zu betonen,
3) Selbstoffenbarung in der Gruppe zu üben.

Wechsler et al. (1962) sprechen von den T-Gruppen als „Therapie für Normale", doch sind heute die Grenzen fließend, und es können in Gruppentherapien Teilnehmer sein, die einen geringeren Pathologiegrad aufweisen als in T-Gruppen (vgl. Pritz 1986).

Die T-Gruppen stellen für die Gruppentherapie eine wesentliche Bereicherung in bezug auf den Zeitfaktor dar: T-Gruppen werden häufig als Blockveranstaltungen über mehrere Tage hinweg abgehalten. Insbesondere in der Ausbildung von Gruppentherapeuten werden diese Blockveranstaltungen regelmäßig eingesetzt, da sie die emotionale Dynamik verdichten und dynamische Beziehungen besonders plastisch erscheinen lassen.

In den 50er Jahren erlebte die Gruppentherapie eine enorme Verbreitung. Eine Reihe von Gruppenmodellen wurde entwickelt (vgl. Heigl-Evers 1978), und Gruppentherapie wurde sowohl ambulant als auch stationär in der Behandlung von psychiatrischen Patienten, wie auch Personen mit anderen psychischen Störungen, eingesetzt. Kutter (1986) ist der Ansicht, daß die Gruppentherapie gegenüber der Einzeltherapie gleichwertig, wenn auch in ihrem Wesen unterschiedlich sei. Tatsächlich ist die Indikationsbreite von Gruppentherapie enorm, es gibt kaum ein Gebiet im Bereich psychosozialer Störungen, in dem nicht gruppentherapeutische Behandlungsformen entwickelt wurden (vgl. Rollett 1980).

Wenn auch die Zeit der großen Konzeptentwürfe vorbei sein dürfte, so zeigt doch die Zunahme an wissenschaftlichen Publikationen eine weitere Entwicklung der Gruppentherapien an. (Dies, der Herausgeber des *International Journal of Group Psychotherapy*, teilte 1986 auf dem Weltkongreß in Zagreb mit, daß die Anzahl der eingesandten Manuskripte innerhalb der letzten Jahre um 20% pro Jahr zugenommen habe.)

Die Entwicklung von gruppentherapeutischen Behandlungsmodalitäten bringt einige neue Gesichtspunkte in bezug auf die Behandlung von psychisch Kranken hervor:

a) Enthierarchisierung der therapeutischen Beziehung: Der Therapeut ist nicht mehr die einzige Bezugsperson, die therapeutische Hilfe leisten kann; auch die Gruppenmitglieder gewinnen Kotherapeutenstatus. Sie leisten u. U. größere therapeutische Hilfe, als der Therapeut es vermag.
b) Interaktionalisierung psychischer Konflikte: Der Schwerpunkt therapeutischer Arbeit liegt auf der Integration in der Gruppe. Die Gruppeninteraktion wird zum Spiegelbild der „inneren" Probleme des einzelnen. Durch Feedback wird

es möglich, Kenntnisse über sich selbst zu gewinnen, die über die Deutungsarbeit des Therapeuten hinausreichen und besonders die sozialen Fertigkeiten der Gruppenteilnehmer beeinflussen.

c) Interaktionalisierung subjektiver Leidensproblematik: Das Erleben der „Universalität des Leidens" (Yalom 1975) führt zu einer Relativierung des Leidens in der eigenen Lebenssituation. Damit einher geht eine realistischere Einschätzung der eigenen Probleme sowie die Möglichkeit, am Beispiel des anderen und seiner Lösungskompetenzen eigene Handlungsstrategien zu prüfen und zu modifizieren.

Mit der Entwicklung der Gruppentherapie gingen kritische Erwägungen einher, die auch heute noch Gültigkeit haben. Besonders von Psychoanalytikern wurde und wird der Vorwurf erhoben, daß die gruppentherapeutische Situation durch die Anwesenheit von mehreren nicht wirklich vertraulich sein und es daher zur totalen Offenlegung aller Strebungen und dem damit verbundenen Durcharbeiten unbewußter Konflikte nicht kommen könne. Außerdem seien die Gruppenmitglieder gehemmt, offen zu reden, weil sie befürchten müßten, daß etwas nach außen dringen und sie in ihrem sozialen Leben schädigen könnte (vgl. Strotzka 1985).

Pontalis (1968) bestreitet den wissenschaftlichen Erkenntniswert der Vorgänge in der Gruppe, da diese nur eine Realität hervorbringe, die von den Mitgliedern der Gruppe hineinkonstruiert werde und nicht mehr. Wenn diese Aktionsforschung empirische Faktizität beanspruche, werde sie zur Ideologie insofern sie die Realität der kollektiven Erkenntnis nicht in Frage stellt. Andererseits erkennt er aber die Bedeutung des Subjektiven zur Konstituierung der sozialen Wirklichkeit an. Ein häufig vorgebrachter Einwand gegen die Gruppentherapie ist, daß der einzelne in der Gruppe zuwenig Berücksichtigung fände, daß der Gruppendruck so groß sei, daß individuelle Eigenheiten und Subjekthaftigkeit zugunsten eines Gruppenganzen aufgegeben werden müßten. Fraglos steht die therapeutische Gruppe in dem Konflikt zwischen Vereinzelung und Kollektivismus, sie bezieht aber auch ihre Dynamik aus dieser Antinomie.

Tatsächlich wiederholt sich in therapeutischen Gruppen das Gruppenleben ihrer Mitglieder außerhalb der therapeutischen Situation. Und ebenso sind therapeutische Gruppen nicht davor gefeit, pathologische Interaktionsmuster zu entwickeln, einzelne Mitglieder nicht oder nicht ausreichend zu verstehen und antitherapeutische Formen des Umgangs miteinander zu pflegen. Hier setzt im speziellen die Aufgabe des Gruppenleiters an, der solche Entwicklungen aufzeigen und soweit möglich in günstigere Bahnen lenken soll.

Rollett (1983) weist auf die pathogene Wirkung von Lernerfahrungen hin, die nicht nur im Elternhaus, sondern auch in der schulischen Sozialisation auftreten können. Diese können sich dann im Erwachsenenalter fortsetzen.

### 1.4.2 Therapeutische Bedeutung der inneren Konfiguration

Gruppen sind durch Beziehungen ihrer Mitglieder definiert, die einen Verbindlichkeitsgrad aufweisen, der die Mitglieder von anderen der Gruppe nicht zugehörigen Personen unterscheidet (vgl. Simon u. Pritz 1983; Pritz 1983 b). Daneben aber wei-

sen Gruppen eine innere Konfiguration auf (vgl. Pritz 1988), die ihnen spezifische Binnenmerkmale zu eigen sein läßt. Aufgrund der Interaktion zwischen Gruppenmitgliedern, Gesamtgruppe und Gruppenleiter entstehen Beziehungsformen, die Strukturen aufweisen, welche therapeutisch genutzt werden können.
Schindler (1951) spricht z. B. von der Gruppentherapie nach dem Familienmodell. Dabei sieht er eine innere Konfiguration von therapeutischen Gruppen, in denen die Mitglieder die Kinderrolle übernehmen, die Gesamtgruppe die Mutter symbolisiert und der Gruppenleiter die Vaterfunktion repräsentiert.
Andere Gruppentherapeuten sehen die Gruppe wie einen psychischen Organismus beim Einzelmenschen mit Personen, die das Gewissen repräsentieren, und anderen, die eher das Triebleben verkörpern, und schließlich solchen, die das vernünftige Ich in der Gruppe sind (vgl. Argelander 1972; eine Übersicht findet sich bei Heigl-Evers 1978; Sandner 1978). Allen Autoren gemeinsam ist die Bedeutung der Interaktion in therapeutischen Gruppen. Mikrokosmisch zeigen sich dabei Verhaltensmuster und emotionale Reaktionen, wie sie auch außerhalb der Gruppe auftreten. In der therapeutischen Gruppe können diese Verhaltens- und Erlebnisweisen durch die Wiederbelebung wiederholt und dadurch einer Bearbeitung zugeführt werden.
Es gibt Gruppen, die besonders stark auf die Interaktion der Gruppenmitglieder untereinander eingestellt sind; der Leiter greift dabei wenig ein, Gruppenmitglieder betätigen sich häufig als Kotherapeuten. Andere Gruppen sind wieder stark leiterzentriert, und die meisten Kommunikationsabläufe finden zwischen Leiter und einzelnen Gruppenmitgliedern oder der Gruppe als Ganzes statt.
Ob die Interaktion stärker gruppenzentriert oder stärker leiterzentriert verläuft, ist von der Gruppenzusammensetzung abhängig sowie von der Therapiemethode, der sich der Leiter verpflichtet fühlt. Schließlich ist auch das jeweilige Entwicklungsstadium der Gruppe von Bedeutung – je nachdem, ob die Gruppe

- mehr Abhängigkeitsbedürfnisse entwickelt, wie es zu Beginn von Gruppen die Regel ist, wenn die Sicherung der Gruppe als eigene Konfiguration im Vordergrund steht, oder
- ob der Schwerpunkt im Erfahrungsaustausch unter den Gruppenmitgliedern liegt, wie es für reifere Gruppen typisch ist.

Für den Gruppentherapeuten ist es wichtig, daß er erkennt, welche Bedürfnisse die Gruppenmitglieder entwickeln und wie er ihnen dabei helfen kann.

## 1.4.3 Rahmenbedingungen von therapeutischen Gruppen

Therapeutische Gruppen treffen sich meist 1- bis 2mal pro Woche und umfassen zwischen 4 und 12 Mitglieder, wobei die Idealgröße bei 8 Mitgliedern liegt. Bis zur beginnenden Entwicklung von Kurzgruppenpsychotherapien war man der Ansicht, daß nur Gruppen, die sich zumindest 30 Sitzungen ( = 1 Jahr) lang treffen, therapeutische Wirksamkeit entwickeln können (vgl. Yalom 1975). Gruppen, die eine starke Fluktuation ihrer Mitglieder erleben, sind in ihrer therapeutischen Wirksamkeit sehr eingeschränkt; es ist günstig, wenn Gruppen bezüglich der Teilnehmer stabil bleiben.

Die Sitzungsdauer schwankt zwischen 60 und 120 min; es gibt aber auch Gruppen, die eine kürzere oder längere Sitzungsdauer vereinbaren.
Gruppen unter 4 Mitgliedern neigen dazu, die Dynamik untereinander zu vernachlässigen und sich auf die Problematik des einzelnen zu konzentrieren. Außerdem ist die Unterschiedlichkeit der Problembewältigung dann nicht mehr so sichtbar. Gruppen über 12 Teilnehmer sind in ähnlicher Weise gehandikapt, weil die Mitglieder sich nicht gegenseitig wirklich gut wahrnehmen können. Diese Gruppen zerfallen dann oft in Untergruppen bzw. scharen sich zu sehr um den Leiter, um eine drohende Fraktionierung zu verhindern. Schließlich kommen in zu großen Gruppen einzelne Teilnehmer zu kurz, insbesondere diejenigen, die zu wenig oder zuviel Durchsetzungsfähigkeit besitzen.

### 1.4.4 Indikation

Gruppentherapien haben eine sehr breite Indikationsstellung: Es existieren Gruppen für die meisten psychischen Probleme. Therapeutisch ist es wertvoll, Gruppen so zusammenzustellen, daß unterschiedliche Problemkreise in der Gruppe behandelt werden können.
Leichter ist es hingegen, Kontraindikationen zu nennen: Personen ohne ausreichende Motivation profitieren wenig von Gruppen, ebenso Personen, die aus irgendeinem Grund dem Gruppengeschehen nicht folgen können (mangelnde Intelligenz, zerebrale Dekompensation, akute Psychose). Personen mit soziopathischen Charakterzügen sollten ebenfalls nicht an Gruppentherapien teilnehmen, da sie durch ihr expansives Verhalten die Gruppenarbeit erheblich behindern können (vgl. Yalom 1975); solche mit neurotischen und psychosomatischen Störungen und hinreichender Motivation profitieren hingegen gut von Gruppentherapien.

### 1.4.5 Gruppenkohäsion

Yalom (1975, S. 77) definiert Gruppenkohäsion als „die Anziehung, die die einzelnen Mitglieder auf die Gruppe und auf die anderen Gruppenmitglieder ausüben". Mitgliedern von kohäsiven Gruppen gelingt es in der Regel besser als von nichtkohäsiven Gruppen, für sie therapeutisch wertvolle Beziehungen aufzubauen. Sie akzeptieren abweichendes Verhalten in stärkerem Ausmaß und unterstützen einander. Es scheint, daß Gruppenkohäsion ein wichtiger therapeutischer Faktor ist, demzufolge es möglich wird, auch feindselige Äußerungen in der Gruppe zu bearbeiten, ohne das Risiko einzugehen, aus der Gruppe ausgeschlossen zu werden. Das Selbstwertgefühl wird in kohäsiven Gruppen stark gehoben und ermöglicht so die notwendige Selbstöffnung. Die Aufgabe des Gruppenleiters liegt u. a. darin, eine möglichst hohe Kohäsion zu erzeugen, denn dann bleiben die Gruppenmitglieder auch in der Gruppe.

## 1.4.6 Rolle des Gruppenleiters

Der Leiter muß zunächst die Grundlagen zur therapeutischen Arbeit beschaffen: Nach Gruppenzusammenstellung und Einweisung in die jeweils spezifischen Gruppenregeln muß er sich bemühen, in der Gruppe ein Klima zu schaffen, das es dem einzelnen ermöglicht, seine Konflikte vorzubringen und mit den anderen so zu besprechen, daß er eine Lernerfahrung machen kann. Die Förderung der individuellen wie der kollektiven Möglichkeiten sind die Hauptaufgabe des Gruppenleiters. Abhängig von der Gruppe wird er mehr oder weniger in das Gruppengeschehen eingreifen, deuten, anregen, klären.

## 1.4.7 Heilfaktoren

Yalom (1975) untersuchte systematisch die Wirkungsweisen von Gruppentherapien, sowohl aus der Sicht der Therapeuten als auch aus der Sicht der Gruppenteilnehmer (z. B. mit Qu-Sort-Technik). Dabei wurde deutlich, daß Einschätzungen der Wirkung von Gruppen aus der Sicht von Therapeuten und Patienten sehr unterschiedlich sind.
Therapeuten erklären die Wirkungsweise anhand ihres gruppenmethodischen Hintergrunds, während Teilnehmer an mehreren Gruppen mit unterschiedlicher Methodik ähnliche Wirkfaktoren beschreiben (vgl. Innerhofer 1977, S. 14). In der Folge sollen die Wirkfaktoren, wie sie Yalom (1975) erfaßt hat, dargestellt werden.

**Mitteilung von Information**

In dieses Kapitel fallen Unterweisungen des Therapeuten bezüglich seelischer Gesundheit, über das Funktionieren der Gruppentherapie oder auch direkte Handlungsanweisungen zu speziellen Lebensproblemen des Patienten. – In Gruppen, in denen didaktische Interventionen eine große Rolle spielen, ist dieser Faktor von Bedeutung; geringen Stellenwert besitzt er nach Aussagen von Therapeuten und Patienten in Gruppen, die von Beziehungsdynamik bestimmt werden.

**Einflößen von Hoffnung**

Das Hoffen auf Genesung oder Besserung des Leidens ist ein bedeutender Faktor in jeder Psychotherapie. Fehlt die Hoffnung, neigen Gruppenpatienten auch zum Abbruch der Behandlung. Mehrere Untersuchungen haben gezeigt, daß eine hohe Erwartung, man werde in der Gruppentherapie Hilfe bekommen, mit einem positiven Behandlungsergebnis korreliert (vgl. A. D. Goldstein 1962).

**Universalität des Leidens**

Viele Patienten haben zunächst das Gefühl, ihre Störung, ihre Gedanken, Impulse und Phantasien seien einzigartig (und von besonderem Übel). Wenn sie aber analoge Probleme von anderen hören, wird es ihnen möglich, auch von den ihren zu sprechen. Diese Öffnung zu den anderen hin bewirkt eine tiefe Beruhigung durch das Aufgehobensein der Isolationsgefühle, die durch das Zurückhalten der eigenen Gedanken immer entstehen. Schachter (1959) versuchte diese verborgenen Ursachen des Geselligkeitsbedürfnisses aufzuzeigen. Experimente zeigten, daß Spannungszustände zu erhöhtem Geselligkeitsbedürfnis führen können, sie zeigten aber nicht, warum dies so ist. „Man sucht in schwierigen Situationen nicht beliebige Gesellschaft, sondern bevorzugt die Gesellschaft von Personen mit demselben Schicksal" (Herkner 1981, S. 498). Nach Schachter (1959) kommen als Ursache dafür die Flucht, die Information, die direkte Angstreduktion, die indirekte Angstreduktion und soziale Vergleichsprozesse in Betracht.

**Altruismus**

Gruppenmitglieder helfen einander während der ganzen Behandlung. Oft sind es Maßnahmen von Mitpatienten, die anregend sind, und weniger Hilfen vom Therapeuten. Dem anderen eine Hilfe zu sein und ihm nützen zu wollen, stärkt das eigene Selbstwertgefühl. „Wie bei der Aggression ist auch beim Altruismus das Lernen durch Beobachtung ein wichtiger Faktor" (Herkner 1981, S. 452). Die Erfahrung des „Gebrauchtwerdens" lenkt von pathologischer Versenkung in die eigenen Probleme ab; die Stütze des anderen wird zur Selbststützung.

**Korrigierende Rekapitulation der primären Familiengruppe**

Es gibt de facto keine Gruppenmitglieder, die nicht schädigende oder behindernde Erfahrungen in ihrer ursprünglichen Familie gemacht haben. In der Gruppe werden diese Erfahrungen wiederbelebt: Leiter, Gruppe und Gruppenmitglieder können wie Familienmitglieder erlebt werden. In der Gruppe besteht nun die Chance, destruierende Erfahrungen in der Primärfamilie zu korrigieren, da die Gruppenmitglieder wie der Leiter unterschiedlich reagieren.

**Entwicklung von Techniken des mitmenschlichen Umgangs**

In jeder therapeutischen Gruppe findet soziales Lernen statt. Dabei erfahren die Gruppenmitglieder durch die Rückmeldung von den anderen, warum sie so erlebt werden, und haben dann die Möglichkeit, alternative Verhaltensweisen zunächst einmal kurz kennenzulernen und dann auch auszuprobieren. Argyle (1967, 1969) und Argyle u. Kedon (1967) betrachten die Interaktion als soziale Fertigkeit, die analog zu motorischen Fertigkeiten erklärt werden kann. Folgende Faktoren sind hier wie dort von Bedeutung:

– Motivation,
– Wahrnehmung,
– Übersetzungsprozesse,
– Motorik,
– Rückmeldung und Korrekturen.

„Interaktionsprozesse lassen sich als Austausch von negativen und positiven Reizen auffassen" (Herkner 1981, S. 413). Dieser Ansatz wurde von mehreren Autoren ausgearbeitet (vgl. Blau 1964, 1968; Homans 1961; Thibaut u. Killey 1959).

**Nachahmendes Verhalten**

Soziales Lernen vollzieht sich zu einem großen Teil durch Nachahmung (vgl. Bandura 1971). Grusec (1972) und Grusec u. Skubiski (1970) konnten nachweisen, daß Kinder eher bereit sind, die Hälfte der in einem Spiel gewonnenen Glaskugeln an arme Kinder zu verschenken, nachdem eine Modellperson ebenso gehandelt hat. Auch die Gruppenmitglieder profitieren davon, wenn sie sehen, wie der Therapeut mit den Problemen von anderen umgeht. Oft wird auch der Therapeut kopiert. Allerdings hält nachahmendes Verhalten nicht lange an, insbesondere dann, wenn das kopierte Verhalten der eigenen Persönlichkeit zuwiderläuft. Aber auch das Nichtkopieren ist ein wichtiger Lernvorgang. Schließlich ist das Ziel vieler Gruppenteilnehmer, herauszufinden, wer sie wirklich sind.

**Andere Heilfaktoren**

Gruppen sind ein sozialer Mikrokosmos, und in einem solchen finden sich daher alle möglichen menschlichen Verhaltensweisen. Entsprechend der jeweiligen Entwicklung des einzelnen kann ein bestimmter Heilungsfaktor von besonderer Bedeutung sein, der später dann in den Hintergrund tritt. Unkonventionelle Ereignisse können ebenso hilfreich sein wie etwa eine aggressive Äußerung des Leiters zu einem bestimmten Zeitpunkt, bezogen auf ein spezifisches Problem. Entscheidend über die Wirksamkeit ist der interaktionelle Kontext, in dem ein soziales Ereignis auftritt. Insofern darf keine Möglichkeit aus den Heilfaktoren wirklich ausgeschlossen werden, wenn auch die oben angeführten von herausragender Bedeutung sind.

## 1.5 Gegenwärtiger Stand der Kurzgruppenpsychotherapie

### 1.5.1 Begriffsbestimmung

Die systematische Anwendung der Kurztherapie in der Gruppe bzw. die Gruppentherapie in einem kurzen Zeitmodus wurde erst in den letzten Jahren entwickelt (vgl. Budman u. Wisneski 1983), wenn auch die Praxis der Kurzgruppentherapie in die Anfänge der Gruppentherapie zurückweist. Vorwiegend wurden die Modelle der Kurztherapie analytischer Herkunft mit verschiedenen Gruppentherapiemodellen verknüpft. Mittlerweile hat die Kurzgruppentherapie ihren Platz in der Behandlungspalette der psychotherapeutischen Methoden gefunden und wird in zahlreichen unterschiedlichen Einrichtungen verwendet. So sehen Imber et al. (1979) die Funktion der Kurzgruppentherapie in der Patientenauswahl und -vorbereitung für Langzeittherapien als

- eine Möglichkeit zur diagnostischen Beobachtung,
- Erfahrungsmöglichkeiten während der Wartezeit auf eine Langzeittherapie,
- Ausbildungsmöglichkeit für Studenten,
- Minderung von akutem Leidensdruck,
- Krisenintervention,
- Entdeckung neuer Hilfen bei persönlichen Problemlösungen.

Die Anwendungsgebiete der Kurzgruppentherapie erstrecken sich vor allem – und dies sei der Schwerpunkt der vorliegenden Arbeit – auf die Behandlung ambulanter „mäßig schwer" gestörter Patienten. Es finden sich in der Literatur aber auch eine wachsende Anzahl von Studien über die Verwendung der Kurztherapie bei stationären psychiatrischen Patienten, weshalb diesem Themenbereich ein kurzes Kapitel gewidmet ist.

Des weiteren gibt es eine Anzahl von Spezialfällen, wie z. B. die Behandlung von blinden Personen (vgl. Keegan 1974), Personen in einer Krise (vgl. Satterfield 1977), alten Patienten (vgl. Deutsch u. Kramer 1977), psychosomatisch leidenden Patienten (vgl. Adsett u. Bruhn 1968), Drogensüchtigen (vgl. Aaron u. Daily 1974), Kindern (vgl. Scheidlinger 1984; Schwartz 1975; D. W. Cantor 1977; Rhodes 1973; Abrahamson et al. 1979; Rosenberg u. Charbulies 1979; Williams et al. 1978; Garvin et al. 1976; Oberfield u. Ciliotta 1983; Kernberg 1978) und Depressiven (vgl. Barrera 1979; Betcher 1983).

Unter der Bezeichnung „Kurzgruppentherapie" („short-term-group-therapy") unterscheiden Bernard u. Klein (1977) 3 Klassen: Kurzgruppen, Krisengruppen und Marathongruppen.

Poey (1985) unterscheidet 4 verschiedene Arten: Marathongruppen, „Open-ended"-Gruppen mit stationären Patienten, Krisengruppe und themenzentrierte Gruppen. Generell scheint sich ein Trend von der Entwicklung spezieller Techniken zu problemfokussierenden Gruppen mit definierten Patientenpopulationen abzuzeichnen (vgl. Kibel 1981; Donovan et al. 1979).

Unter dem Begriff der „Kurztherapie" finden sich in der Literatur keine einheitlichen Angaben. Es werden von einigen wenigen bis zu 50 Sitzungen und mehr, bis zur Dauer von einem Jahr (vgl. Imber et al. 1979) berichtet. Neuere Tendenzen limitieren Kurzgruppen auf 10–15 Sitzungen (vgl. Budman 1985). Die meisten Kurzgruppentherapiesitzungen dauern 1–1,5 Stunden 1mal wöchentlich und basieren auf unterschiedlichen theoretischen Modellen, wie Psychoanalyse, kognitive Therapie, Verhaltenstherapie und interpersonellen Ansätzen (vgl. Klein 1985; Ahumada 1976).

Abgesehen von den verschiedenen theoretischen Annahmen und Behandlungsstrategien, werden einige technische Charakteristika von den meisten Kurztherapieansätzen gleichermaßen erwähnt, ob sie jetzt Gruppen- oder Einzeltherapien betreffen (vgl. Butcher u. Koss 1978): therapeutische Handhabung der Zeitbegrenzung, Begrenzung therapeutischer Ziele, Gegenwartszentrierung des therapeutischen Inhalts, direktives Steuern der Sitzungen durch den Therapeuten, schnelle und frühe diagnostische Einschätzung, Promptheit der Intervention, Flexibilität der Therapeutenrolle, Erörterung oder Katharsis als wichtiges Element des Prozesses, schnelles Herstellen interpersoneller Beziehungen, geeignete Patientenauswahl.

## 1.5.2 Indikation

Obwohl ein großes Interesse daran besteht, die dem jeweiligen Patienten angemessene Therapieform anzubieten, um die Anzahl derer zu vermindern, die die Therapie frühzeitig beenden, und um dem Patienten ein Maximum an Gewinn aus der Therapie sicherzustellen, gibt es relativ wenige Daten zur Identifizierung jener Patienten, denen eine Kurzgruppenpsychotherapie als hilfreich empfohlen werden kann (vgl. Bond u. Lieberman 1978; Burke et al. 1979). Woods u. Melnick (1979) fanden 3 Gruppen von Kriterien bezüglich der Kontraindikation von Kurzgruppentherapie:

1) interpersonale Kontraindikationen, wie z. B. individuelle Gruppentherapieunverträglichkeit, Angst vor Selbstenthüllung, extreme Somatisierung, schwere Verleugnung;
2) motivationale Kontraindikationen, wie z. B. geringe Motivation, unnötiges Fokussieren externer Gegebenheiten anstelle interpersonaler oder intrapsychischer Faktoren;
3) traditionelle diagnostische Kontraindikationen, wie z. B. Patienten mit akuter Psychose, schwer Suchtkranke, akut Suizidale oder potentielle Mörder, Patienten mit organischen Hirnsymptomen, Soziopathen oder schwer schizoid zurückgezogene Patienten.

Ein anderer Ansatz zum Herausarbeiten von Ausschlußkriterien ist die Untersuchung von Patienten, die die Therapie frühzeitig abbrechen. Klein (1983a, d) und Klein u. Caroll (im Druck) fanden die höchste Abbrecherrate während der ersten Sitzungen. Diese Abbrecher werden in der klinischen Literatur generell psychologisch als wenig hoch entwickelt, mit geringer interpersoneller Sensitivität, begrenzter Motivation oder psychologischer Einsicht beschrieben. Sie sind innerhalb des Gruppensettings äußerst ängstlich, werden von den anderen Gruppenmitgliedern negativ eingeschätzt, sind dem Einfluß durch die Gruppe nicht zugänglich und profitieren generell sehr wenig durch die Gruppenerfahrung. Während des Erstinterviews zeigen sich diese Personen sehr verleugnend, haben nur begrenzte Fähigkeit, die interpersonellen und intrapsychischen Faktoren ihrer Schwierigkeiten zu diskutieren, und tendieren dazu, ihre Probleme in Begriffen somatischer oder externer Faktoren auszudrücken. Während der Gruppensitzungen zeigen sie oft Probleme mit Nähe, Angst, emotional angesteckt zu werden, Unfähigkeit, den Therapeuten mit anderen zu teilen, und werden häufig frühe Provokatoren (vgl. Klein 1985; Pritz 1987; Weghaupt 1986).

Yalom (1975) nennt als Kontraindikationen Psychopathen, Schizoide, Paranoide, Suizidale, chronisch Depressive, Süchtige, Deviante und stark von der Gruppe Verschiedene. Bernard u. Klein (1977) warnen vor schwer gestörten Patienten und solchen, die die Homogenität der Gruppe stören.

Zur Frage der Indikation identifizierten Woods u. Melnick (1979) folgende Kriterien: minimale interpersonale Verhaltensschemata, Motivation zur Therapie und zur Veränderung, momentan bestehender psychischer Leidensdruck oder Angst, Erwartung eines Gewinns von der Theapie. Friedman (1976) erachtet folgende Faktoren für wichtig:

Der Patient sollte

- seine Probleme als interpersonal definieren oder wenigstens die interpersonalen Aspekte seiner Probleme unterstreichen;
- spezifische Problembereiche identifizieren, in denen eine Veränderung erwünscht ist;
- gewillt sein, für den Einfluß der Gruppe empfänglich zu werden;
- motiviert sein, der Gruppe seine Erfahrungen über die Teilnahme an der Gruppe mitzuteilen;
- bereit sein, anderen Mitpatienten eine Hilfe zu sein (vgl. Blaser 1980).

Zur Frage, welcher Patiententyp am meisten von Kurzpsychotherapie profitiert, gleichgültig ob Gruppen- oder Einzeltherapie, finden sich in der klinischen Literatur folgende zusätzliche Charakteristika (z. B. Sifneos 1972):

- das Vorhandensein umschriebener Beschwerden bzw. eines akuten Problems,
- eine Vorgeschichte guter prämorbider Anpassung,
- wenigstens eine bedeutungsvolle Beziehung mit einer anderen Person während der Kindheit,
- die Fähigkeit, mit dem Therapeuten flexibel zu interagieren,
- Beziehungsaufnahme und Zugang zu den eigenen Gefühlen während des Erstinterviews,
- ein hohes Niveau an Motivation am Beginn in Verbindung mit der Veränderungsmöglichkeit unter Bedingungen erhöhter emotionaler Erregung,
- psychologische Begabung,
- Intelligenz und Einsichtsfähigkeit, realistische Erwartungen über den Therapieprozeß und die zu erwartenden Veränderungen.

Klein (1985) bemerkt, daß diese Indikationskriterien „ideale Selektionskriterien" seien, und meint, daß auch schwer gestörte, chronisch kranke oder weniger hoch motivierte Patienten von einer Kurzgruppenpsychotherapie profitieren könnten.

### 1.5.3 Vorbereitung auf die Kurzgruppenpsychotherapie

Vor Beginn einer Kurzgruppenpsychotherapie ist es wichtig, die Patienten auf ihre Teilnahme vorzubereiten. Die verschiedenen Vorbereitungstechniken und die daraus resultierenden positiven Effekte werden z. B. von Bednar u. Kaul (1978), Garfield (1978) und Corder et al. (1980) beschrieben.

Klein (1985) meint, daß eine sorgfältige Patientenvorbereitung dem Patienten helfe, ein realistisches Bild über die Wirkung der Therapie zu entwickeln. Leitlinien für die Gruppenvorbereitung finden sich beispielsweise bei Garrison (1960), Yalom et al. (1967) und Rabin (1970).

Budman et al. (1981a) führen 3stündige strukturierte Vorbereitungsworkshops durch. Budman u. Bennet (1983) berichteten, daß diese Vorbereitungsworkshops die Aussteigerrate von 17% auf 1% verringerten.

## 1.5.4 Zusammenstellung der Gruppen

Wenn der Therapeut nach Klärung von Aufgaben und Zielen der Therapie passende Gruppenmitglieder ausgewählt hat, erhebt sich das Problem der Gruppenzusammensetzung.

Dabei stellt sich die Frage, ob die Gruppe besser homogen oder heterogen sein sollte, um möglichst effektiv arbeiten zu können. Heterogene Gruppen sind solche, in denen die einzelnen Mitglieder kein allen gemeinsames Symptom oder keinen gemeinsamen Problemkreis haben. Die Patienten unterscheiden sich stark in ihrer Problematik, ihrem Alter, ihrer Ich-Stärke, ihrem sozioökonomischen Hintergrund und in ihren Persönlichkeitseigenschaften. Die meisten Autoren teilen die Auffassung, daß heterogene Gruppen die Selbstenthüllung fördern, die emotionale Anteilnahme in ihrem interpersonellen Setting beschleunigen und für einen Rahmen sorgen, in dem Verhaltensmuster neu erfahren, diskutiert und verstanden werden können (vgl. Yalom 1975; Bond u. Lieberman 1978; Frances et al. 1980). Klein (1985) erklärt, daß die Verschiedenheit der Interaktionen und Übertragungsreaktionen den Gruppenmitgliedern die Möglichkeit gibt, verzerrte Sichtweisen über sich selbst und die anderen zu korrigieren und inadäquate Reaktionen zu verändern. Zusätzlich lernen die Patienten, den Therapeuten mit anderen zu teilen, und entdecken während des therapeutischen Prozesses, daß andere Gruppenmitglieder ihnen Hilfestellungen geben können, wie auch sie in der Lage sind, den anderen hilfreich zu sein.

Heterogene Gruppen haben ein größeres Potential, Charaktereigenschaften und Symptome zu beeinflussen, und bieten größere Möglichkeiten zur Realitätserprobung und Übertragungsbearbeitung. Diese Gruppen neigen aber auch dazu, auf einer tieferen Ebene zu arbeiten, haben die Tendenz, schwerer anzulaufen, und brauchen länger Zeit, um sich zu entwickeln. Sie zeigen weniger augenblickliche Stützung und Gruppenidentifikation und haben eine höhere Inzidenz von Abbrechern. Klein (1985) sieht Homogenität in bezug auf die Verwundbarkeit, die Kapazität an Angsttoleranz und die allgemeine Ich-Stärke der Patienten als vorteilhafter an.

Homogene Gruppen sind solche, in denen die Mitglieder eine gemeinsame spezielle Bedingung verbindet, die den Fokus der Behandlung darstellt. Diese Gruppen schaffen ein strukturiertes und mächtiges soziales Netzwerk für Personen, die sich mit ihrem Problem isoliert fühlen. Sie stützen und ermöglichen Selbstprüfung. Homogene Gruppen sind oft besser besucht und führen generell zu einer Entlastung bei den Patienten. Ihre Interaktionen laufen auf einer oberflächlicheren Ebene als die der heterogenen Gruppen, d. h. es gibt weniger Gelegenheit, Übertragungen aufzulösen und sich mit der Realität auseinanderzusetzen (vgl. Yalom 1975; Bond u. Lieberman 1978; Frances et al. 1980).

Klein (1985) hält homogene Gruppen für sinnvoll, wenn Zeit, Kosten und psychodynamische Ressourcen des Patienten begrenzt sind und wenn eine rasche Systementlastung angezeigt ist.

Poey (1985) hält altershomogene Gruppen, bei denen die Mitglieder einen homogenen kulturellen Hintergrund aufweisen, mit einer Mitgliederzahl von 6–8 für ideal (ebenso auch Budman 1985).

## 1.5.5 Arbeitsbündnis

Das Herstellen eines wechselseitigen Arbeitsbündnisses ist speziell bei Kurztherapien von besonderer Wichtigkeit. Der Prozeß der Herstellung des Arbeitsbündnisses erfüllt mehrere Funktionen (vgl. Klein 1985):

1) Es dient als Fokus für die Art der Arbeit, die getan werden soll.
2) Es dient zur Identifizierung und Handhabung des Widerstands.
3) Es autorisiert den Therapeuten zur Arbeit mit dem Patienten.

Nach Meinung von Klein (1985) sollte das Arbeitsbündnis folgende Punkte enthalten:

- eine Zusammenfassung der Einschätzung der Hauptproblematik des Patienten,
- eine Vereinbarung über die Ziele und Aufgaben der Therapie,
- eine Spezifizierung der praktisch-strukturellen Details der Therapie wie Zeitpunkt, Dauer und Ort der Sitzungen,
- eine Diskussion der Rollen der Beteiligten,
- eine Diskussion des Behandlungsprozesses und des Therapiefokus,
- eine Darstellung der Gruppengrundregeln.

Poey (1985) unterscheidet 2 verschiedene Ebenen des Arbeitsbündnisses:

a) Gruppenfokus: bei einer Therapiedauer von weniger als 12 Stunden anzuwenden. Dabei stehen gemeinsame Gruppenprobleme im Vordergrund.
b) Mitgliederfokus: bei einer Therapiedauer von 12–30 Stunden anzuwenden. Dabei werden vorwiegend die Probleme der einzelnen Mitglieder besprochen.

## 1.5.6 Phasen des Kurzgruppentherapieverlaufs

Waxer (1977) unterscheidet 3 Stufen des Verlaufs und nennt diese: darüber Sprechen, Entscheidung fällen, Ausführen.
Poey (1985) unterscheidet 4 Phasen bei einer Dauer von 12 Sitzungen:

1) Sitzung 1–3
   - Vorstellen, Bekanntwerden der Mitglieder untereinander und mit dem Leiter;
   - Errichten des therapeutischen Klimas;
   - Problemfokus;
   - Arbeitsbündnis.
2) Sitzung 4–6
   - Mitglieder über Therapiemodalitäten orientieren;
   - Kohäsion entstehen lassen.
3) Sitzung 7–9
   - Arbeitsstufe.
4) Sitzung 10–12
   - Zusammenfassung und Abschied.

Ahumada et al. (1974) untersuchten den Gruppenprozeß bei ambulanten Patienten und fanden folgende Phasen:

a) Abhängigkeitsphase (vom Gruppenleiter),
b) Symbiosephase (der Mitglieder untereinander),
c) Individuationsphase.

Covi et al. (1982) beschreiben ebenfalls 3 Phasen im Verlauf einer 10–12 Sitzungen dauernden Kurzgruppentherapie:
a) die 1. Phase als Prozeß, bei dem erlernt wird, in kognitiven und behavioralen Begriffen zu denken;
b) die mittlere Phase, in der die Patienten das Instrumentarium der kognitiven Therapie benutzen, um ihre depressiven persönlichen Paradigmen zu verstehen;
c) die 3. Phase, die von den Gefühlen der Trennung beherrscht wird.

## 1.5.7 Gruppenkohäsion und Gruppenklima in der Kurzgruppentherapie

Die Entwicklung der Gruppenkohäsion wird gefördert durch:

- Reduktion des schwächenden Effekts auf die Gruppe durch Therapieabbrecher;
- geschlossenes Gruppenformat, das stabile und sichere Grenzen bietet;
- Zurücktreten des Leiters nach Bildung des Arbeitsbündnisses und Abgeben eines großen Teils der Verantwortung für die Führung der Gruppe an die Gruppenmitglieder (vgl. Poey 1985; Klein 1985; Silbergeld et al. 1975).

Die Bildung einer solchen Arbeitsgruppenatmosphäre kann behindert werden, wenn

- Mitglieder die Verantwortung für den Verlauf der Gruppe nicht übernehmen,
- die Ziele ambivalent bleiben,
- die Ziele zu hoch sind,
- der Therapeut das Angstniveau oder plötzliche Gefühlsausbrüche nicht beherrscht,
- der Gruppenprozeß nicht genug erhellt wird (vgl. Poey 1985).

## 1.5.8 Übertragung – Gegenübertragung

Davanloo (1978) vertritt die Auffassung, daß in einer Kurzgruppentherapie die Übertragung so positiv wie möglich sein sollte.
Poey (1985) empfiehlt, die Übertragungsphänomene eines Gruppenmitglieds nur dann genetisch zu untersuchen, wenn diese Projektionen dauernd problematisch für den Leiter oder die Gruppe seien oder wenn das Übertragungsmaterial einen direkten Bezug zum Problemfokus des Gruppenmitglieds darstellen.

Bezüglich auftretender Gegenübertragungen beschreibt Poey (1985) folgende Möglichkeiten: Schuldgefühle des Therapeuten, kontrollierend zu sein, und daraus folgende Inaktivität, so daß die Behandlung nicht schnell genug voranschreitet; Zweifel, daß in dieser kurzen Zeit etwas Entscheidendes passieren könne; Ärger auf einen Patienten, der der schnellen Gruppenentwicklung Widerstand entgegensetzt. J. Mann (1973) führt Gegenübertragungsreaktionen des Therapeuten als Antwort darauf an, daß die Gruppenmitglieder Schwierigkeiten haben, das Ende der Therapie zu akzeptieren. Poey (1985) beschreibt zudem noch das Problem des Ausgebranntseins, wenn ein Therapeut mehrere Kurzgruppen in ununterbrochener Folge leitet.

### 1.5.9 Heilfaktoren

Rohrbaugh u. Bartels (1975) untersuchten 13 Gruppen stationärer und ambulanter Patienten und kamen zu ähnlichen Ergebnissen wie Yalom (1975) für Langzeitgruppen. So erwiesen sich als die hilfreichsten Faktoren interpersonales Lernen, Katharsis, Gruppenkohäsion und Einsicht. Corder et al. (1981) fanden eine ähnliche Rangreihe bei Kurzgruppen von Jugendlichen. J. M. Donovan et al. (1979) fanden bei Kurzzeitkrisengruppen, daß die Patienten Stützung, Hinweise anderer Mitpatienten und die Gruppenzusammengehörigkeit hilfreicher erlebten als die Interventionen des Therapeuten.

Gommes-Schwartz (1978) fand, daß die Beteiligung des Patienten an der Gruppe das beste Voraussagemerkmal für den Therapieerfolg darstellt. Poey (1985) identifizierte 3 weitere Faktoren:

1) besondere Beachtung des Zeitfaktors und das Gefühl der Dringlichkeit,
2) die Akzeptanz der Strukturiertheit und der umschriebenen Problemstellung,
3) die hilfreichen Aspekte der aktiven Involviertheit des Therapeuten, seine Modellwirkung und seine Stützung der Gruppe.

### 1.5.10 Therapeutenverhalten

Generell läßt sich nach Durchsicht der klinischen Literatur sagen, daß das Therapeutenverhalten in Kurzgruppen wie folgt sein sollte: aktiv, direktiv, flexibel, der Pathologie des Patienten angepaßt, entsprechend der Gruppenkohäsion, der Gruppenentwicklung, den Zielen, dem Behandlungskontext und den Behandlungsgrenzen (vgl. Klein 1985).

Luborsky (1977) empfiehlt bei Neurotikern ein mehr einsichtsorientiertes Behandeln mit einem umschriebenen dynamischen Fokus oder einem Konfliktthema. Klein (1985) verhält sich bei schwerer gestörten Patienten stützender, akzeptierend und nicht interpretierend. Er sieht jede Kurzgruppentherapie als eine auf Stützung orientierte Therapie, die folgendes enthalten soll:

– schnelles Herstellen einer Beziehung zu jedem Patienten und Benutzen der positiven Übertragung;

- schnelles Abschätzen, sorgfältige Auswahl und Vorbereitung der Patienten, klare Formulierung des Arbeitsbündnisses mit klar umschriebenen Zielen;
- Führen beim Formulieren realistischer Ziele;
- einen aktiven, zielorientierten Ansatz mit Fokus auf dem Hauptkonflikt, Symptom oder vereinbarten Gebiet;
- einen ahistorischen Fokus, Hier und Jetzt;
- Arbeit mit bewußten und vorbewußten Phänomenen;
- Fokus auf Ich-Funktionen;
- frühzeitige Selbstenthüllung soll vermieden werden, ebenso extremer Ausdruck von Gefühlen, unproduktives Fokussing auf tiefem, archaischem, präödipalem oder psychotischem Material;
- Fokus auf Ich-Bildungs-Techniken, Wachstumskapazität und Bewältigungsstrategien;
- gesündere Abwehrmechanismen sollten gestärkt werden,
- kognitive und didaktische Elemente sollen zur Verfügung gestellt werden;
- Interpretationen sollten speziell fokusbezogen sein;
- Eigenverantwortlichkeit der Patienten fördern;
- Therapeutenprozeß beleuchten.

Für Poey (1985) ist es wichtig, daß der Therapeut den Gruppenprozeß bis zum Abschluß des Arbeitsbündnisses stark strukturiert. Er fordert einen energischen, optimistischen, flexiblen, selbstvertrauenden Therapeutenstil, wobei die Therapeutenrolle sich kongruent zur Gruppenentwicklung verändern sollte. Auf der 1. Stufe, der Bildung des Arbeitsbündnisses, ist der Therapeut didaktisch, direktiv, formend, stark stützend, nicht nur interpretativ und mehr technisch (vgl. Weiner 1970/71). Auf der 2. Stufe, der Stufe der Kohäsion, kann der Therapeut weniger aktiv sein, zurückhaltender und die Grenzen zwischen Therapeut und Gruppe benutzen. Auf der 3. Stufe, der Stufe der Arbeit, ist es günstig, wenn er mäßig aktiv ist, wenn er auf individueller, dyadischer oder Gruppenebene interpretiert und an die Aufgaben und Ziele der Gruppe erinnert. Auf der 4. Stufe, der Stufe des Abschieds, ist es von Vorteil, wieder aktiver zu sein.

Bernard u. Klein (1977) beschrieben als Aufgaben des Therapeuten:
- intensives Fördern des therapeutischen Prozesses,
- positive Beziehung zu den Mitgliedern,
- Phantasie oder Projektion nicht verstärken,
- Regression und freie Assoziation nicht fördern,
- einfache, direkte Interpretationen und Hausaufgaben geben.

Russakoff u. Oldham (1984) sehen den Therapeuten im Rahmen ihrer Objektbeziehungstheorie als aktiv, nicht direktiv oder erzieherisch, der seine Interpretationen in langen Statements erklärt. Der Therapeut muß die Elemente der positiven und negativen Selbstobjektrepräsentanzen entwerfen helfen, eine Bindung zur Realität herstellen, wobei der Empathie und der Konfrontation eine besondere Bedeutung zukommen (vgl. Wittkover u. Lewis 1970).

Dies (1985) beschäftigt sich mit dem Problem der „therapeutischen Manipulation" versus „Erleichterung des Therapieprozesses" als zwei mögliche Führungsstile des Gruppentherapeuten und stellt die beiden Stereotypen einander gegenüber:

1) Der machiavellistische Manipulator wird als vorausplanend, programmatisch beschrieben; er wirkt weniger stützend als vielmehr kontrollierend und interpersonell konfrontierend. Er zeigt anstelle persönlicher und technischer Offenheit mehr Täuschung und Distanziertheit, und seine Interventionen werden als bedrohend erlebt.
2) Der Manipulator als aktiv Erleichternder, der als generell stützend erlebt wird, eher positives Feedback erteilt und auf positive Art konfrontiert. Er vertritt einen offenen Führungsstil, wobei er an persönlichen Erfahrungen Anteil nimmt. Seine aufdeckenden Interpretationen passen sich dem Bedürfnis der Gruppe an und sind sensibel zum richtigen Zeitpunkt gesetzt.

Dies (1985) sieht den Leiter einer Kurzgruppentherapie als einen aktiv Erleichternden an und meint, Leiter sollten aktiv, aber nicht „monopolistisch" sein, häufig intervenieren, aber kurz und fokussiert (Dies 1983). Daraus folgernd, empfiehlt er das Konzept der „direktiven Erleichterung" für Kurzgruppentherapeuten.

Brabender (1985) beschreibt ein Phasenmodell des Therapeutenverhaltens, das den Prozeßphasen des Gruppenverlaufs entspricht:

1) Der 1. Phase, der Einbeziehung durch Universalität, sind das Bekämpfen von Fluchttendenzen und stützende Erklärung der unmittelbaren Reaktionen adäquat.
2) Während der 2. Phase, der Bewältigung der Enttäuschung, sollte der Therapeut „die Gruppe als Ganzes" betreffende Interventionen setzen, Gefühle dem Therapeuten gegenüber interpretieren und Phantasien über die Konsequenzen des Ausdrucks von Ärger dem Therapeuten gegenüber fördern.
3) In der 3. Phase, der Erreichung von Unabhängigkeit, sollten der Gebrauch von Feedback, Gruppenentscheidungen sowie individuell oder interpersonell gerichtete Interventionen gefördert und die Rolle des Sündenbocks interpretiert werden.
4) In der 4. Phase, der Konfrontation mit der Trennung, sollte der Austausch des Feedbacks über den Verlauf der Gruppe gefördert und defensive Mechanismen herausgestrichen werden.

### 1.5.11 Therapieziele

Generell läßt sich sagen, daß bei der Kurzgruppentherapie dieselben Ziele wie bei allen anderen Psychotherapieformen angestrebt werden, nämlich:

- Verringerung des Leidens,
- Wiederherstellung des emotionalen Gleichgewichts,
- Förderung der effizienten Anwendung der Ressourcen der Patienten,
- Entwicklung des Verständnisses der derzeitigen Störung und Vergrößerung der Bewältigungsstrategien für die Zukunft (vgl. Klein 1985).

Klein (1985) fordert auch, daß die Ziele in Kurzgruppenpsychotherapien begrenzt, spezifisch, bewußt, explizit formuliert sind und von Therapeut und Patienten bejaht werden. Die Gruppenziele sollten im Einklang mit der Gruppengröße sowie

Dauer und Häufigkeit der Stimmungen stehen und dem Ausbildungsstand des Therapeuten angemessen sein. Es soll eine Kongruenz zwischen den Zielen, dem Niveau der Ich-Funktionen und der Motivation des Patienten herrschen. Die Ziele müssen erreichbar sein.
Binder u. Smokler (1988) nennen als Hauptziel das schnelle Finden des Problemfokus (s. dazu auch Poey 1985).

### 1.5.12 Kurzgruppenpsychotherapie bei stationären Patienten

McGee u. Williams (1971), Trakas u. Lloyd (1971), Waxer (1977) und Klein (1977) berichten über die Behandlung mit Schizophrenen mittels Kurzgruppentherapie. Der Fokus liegt bei stationären Patienten auf Problemlösung und Entscheidungsfindung, die Behandlung ist wenig einsichtsorientiert und nicht psychodynamisch. Die Ziele der stationären Therapie sind:

– Wiederherstellen einer Art von Gleichgewicht,
– Förderung von Kontroll- und Bewältigungsstrategien,
– Vermittlung von Hilfe und Verständnis,
– Erleichterung der kognitiven Restrukturierung.

Cook u. Mead (1966) halten eine Gruppengröße von 7–8 Mitgliedern für am günstigsten, mit 3-stündigen Sitzungen pro Woche, und als „Open-ended"Gruppe geführt. Die Kurzgruppen dienen zur Diagnose, Therapie und Auswahl für ambulante Gruppentherapie.
Kibel (1981) sieht die Rolle des Therapeuten bei stationären Gruppen als die eines Orchesterdirigenten, der den Fluß von Inhalt und Affekt leitet, wobei besonderer Wert auf Empathie und Stützung gelegt werden sollte. Rice u. Rutan (1981) empfehlen, ein Therapiebündnis bei stationären Patienten zusätzlich mit dem Stationspersonal zu errichten.
Klein (1985) weist auf die Verantwortlichkeit und Autorität der Therapeuten für die Patienten während des Klinikaufenthalts hin und rät zu einer Kontaktaufnahme mit dem Ersttherapeuten und zur Verpflichtung der Patienten, die Gruppensitzungen einzuhalten.
Kibel (1978) hält eine Vermeidung der Gründe der Hospitalisierung in der Gruppendiskussion bei Borderlinepatienten für günstig und meint, der Therapeut sollte aggressive Triebregungen verbalisieren helfen, Problemlösungsstrategien anbieten und vor allem stützen. Die Patienten sollen die Mitglieder des Personals oder den Therapeuten als Objekte ihrer Aggression benutzen können, wobei die Aggression nicht interpretiert wird; ebenso sollte eine Konfrontation mit widersprüchlichen Ich-Zuständen vermieden werden. Der Therapeut beschränkt sich dabei auf klärende Interpretationen im Hier und Jetzt.
Da das Schwergewicht der vorliegenden Arbeit auf der Kurzgruppentherapie bei ambulanten Patienten liegt, sei in diesem Rahmen nur auf ausführlichere Arbeiten zur Kurzgruppentherapie bei stationären Patienten von Klein (1977), Klein u. Kugel (1981), Maxmen (1978), Kibel (1981), Klein (1983b), Yalom (1975), Farrell (1976) und Waxer (1977) verwiesen.

**Tabelle 3.** Übersicht über empirisch kontrollierte Studien zur Kurzgruppentherapie. (Aus Pritz 1987)

| Autor und Ersterscheinungsjahr | Fragestellung | Patiententyp | Therapiemodell | Technik | Setting | Design und Anzahl der Versuchspersonen | Meßinstrumente | Ergebnisse |
|---|---|---|---|---|---|---|---|---|
| Adsett u. Bruhn (1968) | Änderung physiologischer Parameter | Herzinfarktpatienten und Gattinnen | Keine Angaben | Keine Angaben | Patientenversuchsgruppe, Gattinnengruppe, 75 min, 10 Sitzungen, zweiwöchig | 2 Versuchsgruppen, 1 Kontrollgruppe, n = 6 pro Woche | Blutdruck, Pulsrate, Serumcholesterin, Serumharnsäure, MMPI, EKG | Blutdruck, Pulsrate, Angst und Depression nicht signifikant, Serumharnsäure und Serumcholesterin signifikant höher, EKG keine signifikanten Veränderungen |
| W. B. Donovan u. Marvit (1970) | Fremdheitsgefühlverringerung durch Kurzgruppentherapie | Ambulante psychiatrische Patienten | Keine Angaben | Keine Angaben | 4 Wochen, 1½ Stunden, 2mal wöchentlich | 1 Versuchsgruppe, 1 Kontrollgruppe, zufallsverteilt, n = 19 | Hanna Social Attitude Test, Dean Alientation Scale, Rotter Internal, External Scale, Bradburne Scale | Kurzgruppentherapie ändert negative soziale Verhaltensweisen nicht, affektive und behaviorale Komponenten gebessert |
| Dies u. Hess (1970) | Unterschied zwischen Marathon- und Kurzgruppentherapie in bezug auf Selbstenthüllung, Zeitperspektive und Änderung am semantischen Differential | Männliche Patienten an einem klinischen Forschungszentrum | Eklektisch | Keine Angaben | 12 Tage, 1 Stunde täglich versus 12-Stunden-Marathon | Zufallsauswahl zu 3 Marathongruppen und 3 Kurzgruppen, n = 3 | Semantisches Differential, Tonbandanalysen, Zeitdiagramm | Marathongruppen bieten größere interpersonelle Offenheit und Nähe, Mitglieder haben mehr Interesse an momentanen Ereignissen und reagieren positiver auf andere Gruppenmitglieder |

| Autoren | Thema | Patienten | Ansatz | Vorgehen | Sitzungen/Dauer | Gruppen/n | Messinstrumente | Ergebnisse |
|---|---|---|---|---|---|---|---|---|
| Lewis u. Mider (1973) | Führungsstileffekte von Gruppenleitern auf Arbeitsstil und Inhalt der Gruppe | Stationäre psychiatrische Patienten | Kognitiv versus erlebnisorientiert | Diskussion therapeutischer Themen versus Ausdruck von Gefühlen | 5–11 Mitglieder, jede Gruppe je 5 Sitzungen in jeder Versuchsbedingung | 20 Versuchsgruppen, n = 92 | Tonbandrating nach 72-Item-Hill-Interaction-Matrix | Erlebnisorientierter Stil ist mehr mitgliederzentriert, sowohl den Inhalt als auch die Interaktion betreffend, als der kognitive Führungsstil |
| Rawlings u. Gauron (1973) | Welcher Patiententyp profitiert von Kurzgruppentherapie? | Stationäre psychiatrische Patienten | Keine Angaben | aktiv, Fokus im Hier und Jetzt, starke Strukturierung, zielorientiert, Betonung der Eigenverantwortlichkeit | 10 Sitzungen, 2mal wöchentlich 2 Stunden und eine 8-Stunden-Marathonsitzung | 1 Versuchsgruppe, n = 8 | California Psychological Inventory, Fundamental Interpersonal Relationship | Patienten, die durch die Therapie Verbesserungen zeigen (nach Einschätzung der Therapeuten), zeigten auch in den Tests signifikante Verbesserung |
| Aaron u. Daily (1974) | Kostennutzenvergleich und Wirksamkeit | Drogensüchtige | Drogenprogramm | Disziplin, encounterartige Therapie, therapeutische Gemeinschaft | 2 Versuchsbedingungen: 90 Tage versus 10–12 Monate | 3 Versuchsgruppen: Langzeittherapiebeender, Kurzzeittherapiebeender, Langzeittherapieabbrecher, n = 267 | Häufigkeit der Beender, Häufigkeit der Verurteilungen, Kosten-Nutzen-Analyse | Langzeittherapie ist weniger kostenaufwendig und ist effektiver |
| Pohlen u. Bautz (1974) | Erwartungen über die Erfolgsaussichten bei offenen und geschlossenen Gruppen | Neurotiker und Psychotiker | Psychoanalyse | Keine Angaben | 4 Monate, 80 Sitzungen, 6–7 Mitglieder | 5 geschlossene Gruppen, 5 offene Gruppen, n = 54 | GPI, Tonbandrating, Beschwerdefragebogen, 16 PF, Stimmungsfragebogen | Beide Gruppen ähnliche Trends am GPI. Am Beschwerdefragebogen offene Gruppe: |

**Tabelle 3** *(Fortsetzung)*

| Autor und Ersterscheinungsjahr | Fragestellung | Patiententyp | Therapiemodell | Technik | Setting | Design und Anzahl der Versuchspersonen | Meßinstrumente | Ergebnisse |
|---|---|---|---|---|---|---|---|---|
| | | | | | | | | Ich-Schwäche signifikant abgenommen; geschlossene Gruppe: Sexualtoleranz signifikant erhöht; offene Gruppe: gestörtes körperliches Allgemeinbefinden und Verfolgungsfaktor signifikante Abnahme. Im 16 PF Trends in beiden Gruppen ähnlich |
| Walsh u. Phelan (1974) | Wirksamkeit | Personen in einer Krise | Krisenintervention, strukturierter, kognitiver Ansatz | Kontakte, transaktionsanalytische Techniken, Problemlösung, aktiv, stützend | 6 Sitzungen | 1 Versuchsgruppe, n = 17 | Script Check List, Q Sort | Keine signifikanten Ergebnisse |

| Autor | Thema | Population | Orientierung | Setting/Dauer | Gruppen | Instrumente | Ergebnisse |
|---|---|---|---|---|---|---|---|
| Rockwell et al. (1974) | Vergleich Gruppen- und Einzeltherapie | Studenten | Eklektisch | Keine Angaben | 10 wöchentliche Gruppensitzungen versus 10 wöchentliche Einzelsitzungen versus 2 Einzelsitzungen in 2-Wochen-Intervall | 3 zufallsverteilte Versuchsgruppen, n = 324 | Zung Self Rated, Anxiety and Depression Scale, Mooney Problem, Check List, Service Generated, Goals Form, MMPI, Health Opinion Survey | Keine signifikanten Unterschiede zwischen den 3 Behandlungsmodalitäten |
| Haber et al. (1977) | Kurzgruppentherapieeffekte | Altersheiminsassen | Keine Angaben | Fördern des affektiven Ausdrucks, Problemlösen, Gruppeninteraktion, personale und interpersonale Stärken fördern | 8 Wochen, 1 Stunde wöchentlich, 8–10 Mitglieder | 1 depressive Versuchsgruppe, 1 nichtdepressive Versuchsgruppe, 1 Kontrollgruppe, n = 25 | Zung SDS, Zung SPIL, KAS: FTA, KAS: SEA | Keine signifikanten Veränderungen bei Angst, Depression und anderen psychologischen Variablen |
| Bernard u. Klein (1977) | Wirksamkeit | Neurotiker und nicht akute Psychosen | Keine Angaben | Fokus auf Therapieziel Hier und Jetzt, frühe, längere Interventionen, direktiv | 10 Sitzungen, 5 Mitglieder, 1 Sitzung pro Woche | 1 Versuchsgruppe, n = 5 | Self Attitude Questionnaire, Goals Survey, Katz Adjustment Scale | Verbesserung des Selbstwertgefühls, der Anpassung und der sozialen Aktivität |
| Kanas u. Barr (1982) | Wirksamkeit | Stationäre Schizophrene | Keine Angaben | Betonung auf Ausdruck von Emotionen, stützend, aktiv, wertschätzend, keine Interpretation unbewußter Konflikte, keine Bearbeitung der Übertragung | 3mal wöchentlich 1 Stunde, ca. 3 Wochen | 1 offene Versuchsgruppe, n = 22 | Fragebogen | Patienten fanden die Gruppe hilfreich als Ort des Ausdrucks ihrer Gefühle |

**Tabelle 3** *(Fortsetzung)*

| Autor und Ersterscheinungsjahr | Fragestellung | Patiententyp | Therapiemodell | Technik | Setting | Design und Anzahl der Versuchspersonen | Meßinstrumente | Ergebnisse |
|---|---|---|---|---|---|---|---|---|
| Brabender et al. (1983) | Heilungsfaktoren | Stationäre psychiatrische Patienten | Eklektisch | Hier und Jetzt ahistorisch | 4mal wöchentlich 90 min, 8 Sitzungen, 7–10 Patienten | 14 Versuchsgruppen, n = 84 | Critical Events Questionnaire | Folgende Heilfaktoren wurden als die wichtigsten identifiziert: Modellernen, Akzeptanz, interpersonelles Lernen und Universalität des Leidens |
| Marcovitz u. Smith (1983) | Heilungsfaktoren | Stationäre psychiatrische Patienten | Tiefenpsychologisches Modell | Keine Angaben | 4mal wöchentlich 1 Sitzung, mindestens 3 Sitzungen | 1 offene Versuchsgruppe, n = 30 | Beck Depression Inventory, Zung Self Rating Scale, Yalom Curative Factors, Q Sort | Als besonders hilfreiche Faktoren wurden identifiziert: Katharsis, Gruppenkohäsion, Altruismus |
| Budman (1984) | Wirksamkeit | Ambulante Neurotiker | Eklektisch | Aktiv, direktiv, fokussierend, klientenzentriert, Hier und Jetzt | 15 Wochen, 8 Mitglieder | Pretest-Posttest-Versuchsgruppendesign, Cross over type format, n = 36, zufallsverteilt, 2 Versuchsgruppen, 1 Wartelistekontrollgruppe | Target Problems, SCL-90-R, Personal Assessment, Peer Scale, Therapist Scale, Testimony, Attiudes toward, Group Therapy | Verbesserungen in interpersoneller Sensitivität, phobischer Angst und Problemschwere. Therapie positiver bewertet |

## 1.5.13 Effizienzkontrolle

Luborsky et al. (1975) fanden keine signifikanten Unterschiede bezüglich der Wirksamkeit zwischen Individual- und Gruppentherapie. Signifikante Veränderungen fanden Sloane et al. (1975), Lieberman (1976), Butcher u. Koss (1978), Imber et al. (1979).
Zusammenfassende Arbeiten zu diesem Thema findet man von P. B. Smith (1975), Parloff u. Dies (1977), Bednar u. Kaul (1978), Dies (1979), Frank (1979) und Klein (1983a, c). Darin werden anhand von Patienten- und Therapeutenratings über Verbesserungen zwischen 65% und 70% berichtet. Budman (1981 a) fand ähnliche Resultate bei Individual- und Kurzgruppentherapien.
Bei der Durchsicht der kontrollierten Studien über Kurzgruppentherapie fällt eine geringe Anzahl von empirischen Arbeiten auf. Die hier angeführten Studien (Tabelle 3) lassen bis auf wenige Ausnahmen einen Mangel an wissenschaftlich-empirischen Vorgangsweisen erkennen. So gibt es ungenügende Angaben über die verwendete therapeutische Technik und über das zugrundeliegende theoretische Modell, unpräzise Angaben über das Versuchsdesign — falls ein solches überhaupt vorhanden ist —; teils ist die Anzahl der Versuchspersonen unklar ebenso wie die verwendeten Meßinstrumente. Interessanterweise behaupten manche Forscher trotz dieser fragwürdigen Versuchsanordnungen, zu brauchbaren und allgemein gültigen Ergebnissen zu kommen, obwohl zweifelhaft bleibt, was z. B. mit einer einzigen Experimentalgruppe ohne Kontrollgruppenvergleich wirklich gemessen wurde. Bei fast allen Untersuchungen ist auch die kleine Anzahl an Versuchspersonen zu kritisieren.
Daß Kurzgruppentherapie für bestimmte Personen von großer Hilfe sein kann, steht — klinisch gesehen — mittlerweile außer Frage. Nach wie vor ist aber fraglich, wie die Einzelfallstudien, um die es sich bei den meisten Untersuchungen zum Thema handelt, eine größere Gesichertheit annehmen, um generelle Aussagen treffen zu können.
All diese Einwände gegen die Mehrzahl der angeführten Untersuchungen zeigen deutlich, daß bisher auf dem Gebiet der Kurzgruppentherapie wenig valides empirisches Material vorliegt, das Fragestellungen wie Indikation, Therapieeffekte, Gründe für den Therapieabbruch, optimales Therapeutenverhalten und vieles mehr zufriedenstellend klärt.

# 2 Angewandte kurzgruppenpsychotherapeutische Verfahren

In diesem Kapitel werden 3 Formen der Kurzgruppenpsychotherapie dargestellt, wie sie im Ambulatorium für Psychotherapie der Wiener Gebietskrankenkasse angewandt werden. Für die vorliegende Effektivitätsuntersuchung bilden sie die Grundlage.

Es werden 2 entspannungstherapeutische Methoden – das autogene Training nach J. H. Schultz und die progressive Muskelentspannung nach E. Jacobson – und die analytische Kurzgruppentherapie hinsichtlich ihrer theoretischen Grundlagen sowie ihrer Indikation und Behandlungstechnik beschrieben.

Handelt es sich bei der analytischen Kurzgruppe (AKG) um eine Spezialform analytischer Gruppentherapie, so sind autogenes Training (AT) und progressive Muskelentspannung (PME) Methoden, die ursprünglich nicht primär als Gruppentherapien entwickelt worden waren. Erst mit der Verbreitung der Gruppentherapien fanden diese 2 Methoden mehr und mehr den Weg zu einer themenzentrierten Vermittlung der jeweiligen Technik in der Gruppe. Dabei wurden zunehmend die Erkenntnisse der Gruppentherapie genutzt. Heute wird empfohlen (vgl. Becker 1978), AT und PME in der Gruppe zu erlernen und zu üben, da die gruppentherapeutischen Effekte die Intensität der Kurse enorm erhöhen können.

Im Ambulatorium für Psychotherapie werden die gruppentherapeutischen Möglichkeiten genutzt, um den Patienten ein günstiges Klima zum Erlernen der Entspannungsmethoden zu ermöglichen. Aus der klinischen Beobachtung konnte man vermuten, daß gruppentherapeutische Effekte über das Erlernen der Entspannungsmethoden hinaus wirksam sein können.

## 2.1 Autogenes Training nach J. H. Schultz

### 2.1.1 Entstehungsgeschichte und theoretische Grundlagen

Das AT wurde zu Beginn des 20. Jahrhunderts von J. H. Schultz, einem Berliner Nervenarzt, entwickelt (Schultz 1972, 1979). 1920 das erstemal publiziert, nannte er es ab 1928 autogenes Training oder „konzentrative Selbstentspannung" (Binswanger 1929). Schultz verwendete dabei zunächst die Erfahrungen seines Lehrers Vogt (1879), der in seiner Lehre der „fraktionierten Hypnose" zeigte, daß man mittels Autosuggestion Symptome „unterdrücken" konnte.

Schultz verfolgte mit wissenschaftlich-experimentellen Methoden die Wirksamkeit der Autosuggestion und konnte an gesunden Personen zunächst nachweisen, daß sich durch entsprechende Imagination Schwere und Wärme in den Gliedmaßen einstellten – eine Folge der Entspannung der Gefäßwände (vgl. Speyer u. Stokvis 1936). Kontrollexperimente zeigten, daß eine suggestive Beeinflussung von außen nicht gegeben war. Als Vorteile der Hypnose, die um die Jahrhundertwende sehr populär war, galt schon damals, daß sie Ruhe und Erholung induzieren konnte. Sie ermöglicht die Regulierung sonst unwillkürlicher Organfunktionen (Puls, Hautfärbung, Durchblutung, Muskeltonus) und beeinflußt Schmerzempfindung ebenso wie angelernte Gewohnheiten. Bei neurotischen Konflikten kann es auch zu einer Psychokartharsis mittels Hypnose kommen (vgl. v. Gebsattel 1959; Stokvis u. Wiesenhütter 1979, S. 130).

Das Bestreben von Schultz war es, den hypnotischen Zustand herzustellen, doch ohne Ich-fremden Manipulator. Er erreichte dies durch schrittweises Einüben von Entspannung (ausgehend von der Erfahrung, daß Entspannung eine essentielle Voraussetzung hypnotischer Beeinflussung darstellt). Mittels gezielter Imaginationen von bestimmten Körperteilen kommt es dann durch die „Generalisierungstendenz" zu einer ganzheitlichen Versenkung. Schultz faßt dabei den Menschen immer als eine „psychophysische Ganzheit" auf. Seelische und physische Prozesse sind regelkreisartig miteinander verbunden und beeinflussen einander ständig.

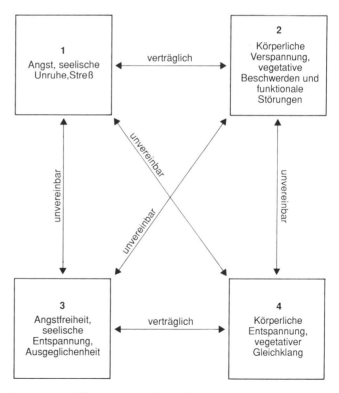

**Abb. 1.** Wirkungsparallelogramm. Erläuterungen s. Text. (Aus Pritz 1984)

Diese Wechselwirkung soll anhand eines Wirkungsparallelogramms veranschaulicht werden (Abb. 1):
Viereck 1 (Angst, seelische Unruhe, Streß) bewirkt eine körperliche Verspannung, vegetative Beschwerden und funktionale Störungen (Viereck 2), Viereck 1 und 2 sind also verträglich. Das gleiche, nur im Positiven, finden wir bei Viereck 3 (Angstfreiheit, seelische Entspannung, Ausgeglichenheit) und Viereck 4 (körperliche Entspannung, vegetativer Gleichklang), die sich ebenso ergänzen und gegenseitig bedingen. Viereck 1 und 3 sowie 2 und 3 und auch Viereck 4 und 1 sowie 4 und 2 sind unvereinbar.
Es ist nun eine Frage des inneren Kräfteverhältnisses, welche der Beziehungen in diesem Parallelogramm das Übergewicht bekommt. Ist es die Seite von Angst, Streß usw., dann bleibt die Entspannung und Gelassenheit auf der Strecke und es kommt bei häufigen Streßreaktionen zu einer chronischen Tendenz, auf Belastungssituationen mit seelischer und körperlicher Verspannung zu reagieren. Gelingt es hingegen, auf Belastungssituationen mit Gelassenheit zu reagieren, hat dies bei häufigem Vorkommen eine ebenfalls „chronische" Wirkung. Das Chronische wirkt sich allerdings zum Wohle der Person aus und führt zu einer immer größeren Gelassenheit und Entspannungsfähigkeit. Das AT ist ein systematischer Versuch, den negativen Kreislauf von Spannungszuständen in einen positiven zu transformieren. In diesem Kräftespiel von Spannung und Entspannung steht das AT klar auf der Seite der Entspannung, sowohl in körperlicher Hinsicht als auch in seelischer. Nun könnte man einwenden, daß ein Zuviel an Entspannung die Leistungsfähigkeit der Person einschränken könnte, ja daß man süchtig werden könnte nach Entspannung. Hier ist zu antworten, daß es sich nicht um ein passives Sichgehenlassen handelt, sondern um einen Prozeß der inneren Sammlung, um eine innerseelische Aktivität, wie sie bereits seit Jahrtausenden etwa die Yogi und Zenbuddhisten im Osten üben (vgl. Heugel 1938). Tatsächlich sind wir im entspannten Zustand wesentlich leistungsfähiger als bei einer Willensanstrengung, bei der wir alle möglichen Impulse unterdrücken müssen.

### 2.1.2 Physiologische Parameter

Der Vorgang der Umschaltung vom normalen Wachbewußtsein in die autogene Versenkung ist neurophysiologisch nachweisbar: Die Entspannung der Muskulatur kann so den Kniesehnenreflex zum Verschwinden bringen, die Entspannung der Gefäße führt zu einer höheren Wärmestrahlung (bis 1,1 °C; vgl. Binswanger 1929; Schultz 1979). Das periphere vegetative System setzt sich zusammen aus dem sympathischen und dem parasympathischen System, die antagonistisch wirken und jedes Organ versorgen. Der Sympathikus hat dabei die Funktion, „aktives, leistungsorientiertes Verhalten" zu steuern, der Parasympathikus beeinflußt alle Vorgänge, die aufbauen und regenerieren (ist daher meist nachtaktiv). Im AT kommt es zu einer Aktivierung des Parasympathikus (auch Vagotonus genannt). Im einzelnen sind davon besonders betroffen: Pupillen, Herzfrequenz, Darmtätigkeit, Atmung, Bronchien, Blutgefäße, Blutdruck, Muskeltonus, Stoffwechsel, Glykogen (Speicherform des Blutzuckers). Die trophotrope Reaktionslage wird durch die Um-

schaltung verbessert, die ergotrope Reaktionslage während des Übens herabgesetzt (vgl. Hoffmann 1982).
Trophotrope und ergotrope Reaktionen sind allein aufgrund peripher-vegetativer Vorgänge nicht zu verstehen. Es braucht dazu den „Steuermann", welcher im Hirnstamm lokalisiert ist und von dort über eng miteinander verknüpfte Nerven die peripheren Funktionen lenkt. Im Hypothalamus an der Hirnbasis ließ sich im Tierversuch nachweisen, daß 2 Zentren existieren, die den Schlafrhythmus steuern. Beim autogenen Training kommt es nun darauf an, die Steuerung willkürlich so herbeizuführen, daß der Übende gewissermaßen „auf halbem Weg" zwischen Schlaf und Wachheit in einem Übergangsstadium verharrt. So können die Vorteile von Einschlafbenommenheit – und damit geringerer kritischer Kontrolle von Bewußtseinsinhalten – verbunden werden mit der Steuerfähigkeit des Bewußtseins.
Jeder Nerv im Retikulum hat mehrere Kontaktstellen mit anderen Nerven, auf die Impulse weitergegeben werden. Durch die Beeinflussung einer Funktion werden weitere mitinnerviert (Wärmesuggestion erzeugt nicht nur Gefäßentspannung, sondern reguliert auch den Blutdruck). Durch den Versenkungszustand kommt es auch zu einer retikulären Desaktivierung. Das wieder hat zur Folge, daß die Bereitschaft zu motorischen Reaktionen herabgesetzt und dadurch die Grundlage für Entspannung und Schlaf gegeben wird.
Durch die wiederholte Einübung des AT (mehrmals täglich) kommt es zur Ausbildung bedingter Reaktionen. Die Wiederholung der Übungen setzt daher die prinzipielle Bereitschaft des retikulären Systems herab, auf Außenreize überstark zu reagieren (vgl. Schultz 1979; Pavlov 1928).
Auch im AT kann die Katalepsie, wie sie aus der Hypnose bekannt ist, hervorgerufen werden und ist dann mit einem charakteristischen myoelektrischen Bild und den dazugehörenden Veränderungen in der Chronaxie verbunden.

## 2.1.3 Übungen

Das AT zählt zu den „übenden" Psychotherapieverfahren (Strotzka 1982). Die Übungen selbst sind aus erprobten formelhaften Vorsätzen gebildet, die sich der Übende autosuggestiv gedanklich vergegenwärtigt. Es existiert ein Übungskanon von 7 Standardübungen, die nach entsprechender Notwendigkeit durch individuelle Formeln erweitert werden können.

**Entspannungsformeln**

Entspannungsformeln wie „Ich bin ruhig und entspannt" oder „Alles ist ruhig, ich bin völlig gelassen" sind Suggestionen, die zur Einstimmung in das Üben vorgestellt werden und damit das Autohypnoid induzieren und die Umschaltung auf den Versenkungszustand bewirken.

**Schwereübung**

Durch die Vorstellung von Schwere in den Armen und Beinen kommt es zu einer Relaxation der quergestreiften Muskulatur. Dadurch ergibt sich die subjektive

Empfindung von Schwere in den Gliedmaßen und später dann im ganzen Körper. Die Formel dazu lautet: „Arme und Beine sind schwer".

**Wärmeübung**

Durch die Wärmevorstellung kommt es zu einer Entspannung der längsgestreiften Muskulatur, den Blutgefäßen. Durch die Erweiterung der Adern, insbesondere der feinen Kapillargefäße, strömt mehr Blut hindurch. Die formelhafte Vorstellung dafür lautet: „Arme und Beine sind warm". Es erscheint günstig, Schwereübung und Wärmeübung zusammen zu üben, da es sich um physiologisch verwobene Vorgänge handelt (vgl. Pritz 1984).

**Atemübung**

Die Atemformel lautet: „Atem ist ruhig" oder „Es atmet mich". Dabei geht es nicht um eine spezielle Form der Atemgymnastik, sondern um ein möglichst ungestörtes Ablaufenlassen der Atemfunktionen. Gerade das „falsch" oder „richtig" Atmen soll ausgeschlossen werden. Hoffmann (1982) spricht von der „unwillkürlich sich wiederherstellenden vegetativen Ordnung" durch die Atemübung.

**Herzübung**

Die Herzübung: „Herz schlägt ruhig kräftig, regelmäßig" wird nicht bei allen Personen in gleicher Weise spürbar. Durch die psychologische Sonderstellung des Herzorgans als besonders sensibler Indikator für Gefühlsbewegungen kommt es bei dieser Übung öfter zu Schwierigkeiten insoferne, als das Pochen des Herzens nicht gefühlt wird oder zu hypochondrischen Angstgefühlen führen kann (vgl. Stokvis u. Wiesenhütter 1971). Daher ist entsprechend gekonntes Vorgehen beim Erlernen dieser Übung notwendig.

**Sonnengeflechtsübung**

In der Mitte des Oberbauchs liegen mehrere ineinander übergehende Nervenknoten, die Ganglia coeliaca. Durch die Vorstellung „Sonnengeflecht ist strömend warm" werden diese Nervenverflechtungen innerviert und erwärmen den Bauchraum. Diese Übung ist relativ schwer zu erlernen, nicht zuletzt auch wegen der kulturellen Geringschätzung des Unterleibs und der entsprechend geringen Sensibilität.

**Stirnübung**

Hier geht es mit Hilfe der Vorstellung „Stirn angenehm kühl" um ein Erlangen eines Wachheitsempfindens und eine Entspannung der Kopfmuskulatur. Die angespannte kühle Stirn führt zu einem leichten Zusammenziehen der peripheren Blutgefäße im Kopfbereich, die etwa dem Zustand nach einer Mahlzeit entspricht, bei dem sich das Blut im Magen sammelt.

**Individuelle Vorsätze**

Neben den Standardformeln gibt es eine Vielzahl von situations- und personenspezifischen Vorsätzen, die die Standardformeln noch vertiefen (etwa Entspannungsvorstellungen im Nacken-Rücken-Bereich). Diese individuellen Formeln werden mit dem Therapeuten gemeinsam erarbeitet oder auch nach entsprechender Instruktion selbst gebildet.

## 2.1.4 Indikation

Die Anwendungsbereiche des AT sind vielfältig und lassen sich grundsätzlich in 2 Bereiche einteilen: AT für Gesunde und AT für Kranke.

**AT für Gesunde**

Autogenes Training wird verwendet, um eine allgemeine Erholung zu erreichen. Hoffmann (1982) weist darauf hin, daß AT besonders wirksam ist, wenn der Organismus noch keinen besonderen Erschöpfungsgrad erreicht hat. Man sollte üben, bevor der Organismus zu sehr ermüdet. Durch eingestreute Ruhepausen bleibt die Spannungskurve in einem mittleren Bereich, bei Vagotonikern kann z. B. der durch Daueranstrengung immer mehr sinkende Blutdruck durch Ruhepausen reguliert werden. Autogenes Training wird häufig als Psychohygienikum im Alltag eingesetzt, da es erfrischt und (objektive) Leistungssteigerungen ermöglicht (vgl. Schultz 1979).
Auch im Sport kann AT zur Leistungssteigerung beitragen (vgl. Pritz 1984), ebenso wirkt es im künstlerischen Bereich kreativitätsfördernd (vgl. Hoffmann 1982). Durch die Abschottung von täglicher Reizüberflutung kommt es zu einer inneren „Sammlung" (vgl. Hoffmann 1982; Schultz 1972) und zur Steigerung von Gedächtnisleistungen.

**AT für Kranke**

Autogenes Training hat einen breiten Indikationsbereich bei Erkrankungen organischer Natur sowie bei psychischen Störungen, ihrem Hauptanwendungsgebiet. Im Bereich organischer Beschwerden oder Krankheiten erzielt das AT gute Wirkungen bei Schmerzzuständen, etwa Kopfschmerzen, Zahnschmerzen oder als Geburtserleichterung (s. dazu Schultz 1979; Chertok u. Langen 1981; Gerber 1982).
Im Bereich der Onkologie wird das AT als adjuvante Therapie eingesetzt (vgl. Kirchhoff 1984; Foerster 1982). Ebenso in der Rehabilitation von Herzinfarktpatienten (Vgl. Carruthers 1982; Krampen u. Ohm 1984) und bei Asthmakranken (vgl. Rechenberger 1978; Richter u. Dahme 1982; Sauer u. Schnetzer 1978).
Im Bereich psychischer und psychovegetativer Beschwerden findet man sehr häufig den Einsatz des AT. Bei Schlafstörungen stellt es eine ausgezeichnete Alternative zur herkömmlichen biochemischen Behandlung dar (vgl. Schultz 1972; Luthe 1964; Pritz 1983a). Das AT wird bei allen Angstzuständen (vgl. Hoffmann 1982),

bei Frigidität (vgl. Faude u. Esser 1978), bei Suizidalität (vgl. Kuwalik et al. 1977), bei Depression (vgl. Wohlt 1982), bei Alkoholkranken (vgl. Prokop 1979) und sogar bei Schizophrenen (vgl. Hoffmann 1982; Kraft u. Schoetzau 1982) angewandt. Zudem stellt es auch eine Indikation für „mildere" vegetative Funktionsstörungen wie Erröten, übermäßiges Schwitzen, muskuläre Verspannungen, Schwindelgefühle, Kaltfuß, Neigung zu allergischen Hautreaktionen, psychogene Herzsensationen und Magenbeschwerden dar. Allgemein läßt sich feststellen, daß bei vegetativen Störungen generell eine Indikation zum AT gegeben ist.

### 2.1.5 Rolle des Therapeuten

Die Aufgabe des Therapeuten im AT — das, wie der Name bereits sagt, gekennzeichnet ist durch das selbststätige Üben des Patienten — läßt sich durch folgende Aspekte kennzeichnen:

a) *Information:* Der Therapeut informiert über die Grundlagen des Übens, ihren philosophischen und therapeutischen Hintergrund, die einzelnen Übungen und ihre Bedeutung, die Übungsprobleme und die Indikatoren.

b) *Übungsanweisung:* Der Therapeut gibt dem Patienten konkrete Anweisungen, wie er zu üben hat, welche Dinge er zu beachten und welche er zu unterlassen hat.

c) *Beratung während des Erlernens:* Der Therapeut gibt Hilfestellung bei allen auftauchenden Problemen während des Übens, besonders wenn es zu unangenehmen Übungsreaktionen kommt.

d) *Ratschläge zu individuellen Formeln:* Der Therapeut gibt Ratschläge, wie individuelle Formeln aufgebaut sein können, welche Regeln dabei zu beachten sind und wie sie im Übungsverlauf verwendet werden.

e) *Krisenintervention:* Im Fall akut auftretender Krisen, z. B. einer akuten Psychose, bedarf es besonderer therapeutischer Maßnahmen, um den Patienten vor Schaden zu bewahren.

f) *Gruppe:* AT wird häufig in Gruppen vermittelt und erlernt. Dabei kommt es zu gruppentherapeutischen Phänomenen, die vom Therapeuten unterstützt und gefördert werden sollen (s. 2.1.7).

### 2.1.6 Neuere empirische Untersuchungen zur Effektivität

Empirische Untersuchungen zum AT lassen sich in 2 Gruppen gliedern: In die eine fallen Untersuchungen zu physiologischen Vorgängen, in die andere Untersuchungen, die die Veränderungsdimensionen psychologischer Natur bezüglich bestimmter psychischer oder psychosomatischer Störungen betreffen. Dabei zeigt sich, daß der methodische Untersuchungsaufbau meist ungenügend ist oder die Stichproben so klein sind, daß kaum generalisierbare Schlußfolgerungen gezogen werden können. Es werden hier daher nur Arbeiten vorgestellt, die den Mindestforderungen von methodischen Kriterien entsprochen haben.

Leitner (1981) untersuchte die Bedeutung des AT hinsichtlich des Kreislaufgeschehens bei Atmung und Puls und kommt zum Ergebnis, daß Personen, die AT über längere Zeit üben, ein spezifisches Streßantwortverhalten entwickeln, das auf günstige Reaktionsbereitschaft hinsichtlich Puls, Atem und Herzfrequenz schließen läßt. Dabei unterscheiden sich die Langzeittrainierer deutlich von den Kurzzeittrainierern und Untrainierten. Es konnte ebenfalls eine Abnahme von Angst, Depressivität, körperliche Frische und tief empfundene Entspanntheit festgestellt werden.

Linden (1977) konnte feststellen, daß sich durch das Erlernen des AT die Atmung und der $CO_2$-Spiegel in Richtung einer Bradypnoe und einer Hyperkapnie verändern. In die gleiche Richtung scheinen auch neben der Schwereübung die Herz- und die Atemübung zu wirken. In einer anderen Studie kann er ebenso nachweisen, daß die Hautdurchblutung bei allen Probanden gesteigert wird. Die zentralen Kreislaufparameter veränderten sich dabei nur geringfügig, es bestand eine Tendenz zur Verringerung des Herzzeitvolumens. Eine gesonderte Betrachtung der Herzfrequenz läßt vermuten, daß die Herzübung dahingehend wirksam ist, daß sie Abweichungen von der mittleren Frequenz, insbesondere im Sinne von Tachykardien, zu verringern vermag. Die periphere Durchblutungssteigerung – gemessen am Wärmepegel der Hände – wird durch die Studie von K. F. Mann (1983) bestätigt, allerdings zeigt sich entgegen den Erwartungen ein Temperaturanstieg bei der Stirnkühlübung.

Pelliccioni u. Liebner (1980) weisen mit Hilfe der Doppler-Sonographie Blutströmungsveränderungen nach, die auch außerhalb des Übens registrierbar sind.

Besonders beachtenswert sind die zahlreichen Untersuchungen, die Schultz selbst zur Psychophysiologie angestellt hat, um die günstige Wirkung auf die Physiologie nachzuweisen (Vgl. Schultz 1972).

Trautwein (1968) behandelte 40 Asthmatiker und konnte in 95% der Fälle eine deutliche Beeinflussung bzw. Besserung beobachten. Über einen längeren Zeitraum konnte er ein Verschwinden des Asthmas bei 50% der Fälle feststellen (allerdings ohne genaue Dokumentation).

Kniffki (1979) verglich das AT mit der transzendentalen Meditation (TM). Es zeigte sich, daß im Bereich von Nervosität, Angst, Depressivität, Erregbarkeit und Gehemmtheit günstige Auswirkungen beider Verfahren zu verzeichnen waren (vgl. Kraxberger 1986). Bei den Veränderungsdimensionen hinsichtlich Neurotizismus schnitt TM allerdings besser ab als AT.

Beitel u. Kröner (1982) konnten zeigen, daß sich das Selbstbild hinsichtlich größerer Kongruenz von Real- und Idealselbst durch die AT-Behandlung verändert. Diese Veränderungen bleiben bei einer Nachuntersuchung nach einem halben Jahr noch stabil. Die Besserungsrate war abhängig von der Häufigkeit der durchgeführten Übungen. Es zeigte sich auch eine Besserung bezüglich Angstneigung, Nervosität, Depressivität und Gehemmtheit. Eine Beziehung zwischen Therapieerfolg und Einschätzungen des Therapeuten konnte nicht nachgewiesen werden.

Seidler (1981) untersuchte die Wirkungen des AT im Übungsverlauf und konnte eine Steigerung des Eigenmächtigkeitsgefühls und des Durchsetzungsvermögens bei gleichzeitigem besseren Realitätsbezug feststellen. Die Beziehungsstruktur zwischen Therapeut und Patienten veränderte sich in Richtung gesteigerter Emanzipa-

tion der Patienten. Die Autorität des Therapeuten wurden im Laufe der Zeit relativiert, blieb jedoch insgesamt auf einem sehr hohen Niveau.
Tress (1981) untersuchte die Wirksamkeit des katathymen Bilderlebens, systematischer Desensibilisierung und des AT hinsichtlich Angstbewältigung und emotionalem Erleben. Im Freiburger Persönlichkeitsinventar und im Gießen-Test zeigten die Patienten (n = 15) durch katathymes Bilderleben eine positivere Selbsteinschätzung als durch AT. Patienten, die durch systematische Desensibilisierung behandelt wurden, lagen in der Mitte. In Verhaltensproben schnitten die Patienten der Desensibilisierungsgruppe am besten ab. Die Angsthierarchien veränderten sich in gleicher Weise.

## 2.1.7 AT als Gruppentherapie

AT wird meist in Form von Gruppenkursen gelehrt, wobei eine Reihe von gruppentherapeutischen Phänomenen von Bedeutung sind. Die AT-Gruppe kann man als eine themenzentrierte Gruppe betrachten (vgl. Cohn 1975), in der sich die Mitglieder der Gruppe um ein Thema scharen (Thema ist Erlernen des AT), wobei die Gesamtsituation der Gruppe die einzelnen Gruppenmitglieder beeinflußt. Natürlich wirken die bereits in Abschn. 1.4.7 dargestellten Heilfaktoren der Gruppenpsychotherapie auch bei den Teilnehmern der AT-Gruppen. Allerdings sind die Teilnehmer sehr stark auf den Therapeuten hin konzentriert. Die Interaktion unter den Teilnehmern spielt eine geringere Rolle; sie findet v. a. zum Zweck des Austauschs von Übungsproblemen statt. Mitteilungen über die persönliche Problematik sind therapeutisch günstig. Die Interaktion selbst wird jedoch nicht so sehr als Therapeutikum zum Deuten unbewußter Problematik herangezogen.
Durch das Wohlwollen und das Verhältnis des Therapeuten wird das Lernklima und dadurch auch die Selbstöffnung in der Gruppe gefördert. Dabei wird auch die soziale Angst der Teilnehmer voreinander reduziert. Durch gegenseitige Identifikation werden die Teilnehmer angeregt, ihr Übungsverhalten zu verbessern und jenen nachzueifern, denen die Übungen schon besser gelingen. Zugleich werden die Schwierigkeiten, die bei der Erarbeitung des AT auftauchen, insbesondere das regelmäßige Üben zu Hause, für alle als gemeinsames und nicht nur individuelles Problem artikuliert (vgl. Schultz 1972; Wallnöfer 1972; Lewin 1963).
Die suggestive Stimmung, die regelmäßig in AT-Gruppen auftritt, fördert die Einstimmung in das Hypnoid. Die Gruppe wirkt dabei wie ein „Resonanzkörper", der die Wirkung noch erhöht. Viele Teilnehmer beschreiben diese Wirkung als wesentlich für das Üben zu Hause, da sie sich die Situation in der Gruppe vergegenwärtigen (vgl. Baudouin 1972, S. 26).
Häufig kommt es in der Gruppe zu Übertragungsreaktionen auf den Leiter, auf andere Teilnehmer und die Gruppe. Der Leiter wird oft als eine schützende Mutter oder als wohlwollender Vater erlebt (vgl. Hoffmann 1982), unter dessen Schutzmantel die Bewältigung der Probleme beim Üben leichter fällt. Gruppenteilnehmer sind oft wie Geschwister, die in einer ähnlichen Lage sind; über identifikatorische Prozesse, aber auch Rivalitäten, erfolgen daher Differenzierungen der eigenen Problematik. So kommt es häufig durch die Schilderung der Schwierigkeiten, die die

einzelnen in das AT geführt haben, zu einer Relativierung der eigenen Problematik (vgl. Schindler 1957).
Die Gruppe wird oft als Schutzraum erlebt und als wärmende Mutterkonfiguration, in deren Schoß sich besonders gut Entspannung erfahren läßt.
Im Laufe der Therapie kommt es häufig zu einer Konvergenz der Standpunkte (vgl. Hoffmann 1982), d. h. die Gruppenmitglieder beginnen gleiche Standpunkte bezüglich des AT einzunehmen. So sehr dies eine Gefahr im Sinne eines Konformitätsdrucks darstellen kann, so günstig wirkt es sich zunächst auf die Entwicklung von verbindlichen Übungsnormen aus. Es hängt vom Geschick des Therapeuten ab, wie sehr er in der Lage ist, die Anpassungsleistung an die Gruppe für den einzelnen therapeutisch nutzbar zu machen.
Bei der „individuellen Vorsatzbildung" sind die Gruppenmitglieder eine große Hilfe, da sie oft besser als der Leiter erkennen, wie die Struktur eines Problems aussieht, und in der Rolle des Kotherapeuten adäquate Übungsformeln anzubieten vermögen. Schultz hält das Training in der Gruppe für wesentlich effektiver als das Training in der Einzelsituation (vgl. Schultz 1972). Nicht zuletzt durch die Verstärkerwirkung hat er AT-Gruppen mit über 100 Teilnehmern zusammengestellt. Die Gruppengröße liegt jedoch meist bei 8–15 Teilnehmern, da sonst die spezifische gruppentherapeutische Wirkung verlorengehen kann.

## 2.2 Progressive Muskelentspannung nach Jacobson

### 2.2.1 Entstehungsgeschichte und theoretische Grundlagen

Die Geschichte dieses Entspannungstrainings läßt 2 Phasen erkennen. Die 1. Phase ist die der Entwicklung der Methode durch Jacobson, der, von physiopsychologischen und experimentell-psychologischen Anschauungen und Fragestellungen ausgehend, ein System fortschreitender Entspannung entwickelte, über das er in seiner Monographie *Progressive Relaxation* (1928) zusammenfassend berichtet.
Die 2. Phase wurde von Wolpe (1958) eingeleitet, der Jacobsons Vorgehen änderte und es in ein systematisches Behandlungsprogramm einbaute.
1908 begann Jacobsons Wirken an der Harvard-Universität. Seine Untersuchungen führten ihn zu dem Schluß, daß bei Spannungsgefühlen eine Muskelkontraktion beteiligt ist. Diese Spannung trat auf, wenn jemand von „Angst" berichtete; diese Angst konnte durch Behebung der Spannung beseitigt werden. Die muskuläre Entspannung, also keinerlei Muskelkontraktion, wurde als der direkte physiologische Gegensatz zur Spannung erkannt, daher ist die PME die logische Behandlung für vorwiegend gespannte und ängstliche Menschen. Jacobson entdeckte, daß durch systematische Anspannung und Entspannung verschiedener Muskelgruppen und durch den Lernvorgang, sich auf die daraus resultierenden Gefühle der Spannung und Entspannung zu konzentrieren und sie zu unterscheiden, jemand fast alle Muskelkontraktionen beseitigen und das Gefühl tiefer Entspannung erleben kann. Im Jahre 1938 beschrieb er in dem Buch *Progressive Relaxation* seine Theorie und sein Vorgehen bei seinen Studien. Vier Jahre zuvor erschien bereits seine Fassung dieses Buches mit dem Titel *You Must Relax* für Nichtfachleute.

Von 1936 bis 1960 führte Jacobson seine Untersuchungen am Laboratorium für klinische Physiologie in Chicago fort. Bis zum Jahre 1962 umfaßte die Grundverfahrensweise der Entspannung 15 Muskelgruppen. Die Entspannung jeder Muskelgruppe wurde in 1- bis 9stündigen täglichen Sitzungen vorgenommen, bevor zur nächsten Muskelgruppe weitergegangen wurde. Insgesamt waren es 56 Sitzungen systematischen Übens.

1958 erschienen Wolpes Arbeiten über die Gegenkonditionierung von Furchtreaktionen an Katzen. Er konnte nachweisen, daß eine konditionierte Furchtreaktion durch das Hervorrufen einer unvereinbaren Reaktion, während schrittweiser Darbietung des gefürchteten Reizes, abgebaut werden kann. Die unvereinbare Reaktion wird die Furchtreaktion so lange, wie sie intensiver ist als diese, hemmen. Wolpe war auf der Suche nach solchen unvereinbaren Reaktionen beim Menschen. Dabei stieß er auf die von Jacobson entwickelte Technik der PME. Er sah in der Entspannung, als dem physiologischen Gegensatz zur Spannung, die ideale Reaktion für sein Programm der Gegenkonditionierung. Wegen des zu großen Zeitaufwands, der für Jacobsons Entspannungstraining nötig ist, ergaben sich für Wolpes Vorgehen 2 Möglichkeiten:

1) die Einführung von stufenweiser Darbietung zuerst wirklicher, später vorgestellter gefürchteter Reize;
2) die Abänderung des Entspannungstrainings.

Das so abgeänderte Übungsprogramm bestand nun aus 6 20minütigen Trainingssitzungen und täglich 2 15minütigen Übungen zu Hause. Um die Wahrnehmung der Körpergefühle zu erleichtern, arbeiteten Wolpes Therapeuten mit Suggestion bzw. mit Hypnose. Wolpe konnte zeigen, daß Angst oft eine erlernte Reaktion auf einen bestimmten Reiz darstellt und am wirkungsvollsten beseitigt wird, indem man eine unvereinbare Reaktion findet (z. B. Entspannung) und die auslösende Situation untersucht. So lag es in Wolpes Interesse, die Zeit des Erlernens der Entspannung zu verkürzen und ein strukturiertes, situationsspezifisches Lernprogramm aufzustellen, in dem die Entspannung nur ein Gesichtspunkt war. Sein Behandlungsprogramm, das als systematische Desensibilisierung bekannt wurde, ist in Wolpes Buch *Psychotherapy by reciprocal inhibition* (1958) beschrieben.

Seit Wolpes erster Abänderung von Jacobsons Vorgehen zeichnen sich nach Bernstein u. Borkovec (1973) folgende Tendenzen in der Weiterentwicklung des Entspannungstrainings ab:

1) Spezifizierung wirksamer Trainingsbedingungen,
2) verfeinerte Meßmethoden für die physiologischen Wirkungen der Entspannung,
3) Bestimmung der Verhaltensauffälligkeiten, die sich am besten mit Entspannungstraining angehen lassen.

Die 1. Tendenz führte zu einer Flut von Varianten im Vorgehen, deren verschiedene Wirksamkeit nicht sorgfältig untersucht worden ist. Die Trainingsanweisungen hatten auch erhebliche Mängel in ihrer klinischen Anwendbarkeit.

Die 2. Tendenz führte zu einem gewissen Umfang an empirischem Wissen über die Wirkung des Entspannungstrainings. Die einzelnen Forschungergebnisse werden in Abschn. 2.3.6 noch genauer beschrieben.

Die 3. Tendenz wirft Fragen der Anwendung und der Ausweitung der Technik auf. Es geht darum, die Eignung der Technik und ihren Stellenwert innerhalb einer umfassenden Behandlungsstrategie herauszufinden.
Heute wird das Entspannungstraining eingesetzt

– bei Wolpes systematischer Desensibilisierung;
– bei der verdeckten Sensibilisierung („covert sensitization", Cautela 1967) zur Förderung gerichteter Aufmerksamkeit und klarer Vorstellung;
– bei der differentiellen Entspannung als Ausgangsbasis, um über den ganzen Tag hin die Spannung zu senken;
– in der Technik der Angstentlastung als eine an ein angstbeendendes Schlüsselwort konditionierte, zusätzlich angenehme Reaktion;
– im Leistungssektor (Schulleistung und Leistungssport; (vgl. Guttmann u. Beer 1987).

## 2.2.2 Physiologische Parameter

In *Progressive Relaxation* bezeichnet Jacobson die nähere Erforschung des Faktors „Ruhe" („rest"), namentlich am neuromuskulären Apparat, in physiologischer, pathogener und therapeutischer Auswertung als Ausgangspunkt seiner Arbeit und setzt dieses Prinzip in vollen Gegensatz zu suggestiven Erscheinungen. An erster Stelle stehen für ihn experimentelle Methoden. Bei Neurosen treten stets gespannte Haltungen auf, die bei Besserung in einen ziemlich normal entspannten Zustand übergehen. Andererseits führt systematisch herbeigeführte Relaxation zu Beruhigung. Seine Untersuchungen über somatische Erscheinungen des Entspanntseins führte Jacobson durch, indem er die Reagibilität seiner Patienten in diesem Zustand prüfte und maß. Dazu benutzte er 2 Vorgänge: die Stärke des Kniesehnenreflexes und die minimale Stärke des elektrischen Stroms; die dazu führt, daß die Finger aus einem Becken Wasser zurückgezogen werden (Schreckreflex). Er bestimmte ferner das Maß der Spannung des glatten Muskelgewebes durch Blutdruckmessungen und überprüfte die Spannung der Magenwand, indem er kleine Ballons schlucken ließ. Er ergänzte seine Feststellungen durch Untersuchungen mit dem Saitengalvanometer (Myogramme) und durch die Beobachtung der Reaktion bei der Injektion bestimmter Pharmaka wie Koffein und Adrenalin.
Stokvis u. Wiesenhütter (1979) setzten diese Untersuchungen im Leidener Laboratorium fort, indem sie feststellten, wie sich die animalen Funktionen (Atmungs-, Puls-, Blutdruckkurve, Elektrokardiogramm, Plethysmogramm, Psychogalvanogramm, Elektroenzephalogramm) im Zustand der Entspannung verändern.
Jacobson weist aber darauf hin, daß für die Entspannung der willkürlichen Muskulatur eine lange Übungsdauer nötig ist. Durch die Schärfung seiner kinästhetischen Wahrnehmung lernt der Patient, die Verringerung seiner Muskelspannung selbst zu registrieren, und kann so den Eintritt seiner psychischen Entspannung miterleben. Die Schilderungen der Patienten bezüglich ihrer Erlebnisse während der Entspannungsmethode stimmen überein. Optische Vorstellungen werden von einem Gefühl der Spannung in den Augenmuskeln begleitet und durch vollkomme-

ne Entspannung zum Verschwinden gebracht. Akustische Vorstellungsbilder sind ebenfalls mit einem Spannungsgefühl in der Augenmuskulatur verbunden. Nach Jacobson sind die Aufmerksamkeit, die Gedächtnisleistung, das Denken überhaupt und das Gefühlsleben während des Übens in ihrer Intensität herabgesetzt.

Während bei Schultz die Intensivierung der im Entspanntsein erlebten Inhalte die bedeutsamste Rolle spielt, legt Jacobson den Nachdruck auf die Inhaltslosigkeit des Bewußtseins, auf die Vorstellungslosigkeit der Versuchsperson im Zustand der Entspannung. Im Gegensatz zu Schultz weist Jacobson noch darauf hin, daß seine Methode nicht auf (Auto)suggestion zurückzuführen sei. Er führt diese Meinung auf Beobachtungen zurück, die aber von verschiedenen anderen Autoren wie Schultz, Stokvis u. Wiesenhütter nicht gemacht werden konnten. Stokvis u. Wiesenhütter (1979) zählen die Methode von Jacobson demnach zu den aktiv autosuggestiven Entspannungstherapien, weil ihrer Meinung nach mit dem Entspannungszustand eine (hypnoide) Bewußtseinsveränderung (Versenkung) auftritt, die aber nicht nur mit einer Formel, sondern mit dem Körper als Hilfsmittel eingeleitet wird.

Für Jacobson steht die partielle Entspannung von Muskelgruppen derart im Vordergrund, daß er Leuten sogar empfiehlt, einzelne Muskeln in unbequemer Haltung zu entspannen.

Jacobsons Entspannungstraining basiert auf der Annahme, daß Ruhe und Schlaf nur eintreten, wenn die Muskelspannung auf ein Minimum reduziert wird. Für ihn weisen auch Träume auf Muskelanspannungen hin. Wenn die Entspannung der willkürlichen Muskeln vor dem Einschlafen erlernt ist, entspannen sich allmählich auch die unwillkürlichen – solange aber eine Restspannung in den Muskeln herrscht, kann man auf das Vorhandensein hindernder und störender Erlebnisse schließen. Diese Restspannung muß zum Verschwinden gebracht werden. Wenn der Patienten dies für kurze Zeit (z. B. 30 Sekunden) erreicht, sind alle Muskeln entspannt, d. h. er schläft ein.

Reize setzen Reflexsteigerungen, Hypertensionen, denen auch Intensitätsvermehrung sensibler Erlebnisse entspricht, wie umgekehrt Relaxation die entgegengesetzten Effekte hervorruft. Mit der Reflexverminderung gehen auch Abschwächungen propriozeptiver sensorischer Impulse einher. Wichtig bei der Entspannung ist, daß die übende Person zwischen muskulärer Spannung und mechanischem Zug unterscheiden lernt. Jacobson unterscheidet dabei „local relaxation", wenn nur einzelne Muskelgruppen entspannt werden, „general relaxation", wenn der ganze Körper entspannt wird. Werden einzelne Muskeln nur teilweise entspannt, während andere total entspannt werden, so bezeichnet er dies als differentielle Relaxation, die zum Ziel der Entspannung während einer Tätigkeit geübt werden kann.

### 2.2.3 Übungen

Im Entspannungstraining soll den Patienten „systematisches" Entspannen gelehrt werden. Dies geschieht, indem einzelne Muskelgruppen nach Anweisung des Therapeuten zuerst angespannt und daraufhin entspannt werden. Erst wenn alle Teilnehmer die erste Muskelgruppe entspannt haben, wird die nächste Muskelgruppe in folgender Reihung entspannt:

1) dominante Hand und Unterarm,
2) dominanter Oberarm,
3) nichtdominante Hand und Unterarm,
4) nichtdominanter Oberarm,
5) Stirn,
6) obere Wangenpartie und Nase,
7) untere Wangenpartie und Kiefer,
8) Nacken und Hals,
9) Brust, Schultern und obere Rückenpartie,
10) Bauchmuskulatur,
11) dominanter Oberschenkel,
12) dominanter Unterschenkel,
13) dominanter Fuß,
14) nichtdominanter Oberschenkel,
15) nichtdominanter Unterschenkel,
16) nichtdominanter Fuß.

Wichtig ist dabei, daß der Patient die einzelnen Muskelgruppen an seinem Körper findet und weiß, welche Muskelgruppen der Therapeut anspricht. Dazu müssen in der 1. Sitzung die einzelnen Muskelgruppen genau durchbesprochen werden – der Therapeut muß sich vergewissern, daß der Patient sie kennt. Werden dann der Reihe nach die einzelnen Muskelgruppen zuerst angespannt und dann gelockert, verständigen sich die Patienten durch ein Zeichen mit dem Therapeuten, daß die genannte Muskelgruppe entspannt ist, und der Therapeut geht zur nächsten Gruppe über. Sind alle Muskelgruppen am Körper entspannt, ruht der Patient in der Entspannung aus.
Folgende Abläufe müssen also hintereinander erfolgen:

1) Der Patient konzentriert sich auf eine Muskelgruppe.
2) Auf ein vereinbartes Signal des Therapeuten wird die Muskelgruppe angespannt.
3) Die Anspannung soll 5–7 s dauern (für die Füße kürzer).
4) Auf ein weiteres Zeichen hin wird die Muskelgruppe gelockert.
5) Der Patient soll sich während des Lockerns auf die Muskelgruppe konzentrieren.
6) Ist die jeweilige Muskelgruppe gelockert, zeigt dies der Patient dem Therapeuten durch ein vereinbartes Zeichen an.

Jede der 16 Muskelgruppen wird auf diese Art 2mal angespannt und gelockert. Zur Sicherstellung der völligen Entspannung einer Muskelgruppe wird die Entspannung dieser Muskelgruppe mit einer anderen entspannten Muskelgruppe verglichen, erst dann wird die völlige Entspannung dem Therapeuten angezeigt. Folgende Aufforderung ergeht an den Patienten (s. Bernstein u. Borkovec 1973): „Wenn die Muskeln von ... so tief entspannt sind wie die von ..., zeigen Sie es mir bitte an." Die Vergleiche zwischen den Muskelgruppen sind:

1) dominanter Oberarm zur dominanten Hand und dominantem Unterarm,
2) nichtdominante Hand und Unterarm zur dominanten Hand und Unterarm,
3) nichtdominanter Oberarm zur nichtdominanten Hand und Unterarm,
4) Stirn zum nichtdominanten Oberarm,
5) mittlere Gesichtspartie zur Stirn,
6) untere zur mittleren Gesichtspartie,
7) Nacken zu allen Gesichtsmuskeln,
8) Brust, Schultern und Rückenpartie zum Nacken,
9) Bauchmuskulatur zur Brustmuskulatur,
10) dominanter Oberschenkel zu Bauchmuskeln,
11) dominanter Unterschenkel zum dominanten Oberschenkel,
12) dominanter Fuß zum dominanten Unterschenkel,
13) nichtdominanter Oberschenkel zum dominanten Oberschenkel,
14) nichtdominanter Unterschenkel zum dominanten Unterschenkel,
15) nichtdominanter Fuß zum dominanten Fuß.

Im Anschluß an die Muskelentspannung kann der Patient einfach nur ruhen oder schlafen. Die Beendigung der Entspannung wird vom Therapeuten durch Zählen eingeleitet: Der Therapeut zählt von 4 abwärts (4: Der Patient soll die Füße bewegen; 3: Hände und Arme; 2: Kopf und Hals; 1: Öffnen der Augen). Dabei flicht der Therapeut Suggestionen über Wohlbefinden und Entspanntsein ein.

Abschließend bespricht der Therapeut mit den Patienten, wie sie sich fühlen, wie sie die Entspannung erlebt haben. Auch Schwierigkeiten während des Übens werden besprochen.

Da Entspannung geübt werden kann, werden die Patienten am Ende der Sitzung angehalten, jeden Tag 2mal für 15–20 min zu üben, wobei zwischen 2 täglichen Sitzungen mindestens 3 h Abstand sein sollten.

### 2.2.4 Indikation

Die PME ist grundsätzlich bei allen Personen mit hohem Spannungsniveau indiziert (vgl. Bernstein u. Borkovec 1973, S. 37). Dieses kann sich in einer Reihe von Symptomen wie Schlafstörungen, Kopfschmerz, Nervosität, allgemeines Spannungsgefühl, Muskelschmerzen oder anderen Spannungszuständen im Organismus äußern. Doch auch bei gesunden Personen wird die PME häufig zum Spannungsabbau angewendet. „Da es vor allem zu hohe Aktivierung ist, welche die unerwünschte Leistungsminderung auslöst, können Entspannungstechniken, ähnlich denen, die in der Vorbereitungsphase vor jeder Kerninformation eingesetzt werden, auch dazu verwendet werden, die Aktivierung in einer Belastungssituation zu vermindern. Die bisherigen Ergebnisse, die wir an einer Stichprobe von 600 Schülern gewonnen haben, sind höchst ermutigend" (Guttmann u. Beer 1987, S. 30). Im Rahmen verhaltenstherapeutischer Behandlungsprogramme wird die PME häufig als zusätzliche oder basale Behandlungsform gewählt (vgl. Rachman 1968; Bernstein u. Borkovec 1973; Floru 1973).

In der Psychotherapie hat die PME eine ähnlich breite Anwendung gefunden wie das AT. Indikationen werden beschrieben bei Drogensüchtigen (vgl. Cordeiro

1972), Bluthochdruck (vgl. Orlando 1975), hyperaktiven Kindern (vgl. Klein 1977), beim Gilles-de-la-Tourett-Syndrom (vgl. Benditsky 1978), im Schulbereich und Leistungssport (vgl. Guttmann u. Beer 1987). Bei Angstreaktionen (vgl. Miller et al. 1978) wird die PME ebenso angewendet wie bei Alkoholikern (vgl. Parker et al. 1978). Bei Rückenschmerzen aufgrund von Muskelspannungen (vgl. Bales u. Cohen 1979) finden sich ebenso Indikationen wie bei Gastritis (vgl. Sigman u. Amit 1982). Bezüglich der Anwendung der PME bei depressiven Störungen fehlen Untersuchungen, weil es sich dabei häufig um multikausale Hintergründe handelt, die aus behavioristischer Sicht schwer zu operationalisieren sind. Aber auch im Leistungssport findet die PME ihr Anwendungsgebiet: „Die Leitidee [...] ist eine grundsätzliche andere Einstellung gegenüber dem Problem der Dauerleistung. Nur ein dauerndes Wechselspiel von Aktivierung und Entspannung, von Belastungs- und Erholungsphasen ist imstande, Höchstleistungen zu erreichen. Die zumindest in den westlichen Kulturen in Vergessenheit geratene Fähigkeit des Abschaltens und Entspannens stellt tatsächlich den Schlüssel zu einer wirksamen Leistungskontrolle dar" (Guttmann u. Beer 1987, S. 30).

Als Kontraindikation wird ausdrücklich von Bernstein u. Borkovec (1975) das Fehlen von hoher Erregung angeführt, da in diesem Fall der Betreffende kaum eine Wirkung spüren würde.

Die PME wird auch als Therapie zur Einleitung einer weiteren Behandlung von Verhaltenstherapeuten angewandt, um den Patienten für entsprechende Verhaltenstherapieprogramme zu sensibilisieren.

### 2.2.5 Rolle des Therapeuten

Die grundsätzliche Haltung des Therapeuten sollte, den Kriterien von Rogers (1973) entsprechend, „einfühlsam", „wertschätzend" und „echt" sein; d. h. der Therapeut schafft ein Klima der Vertrautheit und Offenheit (vgl. Ringler 1980). Dies dient zunächst der Herstellung einer therapeutischen Beziehung, die die Möglichkeit der Entspannung fördert. Dieser Prozeß geht Hand in Hand mit den Instruktionen und entwickelt sich im Laufe der Behandlung.

Der Therapeut hat im Prinzip die gleichen Funktionen wie beim AT, er

1) gibt Informationen über Entspannung im allgemeinen,
2) instruiert den Patienten bezüglich der Übungen,
3) gibt die entsprechenden Übungsanweisungen,
4) berät bei Übungsproblemen,
5) gibt Hinweise für das Üben zu Hause,
6) informiert und berät bei notwendigen Modifikationen,
7) bespricht mit dem Patienten mögliche Störfaktoren und Randprobleme,
8) achtet auf die Dynamik der einzelnen in der Gruppe,
9) bezieht die Gruppendynamik mit ein in das Behandlungskonzept.

## 2.2.6 Neuere empirische Untersuchungen zur Effektivität

Eine Reihe von experimentellen Studien sind von Jacobson und seinen Mitarbeitern selbst durchgeführt worden: Es sind dies Versuche über Schreckreaktionen, Fluchtreflexe und das Schmerzerleben in der Entspannung. Es wurde nachgewiesen, daß die genannten Reaktionen in der Entspannung deutlich abgeschwächt waren: Abschwächung bis – in Jacobsons Versuchsanordnung – zur Nullreaktion, Befunde, die in Analogie zu schlafphysiologischen Daten stehen.

Jacobson und seine Mitarbeiter haben in verschiedensten Versuchsanordnungen die Muskelzustände überprüft und mit seiner Technik in Verbindung gebracht. Sein 1928 erschienenes Buch *Progressive Relaxation* trägt den Untertitel „Eine physiologische und klinische Studie über Muskelzustände und ihre Bedeutung in Physiologie- und Heilkunde". Jacobson gibt in diesem Buch auch sehr ausführliche klinische Protokolle über den Erfolg seiner Methode bei psychosomatischen Erkrankungen sowie bei leichten Phobien.

Paul (1969a) untersuchte an 60 Collegestudentinnen die unterschiedliche Wirkung von Entspannungstraining und Hypnose: Es wurden die physiologische Erregung (Muskelspannung, Herzfrequenz, Hautleitfähigkeit, Atemfrequenz) sowie die Angst „anxiety differential"; vgl. Husek u. Alexander 1963) gemessen. Die Ergebnisse zeigten, daß die PME zu größerer Entspannung (auf allen Meßebenen) gegenüber der Hypnose führte.

Paul (1969b) untersuchte auch die Beziehung zwischen erfolgreicher Entspannung und den verschiedenen Persönlichkeitsmerkmalen. Dabei stellte sich heraus, daß die Reaktionsbereitschaft auf Entspannung nicht von Persönlichkeitsdimensionen Extraversion und Emotionalität abhängig ist.

Borkovec u. Fowles (1973) prüften die Wirksamkeit der PME, der Hypnose und der Selbstentspannung an 40 Studenten mit Schlafstörungen. Alle 3 Techniken erwiesen sich als geeignet zur Besserung der Schlafstörungen. Die Autoren versuchten in einem weiteren Experiment der Tendenz der Versuchspersonen, dem vermuteteten Ziel des Experiments zu entsprechen, entgegenzuwirken. Dazu führten sie eine Placebogruppe ein. Es konnte dabei eine Besserung der Schlafstsörungen durch PME festgestellt werden.

Fey u. Lindholm (1978) verglichen die Wirkung von Biofeedback und PME in Hinblick auf systolischen und diastolischen Blutdruck und Herzschlagfrequenz. Sie konnten dabei feststellen, daß Herzschlagfrequenz und diastolischer Blutdruck in beiden Versuchsgruppen sanken, mit PME erreichten sie den tiefsten Wert. Turner (1986) gibt einen Überblick über die Behandlung von Ein- und Durchschlafstörungen und zeigt, daß sowohl PME als auch biofeedbackgestützes PME effektiv sein können. Paradoxe Intervention kann bei einigen Formen von Schlafstörungen hilfreich sein, erweist sich aber als weniger zuverlässig.

Richard et al. (1985) untersuchten Auswirkungen von Suggestibilität auf Entspannung. Dabei wurden hochsuggestiblen Collegestudenten ebenso wie niedrigsuggestiblen PME und suggestive Entspannungstechniken angeboten. In der Faktorenanalyse zeigte sich eine tiefere Entspannungswirkung durch PME. Personen, die wenig suggestibel waren, schnitten besser beim PME ab als bei den Suggestivtechniken. Dies bestätigt auch die Ansicht von Jacobson (1928), daß der wesentliche Ef-

fekt beim PME nicht durch Suggestion entsteht, sondern durch wiederholtes Üben. Edinger (1985) zeigt auf, daß die PME bei Personen, die an Depersonalisationserlebnissen leiden, nicht günstig ist, da die Reaktionen sehr gering sind.
Gada (1984) untersuchte die Auswirkungen von Biofeedback und PME bei Spannungskopfschmerz und kommt zum Ergebnis, daß beide Verfahren gleich wirksam sind.
Blanchard et al. (1985) untersuchten ebenfalls Kopfschmerzpatienten, und zwar mit Migränekopfschmerz, Spannungskopfschmerz oder kombiniertem Kopfschmerz (n = 250). Die Ergebnisse zeigten, daß PME allein bei 41% zu Verbesserungen führte, während eine kombinatorische Behandlung mittels Entspannung und Biofeedback zu Besserungen bei 52% der Patienten führte.
Lehrer (1983) verglich die Wirkung der PME mit Meditation und kam zum Schluß, daß beide Formen der Entspannung mehr Ähnlichkeiten als Unterschiede aufweisen. PME führte zu einer deutlich stärkeren therapeutischen Entspannungswirkung als die Meditation, doch diese führte zu günstigeren Herzreaktionen auf Streßstimuli. Außerdem wies er auch auf die Bedeutung von Umweltfaktoren bei der Bewältigung von Angst hin, die ebenfalls in die Behandlung einbezogen werden müssen, da sonst Entspannung wirkungslos bleibt.
Sherman (1982) instruierte 44 Kriegsveteranen, die an Spannungskopfschmerz, chronischer Angst und labilem Blutdruck litten, mit Hilfe einer Entspannungskassette auf Tonband zu Hause zu üben. Im Follow-up zeigte sich eine Normalisierung des Blutdrucks bei allen, ebenso war eine Verbesserung der Kopfschmerzen bei allen bis auf einen zu verzeichnen. Ängstliche Personen zeigten eine Verbesserung der Angstsymptomatik, wenn sie regelmäßig übten, keine Verbesserung aber, wenn sie die Übungen verringerten. Nicassio et al. (1982) behandelten 40 chronisch Schlafgestörte mit EMG-Biofeedback, PME und Biofeedbackplacebo. Die Ergebnisse zeigen die Wirksamkeit aller 3 Methoden, also auch der Placebobehandlung. Dies läßt sich durch die Induzierung einer Entspannungserwartung der Patienten der Placebogruppe erklären.

## 2.2.7 PME als Gruppentherapie

Die PME wird häufig in der Gruppe gelehrt, da damit die Vorteile der Gruppendynamik genützt werden können. Nur in den Fällen, wo eine Gruppenfähigkeit beim Patienten nicht gegeben ist, entweder aufgrund der speziellen Störung oder aufgrund mangelnder Soziabilität, ist es günstiger, die PME in Form einer Einzeltherapie durchzuführen.
Die gruppentherapeutische Situation hat eine Reihe von Vorteilen:

1) Die Informationen über die jeweiligen Probleme können ausgetauscht werden.
2) Übungsprobleme können gemeinsam besprochen werden.
3) Die Patienten können sich gegenseitig Hilfestellung geben.
4) Die in Abschn. 1.4.7 besprochenen Heilfaktoren kommen zur Wirkung.
5) Die Erwartungen werden relativiert und damit realistischer.
6) Die „Hausübungen" können differenziert besprochen werden.

Neben den oben beschriebenen Faktoren spielt die grundsätzliche soziale Situation im Sinne unspezifischer Wirkfaktoren eine bedeutende Rolle für den therapeutischen Prozeß. Im übrigen gelten auch hier die in Abschn. 1.4 dargestellten gruppentherapeutischen Funktionen.

Grundsätzlich werden in der Literatur über PME die gruppentherapeutischen Aspekte nur am Rande erwähnt.

## 2.3 Analytische Kurzgruppenpsychotherapie

### 2.3.1 Entstehungsgeschichte und theoretische Grundlagen

Die AKG ist eine Therapieform, die in den Anfängen ihrer Entwicklung steht und zunächst als Spezialfall der analytischen Gruppenpsychotherapie anzusehen ist. Ihre Besonderheit und ihre eigene Dimension gewinnt sie unter dem Aspekt der Zeitbegrenzung, wie wir sie bereits im Abschn. 1.3.2 beschrieben haben. Durch die Zeitbeschränkung ergeben sich Modifikationen bezüglich Indikation, Behandlungstechnik, Zielen und Prozeßgeschehen. Zunächst sollen aber die Grundlagen der analytischen Gruppenpsychotherapie im allgemeinen dargestellt werden, bevor wir uns der AKG zuwenden.

Die analytische Gruppenpsychotherapie bedient sich der Methode und der Techniken der Psychoanalyse. Dabei soll dem Patienten ein Zugang zu seinen unbewußten Motiven, insbesondere zu seinen unbewußten Abwehrvorgängen, ermöglicht werden, mit deren Hilfe er Konflikte seinem bewußten Erleben fernhält und die somit symptomerzeugend wirken. Die analytische Beziehung basiert auf dynamischer Interaktion. Dies gilt insbesondere für die Gruppenpsychotherapie, für die das „Interaktionsspiel" der Teilnehmer untereinander die Conditio sine qua non darstellt. Interaktion in der Gruppe ist jedoch nicht Selbstzweck, sondern hat die Funktion, eine Übertragungsbeziehung zu erzeugen, anhand derer sich das unbewußte Konfliktgeschehen aktualisiert.

Übertragungsbeziehung heißt, daß sich frühere, meist in der Kindheit erworbene Grundverhaltensweisen in der Gruppe wieder einstellen. Durch die unrealistische – nicht situationsadäquate – Reaktion des Gruppenmitglieds während der Gruppensitzung können unbewußte Determinanten dieses Verhalten erhellen. Im Prozeß des Durcharbeitens werden die Übertragungsphänomene einer Revision unterzogen und ggf. an die heutige Beziehungssituation angeglichen (vgl. Greenson 1986).

Bei der analytischen Gruppenpsychotherapie handelt es sich um ein Anwendungsgebiet der Psychoanalyse, d. h. die Methode des Therapeuten besteht grundsätzlich in der teilnehmenden Beobachtung (vgl. Sullivan 1953; Rapaport 1970). Das therapeutische Verhalten ist dabei gekennzeichnet durch akzeptierendes Wohlwollen und durch das Abstinenzprinzip (vgl. Freud 1915, S. 313). Gemeint ist damit, daß der Therapeut persönliche Äußerungen zurückhält, um dem Patienten die Möglichkeit zu geben, ihn zu einer Person zu machen, die durch die inneren Vorstellungen des Patienten bestimmt und nicht durch sein Verhalten geprägt wird.

In ihrer klassischen Form ist die psychoanalytische Psychotherapie höchst kompliziert und soll daher hier nur ansatzweise beschrieben werden (s. auch Thomä u.

Kächele 1986; Leupold-Löwenthal 1986). In der analytischen Gruppenpsychotherapie finden sich einige wichtige Modifikationen der klassischen Behandlungstechnik, die kurz dargestellt werden sollen.
Zunächst wird die aktuelle Persönlichkeitsdynamik untersucht. Die Rekonstruktion der Lebensgeschichte des Patienten spielt eine geringere Rolle und findet nur soweit Berücksichtigung, als sie für ein aktuelles Problem von Bedeutung ist. Daher sind auch die Ziele nicht so weit gesteckt, wie in der klassischen Psychoanalyse: Geht es dort um eine möglichst vollständige Analyse der Persönlichkeit, so sind die Ziele in der Gruppenanalyse oft konkreter und weniger umfassend.
Das Besondere der Gruppenanalyse ist aber die Untersuchung des individuellen Verhaltens in der Beziehung zu anderen Gruppenmitgliedern und zur Gesamtgruppe. Die Pluralität dieser Beziehungen schafft Möglichkeiten, die der einzeltherapeutischen Situation entgehen. Insbesondere ist dabei auf die multiple Übertragungsmöglichkeit (vgl. Foulkes 1957) hinzuweisen. Die Gruppe kann wie eine Familie erlebt werden mit Eltern- und Geschwisterübertragungen, und sie kann als soziales Lernfeld benützt werden, um Verhaltenselemente neu zu trainieren, aber auch um eine „korrigierende emotionale Erfahrung" zu machen (vgl. Alexander 1956).
Die analytischen Gruppentherapien wurden im wesentlichen in ihrer Modellhaftigkeit zwischen 1940 und 1960 entwickelt und später dann zum Teil modifiziert. Heigl-Evers (1978) beklagt den dürftigen Stand der Theoriebildung im Rahmen der Gruppenanalyse. Es existiert eine Unzahl von Modellen (vgl. Sandner 1978), deren Integration unter ein Metamodell noch nicht gelungen ist. Dies liegt jedoch nicht nur am mangelnden Theorieverständnis der Gruppentherapietheoretiker, sondern an der Komplexität von Gruppenphänomenen, die einfache Erklärungsschemata nicht ohne weiteres zulassen.
Die innere Konfiguration von Gruppen (vgl. Pritz 1988) ist so vielfältig, daß sich im jeweiligen Gruppenmodell nur Segmente der tatsächlichen Beziehungsereignisse wiederfinden lassen. Man kann daher das gruppenanalytische Prozeßgeschehen als „kollektivsubjektives Ereignis" ansehen.
Aus der Vielzahl der Konzepte von Psychoanalyse in der Gruppe seien 4 Modelle herausgegriffen, da sie für unsere Fragestellung von Bedeutung sind.

**Modell von Wolf u. Schwartz (1962)**

In diesem Modell der Psychoanalyse in der Gruppe wird v. a. das Verhalten und Erleben des Individuums fokussiert. Damit stellt das Modell einen Übergang von der Einzelanalyse zur Analyse der Gruppe als Ganzes dar. Dem Gruppenprozeß wird dabei wenig Aufmerksamkeit geschenkt. Technisch wird stark strukturiert, z. B. werden die Gruppenteilnehmer aufgefordert, Träume bestimmter Art zu erzählen (Träume von Gruppenmitgliedern, Wiederholungsträume); der Therapeut bemüht sich besonders in der Anfangsphase, eine möglichst offene, aktivierende Gruppenatmosphäre zu erzeugen.

## Modell von Bion (1971), Ezriel (1961) und Argelander (1972)

Die genannten Autoren haben ihr Augenmerk auf die Gesamtkonstellation der Gruppenaktivität gelegt.

Bion (1971) unterscheidet zwischen der Arbeitsgruppe („working group") und der Grundeinstellungsgruppe („basic-assumption-group"). Die Arbeitsgruppe ist gekennzeichnet durch die freiwillige Teilnahme der Mitglieder an der gemeinsamen Aufgabe, welche realitätsbezogen und rational erfüllt werden soll. Man könnte die Arbeitsgruppe am ehesten dem Ich-Begriff von Freud zuordnen (vgl. Heigl-Evers 1978, S. 38). Die Grundeinstellungsgruppe ist gekennzeichnet durch unbewußte gemeinsame Aktivitäten, um bestimmte emotionale Probleme zu bewältigen. Bion unterscheidet dabei 3 Grundeinstellungen: die Abhängigkeit (vom Leiter), die Paarbildung und die Kampf-Flucht-Einstellung. Je nach Entwicklungsstand der Gruppe gewinnen die Grundeinstellungen mehr oder weniger an Bedeutung. Werden sie nicht bearbeitet, kann die Stufe der Arbeitsgruppe nicht erreicht werden.

Ezriels (1961) Konzept basiert auf der Annahme von unbewußten Objektbeziehungen und auf der strikten Anwendung von Übertragungsdeutungen in der Gruppe. Er behauptet, daß sich jedes Gruppenmitglied in der Gruppe entsprechend seiner unbewußten Beziehungsproblematik die Gruppenmitglieder so zu determinieren versucht, wie sie seiner unbewußten Problematik entsprechen. Da dies jedes Mitglied versucht, ergibt sich daraus eine entsprechende Dynamik. Der Therapeut soll konsequent diese Entwicklung im Auge haben und auf ihren Übertragungscharakter hin deuten.

Argelander (1972) hat ein Modell der Gruppe entwickelt, das dem Schichtmodell Freuds vom Es, Ich und Über-Ich entspricht. Diese intrapsychischen Instanzen sieht er auch in der Gruppe interpsychisch repräsentiert. Einzelne Gruppenmitglieder übernehmen Es-, Ich- oder Über-Ich-Funktionen. Seine Behandlungstechnik richtet sich daher auf die Gruppe als Einheit, die Gruppe wird wie eine Einzelperson in einer bipolaren Beziehungsstruktur zum Gruppenleiter gesehen.

## Modell nach Foulkes (1957)

Foulkes versuchte, analytische Sichtweisen mit gruppendynamischen zu verbinden. Ihm bedeutet die Analyse des Subjekts in der Gruppe ebensoviel wie die Analyse dessen, was zwischen den Gruppenmitgliedern entsteht. Einzelne Gruppenereignisse entstehen auf dem Hintergrund einer „Gruppenmatrix", einer emotionalen Gesamtkonstellation der Gruppe. Dieses Modell hat den Vorteil, daß beide Dimensionen in der Gruppe, das Intrapsychische ebenso wie das Interpsychische, in einer Verflochtenheit verstanden werden, die therapeutischer Intervention sehr breiten Raum läßt.

## Schichtmodell: „Göttinger Modell" nach Heigl-Evers u. Heigl (1975)

Das Schichtmodell ist dem topographischen Modell der Psychoanalyse nachgebildet. Dabei werden 3 Ebenen: normative Verhaltensregulierung, psychosoziale

Kompromißbildung und unbewußte Phantasiebildung, angenommen. Diese 3 Ebenen entsprechen Regressionsstufen von „bewußt" hin zu „unbewußt". Sind die ersten beiden Stufen durch eine vielfältige Soziodynamik gekennzeichnet und dem Bewußtsein leichter zugänglich, so ist die Ebene der unbewußten Gruppenphantasien gekennzeichnet durch gemeinsame Übertragungsphänomene auf den Gruppenleiter und damit einer 2-Personen-Beziehung angenähert.
Heigl-Evers u. Heigl (1970) ordnen diesen 3 Schichten auch 3 Formen der Gruppenpsychotherapie zu: Interaktionelle Gruppentherapie bezieht sich auf bewußte Prozesse, nicht ausreichend reflektierte Verhaltensweisen, die durch Feedback verdeutlicht werden können; analytisch orientierte oder tiefenpsychologisch fundierte Gruppentherapie bezieht sich stärker auf die Ebene der psychosozialen Kompromißbildung; analytische Gruppentherapie hat die Ebene der unbewußten kollektiven Phantasien im Fokus der Therapeutenaufmerksamkeit.
Die AKG, wie sie in unserer Ambulanz in Wien angewendet wird, ordnet sich entsprechend der definierten Aufgabe v. a. Schicht 2 zu, wenn auch die Aufgaben der anderen beiden Ebenen eine wichtige Rolle spielen können.
Analytische Gruppen umfassen in der Regel 4–10 Personen, die sich regelmäßig 1- bis 2mal in der Woche meist 1 1/2 Stunden treffen. Gemäß der Regel von der freien Assoziation wird den Gruppenmitgliedern vom Leiter kein bestimmtes Thema vorgeschlagen. Dieses entwickelt sich im Laufe der Sitzung. Die freie Assoziation der Einzelanalyse wird in der Gruppe ersetzt durch die freie Interaktion: Der Gruppenleiter versucht nicht, dem Gruppengeschehen seine Vorstellungen (wie es ablaufen sollte) aufzudrängen. Vielmehr ist es seine Aufgabe, den freien Fluß der Äußerungen der Mitglieder in Gang zu bringen. Freie Interaktion schließt natürlich auch das Schweigen von Gruppenmitgliedern ein, welches oft diagnostische Hinweise geben kann. Wenn eine analytische Gruppe ihren Anfang nimmt, werden die Mitglieder vom Leiter aufgefordert, möglichst offen alles mitzuteilen, was sie während der Sitzungen beschäftigt, insbesondere Gedanken und Vorstellungen, die ihnen abstrus, lächerlich oder peinlich erscheinen, da diese oft den Weg zur unbewußten Problematik weisen.
Die Indikation zur analytischen Gruppentherapie läßt sich analog zur Psychoanalyse stellen: Personen, die eine gewisse Ich-Stärke nicht aufbringen können, sollen von der Behandlung ausgeschlossen bleiben; d. h. das regelmäßige Einhalten der Sitzungszeiten und die Fähigkeit zur Unterscheidung von Geschehen innerhalb und außerhalb der Gruppe sowie von erlebendem und analysiertem Ich (vgl. Greenson 1986) sollten gewährleistet sein. Letztendlich sollte der Patient auch über ein gewisses Maß an Diskretionsfähigkeit verfügen, da es sich häufig um persönliche Äußerungen der Gruppenmitglieder handelt.
Die Bereitschaft und das Interesse, Motive des eigenen Handelns ergründen zu wollen, sind günstige Indikatoren für die Teilnahme an analytischen Gruppen, doch ist es auch möglich, daß zunächst uninformierte Teilnehmer einen raschen Lernprozeß in der Gruppe durchmachen und dann durchaus von der Gruppenarbeit profitieren können.
Die Zusammensetzung von analytischen Gruppen ist meist inhomogen, was die Symptomatik der Teilnehmer angeht, doch scheint ein „gemeinsames Erlebnisfeld" außerhalb der Gruppe günstig zu sein. So ist zu bedenken, daß die Schicht-

unterschiede in einer Gruppe nicht zu stark sein sollen, da sonst soziologische Faktoren die psychischen überdecken können.

**Relevanz gruppenanalytischer Theoreme für die AKG**

Durch die speziellen Bedingungen, unter denen die AKG durchgeführt wird, werden einige der gruppenanalytischen Annahmen nicht übernommen (z. B. die Vorstellung von der Anzahl notwendiger Sitzungen für einen inneren Umstrukturierungsprozeß). Andere Parameter kommen dazu: z. B. der Hinweis für die Patienten, doch aktiv ihr eigenes Veränderungspotential zu nützen. In der Folge soll zusammengestellt werden, welche der Annahmen aus der Gruppenanalyse in der AKG von Bedeutung sind:

a) Theoretische Fundierung in der Psychoanalyse.
b) Bedeutung der freien Interaktion in der Gruppe.
c) Das beobachtete Verhalten in der Gruppe ist bestimmt von unbewußten Motiven, sowohl des einzelnen als auch der Gruppe als Ganzem.
d) In der AKG entsteht sehr rasch Übertragung und Widerstand, welche auch vom Therapeuten gedeutet werden sollen.
e) Die therapeutische Haltung ist wohlwollend und abstinent, wenn auch „aktiver" als in Langzeitgruppen.
f) Der Therapeut fördert die freie Interaktion.

Neben diesen Merkmalen ergeben sich jedoch Modifikationen für die AKG:

a) Die Zeitgrenze wird fixiert.
b) Die Ziele werden „bescheidener".
c) Die Lebensgeschichte des einzelnen wird immer bezogen auf das Hier und Jetzt der Gruppe (betonter als in der Gruppenanalyse).
d) Die Patienten werden ermutigt, ihr eigenes Veränderungspotential zu nützen.
e) Eine geringere Regressionstiefe wird angestrebt (diese ist allerdings sehr von der Zusammenstellung der Gruppe abhängig).

## 2.3.2 Indikation

Die Indikation läßt sich nach folgenden Kriterien diskutieren:

– Motivation,
– Fokussierbarkeit des unbewußten Konflikts,
– Symptom,
– psychologisch-psychiatrische Diagnose,
– Gruppenfähigkeit,
– Ziele des Patienten und des Therapeuten.

Motivation

Eine hohe Motivation stellt eine günstige Voraussetzung für die Inanspruchnahme einer Psychotherapie dar; dies gilt auch für die AKG. Günstiger als die Motivation, das Symptom oder den Leidenszustand zu verlieren, ist es, wenn der Betreffende auch oder darüber hinaus daran interessiert ist, sich selbst besser kennenzulernen und seine psychischen Strukturen zu durchschauen. „Psychologische Neugier" ist ein idealer Motivator.

Fokussierbarkeit des unbewußten Konflikts

Bei manchen Personen lassen sich im Vorgespräch keine klar definierbaren Konfliktkonstellationen finden. Argelander (1972) spricht in diesem Zusammenhang vom „unergiebigen Patienten". Aber auch eine Überfülle von Problemen, die sich kaum subsumieren lassen und intensivere Betreuung bedürfen, können eher gegen die Teilnahme an einer AKG sprechen. Konflikte, die sich auf einen speziellen Konfliktpunkt hin zentrieren lassen, sprechen eher für die Teilnahme an einer AKG. Allerdings muß man darauf hinweisen, daß sich auch erst während der Behandlung ein Fokus herauskristallisieren kann, der zunächst noch nicht deutlich war.

Symptom

Die Symptombildung kann vielfältig und gerade die Unterschiedlichkeit für die Gruppenarbeit förderlich sein. Allerdings gilt hier wir auch in der Langzeitgruppenanalyse, daß Symptome, die andere Gruppenmitglieder behindern, ein Ausschließungsgrund sein können, ebenso wie Symptome, die es dem Betroffenen während der Gruppensitzung nicht ermöglichen, dem Gruppenprozeß zu folgen; bizarre, einfühlbare Symptome können als Behinderung erlebt werden.

Diagnose

Die Diagnosestellung ist mit den anderen Indikatoren in bezug auf die Gruppeneignung eng verbunden. Akut psychotische Personen profitieren ebensowenig von AKG wie „endogen" Depressive. Personen, die an charakterneurotischen Störungen leiden, sind besser in Langzeittherapien aufgehoben, sofern sie nicht ein Subproblem bearbeiten möchten. Ebenso sind Suchtkranke auszuschließen sowie Personen mit psychischen Störungen, bei denen es längerer Zeit bedarf, bis andere Personen sie verstehen (z. B. Pädophile).
Die positive Diagnostik ist einfacher, insofern Personen mti den unterschiedlichsten Diagnosen von der Teilnahme an der AKG profitieren können. Wie bereits gesagt, ist die Diagnose nur ein Kriterium unter mehreren, ob eine Indikation für eine AKG zu stellen ist.

Gruppenfähigkeit

Es gibt Personen, die sich vor Gruppen fürchten, und Personen, die eine generelle Berührungsscheu vor anderen Menschen empfinden. Ist der Angstpegel zu hoch (eine gewisse Furcht ist ja situationsangemessen; besonders, wenn es um intime Probleme geht, kann die Vorstellung mangelnder Diskretion durch die anderen Gruppenteilnehmer angstauslösend wirken), ist von einer Teilnahme abzuraten.

Auf der anderen Seite ist es günstig, Personen auszuschließen, vor denen sich andere Menschen fürchten. Diese können zwar oft nichts dafür, dennoch können sie die Gruppenarbeit erheblich behindern (und behindern dadurch u. U. sich selbst; z. B. Personen, die wegen krimineller Delikte verurteilt wurden).
Die Fähigkeit, anderen zuzuhören und ihnen folgen zu können, ist ebenfalls eine wesentliche Voraussetzung für die Teilnahme an einer AKG.

Ziele

Die Formulierung der eigenen Ziele für die Therapie durch den Patienten ist eine ganz wesentliche Voraussetzung für die Teilnahme an einer AKG, da an ihr deutlich wird, ob das Therapieziel erreicht (und damit eine mögliche Enttäuschung vermieden) werden kann. Unrealistische Ziele haben zur Folge, daß der Patient entweder sich selbst als insuffizient erlebt, wenn er das Ziel nicht erreicht, oder die Gruppenmitglieder und den Therapeuten in projektiver Weise für das Nichtgelingen verantwortlich macht.
Zugleich ist eine konkrete Zielformulierung bereits ein erster therapeutischer Schritt, das zu lösende Problem in bewältigbare Einheiten zu zerlegen und damit der Hilflosigkeit entgegenzuwirken. Es kann allerdings vorkommen, daß sich die Behandlungsziele während der Behandlung ändern, wenn in der Behandlung tieferliegende Problemstellungen zutage kommen. Dieser „Kalibrierungsprozeß" ist therapeutisch wertvoll und aktiviert die Selbstreflexionsfähigkeit des Betroffenen. Es ist notwendig, daß sich der Therapeut mit den Zielen des Patienten identifiziert, damit Therapeut und Patient „auf gleicher Ebene" zu kommunizieren vermögen.

### 2.3.3 Aufgaben

Die AKG kann grundsätzlich 4 Funktionen erfüllen:

1) diagnostische Funktion,
2) entlastende Funktion,
3) therapeutisch-mutative Funktion,
4) vorbereitende Funktion für Langzeittherapie.

Diagnostische Funktion

Im Laufe der Gruppenarbeit werden im Idealfall die Modi der Konfliktverarbeitung beim einzelnen immer erkennbarer. Daraus lassen sich Diagnosen ableiten, die zunächst undeutlich sind und erst im Prozeß verdeutlicht oder verworfen werden können. Diese Präzisierung von Diagnosen hat therapeutische Auswirkungen, da dann adäquate Interventionen möglich sind. Dies stimuliert den Gruppenprozeß in Richtung Suche nach Lösungsmöglichkeiten, die wieder Lösungsbereitschaft induziert.

Entlastende Funktion

In akuten psychischen Krisensituationen, aber auch in chronifizierten psychischen Konfliktsituationen, kann die Teilnahme an einer AKG zu einer Entlastung führen. Allein die Tatsache, daß jemand in eine psychotherapeutische Behandlung geht, kann die Lösung eines Konflikts schon antizipieren. Das Aufgehobensein in einer Gruppe von gleichermaßen Leidenden gibt Schutz und Geborgenheit. Der Therapeut wird als positive Autoritätsfigur empfunden, der mit seinem Wohlwollen zur Entlastung beiträgt.

Therapeutisch-mutative Funktion

Die therapeutisch-mutative Funktion kann nicht vornherein erwartet werden. Unter anderem dient die vorliegende Untersuchung dazu, diese Frage zu klären, da die Vermutung naheliegt, daß es sich bei den therapeutischen Effekten nur um situative Entlastungsreaktionen handelt. Wie die Studie zeigt, liegen aber sowohl im symptomatologischen Bereich als auch im Bereich von Verhaltensmodifikationen und korrigierenden emotionalen Erfahrungen eine Reihe von therapeutischen Effekten vor. Im Bewußtwerden ungelöster Konflikte ergeben sich Möglichkeiten, diese durchzuarbeiten oder ein Durcharbeiten anzuregen.

Vorbereitung zur Langzeittherapie

Bellak u. Small (1975) machten auf die Gefahr der Chronifizierung von psychischen Störungen bei Nichtbehandlung, zu später oder mangelhafter Behandlung aufmerksam. Insbesondere in öffentlichen Ambulanzen ist das Problem der Warteliste enorm, manche Personen müssen Monate bis Jahre auf eine Behandlung warten. In diesem Fall bedeutet eine AKG-Behandlung eine Verkürzung der Wartezeit.
Der AKG kommt auch eine vorbereitende Funktion zu, wenn Therapeut und/oder Patient sich noch nicht einig sind, ob Gruppentherapie die Methode der Wahl darstellt, oder wenn äußere Faktoren zu klären sind (z. B. eine mögliche Übersiedlung). Die AKG kann auch zur Klärung beitragen, ob eine Weiterbehandlung notwendig ist oder ob nicht bereits durch die AKG genügend Anstoß gegeben ist, um danach alleine mit sich zurechtzukommen.

## 2.3.4 Rolle des Gruppenanalytikers

Der Analytiker sollte in der AKG stets bemüht sein, daß ein selbstreflexives Klima unter den Gruppenmitgliedern entsteht. Er kann dies durch unterschiedliche Interventionen erreichen: durch Versuche der Klärung von aktuellen Sachverhalten, durch Probedeutungen ihres historischen Sinnzusammenhangs, durch Hypothesen über die verborgenen Motive der einzelnen wie der Gesamtgruppe, durch Konfrontation mit auftauchenden Widersprüchen. Seine Aufgabe ist es auch, mögliche Regressionen einzelner Gruppenmitglieder zu sehen und sie nicht zu tief werden zu lassen, da sie ansonsten Angst erzeugen und eine verstärkte Abwehr der anderen Gruppenmitglieder provozieren oder diese gar zum Abbruch verleiten; das heißt, daß der Analytiker u. U. aktiv eingreift und den Bezug zum Hier und Jetzt besonders betont. Bei Gruppen, in denen eine Verleugnung der historischen Bedingtheit der Konflikte zur Gruppennorm wird, wird er allerdings gut daran tun, diese Abwehrhaltung aufzuzeigen.

Durch den Faktor „Zeit" beschränkt, bedarf es einer rascheren Diagnose eines auftauchenden Problems. Wesentlich dabei ist, daß der hypothetische Charakter von Deutungen herausgestrichen wird, um die Möglichkeit zu schaffen, daß Deutungen revidiert oder ergänzt werden können. Der Deutungsvorgang ist sehr komplex und im Grunde ein kontinuierlicher Vorgang, der sich über die gesamte Behandlung erstreckt. Aufgrund seiner vielen Komponenten, wie Wahrnehmungen eines sozialen Ereignisses, Vergleich mit früheren Ereignissen und Vergleich mit theoretischen Erkenntnissen (vgl. Kutter 1976), ist eine Deutung immer subjektiv und findet ihre Bestätigung erst durch die Interaktion in der Gruppe, die wiederum auf die Deutungsmodalitäten des Leiters zurückwirkt. Deutungen in der AKG bleiben meist unvollständig, sie zielen zwar auf möglichst komplexes Erfassen aller an einem Konflikt beteiligten Aspekte, doch muß sich der Analytiker bewußt sein, daß Teile unbearbeitet bleiben müssen. Dies ist kein wesentlicher Unterschied zur Langzeittherapie, in der ebenso wesentliche Teile unbewußt bleiben, in der Kurztherapie tritt es nur verschärft hervor. Perfektionistische Analytiker geben sicher schlechte Kurztherapeuten ab. Im übrigen bleibt die Frage bis dato ungeklärt, ob unvollständige Deutungen nicht ebenso mutativ wirken wie Deutungen, die einen hohen Grad komplexer Erfassung des Konflikts erreichen.

## 2.4 Gegenüberstellung der 3 Behandlungsmethoden (AT-PME-AKG)

Psychotherapeutische Behandlungsmethoden lassen sich nach vielen theoretischen Gesichtspunkten differenzieren, das sagt jedoch zunächst noch wenig über die Wirksamkeit und den tatsächlichen therapeutischen Prozeß aus, denn dabei bleiben 3 wesentliche Faktoren außer Betracht: die Person des Therapeuten, die behandelten Personen und die speziellen situativen Bedingungen, in denen die Psychotherapie stattfindet. Unter diesem Gesichtspunkt ist ein Vergleich der Wirksamkeit von Therapieformen nur dann zulässig, wenn diese Faktoren berücksichtigt werden.

Vergleiche implizieren immer eine Messung von Phänomenen mit allen Nachteilen: Sie werden dem Gegenstand nur im Hinblick auf das übergeordnete Maß gerecht, nicht aber dem gemessenen Gegenstand „in sich". Dennoch erlaubt der Vergleich eine bessere theoretische Einordnung der jeweiligen Therapiemethode im Kanon der vielen. Damit werden aber auch theoretische Vorannahmen getroffen, die den Zugang zu einer Methode in besondere Weise präformieren. Unter diesem Blickwinkel ist auch der angestellte Vergleich zu sehen (Tabelle 4).

**Tabelle 4.** Gegenüberstellung der 3 unterschiedlichen Therapiemethoden

| | AT | PME | AKG |
|---|---|---|---|
| Theoretische Grundlagen | Hypnose | Lerntheorien | Psychoanalyse |
| Modus der Behandlung | Autosuggestiv/übend | Übend | Selbstreflexiv |
| Zeitfaktor | Kurztherapie | Kurztherapie | Kurztherapie |
| Indikation | Psychoneurosen, Prophylaxe mit fokalem Konflikt | Psychoneurosen, Prophylaxe mit fokalem Konflikt | Psychoneurosen mit fokalem Konflikt |
| Therapeuteninterventionen | Direktiv | Direktiv | Nondirektiv, deutend |
| Artikulationsfähigkeit | Nicht erforderlich | Nicht erforderlich | Erforderlich |
| Aktives Problemlösen | Symptombezogen | Symptombezogen | Konfliktbezogen |
| Wahrnehmungsintensität | „Nach innen fühlen" | „Nach innen fühlen" | „Nach innen schauen" |
| Beziehungsbereitschaft | Nur bedingt notwendig | Nur bedingt notwendig | Notwendig |
| Frustrationstoleranz | Nur bedingt notwendig | Nur bedingt notwendig | Notwendig |
| Aktive Teilnahme am Gruppengeschehen | Nur bedingt notwendig | Nur bedingt notwendig | Notwendig |
| Sitzungskontinuität | Notwendig | Notwendig | Notwendig |
| Anweisungen des Therapeuten befolgen | Notwendig | Notwendig | Nur bedingt notwendig |
| Motivation | Notwendig | Notwendig | Notwendig |
| Diagnostischer Schweregrad | Leichte bis mittlere Störungen | Leichte bis mittlere Störungen | Leichte bis mittlere Störungen |
| Symptombegrenzung | Keine | Keine | Keine |

# 3 Methodische Grundlagen der Untersuchung

## 3.1 Psychotherapieforschung als Anwendungsforschung

Die Beurteilung der Nützlichkeit einer Behandlungsmethode ist prinzipiell eine Frage der Erfahrungen, die man mit ihrer Anwendung macht, und damit eine legitime und notwendige Aufgabe empirischer Forschung (vgl. Grawe 1981). Psychotherapieforschung als Anwendungsforschung ist daher im Sinne von Herrmann (1979) technologische Forschung mit dem Ziel, möglichst effiziente Methoden für die Behandlung von Menschen mit psychischen Störungen zu entwickeln.

Die empirische Psychotherapieforschung erfuhr mit der Publikation von Eysencks (1952) Arbeit über die Wirkungslosigkeit psychotherapeutischer Interventionen eine Herausforderung. Darin behauptet er, daß sich ebenso häufig wie bei den behandelten Personen auch bei unbehandelten Personen neurotische Störungen von selbst innerhalb von 2 Jahren wieder auflösten. Diese provokante These hatte eine intensive Kontroverse zur Folge und befruchtete die Psychotherapieforschung ungemein (vgl. Luborsky 1954; Meltzoff u. Kornreich 1970; Grawe et al. 1987). Mittlerweile sind eine Reihe von Übersichtsarbeiten und Metaanalysen von Psychotherapiestudien erfolgt, die plausibel nachzuweisen vermögen, daß Psychotherapie eine wirksame Behandlungsmodalität darstellt. Grawe et al. (1987) haben in einer großangelegten Metaanalyse 3500 kontrollierte Psychotherapiestudien sowohl nach quantitativen als auch nach qualitativen Kriterien untersucht und konnten zeigen, daß zahlreiche Therapieeffekte vorliegen.

Smith u. Glass (1977) sind in einer ähnlichen Studie, bei der sie 475 Untersuchungen miteinander verglichen, ebenfalls zum Ergebnis der Wirksamkeit von Psychotherapie gelangt. Die standardisierte Effektstärke, d. h. die Differenz zwischen den Mittelwerten der Behandlungs- und Kontrollgruppe im Verhältnis zur Streuung der Kontrollgruppe betrug für alle 475 Untersuchungen im Durchschnitt 0,85. Das heißt, der durchschnittliche Psychotherapiepatient profitiert mehr als 80% vergleichbarer Personen, die keine Behandlung erfahren haben.

Unter diesem Gesichtspunkt ist die Vergleichbarkeit mehrerer Behandlungsmethoden auf jenes Modell eingeschränkt, von dem aus das Untersuchungsdesign entworfen wird (in unserem Fall ein Feldexperiment). Es muß betont werden, daß dieser Blickwinkel nur ein möglicher unter vielen anderen ist und aus bestimmten Gründen gewählt wurde:
1) Er versprach objektivierbare Datensätze.
2) Es ließen sich Vergleichsmaße definieren.
3) Es konnten Kontrollbedingungen errichtet werden.

Der Untersuchungsgegenstand sollte jedoch nicht zu weit von der konkreten Therapiepraxis entfernt sein, da sonst die externe Validität so sehr abnimmt, daß kaum brauchbare Ergebnisse daraus resultieren, die über die konkrete Untersuchung hinausgehen, wie es häufig bei experimentellen Versuchsanordnungen von psychotherapeutischen Methoden der Fall ist.

Je näher die Untersuchungsbedingungen am konkreten Untersuchungsgegenstand sind, desto mehr bilden sie die „wahren" Verhältnisse ab, desto genauer und komplexer werden aber auch die Probleme. Je experimenteller und je präziser die Kontrolle der Untersuchungsbedingungen, desto genauer, aber auch wirklichkeitsferner, sind die Resultate.

Neben den experimentellen Untersuchungen existieren natürlich zahlreiche Einzelfallbeschreibungen, die der Vorstellung der Unwirksamkeit von Psychotherapie entgegenstehen. Wären die Psychotherapeuten und ihre Patienten Eysenck damals gefolgt, so hätte ein enormes Leidenspotential nicht reduziert werden können. Forscherischer Zynismus hatte zum Glück den Effekt verstärkter forscherischer Bemühungen zur Folge, psychotherapeutischer Effektivität bzw. Unwirksamkeit nachzuspüren.

Für die vorliegende Untersuchung tauchte die Frage der prinzipiellen Wirksamkeit allerdings wieder auf, da bis dato keine derart umfangreiche Untersuchung zur Kurzgruppentherapie vorlag. Man hätte vermuten können, daß der Zeitfaktor in der therapeutischen Behandlung so bestimmend kurz ist, daß keine therapeutischen Effekte nachweisbar sind.

Neben der Prüfung von therapeutischen Effekten ging es aber auch um die Frage nach differentiellen therapeutischen Effekten der unterschiedlichen Therapiemethoden. Dabei mußte ein Untersuchungsdesign gewählt werden, das mehrere Kriterien erfüllte, die über die Erklärungsmodelle der einzelnen Therapiemethoden hinausgingen. Hier stößt man auf ein prinzipielles Dilemma der vergleichenden Therapieforschung: Wie weit läßt sich die Wirkung einer Methode durch ein anderes Modell als gerade durch dieses erklären? Psychoanalytiker weisen insbesondere auf die Unverträglichkeit der Erklärungsparadigmen hin und begründen zurecht, daß psychoanalytische Effekte nur durch das psychoanalytische Modell erklärt werden können.

## 3.2 Vortest-Nachtest-Kontrollgruppendesign

Am wertvollsten wären solche Versuchspläne, die hinsichtlich mehrerer Variablengruppen gleichzeitig kontrollierte Variationen vornehmen, so daß Aussagen über wechselseitige Abhängigkeit zwischen bestimmten Variablen möglich werden, wie etwa über differentielle Indikationen verschiedener Psychotherapiemethoden bei verschiedenen Arten von Patienten (vgl. A. D. Goldstein u. Stein 1976).

Studien dieser Konzeption haben den Vorteil, daß Meßpunkte zu zahlreichen Zeitpunkten angebracht werden können, um so „geographischer" den Untersuchungsgegenstand abzustecken. Der besondere Vorteil liegt im Etablieren einer Kontrollgruppe, um mögliche Effekte von Reifung oder Zeiteffekte herauszufiltern. „Follow-ups" ermöglichen die Prüfung von anhaltenden makroskopischen Verände-

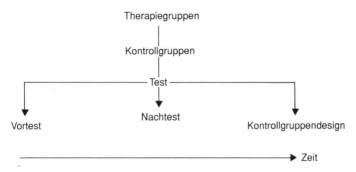

**Abb. 2.** Vortest-Nachtest-Kontrollgruppendesign. (Nach APA-Research-Kompendium 1982)

rungen. Randomisierte Studien dieser Art vermögen aufgrund der vielfältigen Messungen (sowohl hinsichtlich der Meßpunkte als auch der Meßinstrumente) Eindrücke und Daten zu vermitteln, bei denen noch nicht klar ist, in welche Richtung sich Veränderungseffekte überhaupt ergeben. Kadzin u. Wilson (1978) empfehlen dieses Design, wenn eine Behandlungsmethode insgesamt als „treatment package" evaluiert werden soll. Dadurch kann geklärt werden, ob die jeweilige Behandlungstechnik insgesamt den therapeutischen Absichten entspricht; das heißt auch, daß zunächst keine Teilkomponenten untersucht werden, sondern in weiteren Schritten zu prüfen sind. Die Fragestellung wirksam – unwirksam bezüglich einer Behandlungsmethode ermöglicht in der Folge dann weitere Forschungsstrategien. Insbesondere Attikisson et al. (1978) und Perloff u. Perloff (1977) weisen auf die Vorteile dieses Designs komplexer Therapieprogramme mit sehr vielen Variablen, sowohl hinsichtlich der Therapieformen als auch der Therapeuten und der Patienten, hin (s. Abb. 2). Schälte man bestimmte Komponenten der Behandlungsarten heraus, um sie besser untersuchen zu können, würde man die gesamte Therapiesituation so verfälschen, daß keine brauchbaren Ergebnisse zu erwarten sind.

Die Nachteile dieses Designs liegen darin, daß zwar Ergebnisse der Behandlung gemessen werden können, daß aber kein genaues Wissen über das Zustandekommen der Wirkfaktoren existiert, – d. h. es ist notwendig, die Art und Weise der Behandlung genau zu definieren, sie zu beschreiben und entsprechende Prüfmethoden zu entwickeln, die auch den Nachweis garantieren, daß die beschriebene Methode tatsächlich in der postulierten Weise angewendet wurde (s. Inhaltsanalyse, Abschn. 3.5).

Den in einer Übersicht von Luborsky et al. (1975) erfaßten Vergleichsstudien haften überwiegend noch die Mängel an, die aus der Konkurrenzphase der Therapieforschung stammen. Studien, die nicht nur fragen, was besser ist, sondern die das, was in der Therapie geschieht, *vergleichend beschreiben,* sind leider sehr selten (vgl. Smith u. Glass 1977; Grawe et al. 1987).

Die wenigen Untersuchungen, in denen besonders solchen differenzierten Fragestellungen nachgegangen wurde, wie z. B. die sogenannte Temple-Studie (vgl. Sloane et al. 1975) und die Studien von Grawe (1976) und Plog (1976), haben differenzierte Aussagen über die miteinander verglichenen Therapiemethoden ermöglicht. Überblick über Stand und Probleme der vergleichenden Psychotherapieforschung gibt Grawe (1981).

## 3.3 Testbatterie als Evaluierungsinstrument

Meist werden standardisierte Tests verwendet, weil sie den Vorteil haben, daß die Kriterien hinsichtlich Reliabilität und Validität überprüft sind und in der Regel als statistisch hinreichend angesehen werden. Um dem Problem der unterschiedlichen Veränderungsgrößen und Unschärfen von Tests zu entgehen, verwendet man mehrere sich bezüglich der Meßvariablen überlappende Tests, um so ein „Datengitter" zu erzeugen, das Meßungenauigkeiten und mögliche statistische Fehler (z. B. die statistische Regression) auf ein Minimum reduziert.

Nachteilig wirkt sich allerdings der Aufwand für den Patienten aus, der immer wieder sich wiederholende Items ankreuzen muß. Der Ermüdungseffekt ist hier nicht außer acht zu lassen. Zudem kommt durch die Testbatterie ein zunächst fremdes Element in die Psychotherapie hinein, die eine besondere Instruktion durch den Testleiter verlangt. Unklar ist, wie weit Testvorgaben die Psychotherapie negativ oder positiv beeinflussen. Insbesondere bei unbehandelten Kontrollgruppen muß ein Effekt angenommen werden.

Ein besonders schwerwiegender Einwand liegt in der Tatsache, daß selbst bei bester Standardisierung eines Tests nicht klar ist, wie der Patient einen bestimmten Begriff zum Zeitpunkt des Ausfüllens subjektiv versteht, also welche Bedeutung der Begriff gerade für ihn in seiner speziellen Situation hat. In diesem Punkt sind standardisierte Tests anderen Formen der Datenerhebung, z. B. wenn der Patient seine eigenen Items definiert und beschreibt, unterlegen.

## 3.4 Prozeßforschung

Die Prozeßforschung in der Psychotherapie richtet sich auf das Geschehen in der therapeutischen Situation mit dem Ziel, Veränderungsmechanismen aufzudecken. Dabei können unterschiedliche Forschungsstrategien zum Einsatz kommen (in unserem Fall Tests und Inhaltsanalysen). Die Mehrpunkterhebung ist in der Regel notwendig, um den Prozeßcharakter nachzuvollziehen. Prozeßvariablen können wichtige Prädiktoren für den Therapieerfolg sein (vgl. Kölbl 1987). Wie therapeutische Prozesse wahrgenommen werden, ist abhängig von der zugrundeliegenden Theorie des Beobachters. Die Theorie bestimmt auch die Auswahl der Meßmethoden.

Gegen die traditionelle Trennung von Erfolgs- und Prozeßforschung sind eine Reihe von Einwänden vorgebracht worden (vgl. Helm 1972; Kanfer u. Phillips 1970; Krasner 1971). Hervorgehoben wird, daß sich eine strenge Abgrenzung der beiden Forschungsansätze nicht wirklich vornehmen läßt. Beispielsweise geht es in der Prozeßforschung auch um den Stellenwert der einzelnen Variablen im Gesamtkontext des therapeutischen Geschehens (vgl. Baumann 1986). Bedenken wurden auch gegen die isolierte, d. h. nicht prozeßbezogene, Forschung erhoben, die zuwenig die unterschiedlichen und vielfältigen Patienten-, Therapeuten- und Methodenvariablen berücksichtigt.

Ein schwer zu untersuchendes Problem ist auch hier wieder der Einfluß der Testinstrumente auf den therapeutischen Prozeß selbst: So wird ein Fragebogen, der nach Ende einer Sitzung den Teilnehmern der Gruppentherapie zum Ausfüllen vorgelegt wird und sich auf Aggressionsäußerungen in der Gruppe bezieht, möglicherweise eine besondere Aufmerksamkeit der Gruppenmitglieder gerade auf diesen Affekt hin provozieren. Ebenso stellt die mehrmalige Aufforderung, sich Gedanken zu machen über das, was in einer Therapie vorgeht, eine Reflexion hervorrufende Intervention dar. Eine häufig verwendete Form der Datengewinnung stellen Tonbandaufnahmen und Videoaufnahmen der therapeutischen Sitzungen dar. Hier hat man allerdings wieder das besondere Problem des Auflösens der vertrauten Situation (vgl. Pritz 1983a), das enorm therapiestörend sein kann.

## 3.5 Inhaltsanalyse

Inhaltsanalyse („content analysis") bezieht sich auf menschliche Kommunikation und bezeichnet die systematische und quantitative Erfassung sprachlichen Materials zum Ziele der Dechiffrierung von verschlüsselten Inhalten. Inhaltsanalyse versucht als wissenschaftliche Methode, Inhalte von Texten zu explizieren, die über das Alltagsverstehen hinausgehen. Merten (1983, S. 15) stellt dies so dar:

soziale Situation

Die Inhaltsanalyse bezieht sich besonders auf den Kommunikationsinhalt und zieht daraus Schlüsse auf den Kommunikator und den Vorgang der Verschlüsselung. Für die Psychotherapieforschung ist die Erfassung von Sprachinhalten besonders bedeutsam, da über das Verbale ein großer Teil der gegenseitigen Informationen zwischen Patient und Therapeut ausgetauscht wird. Durch die Inhaltsanalyse können nicht nur Einzeldaten gesammelt, sondern ganze Sprachmuster und Interaktionsstrukturen untersucht und herausgeschält werden.

Die Möglichkeit der präzisen Datensammlung durch Tonband- oder Videofilmaufnahmen schafft eine Datenbasis, die für die statistische Verarbeitung von großem Vorteil ist. Das Problem bei der Inhaltsanalyse ergibt sich bei der Erstellung des Kategorienschemas, nach dem ein bestimmter Sprachinhalt untersucht werden soll. Die Kategoriebildung erfolgt aufgrund der theoretischen Annahmen über den zu untersuchenden Gegenstand und stellt damit den ersten Schritt zur Messung qualitativen Materials dar. Die Absicherung der Beobachtungseinheiten bedarf der genauen Festlegung der Beobachtungskategorien. Holsti (1969, S. 5) fordert, daß folgende Gesichtspunkte bei der Kategorieerstellung berücksichtigt werden müssen:

1) Das Kategorienschema muß theoretisch abgeleitet sein und mit den Zielen der Untersuchung korrespondieren.
2) Das Kategorienschema soll vollständig sein, d. h. es soll die Erfassung aller nur möglichen Inhalte gestatten.
3) Die Kategorien sollen wechselseitig exklusiv angelegt sein.
4) Die Kategorien sollen voneinander unabhängig sein.
5) Die Kategorien sollen einem einheitlichen Klassifikationsprozeß genügen.
6) Die Kategorien sollen eindeutig definiert sein.

Auch bei der Kategoriebildung müssen Reliabilität und Validität gegeben sein.
Reliabel auf die Inhaltsanalyse bezogen heißt, daß der (statistische) Nachweis erbracht wird, daß die Personen, die die Einstufung der Kategorien vornehmen, diese Einstufung einheitlich handhaben. Dabei sind genaue Regeln festzulegen und die Anweisungen zum Kodieren genau zu definieren. Die Reliabilität der Kodierer fordert:

a) Die kategoriale Einstufung muß wiederholbar und von anderen nachvollziehbar sein.
b) Verschiedene Kodierer müssen die Kategorien gleich interpretieren.

Daraus ergibt sich, daß die Einweisung von Kodierern ein notwendiger Bestandteil der Inhaltsanalyse ist.
Validität der Kategorie bedeutet:

a) Die Kategorien müssen treffsicher sein bezüglich des vorliegenden Textes.
b) Die numerischen Indikatoren müssen mit der (in den Hypothesen vermuteten) graduellen Stärke der untersuchten Persönlichkeitsmerkmale bzw. -strukturen korrelieren.
c) Es muß der Nachweis erbracht werden, der dazu berechtigt, von gewonnenen Informationen auf weiterreichende Bedeutungen zu schließen.

Als methodisches Problem in der Inhaltsanalyse stellt sich dabei immer wieder heraus, daß die Interkorrelation der Kodierer selten höher als 0,7 ausfällt, manchmal aber auch noch darunter liegt. Wird durch intensives Training der Kodierer die Reliabilität erhöht, können Gruppenartefakte aufgrund des Intensivtrainings die Validität der Kodierung schmälern.
Krippendorf (1980, S. 54) hat ein Ablaufschema des inhaltsanalytischen Vorgehens entworfen:

Schritt 1: Bildung von zu analysierenden Einheiten innerhalb der Rohdaten.
Schritt 2: Auswahl der Einheiten, die für Analysezwecke herangezogen werden.
Schritt 3: Reduktion der (kategorisierten) Daten auf statistischen Indizes.
Schritt 4: Schlüsse von den Daten auf Gegenstände außerhalb des Sprachinhalts.
Schritt 5: Interpretation der Schlüsse.
Schritt 6: Validierung des Analyseresultats an anderen Datensätzen oder Kriterien.

Die von Merten (1983, S. 312, 313) vorgenommene Schematisierung des Ablaufs einer Inhaltsanalyse zeigt Abb. 3.

72  Methodische Grundlagen der Untersuchung

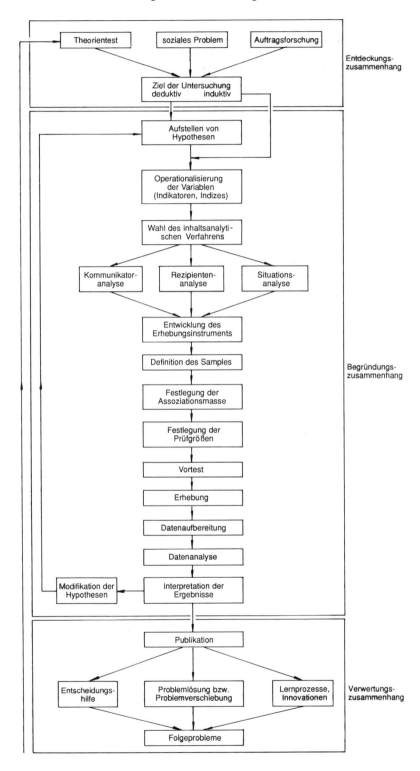

Für unsere Fragestellung war das Gottschalk-Gleser-Verfahren (vgl. Gottschalk u. Gleser 1980) besonders interessant und die Weiterentwicklung der Bales-Skala SYMLOG (vgl. Bales u. Cohen 1979). Ersteres dient zur Erfassung ängstlicher und aggressiver Affekte. Dabei gehen die Autoren von folgenden Annahmen aus (Schäfer 1980, S. 88–89):

1. Die relative Größe eines Affektes kann anhand inhaltlicher Variablen allein erfaßt werden, parasprachliche Variablen dienen eher der Verdeutlichung von Inhalten.
2. Die Größe eines bestimmten Affektes ist direkt proportional zu drei grundlegenden Faktoren:
   a) Die Häufigkeit des Auftretens bestimmter Inhaltskategorien. Das heißt, je häufiger derselbe Inhalt geäußert wird, um so stärker ist der dahinterstehende Affekt.
   b) Das Ausmaß der Direktheit, mit dem in einem Inhalt ein Affekt zum Ausdruck gebracht wird.
   c) Das Ausmaß persönlicher Beteiligung, die der Sprechende affektiv bedeutungsvollen Gefühlen, Handlungen oder Ergebnissen beimißt.
3. Das Ausmaß der Direktheit und das Ausmaß der persönlichen Beteiligung können rechnerisch durch einen Gewichtungsfaktor dargestellt werden. Dieses zahlenmäßige Gewicht beschreibt die Wahrscheinlichkeit, wie stark ein Inhalt mit einem Affekt verknüpft ist.
4. Affekte werden oft unterdrückt oder verdrängt. Ihr Vorhandensein kann aus den verbalen Inhalten durch die Erfassung verschiedener Abwehr- und Anpassungsmechanismen geschlossen werden.
5. Das Produkt der Häufigkeit des Vorkommens bestimmter Kategorien verbaler Äußerungen und des zahlenmäßigen Gewichts, das jeder thematischen Kategorie zugeordnet ist, erlaubt eine ordinale Messung der Größe des Affekts.

Zur Erfassung von gruppentherapeutischen Vorgängen wurde das Modell der Gottschalk-Gleser-Sprachanalyse deshalb gewählt, weil der methodische Aufbau sich auch auf andere Fragestellungen, wie auf das Therapeutenverhalten, Gruppenabbrecher oder für Einzelfallanalysen, anwenden läßt.

## 3.6 Kontrollgruppen in der Psychotherapieforschung

Während der Dauer einer psychotherapeutischen Behandlung erfahren die Patienten eine Vielzahl anderer Einflüsse, die sich nicht auf die therapeutischen Interventionen allein zurückführen lassen. Veränderungen des Patienten können sich nun auf die therapeutische Intervention beziehen, aber auch auf mögliche andere Einflüsse. Daher ist es bei entsprechendem empirischem Vorgehen notwendig, diese Außeneinflüsse in irgendeiner Form zu kontrollieren. Die häufigste Form der Kontrolle sowohl von Außeneinflüssen als auch des Zeitfaktors besteht in der Etablierung von Kontrollgruppen. Wie Meltzoff u. Kornreich (1970) und Hartig (1975) bemerken, gibt es aber keine idealen Kontrollgruppen, die alle möglichen Variablen kontrollieren können. Es ist daher eine Frage des Abwägens und der therapeutischen Praktikabilität, welche der möglichen Kontrollgruppenformen in Frage kommen.

**Abb. 3.** Schematisierter Ablauf der Inhaltsanalyse. (Nach Merten 1983, S. 312)

Da es sich in der Psychotherapieforschung um die Untersuchung von sich sehr stark ändernden Variablen handelt, stellt sich die Frage, ob es Kontrollgruppen im experimentellen Sinn überhaupt gibt. So übt die Einflußnahme durch das Testen oder Befragen bereits einen enormen Einfluß auf die psychische Situation eines Individuums aus, so daß man Kontrollgruppen, wie sie aus dem Bereich der naturwissenschaftlichen „strengen" Forschung bekannt sind, für diese Fragestellung ausschließen muß. Dennoch kann man auf Kontrollgruppen nicht verzichten, da sie doch wesentliche Einflüsse zu kontrollieren vermögen.
Zusammenfassend seien im folgenden einige der gebräuchlichsten Kontrollgruppen dargestellt.

### 3.6.1 Kontrollgruppen ohne Behandlung

Es werden Personen zu Kontrollgruppen zusammengefaßt, die in den wesentlichen Merkmalen mit der Experimentalgruppe übereinstimmen, jedoch keiner experimentellen Manipulation (psychotherapeutische Behandlung) unterzogen werden. Es gibt hier jedoch eine Reihe von Problemen, die diese Kontrollgruppen für die Psychotherapieforschung eher unbrauchbar erscheinen lassen: zunächst einmal das ethische Problem der Nichtbehandlung (vgl. Frank 1966; Imber et al. 1966). Eine Nichtbehandlung würde beim Kontrollgruppenpatienten eine mögliche Schädigung nach sich ziehen, ganz abgesehen von der Einstellungs- und Motivationsveränderung, die dieser durchmachen würde, erführe er davon, daß ihm keine Behandlung zur Verfügung steht. Handelt es sich aber um Personen, die sich nicht als Patienten verstehen, sind sie als Kontrollgruppe nicht mehr geeignet. Außerdem würden Personen, die keine Behandlung bekommen, anderswo eine suchen (Strupp u. Bergin 1969). Übrigbleiben würden dann nur besonders motivierte Personen, die eine sehr spezielle Auswahl darstellen (vgl. Kazdin u. Wilson 1978).

### 3.6.2 Placebokontrollgruppen

In diesen Kontrollgruppen werden Personen „behandelt", wobei die „Behandlung" nichts mit der realen Psychotherapie zu tun hat; d. h. die Patienten glauben, sie würden behandelt. Abgesehen von der fragwürdigen Ethik, die hinter solchen Versuchen steckt, konnten Bergin (1978), Imber et al. (1966) und Rosenthal u. Frank (1956) zeigen, daß sich sehr wohl Veränderungen bei den teilnehmenden Personen einstellen, und zwar deshalb, weil allein schon das Wissen, an einem Forschungsprojekt mitzuarbeiten, Einstellungen und psychische Zustände der Teilnehmer beeinflußt. Außerdem stellt auch das Sprechen über „andere" Dinge als die Sachverhalte, die in einer Psychotherapie erörtert werden, eine „Behandlung" dar. Doppelblindversuche, bei denen Therapeut und Patient nicht wissen, daß sie an einer Psychotherapieausbildung teilnehmen, scheiden von vornherein aus, da wesentliche definitorische Grundbedingungen nicht gegeben sind.

### 3.6.3 Kontrollgruppen mit Alternativbehandlung

Therapiemethodenvergleiche wie die vorliegende Studie kann man auch unter dem Blickwinkel mehrerer Alternativbehandlungen ansehen, die sich gegenseitig kontrollieren. Allerdings besteht dabei die Gefahr, daß die experimentellen Ergebnisse mit der Variablenklasse „Therapeut" in Konflikt geraten. Daher ist das Konstanterhalten der Therapeutenvariablen über die therapeutischen Interventionen hinweg besonders wichtig.
Allerdings erhebt sich auch die Frage, wie weit nicht die Teilnehmer an den verschiedenen Behandlungsgruppen diese unterschiedlich erleben und einschätzen und sich entsprechend dieser Einschätzung dann auch in die für sie vermutet richtige Weise verändern.

### 3.6.4 Wartelistenkontrollgruppen

In vielen psychotherapeutischen Institutionen existieren Wartelisten von Personen, die sich einer Psychotherapie unterziehen möchten, für die aber noch kein Therapieplatz verfügbar ist. So gesehen, sind Wartelistenkontrollgruppen am ehesten tatsächlichen Therapieverhältnissen nahe. Diese Form der Kontrollgruppen ist allerdings nur dann möglich, wenn die Therapie in einem absehbaren Zeitraum zur Verfügung steht, da sonst die Patienten andere Hilfen aufsuchen. Wenn Hartig (1975, S. 126) feststellt, daß man Personen nicht länger als 8 Wochen warten lassen könne, so haben unsere Erfahrungen gezeigt, daß ein Zeitraum von 5 Monaten durchaus zumutbar ist und nur relativ wenige nicht zur Behandlung erscheinen. Dies ist sicher auch abhängig von anderen Faktoren, wie z. B. Zugang zu anderen Therapierichtungen oder die Wahl anderer Behandlungsmethoden.
Wartelistenkontrollgruppen ermöglichen v. a. die Kontrolle von Zeiteffekten bzw. Reifung und die Prüfung von Testwiederholungen. Da den Personen zugesichert wird, daß sie eine Behandlung erhalten werden, ist auch die Neigung, sich woanders Hilfe zu suchen, nicht sehr ausgeprägt. O'Leary u. Borkovec (1978) empfehlen diese Art der Kontrolle vor allem am Beginn von klinischen Studien, da auch die Geschichte der Störungen ohne Behandlung verfolgt werden konnte.
Diese Kontrollgruppenform hat allerdings auch einige Nachteile. Zunächst erleben diese Personen einen psychotherapeutischen Kontakt zu Beginn, wenn sie in der Ambulanz erscheinen. Die Tatsache des Erstgesprächs hat zweifelsohne einen Einfluß auf die Einstellung des Patienten – z. B. dergestalt, daß sein Problem ernstgenommen und als behandlungsbedürftig anerkannt wird. Sloane et al. (1975) machen darauf aufmerksam, daß eine wirkliche Vergleichsmöglichkeit nur für die Dauer der Behandlungszeit gegeben ist, da dann die Kontrollgruppen in Behandlung gehen. Das heißt, daß Langzeiteffekte nicht miteinander verglichen werden können.
Die Aufforderung, Fragebögen auszufüllen oder Nachricht über den physischen Zustand während der Wartezeit zu geben, muß auch als eine Form der „Fragebogenbehandlung" angesehen werden. Enttäuschung wegen der Wartezeit oder auch Motivationssteigerung durch das Warten sind ebenfalls schwer handhabbare Probleme.

## 3.7 Bedeutung der „inneren" Reagibilität im Vorfeld einer psychotherapeutischen Behandlung

Klinische Beobachtungen zeigen, daß Personen, die sich entschließen, in eine psychotherapeutische Behandlung zu gehen, im Zuge dieser Entscheidung bereits anfangen, sich vor Beginn der Therapie Lösungen für ihre Probleme zu überlegen. Aus der Psychoanalyse ist das Phänomen der Vorübertragung bekannt, wenn der Analysand sich ausmalt, wie der Analytiker ihm begegnen wird, welche Fragen auf ihn zukommen werden. Wünsche und Ängste werden mobilisiert, sowohl hinsichtlich der Behandlungsmethode als auch in bezug auf die therapeutische Beziehung. Damit verknüpft sind auch häufig imaginäre Heilserwartungen oder die Vorstellung, daß die Behandlung die Sorgenlast wegnimmt. Im Zuge der Regression auf frühkindliche Reaktionsformen werden dabei Aktivitäten freigesetzt, die zu einer wesentlichen Verbesserung des psychischen Gesamtzustands führen können. Bei Analysanden ist oft zu beobachten, daß sie verstärkt zu träumen und zu erinnern beginnen. In Familien, die sich einer Familientherapie unterziehen, kommt es zu einem plötzlichen Zusammenrücken, und in Gruppentherapien werden Interaktionsprobleme besonders wachgerufen, bevor die Gruppe noch begonnen hat. Diese Reagibilität ist zweifelsohne ein Heilfaktor, der in die Kontrollgruppen miteinfließt, wobei noch völlig unklar ist, welchen Einfluß die Zeitdauer des Wartens auf die Behandlung für diese inneren Strukturierungsprozesse hat. Natürlich können Fragebögen und das Sichkümmern um den Wartenden solche Effekte noch verstärken. Unter diesem Gesichtspunkt sind Kontrollgruppen auch eine Form der Behandlung, wobei möglicherweise bestimmte Personen diese Wartezeit besonders nützen können.

Damit erhebt sich die Frage nach den speziellen Fertigkeiten dieser Personen, wodurch diese eine therapeutische Situation zu nützen vermögen, während andere mit ähnlichen Störungen und ähnlichen inneren Strukturen nicht in der Lage sind, aus Psychotherapien einen Nutzen zu ziehen.

Schenkt man dieser Frage größere Beachtung, dann wird auch die Fragestellung nach der besten Therapiemethode obsolet, weil der Patient nicht mehr als einer begriffen wird, auf den etwas von außen einwirkt, sondern als eine selbst handelnde Person, die sich aus dem therapeutischen Prozeß jene Teile auswählt (oder eben nicht auszuwählen vermag), die sich für ihn als heilsam erweisen.

## 3.8 Statistische Auswertung

Idealtypisch läßt sich der Forschungsprozeß in 2 Phasen unterteilen: In Phase 1, die Phase der Entdeckung, in der man versucht, durch systematische Beobachtung Ordnungen in der Welt zu finden sowie Hypothesen und Theorien über diese Ordnungen aufzustellen; und in Phase 2, die Phase der Prüfung, in der man versucht, die Hypothesen logisch und empirisch kritisch zu prüfen.

In Wissenschaftstheorie und Wissenschaftspraxis herrscht noch keine Einigkeit darüber, ob man Phase 1, die ihrer Natur nach induktiv ist (man beobachtet und verallgemeinert), bereits als „wissenschaftlich" bezeichnen kann oder ob das Wort

„Wissenschaft" für die ihrer Natur nach deduktive, kritische Überprüfung von Hypothesen und Theorien (Phase 2) reserviert ist.
Popper (1934) vertritt die Ansicht, daß die Wissenschaft erst mit Phase 2 beginne und daß die Frage, zu welchen Hypothesen und Theorien ein Forscher kommt und wie er dazu gelangt, mit Wissenschaft an sich nichts zu tun habe. Letzteres sei bestenfalls als Gegenstand der Wissenschaftssoziologie relevant.
Zahllose Wissenschaftstheoretiker kritisierten den rigoros eingeschränkten Wissenschaftsbegriff Poppers aus unterschiedlichsten Gründen (so z. B. Kuhn 1962; Adorno 1969; Holzkamp 1972 u. v. a.). Kritisiert wurde u. a., daß Popper das Augenmerk von pragmatischen Aspekten in der Phase der Theoriebildung, die die Ergebnisse letzten Endes ja entscheidend mitdeterminieren, ablenkt und so einen unhaltbaren Objektivitätsanspruch begründet; ferner, daß Poppers Rekonstruktion der Wissenschaftsgeschichte einer strengen Prüfung nicht standhält.
Einer der bekanntesten Statistiker, der nachhaltig auf die Bedeutung der Trennung zwischen Phase 1 und Phase 2 für die Wahl der adäquaten Methodik hinweist, ist Tukey. Tukey (1977) unterscheidet zwischen „explorativer Datenanalyse", die er als geeignet für Phase 1 erachtet, und „bestätigender Datenanalyse", die er als geeignet für Phase 2 ansieht:

> Explorative Datenanalyse entspricht der Vorgangsweise eines Detektives. Bestätigende Datenanalyse entspricht der Vorgangsweise eines Richters. Wenn der Detektiv keine Hinweise findet, so hat der Richter nichts zu beurteilen.... Explorative Datenanalyse kann zwar nie die ganze Geschichte sein, aber nichts anderes kann als Grundstein dienen – als erster Schritt (Tukey 1977, S. 3).

Tukey verweist darauf, daß Statistiker ursprünglich ausschließlich explorative Techniken verwendeten und daß ihre Techniken ab dem Zeitpunkt, als sie lernten, zufallskritisch zu prüfen, immer weniger flexibel wurden. Alle Techniken, die mit keiner expliziten Prüfstatistik verbunden waren, wurden ab diesem Zeitpunkt, wie Tukey kritisiert, meist abwertend als „bloß deskriptiv" bezeichnet.
Ein adäquates Forschungsprojekt in Bereichen, bei denen man nicht auf ausgereifte, exakt formulierte und quantitative Theorien und Hypothesen zurückgreifen kann, müßte daher idealerweise immer in mindestens 2 Phasen organisiert sein: in eine ausführliche explorative Phase und in eine Phase der Überprüfung der Ergebnisse aus der explorativen Phase.
In der 1. Phase sollte man divergent vorgehen, d. h. daß man möglichst viele interessante Aspekte zu erfassen trachtet, dabei nach allen denkbaren relevanten Zusammenhängen und Unterschieden fahndet und diese explizit und möglichst quantitativ formuliert. Inferenzstatistische Überlegungen können in dieser Phase des Suchens nur eine untergeordnete Bedeutung haben, damit der in dieser Phase legitimen Inflation von mehr oder weniger unabhängigen Fragestellungen auch eine Inflation von zufälligen Signifikanzen verbunden ist. Dabei müssen Signifikanztests ihrem Stellenwert entsprechend realistisch beurteilt werden. Ganz besonders in dieser Phase gilt, daß Signifikanzen und Insignifikanzen nicht isoliert von der Gesamtuntersuchung als absolutes Entscheidungskriterium für eine mechanistische Annahme oder Ablehnung von Hypothesen dienen können, sondern bloß als Orientierungshilfe im Sinne von Heuristiken zu verstehen sind.

Die 2. Phase soll konvergent sein, d. h. sich auf die zufallskritische Überprüfung der begrenzten Hypothesen, die aus der 1. Phase abgeleitet werden konnten, beschränken.

Nur so kann man vermeiden, daß Inferenzstatistiken zu dem oft kritisierten „Fischen nach Zufallssignifikanzen" wird.

Da es noch wenige Untersuchungen zur Effizienz unterschiedlicher Kurzgruppentherapie gibt und man quantitative und differenzierte Hypothesen realistischerweise in vielen Bereichen bloß willkürlich treffen könnte, wurde die Studie als exploratives Projekt zur Erforschung der Effizienz unterschiedlichster gruppentherapeutischer Methoden konzipiert.

Die Strategie des Projekts ist in vielerlei Hinsicht divergent. Es wurde versucht, den Therapieprozeß sowohl durch Tests und Fragebögen als auch mit Textanalysen von Gruppensitzungen erfaßbar zu machen. Um möglichst viele unterschiedliche Aspekte der persönlichen Veränderung bei den Patienten berücksichtigen zu können, wurde eine Vielzahl unterschiedlicher, teilweise inhaltlich verwandter Test- und Fragebogenskalen zur Anwendung gebracht.

Bei der Auswertung wurde bewußt darauf verzichtet, die Vielzahl der unterschiedlichen, wenn auch teilweise mäßig miteinander korrelierenden Variablen mittels faktorenanalytischer, clusteranalytischer oder anderer Verfahren zur Dimensionsreduktion zusammenzufassen. Erstens schienen für diese Strategien die Korrelationen auch zwischen inhaltlich verwandten und ähnlich benannten Subtests zu gering, und zweitens sollte im Sinne Tukeys, in einer datenanalytischen Phase nicht das Universum der möglichen Erkenntnisse vorschnell reduziert werden. Dort, wo es in verwandten Dimensionen zu analogen Effekten kommt, wird in der Beschreibung und Interpretation der Ergebnisse darauf hingewiesen.

Der Schwerpunkt der statistischen Auswertung lag auf einer möglichst detaillierten Darstellung der Daten, wobei in Abhängigkeit vom Skalenniveau der Daten entweder Häufigkeitskreuztabellen oder Mittelwertvergleiche sinnvoll erschienen. Wenngleich bei der Vielzahl unterschiedlichster Fragestellungen, wie bereits ausgeführt, inferenzstatistischen Überlegungen manchmal nur ein relativ geringer Stellenwert zukommt, wurde trotzdem auf die Anwendung von Signifikanztests nicht verzichtet.

Bei den Kreuztabellen kamen $\chi^2$-Tests zur Anwendung. Die Mittelwertunterschiede wurden angesichts des Umstands, daß die Datenverteilungen bei den Tests und Fragebögen meist ziemlich symmetrisch und annähernd normal verteilt waren, parametrisch überprüft. Für die Entscheidung gegen nonparametrische Tests sprach u. a. auch der pragmatische Aspekt, daß mit nonparametrischen Modellen ein Vergleich unterschiedlicher Veränderungen über die Zeit (abhängige Messungen) zwischen den Therapiegruppen (unabhängige Messungen) nur schwer möglich ist. Konkret kamen deshalb neben t-Tests für abhängige und t-Tests für unabhängige Stichproben noch Varianzanalaysen zur Anwendung.

Die Auswertung erfolgte am interfakultären Rechenzentrum der Universität Wien mittels des SPSS-X-Programmpakets.

## 3.9 Unterschiede zwischen idealen Bedingungen des Laborexperiments und der Realität der Psychotherapieforschung

Frank (1979) macht unter anderem darauf aufmerksam, daß verschiedene Therapeuten nicht dasselbe tun, wenn sie gemeinsame Therapieformen vertreten. Entsprechend den konkreten therapeutischen Bedingungen ist der jeweilige Therapeut auch gezwungen, improvisatorische Interventionen zu setzen. Uniformität der therapeutischen Beziehung ist daher unwahrscheinlich und kann auch gar nicht erwünscht sein. Frank betont auch die Einflüsse, die auf den Patienten aus seinem sozialen Netzwerk, wie Familie und Arbeitsstelle, auf ihn einströmen und als Interventionen außerhalb der therapeutischen Situation wirksam sein können.
Psychotherapie ist ein sehr komplexes Phänomen, bei dem soziale, philosophische, aber auch biologische Vorgänge eine Rolle spielen, die von experimentellen Untersuchungsanordnungen nur unzulänglich berücksichtigt werden. Außerdem sagen Ergebnisse nichts darüber aus, in welchem hierarchischen Wirkzusammenhang die Einflüsse der unterschiedlichen Bedingungen zueinander stehen. Anhand der folgenden Übersicht werden ideale und reale Forschungsbedingungen bezüglich psychotherapeutischer Vorgänge gegenübergestellt (vgl. dazu APA-Research 1982, S. 312).
Trotz der vielfältigen Probleme, die sich der empirischen Psychotherapieforschung stellen, muß doch betont werden, daß dies der einzige Weg ist, um brauchbare Resultate zu erhalten, wenn auch die Forschungsmethoden erst am Anfang stehen und eine Anpassungsleistung an ihren Gegenstand und ihre methodologische Entwicklung in höherem Maße als bisher notwendig sein wird.
Es gibt vielleicht noch einen Grund für kontrollierte experimentelle Studien, den Kaswan (1981) derart begründet, daß er meint, es gebe 2 Hauptfunktionen der Psychotherapie in unserer Gesellschaft: Die manifeste Funktion besteht darin, psychologische Fehlanpassung zu identifizieren, zu korrigieren und zu verhüten; das Ausmaß, wie sehr diese Funktion erfüllt werden kann, ist evaluierbar durch experimentelle Studien unter kontrollierten Bedingungen.
Die latente Funktion besteht darin, mit kranken Menschen auf humane Weise umzugehen. Kaswan schreibt:

The profession should note that though there are environmental and other limits to the effectiveness of many interventions, society demands professional caring and control. These demands and functions therefore constitute the socially responsive basis of the field. Accordingly, mental health services should be evaluated not so much on their general effectiveness in helping people solve problems, but on how accessible they are and to what extend they provide care and control in an ethical, humane and economical manner (S. 295).

| Ideale Forschungsbedingungen | Reale Forschungsbedingungen |
|---|---|
| 1. Die unabhängige Variable ist ein diskreter Stimulus oder gebunden an eine Kombination von diskreten Stimuli. | 1. Die unabhängige Variable ist eine komplexe Strategie oder Interaktion mit ständig wechselnder Taktik. |
| 2. Das Darbietungsmuster der unabhängigen Variable ist standardisiert. | 2. Variationen des Therapeuten sind die Regel. |
| 3. Es gibt eine prüfbare kausale Beziehung zwischen der unabhängigen und der abhängigen Variablen. | 3. Es existiert nicht unbedingt eine kausale Beziehung zwischen dem, was der Therapeut tut, und wie der Patient reagiert oder handelt. |
| 4. Die abhängigen Variablen sind diskrete Antworten. | 4. Die abhängigen Variablen sind ein komplexes Bündel von Antworten und Haltungen, die sich im Laufe der Zeit ändern. |
| 5. Es existiert eine geringe Anzahl von wichtigen Variablen, die die abhängige Variable beeinflussen. | 5. Es existiert eine große Anzahl von Variablen, die das Therapieereignis beeinflussen. Jeder einzelne hat nur geringen Einfluß. |
| 6. Jede Variable kann konstant gehalten werden, wenn es gewünscht wird. | 6. Wenige Variablen können konstant gehalten werden, auch wenn es gewünscht wird. |
| 7. Die Richtung der Ursachenzuschreibung ist linear vom Reiz zur Antwort, von der unabhängigen Variable zur abhängigen. | 7. Der Weg zur Beeinflussung ist zweifach, vom Therapeuten zum Patienten und vom Patienten zum Therapeuten. |
| 8. Reiz und Reaktion folgen aufeinander. | 8. Es existiert kein Zeitpunkt, bei dem man feststellen könnte, daß die therapeutische Strategie eine entsprechende Reaktion hervorgerufen hat. |
| 9. Das Untersuchungssystem ist so isoliert wie möglich, um ein größtmögliches geschlossenes System zu erzeugen. | 9. Das Therapeut-Patient-System interagiert mit anderen Systemen. Unkontrollierte und unangemessene Einflüsse tauchen ständig auf. |
| 10. Dieses System hat mit der Regelhaftigkeit und Vorhersagbarkeit von Ereignissen zu tun. | 10. Dieses System hat mit der Bedeutung und logischen Struktur von Ereignissen zu tun. |
| 11. Experimente sind zeitlich linear: auf A folge B folgt C. | 11. Die Bedeutung eines Ereignisses steht in einem Bedingungszusammenhang, der auch so aussehen kann: die Bedeutung von A wird bestimmt durch B und C. |
| 12. Es gibt ein Experimentator, der Bedingungen herstellt, die ein Subjekt so betreffen, daß es wie ein Objekt behandelt wird. | 12. Beeinflussung findet in beiden Richtungen statt. Der Patient wird nicht wie ein Objekt behandelt. |
| 13. Die mögliche Antwortbreite eines Probanden ist begrenzt auf einige wenige Reaktionsmöglichkeiten wie „ja", „nein" oder „manchmal". | 13. Die Antwortmöglichkeiten sind groß (hin bis zur freien Assoziation). |
| 14. Der Experimentator ist nicht an den Lebensumständen des Probanden interessiert. | 14. Der Therapeut ist vital an den Lebensumständen seines Patienten interessiert. |

# 4 Aufbau und Durchführung der Untersuchung

## 4.1 Ort

### 4.1.1 Struktur der Ambulanz für Psychotherapie

Die Ambulanz für Psychotherapie wurde von der Wiener Gebietskrankenkasse unter ihrem damaligen Chefarzt Dr. Tuchmann 1951 im Rahmen der ambulanten kassenärztlichen Betreuung ins Leben gerufen. Versicherte der Wiener Gebietskrankenkasse konnten sich dort auf Krankenkassenkosten psychotherapeutisch behandeln lassen, ohne ein besonderes Honorar dafür zahlen zu müssen: die vierteljährliche Abgabe eines Krankenscheins genügte. Damit war die Möglichkeit zur Psychotherapie für Personen, die sich ansonsten eine Behandlung nicht hätten leisten können, gegeben. Besondere Bedeutung kam der Ambulanz durch das über 20jährige Wirken von Prof. Dr. Hans Strotzka zu, einem bedeutenden Sozialpsychiater und Psychoanalytiker, der 1971 mit der Leitung des Instituts für Tiefenpsychologie und Psychotherapie an der medizinischen Fakultät der Universität Wien betraut wurde. Im Buch *Psychotherapie und soziale Sicherheit* (vgl. Strotzka 1969) beschreibt er die damalige Organisation und Tätigkeit der mittlerweile mehreren (ärztlichen) Psychotherapeuten.

1976 gab es auf seiten der Krankenkassenverwaltung Überlegungen, die Ambulanz zu schließen, was einen heftigen Proteststurm von Patienten und Medien auslöste. Im Zuge dieser Entwicklung entschloß sich die Krankenkassenleitung aber nun, die Ambulanz nicht nur zu erhalten, sondern sogar auszubauen. Leiter wurde Primarius Dr. Peter Bolen, ein Psychiater und Psychotherapeut. Innerhalb weniger Jahre wurden 9 Psychotherapeuten eingestellt, davon 5 Ärzte und 4 Psychologen. Zusätzlich zu den Therapeuten sind 2 Krankenschwestern tätig. Alle Therapeuten verfügen über zumindest eine psychotherapeutische Zusatzausbildung, die meisten über mehrere. Auch die Krankenschwestern verfügen über entsprechendes psychotherapeutisches Training (vgl. Pritz 1986). Als Therapiemethoden werden die Psychoanalyse, Verhaltenstherapie, Gestalttherapie, Gesprächspsychotherapie, AT, PME, Eutonie und Heilhypnose angewandt. Diese Methoden werden entsprechend den Patienten und den organisatorischen Möglichkeiten modifiziert angeboten. Das Behandlungssetting ist v. a. im Hinblick auf die überwältigende Nachfrage in Richtung Gruppenpsychotherapie entwickelt worden, aber auch Einzeltherapien bis hin zu klassischen Analysen in Einzelfällen werden durchgeführt.

Die Therapeuten sind in ihrer Arbeit unabhängig und gestalten die jeweiligen Therapiepläne individuell, wobei die Möglichkeit der gegenseitigen Supervision ständig gegeben ist. Die wechselseitige Überweisung von Patienten ist üblich. Die Mitarbeiter treffen sich 1mal wöchentlich zu einer Teambesprechung, bei der neben organisatorischen Problemen auch Fragen der Therapieindikation und behandlungstechnische Probleme zur Sprache kommen. Seit 1986 ist die Ambulanz in eine Großambulanz integriert (mit vielen medizinischen Abteilungen) und wird von Primarius Dr. Nagler, einem Internisten, organisatorisch geleitet. Die Zusammenarbeit mit den anderen medizinischen Abteilungen ist gut (wenn auch nicht sehr intensiv). Probleme ergeben sich meist aus der Tatsache, daß Patienten in der psychotherapeutischen Abteilung längere Zeit auf Ersttermine warten müssen, während sie in den anderen Abteilungen in der Regel sofort Termine bekommen.

Die Wartezeiten für eine Behandlung erstrecken sich von einigen Wochen bis hin zu Jahren (etwa für eine Psychoanalyse); die durchschnittliche Wartezeit beträgt etwa 6–10 Monate für eine längerfristige Psychotherapie, einige Wochen bis Monate für eine Kurzpsychotherapie. Für das Jahr 1983 wurde errechnet, daß durchschnittlich 240 Personen pro Monat die Ambulanz aufsuchten. Ein Therapeut hatte durchschnittlich 125–167 Patientenkontakte pro Monat, in regelmäßiger Einzelbehandlung befanden sich pro Quartal 7–17 Patienten.

Die psychotherapeutische Behandlung wurde auf Personen mit neurotischen Störungen beschränkt, wobei die Variabilität sehr groß ist. Die Bandbreite reicht von aktuellen neurotischen Krisenreaktionen (etwa Prüfungsangst oder depressive Reaktionen nach Verlassenwerden von einem Liebespartner) bis hin zu schweren Charakterstörungen. Fallweise werden auch Borderlinepersönlichkeiten oder narzißtische Charaktere in Behandlung genommen. Den meisten Patienten sind psychosomatische Begleitreaktionen oder auch manifeste organische Erkrankungen eigen. Eine Kollegin, Frau Dr. Sokal spezialisierte sich auf die psychologische Nachbetreuung von an Krebs Erkrankten.

Akute Krisenfälle oder Personen, die vorwiegend einer psychiatrisch-medikamentösen Therapie bedürfen, werden an die jeweils zuständigen Institutionen weitervermittelt (Psychiatrische Universitätsklinik, Kriseninterventionszentrum etc.).

## 4.1.2 Organisation der Ambulanz

Wenn sich ein neuer Patient bei den Krankenschwestern anmeldet, gibt er seinen Krankenschein ab und erhält einen Erstgesprächstermin, der meist 3–5 Wochen nach der Anmeldung stattfindet. Handelt es sich um einen akuten Krisenfall, wird er von einem Therapeuten kurz begutachtet und dann an die entsprechende Institution verwiesen oder auch mit dem Krankenwagen hingebracht. Solche akuten Krisenfälle sind aber nicht sehr häufig (etwa 2–3 Fälle pro Monat). Beim Erstgespräch wird zunächst festgestellt, ob eine Therapie angezeigt und möglich ist (z. B. entsprechende Motivation). Durch das Erheben anamnestischer Daten wird dem jeweiligen Therapeuten die Grundlage für eine entsprechende Indikationsstellung geboten. Das Erstgespräch dauert in der Regel 45 min. Ist eine Klärung in dieser Zeit nicht möglich, wird der Patient für weitere Gespräche hergebeten. Manchmal werden auch psychologische Gutachten durch Tests von außen eingeholt.

Nach der Indikationsstellung wird mit dem Patienten besprochen, welche Behandlung in Frage kommt. Bei uninformierten Patienten ist es oft notwendig, entsprechende Informationen über die jeweilige Therapiemethode zu vermitteln.

Nach der Festlegung der Behandlungsmethode wird der Patient auf eine Warteliste gesetzt. Sobald ein Therapieplatz frei wird, kann der Patient die Behandlung beginnen.

Die Dauer der Behandlung richtet sich nach der Methode und den Problemen des Patienten. Sie variiert von einigen Sitzungen zur Klärung eines fokalen Problems bis zur Dauer von vielen Jahren bei schweren charakterpathologischen Persönlichkeiten.

In vielen Fällen bieten die Therapeuten zunächst eine Kurz(gruppen)therapie an, um die Motivation des Patienten zu testen bzw. zu sehen, ob er überhaupt mit dem Behandlungsangebot etwas anfangen kann. Da mehr als 80% aller Personen eine weitere Behandlung nach der Kurztherapie nicht mehr in Anspruch nehmen wollen, darf man annehmen, daß die Kurzgruppentherapie für die meisten ein hinreichendes Angebot dargestellt.

## 4.2 Experimentelles Design und Datenerhebung

In die Untersuchung einbezogen wurden diejenigen Patienten der Ambulanz, die in diesem Zeitraum den an der Untersuchung teilnehmenden Therapeuten nach dem Zufallsprinzip zugewiesen wurden.

Beim Erstgespräch wurden die Patienten gebeten, an einer wissenschaftlichen Untersuchung teilzunehmen. Diese Teilnahme an der Untersuchung war freiwillig und anonym.

Die Patienten wurden vor der Therapie (Erstmessung), am Ende der Therapie (nach 10 Gruppensitzungen; Zweitmessung) und 10 Wochen nach Ende der Therapie (Drittmessung) mit dem Fragebogen getestet. Zwei Jahre nach dem Therapieende wurde eine Nachuntersuchung mittels qualitativer Interviews durchgeführt (s. Kapitel 12).

Diejenigen Patienten, die aus Platzmangel nicht mehr einer der Therapiegruppen zugeteilt werden konnten, wurden auf eine Warteliste gesetzt und in denselben Abständen getestet wie die Patienten der Therapiegruppe. Die Wartegruppe diente der Kontrolle der therapeutischen Effekte (Kontrollgruppe).

Die Patienten der Therapiegruppe wurden darüber hinaus nach jeder der 10 Gruppensitzungen mit einem Testblatt befragt (Verlaufsmessungen).

Als Testleiter wurden 3 Psychologen (2 weibliche, 1 männlicher) und ein Assistent im Diplomandenstadium geschult und eingesetzt.

Zur Verdeutlichung der Untersuchungsdurchführung dient die schematische Darstellung des experimentellen Designs (Tabelle 5).

Die Teilnehmer an der Untersuchung bekamen von den Testleitern nach dem Erstgespräch mit dem jeweiligen Therapeuten die Testbögen ausgehändigt, mit der Bitte, sie gleich auszufüllen. Das Testen nahm etwa 2 Stunden in Anspruch. Die Testleiter waren dabei anwesend oder erreichbar, so daß etwaige Unklarheiten im Verständnis der Fragen beseitigt werden konnten.

**Tabelle 5.** Experimentelles Design

| | | | | |
|---|---|---|---|---|
| Analytische Kurzgruppe n = 92 | 10 Gruppensitzungen | | | |
| Autogenes Training n = 172 | 10 Gruppensitzungen | selbständiges Üben | | |
| Progressive Muskelentspannung n = 93 | 10 Gruppensitzungen | selbständiges Üben | | |
| Wartegruppe (Kontrollgruppe) n = 75 | Wartezeit | Wartezeit | | |
| Dauer | 10 Wochen | 10 Wochen | 2 Jahre | |
| Testung | ↑ ↑ ↑ Erstmessung 1 2 3 4 5 6 7 8 9 10 Verlaufsmessungen Tonbandprotokolle | Zweitmessung | Drittmessung | Nachuntersuchung |

Während der Behandlung stand ein Testleiter immer zur Verfügung, um nach der Sitzung die Verlaufsbögen auszuteilen und sie nach dem Ausfüllen wieder einzusammeln. Derselbe Vorgang wiederholte sich bei der 2. großen Testung am Ende der Behandlung und 3 Monate nach der Behandlung. Die Testleiter sandten Patienten der Warteliste die Tests zu und fragten telefonisch bzw. brieflich nach, wenn der Testbogen nicht unmittelbar zurückgeschickt wurde.

Von den Testleitern wurden zusätzlich Tonbandgeräte installiert und Sitzungen aufgenommen. Die Testbögen wurden anschließend numeriert, kodiert und zur statistischen Auswertung in das Rechenzentrum der Universität Wien gebracht. Ebenso wurde die bespielten Tonbänder entsprechend geordnet und für die Auswertung archiviert.

Zwei Jahre nach Untersuchungsende wurde ein Teil der Patienten zu einem halbstrukturierten Tiefeninterview eingeladen, welches von den Testleitern durchgeführt wurde.

### 4.2.1 Eingangsinterview und Kriterien der Zuweisung zur Studie

Das Eingangsinterview wurde von den 4 an der Studie beteiligten Therapeuten geführt, dauerte eine halbe bis zu einer Stunde und wurde von folgenden Kriterien bestimmt:
Ausgeschlossen wurden Personen, die

a) an einer akuten Geisteskrankheit leiden,
b) an körperlich bedingten psychischen Störungen leiden,
c) alkohol-, drogen-, oder medikamentensüchtig sind,
d) an soziopathischen Schwierigkeiten leiden,
e) einer starken, die psychische Situation signifikant beeinflussenden, Medikation ausgesetzt sind,
f) parallel zur verordneten Psychotherapie eine weitere Behandlung beanspruchen,

g) das Therapiesetting nicht einzuhalten in der Lage sind (z. B. regelmäßige Teilnahme an den Sitzungen),
h) nicht motiviert sind (z. B. Fehlzuweisungen),
i) sich in akuten Krisen befinden und einer sofortigen Hilfe bedürfen.

Ausgewählt wurden Personen, die

a) an neurotischen Störungen unterschiedlicher Genese und Symptomatik leiden,
b) einen Leidensdruck verspüren,
c) eine Behandlungsbereitschaft aufweisen,
d) über 18 Jahre alt sind,
e) über genug Verbalisierungsfähigkeit verfügen, um am Therapiegeschehen teilzunehmen,
f) das Behandlungsangebot akzeptieren.

### 4.2.2 Ausgangswertunterschiede

Alle Patienten, die sich zur Teilnahme an der Studie bereit erklärt hatten, wurden zufällig den 3 Versuchsgruppen und der Kontrollgruppe zugeteilt. Da ein größeres Angebot an AT-Gruppen bestand, wurde die Wahrscheinlichkeit, in eine AT-Gruppe zu kommen, doppelt so groß angesetzt als für die anderen Gruppen.
Konkret wurde nach folgendem System aufgeteilt:

Patient 1/Gruppe AT,
Patient 2/Gruppe AT,
Patient 3/Gruppe PME,
Patient 4/Gruppe AKG,
Patient 5/Warteliste,
Patient 6/Gruppe AT,
Patient 7/Gruppe AT,
Patient 8/Gruppe PME usw.

Durch diese Zufallsaufteilung sollten Ausgangswertunterschiede zwischen den 4 Gruppen vermieden werden.
Wenn es nicht gelingt, Ausgangswertunterschiede zwischen den Gruppen zu minimieren, so sind unterschiedliche Veränderungen zwischen den Gruppen auf der Basis von Testrohwertunterschieden im Rahmen der klassischen Testtheorie nicht sinnvoll interpretierbar. Auf dieses Problem geht Fischer (1974) anhand einer Untersuchung über die kognitive Frühförderung von Vorschulkindern ausführlich ein.

### 4.3 Anzahl der untersuchten Personen und Therapiegruppenzugehörigkeit

Zu Beginn der Untersuchung wurden 432 Personen erfaßt, die für eine Psychotherapie in Frage kamen. Zu den Schlußmessungen konnten noch 139 Personen herangezogen werden. Die Ausfälle ergaben sich einerseits durch die Therapieabbrecher,

**Tabelle 6.** Gruppenzugehörigkeit der Untersuchungsteilnehmer. *TG* Therapiegruppe (AT + PME + AKG); *WL (KG)* Warteliste (Kontrollgruppe)

|  | AT | PME | AKG | TG gesamt | WL (KG) | Gesamt |
|---|---|---|---|---|---|---|
| Durchgeführte Gruppentherapien | 15 | 8 | 10 | 33 | 1 |  |
| Durchschnittliche Gruppengröße | 11,47 | 11,63 | 9,2 | 10,77 |  |  |
| Anzahl der Teilnehmer |  |  |  |  |  |  |
| 1. Messung | 172 | 93 | 92 | 357 | 75 | 432 |
| 2. Messung | 91 | 38 | 50 | 179 | 54 | 233 |
| 3. Messung | 49 | 16 | 36 | 101 | 38 | 139 |
| Ausfall [%] |  |  |  |  |  |  |
| nach 10 Wochen | 47,22 | 58,96 | 45,4 | 49,88 | 28,18 | 46,41 |
| nach 20 Wochen | 71,58 | 82,72 | 60,76 | 71,72 | 49,46 | 68,03 |
| zwischen 10. und 20. Woche | 46,10 | 42,08 | 28 | 43,44 | 29,7 | 40,23 |

andererseits befinden sich in der Abbruchquote Daten, die nicht korrekt ausgefüllt wurden und daher in die computergestützte Datenanalyse keinen Eingang finden konnten.

Über die Zugehörigkeit zu den einzelnen Therapiegruppen gibt Tabelle 6 Auskunft.

## 4.4 Meßinstrumente

Bei der Auswahl der Meßinstrumente wurden standardisierte Verfahren verwendet, um Replikationen zu ermöglichen und um die Ergebnisse dieser Untersuchung mit den Ergebnissen anderer Untersuchungen auf diesem Gebiet vergleichen zu können.

Des weiteren wurden bei der Auswahl der Meßinstrumente diejenigen bevorzugt, die ihre Sensibilität bezüglich der Veränderungen durch eine der angewendeten Therapieformen bereits in anderen Untersuchungen bewiesen haben.

Die Meßinstrumente sollten außerdem die unterschiedlichsten Persönlichkeits- und Symptombereiche erfassen. Sie sollten für die Untersuchungsteilnehmer und die Testleiter leicht durchführbar und objektiv auswertbar sein.

Unter Berücksichtigung dieser Kriterien wurden folgende Meßinstrumente ausgewählt:

- Freiburger Persönlichkeitsinventar (FPI),
- Gießen-Test (GT, Selbstbild),
- Gießener Beschwerdebogen (GBB, Erfassung psychosomatischer Beschwerden),
- Depressionsstatusinventar (DSI),
- State-trait-Angstinventar (STAI),
- Eigenschaftswörterliste (EWL),

- Polaritätenprofil (PP),
- Wertetest (WT),
- Leidensdruckskala.

Die genannten Meßinstrumente waren in einem Fragebogen enthalten, der den Patienten vor der Therapie, am Ende der Therapie und 10 Wochen nach Ende der Therapie zum Ausfüllen gegeben wurde.
Nach jeder der 10 Gruppensitzungen wurden die Patienten mit einem Testblatt getestet, das folgendes abfragte:[1]
- Beurteilung des Therapeuten,
- Soziogramm,
- Medikamenteneinnahme,
- Übungshäufigkeit,
- subjektive Beurteilung der Veränderung der Beschwerden.

## 4.5 Psychotherapeuten

An der Untersuchung waren 4 der 9 am Ambulatorium tätigen Psychotherapeuten unmittelbar als diagnostizierende und behandelnde Therapeuten beteiligt. Diese geringe Zahl von Therapeuten wirft einige Probleme auf, insbesondere hinsichtlich der Frage der Übertragbarkeit der Ergebnisse; denn man könnte behaupten, nicht die Wirkung einer Methode sei überprüft worden, sondern nur die Wirkung des oder der Therapeuten n oder x. Auf diese Frage wurde eingegangen, indem ausführliche inhaltsanalytische Untersuchungen unternommen wurden, um das Therapeutenverhalten kategorisieren zu können und zu überprüfen, ob die Interventionen der Therapeuten auch den jeweiligen Therapiemethoden entsprechen. Die geringe Anzahl der Therapeuten hatte allerdings den Vorteil, daß die Behandlungsbedingungen in den zahlreichen Kurzgruppentherapien konstant gehalten werden konnten.
Das Therapeutenteam setzte sich aus 2 weiblichen und 2 männlichen Therapeuten zusammen. Die therapeutische Erfahrung betrug zum Beginn der Studie im Durchschnitt 8,75 Jahre (12, 10, 8 und 5 Jahre). Es handelte sich also um erfahrene Therapeuten, die ausschließlich Psychotherapie betreiben und in verschiedenen psychotherapeutischen Techniken ausgebildet wurden. Das Alter der Therapeuten betrug im Durchschnitt 35,25 Jahre (38, 37, 34 und 32 Jahre). Alle 4 Therapeuten waren zu Beginn der Studie 4 und mehr Jahre in der Ambulanz für Psychotherapie tätig und mit der Problematik der Patientenstichprobe vertraut. Die Therapeuten leiteten seit ihrem Arbeitsbeginn in der Ambulanz Gruppen für AT, PME oder AKG.

---

[1] Aus Gründen der Übersichtlichkeit und des Textumfangs können nicht alle Testergebnisse in voller Länge dargestellt werden. Es werden daher in erster Linie jene Ergebnisse angeführt, die den höchsten Erklärungswert aufweisen. Weitere Ergebnisse sind beim Autor erhältlich.

Die Therapiemethoden, in denen die Therapeuten ausgebildet sind, umfaßten folgendes Spektrum:

Therapeut A: Psychoanalyse, Gruppentherapie, AT.
Therapeut B: Psychoanalyse, Gesprächstherapie nach Rogers, AT, Hypnose, Gruppentherapie.
Therapeutin C: Verhaltenstherapie, Gruppentherapie, PME.
Therapeutin D: Psychoanalyse, Gesprächstherapie nach Rogers, AT, Hypnose, Gruppentherapie.

Durch häufige formelle und informelle Fallbesprechungen und Teamsitzungen fanden regelmäßig Diskussionen über methodologische und behandlungstechnische Probleme bezüglich der angewandten Therapiemethoden statt, so daß von einer reflektierenden Therapiepraxis hinsichtlich der untersuchten Kurzgruppenmethoden ausgegangen werden kann. Ein Manko vieler Studien zur Therapieeffektivität konnte hier aufgehoben werden, nämlich die mangelnde Verfügbarkeit von ausgebildeten und erfahrenen Therapeuten (vgl. Grawe 1976), die oft durch antrainierte Studenten substituiert werden.
Die Therapeuten nahmen gegenüber der Studie eine wohlwollende Distanz ein und beteiligten sich weder an der Planung des Untersuchungsdesigns noch an der Durchführung der Untersuchung. Vor Beginn der Untersuchung wurde jedoch Einigkeit über die Präliminarien der therapeutischen Interventionen und des Therapiesettings hergestellt.

## 4.6 Ablauf der kurzgruppenpsychotherapeutischen Behandlungen

### 4.6.1 Autogenes Training

*1. Sitzung*: In der 1. Sitzung werden zunächst Paare gebildet, die sich über die Motivation zum AT austauschen. Dies geschieht deshalb, weil dadurch der Spannungsdruck der Anfangssituation gemildert wird. Anschließend werden Motive und Ziele bezüglich des AT in der Gesamtgruppe besprochen.
Der Therapeut/die Therapeutin erläutert die Funktionsweise des AT besonders in Hinblick auf die somatopsychischen Vorgänge während des Übens. Auftauchende Fragen und Ängste werden besprochen. Hinsichtlich der Erfolgserwartungen wird auf die Bedeutung des regelmäßigen Übens hingewiesen.
Die 1. Sitzung dient der gegenseitigen Information und dem Vertrautwerden mit der Gruppensituation.

*2. Sitzung*: In dieser Sitzung wird der Übungsablauf besprochen (wann geübt werden soll, wo geübt werden soll und schließlich wie die Übungen vor sich gehen). Die Übungshaltungen werden einzeln ausprobiert, und schließlich wird die 1. Übung (ruhig und entspannt – rechter und linker Arm schwer und warm) eingeführt. Vom Therapeuten wird dabei besonderer Wert auf die mentale Vorstellung der Übung gelegt. Das Empfinden von Schwere und Wärme wird gemeinsam eingeübt, da bei dieser Übung häufig Schwere und Wärme gemeinsam erlebt wird. Die Wirkungen von Schwere und Wärme auf den Organismus werden erklärt. Nach dem ersten gemeinsamen Üben wird die Reaktion der Teilnehmer auf die Übung besprochen.

*3. Sitzung*: Das Üben zu Hause wird thematisiert, Übungsprobleme angesprochen. Da die Probleme von den meisten ähnlich empfunden werden, kommt es immer wieder zu starken gruppenkohäsiven Phänomenen.
Als nächste Übung wird die Schwere und Wärme in den Beinen besprochen und anschließend geübt.

*4. Sitzung*: Nach der Besprechung der anfallenden Übungsprobleme wird die Atemübung eingeführt, mit besonderer Betonung der Bedeutung der Atmung für Spannungsprobleme, die mit Angstgefühlen verknüpft sind. Auf den „Kontrollverzicht" und das Wahrnehmen des Atemstroms wird aufmerksam gemacht. Nach dem Üben werden die Übungserlebnisse ausgetauscht.

*5. Sitzung*: In der 5. Sitzung wird die Herzübung besprochen. Es geht dabei darum, den Herzschlag zunächst zu spüren und dann in Richtung Ruhe zu beeinflussen. Bei den Herzphobikern wird die Übungsanleitung modifiziert und auf mögliche Übungsprobleme hingewiesen.
Nach dem Üben werden die Erfahrungen ausgetauscht.

*6. Sitzung*: Die Sonnengeflechtsübung dient zur Erwärmung des Bauchraums. Das Ziel dieser Sitzung ist es, diese Übung den Teilnehmern so zu vermitteln, daß sie, obwohl es oft erst spät zu einer Wärmeempfindung im Bauchraum kommt, regelmäßig üben. Nach der Übung werden wieder die Erfahrungen ausgetauscht.

*7. Sitzung*: In der 7. Sitzung wird die Stirnkühlübung besprochen und geübt. Dabei wird wie bei den vorhergegangenen Sitzungen auch die physiologische Wirkungsweise dieser Übung erklärt.
Nach dem Üben werden wieder die Erlebnisse während der Übung besprochen.

*8. Sitzung*: In dieser Sitzung werden die formelhaften Vorsätze in Hinblick auf die jeweils individuelle Problemlage der einzelnen Teilnehmer besprochen. Die Teilnehmer werden aufgefordert, selbst nach individuellen formelhaften Vorsätzen zu suchen und diese dann in der nächsten Sitzung zu besprechen.

*9. Sitzung*: Neben dem Üben der Standardformeln werden weiter individuelle Vorsatzformeln besprochen. Dabei leisten sich die Teilnehmer untereinander häufig gute Dienste (wozu der Therapeut ermutigt), indem sie oft für einander Formeln finden, die sehr brauchbar sind. Neben den individuellen Formeln werden auch noch Formeln für Kurzentspannungen im Alltag angesprochen und diskutiert. Die Teilnehmer werden vom Therapeuten aufgefordert, diese Kurzformeln im Alltag auch immer wieder einzusetzen.

*10. Sitzung*: Die letzte Sitzung dient v. a. zur Evaluation des Kurses und zur Besprechung noch offener Übungsprobleme. Der Nachbesprechungstermin wird vereinbart und darauf hingewiesen, daß die Teilnehmer sich an den Therapeuten wenden können, wenn Übungsprobleme auftreten. Anschließend wird ein letztes Mal in der Gruppe geübt.

### 4.6.2 Progressive Muskelentspannung

*1. Sitzung*: In der 1. Sitzung fordert die Therapeutin/der Therapeut die Teilnehmer auf, sich einzeln vorzustellen und zu schildern, aufgrund welcher Probleme sie die PME erlernen wollen. Die Erwartungen werden abgeklärt. Dabei legt die Therapeutin/der Therapeut Wert auf die Bedeutung der Gruppenkohärenz.
Anschließend werden die Teilnehmer über Zusammenhänge von körperlichen und psychischen Beschwerden informiert und auf die Parallelität der beiden Vorgänge hingewiesen. Besprochen wird auch, wo im Körper Spannungen auftreten können. Dann wird die Funktionsweise der PME folgendermaßen erklärt: „Durch den Hilfsmechanismus der Anspannung von Muskelpartien wird im 2. Schritt dieser Muskelabschnitt entspannt. Durch die Anspannung kommt es zu einer deutlichen Orientierung, welcher Teil des Körpers gemeint ist."
Am Ende der Sitzung wird das Bauchatmen geübt, das zu einer raschen Kurzentspannung und zu einem Streßabbau führt. Die Bauchatmung wird in jeder kommenden Sitzung am Ende geübt. Die Teilnehmer an der Gruppe werden aufgefordert, so oft wie möglich zu Hause zu üben.

*2. Sitzung*: Alle 16 Muskelpartien werden erläutert, die an der Entspannung beteiligt sind. Im Einzelfall werden Probleme des Spürens und Nichtspürens besprochen (z. B. Entspannungshaltungen, Husten während der Übungen, etc.). Anschließend wird geübt, und die Teilnehmer geben Rückmeldung über die beobachteten Auswirkungen.

*3. Sitzung*: In dieser Sitzung wird eingehend das Üben zu Hause besprochen, Probleme dabei aufgerollt (wie z. B. der Mangel an Übungszeit) und weitere Hinweise gegeben bezüglich des Übens. Der Bedarf an Übungszeit, die notwendige Ausdauer für einen Erfolg und die Notwendigkeit, sich nicht unter Leistungsdruck zu setzen, werden besonders hervorgehoben.

*4. Sitzung*: Auch hier werden Übungsprobleme besprochen und die Übungen intensiviert.

*5. Sitzung*: Zu diesem Zeitpunkt wird das „Signalwort" eingeführt. Dabei geht es darum, am Ende jeder Übung ein beruhigendes Wort, eine Vorstellung oder ein Bild zu denken. Dieses „Signalwort" soll bewirken, daß bei entsprechend intensiver Übung allein schon bei der Vorstellung dieses Wortes eine generalisierte Entspannung eintritt. (Solche „Signalwörter" sind z. B.: ruhig, locker, warme Dusche, grüne Wiese.)

*6. Sitzung*: Neben dem Üben werden hier weiterhin die gemachten Erfahrungen ausgetauscht und Übungsprobleme besprochen.

*7. Sitzung*: In dieser Sitzung werden die 16 Muskelgruppen zu 7 Muskelgruppen zusammengefaßt (rechter Arm, linker Arm, Gesicht, Nacken, Schulter und Bauch, rechtes Bein, linkes Bein). Auf die Möglichkeit der Kombinationen wird aufmerksam gemacht: Individuelle Übungslösungen werden vom Therapeut forciert.

*8. Sitzung*: An dieser Stelle wird besonders auf die situative Entspannung eingegangen. Das heißt, die Teilnehmer sollen das Üben auch dann ausführen, wenn andere Personen in ihrer Gegenwart sind. Dabei sollen vor allem jene Muskelgruppen entspannt werden, mit denen der Betreffende schon gute Erfahrungen gemacht hat.
Die Teilnehmer werden aufgefordert, die Übungen nun auch schon in für sie belastenden Situationen einzusetzen.

*9. Sitzung*: Die Muskelpartien werden weiter zusammengefaßt auf 4 Muskelgruppen: beide Arme, Gesicht und Nacken, Schulter und Nacken, beide Beine. Dabei auftretende individuelle Schwierigkeiten werden besprochen.

*10. Sitzung*: In der letzten Sitzung wird in einem Rückblick die Evaluation der Anfangserwartungen vorgenommen sowie in einem Ausblick besprochen, wie die Übungen weiter verwendet werden sollen.
Ein Hinweis auf weitere Beratungsmöglichkeit bei Übungsschwierigkeiten und anderen psychischen Problemen wird gegeben sowie der Nachbesprechungstermin in 10 Wochen vereinbart.

### 4.6.3 Analytische Kurzgruppenpsychotherapie

*1. Sitzung*: In dieser Sitzung werden die Teilnehmer vom Gruppenleiter über den Modus der Interaktion instruiert: Sie werden gebeten, über ihre Probleme ebenso offen zu sprechen wie über ihre Gefühle, Phantasien, besonders auch dann, wenn diese peinlich oder unangenehm sind. Nichts soll ausgeschlossen bleiben, – natürlich nur, wenn der Gruppenteilnehmer darüber zu sprechen wünscht. Die Teilnehmer werden auch aufgefordert, ihre Gefühle zu Gruppenmitgliedern oder zum Gruppenleiter zu äußern.
Anschließend werden alle Teilnehmer gebeten, sich vorzustellen und über ihre Motivation, in die Gruppe zu gehen, zu sprechen.
Die Teilnehmer werden auch vom Leiter aufmerksam gemacht, daß er von sich aus kein Thema in die Gruppe einbringt, das er/sie erklärt, daß sich Themen vielmehr aus der Interaktion der Teilnehmer ergeben und die Grundlage für die Bearbeitung der Konflikte darstellen.
Die Teilnehmer werden auch noch aufgefordert, über mögliche Unklarheiten in dieser Sitzung zu sprechen, damit mögliche Behinderungen in der Arbeit ausgeräumt werden können.

*2.– 9. Sitzung*: In diesen Sitzungen werden die auftauchenden Inhalte der Teilnehmer besprochen und bearbeitet. Die Problemstellungen sind unterschiedlich und abhängig von der Zusammensetzung der Teilnehmer. Ebenso verhält es sich mit der „Tiefe" der Bearbeitung, welche stark variiert, insofern die Gruppenmitglieder unterschiedlich bereit und in der Lage sind, unbewußtes Konfliktmaterial zu behandeln. Vom Leiter her wird auf den Modus des Herangehens an die Probleme geachtet, so etwa auf mögliche resignative Tendenzen, wenn Konflikte nicht bewältigbar erscheinen oder der Bearbeitungszeitraum als zu kurz empfunden wird. Widerstände, die sich aus dem Zeitfaktor ergeben, spielen in allen Sitzungen eine Rolle (s. auch Abschn. 1.3.2).

*10. Sitzung*: In dieser Sitzung werden die Teilnehmer vom Gruppenleiter aufgefordert, in der Gruppe Bilanz zu ziehen über den Fortschritt. Anschließend werden die Teilnehmer gebeten, mögliche Umsetzungsstrategien ihrer in der Gruppe gemachten Erfahrungen zu bedenken, um eine möglichst hohe Transferleistung zu gewährleisten. Sie werden vom Gruppenleiter auf mögliche negative Veränderungen hingewiesen, und es wird das Angebot gemacht, daß sie sich in einer solchen Krise an den Gruppenleiter wenden können. Zuletzt wird ein Termin für die Nachbesprechung (10 Wochen später) vereinbart.

# 5 Beschreibung der untersuchten Patienten

## 5.1 Beschreibung der Patientenstichprobe nach verschiedenen Kontrollmerkmalen

Alter

An der Untersuchung nahmen Personen im Alter zwischen 18 und 80 Jahren teil (Abb. 4).
Der Großteil der Untersuchungsteilnehmer ist zwischen 25 und 45 Jahre alt (62,6%).
Ein Drittel der Teilnehmer gehört der Altersgruppe der 25- bis 34jährigen an (32,3% macht auch der Anteil der 30- bis 40jährigen aus).
10% der Teilnehmer sind unter 25, weitere 10% über 55 Jahre alt.
Die Jahrgänge 1947 (25 Teilnehmer; 6%), 1960 (19; 4,5%), 1958 (18; 4,3%), 1951 (17,4; 4,1%), 1941 (16; 8,3%), 1959 (15; 3,6%) sind am häufigsten vertreten.

Geschlecht

Wie bei den meisten Untersuchungen zur Psychotherapieforschung sind auch in dieser Untersuchung 1/3 der Teilnehmer Männer, 2/3 Frauen (33% : 67%).

Familienstand

Über die Hälfte der Versuchspersonen sind verheiratet oder leben in einer Lebensgemeinschaft (53,4% verheiratet, 5,1% Lebensgemeinschaft; Abb. 5).
Gut 1/4 der Teilnehmer sind ledig (27,5%), 11% der Teilnehmer sind geschieden oder von ihrem Partner getrennt (10,5% geschieden, 0,3% getrennt); 3% der Teilnehmer sind verwitwet.

Bildung (Abb. 6)

a) *Höchste besuchte Schulform.* Ein gutes Drittel der Teilnehmer (36,9%) hat eine allgemeinbildende höhere Schule (16,7%) oder eine berufsbildende höhere Schule (20,2%) besucht. 23,2% haben eine Berufsschule besucht (die Berufsschule ist die von den Teilnehmern am häufigsten besuchte Schulform). 21,3% haben eine Universität besucht oder sind Studenten. 17,2% haben nur die Pflichtschule besucht.

94  Beschreibung der untersuchten Patienten

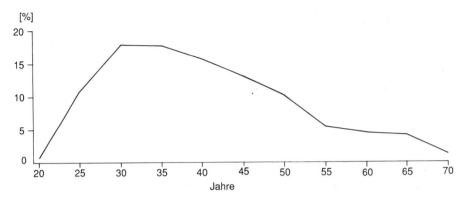

**Abb. 4.** Altersverteilung der Gesamtstichprobe

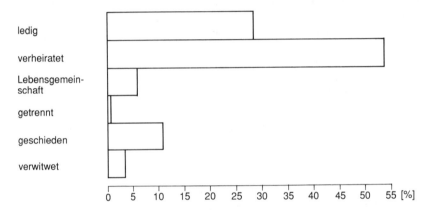

**Abb. 5.** Familienstand in der Gesamtstichprobe

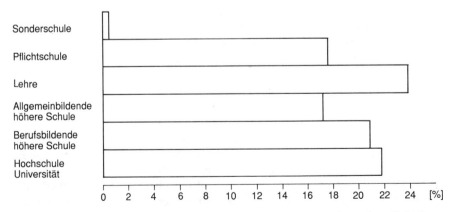

**Abb. 6.** Verteilung der Gesamtstichprobe bezüglich der höchsten besuchten Schulform

b) *Höchste abgeschlossene Schulform.* Die Berufsschule ist mit 27,3% die am häufigsten abgeschlossene Schulform. An zweiter Stelle der höchsten abgeschlossenen Schulform liegt die allgemeinbildende höhere Schule (24%), gefolgt von der berufsbildenden höheren Schule (21,8%). Ein Drittel der Teilnehmer (20%) hat nur die Pflichtschule abgeschlossen. 7,2% der Teilnehmer haben ein Hochschulstudium abgeschlossen. Somit läßt sich eine relativ gleichmäßige Verteilung der Teilnehmer auf den verschiedenen Bildungsstufen (mit Ausnahme des Hochschulabschlusses) feststellen.

Berufliche Tätigkeit (Abb. 7)

Gut die Hälfte der Teilnehmer steht in einem Angestellten- oder Beamtenverhältnis (51,6%). 11,2% sind Arbeiter (5,2% Hilfsarbeiter; 6% Facharbeiter). 10,6% der Teilnehmer sind Studenten, 15,2% Hausfrauen.
Einen ganz geringen Anteil an der Gesamtstichprobe haben Selbständige (2,2%) – das liegt an der Zugehörigkeit der Ambulanz zur Wiener Gebietskrankenkasse. 5 Teilnehmer sind Schüler bzw. Lehrlinge; 1 Teilnehmer ist Landwirt, 1 weiterer Teilnehmer ist Bundesheerangehöriger. 12 Teilnehmer geben an, keinen Beruf auszuüben.

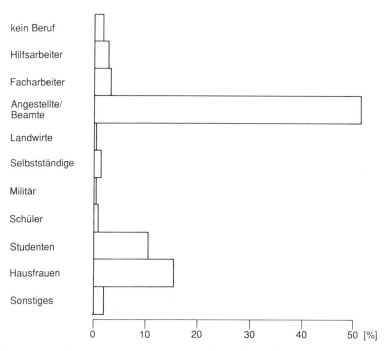

**Abb. 7.** Verteilung der Gesamtstichprobe bezüglich Berufstätigkeit

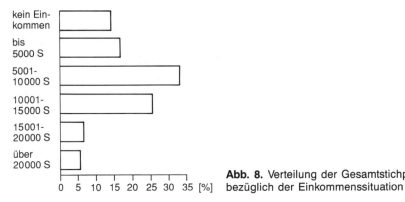

Abb. 8. Verteilung der Gesamtstichprobe bezüglich der Einkommenssituation

Einkommen (Abb. 8)

Ein Drittel der Teilnehmer verdient zwischen 5000 und 10000 S monatlich (brutto). Ein Viertel der Teilnehmer verdient zwischen 10000 und 15000 S monatlich (brutto).
Ein sehr geringes Einkommen beziehen 16% der Teilnehmer. 14% gaben an, kein Einkommen zu beziehen. 6,3% verdienen zwischen 15000 und 20000 S. Mehr als 20000 S monatlich (brutto) verdienen 5,2% (durchschnittlicher Bruttomonatsverdienst in Österreich 1984: 18631 S, 1985: 19763 S).

Überweisung

Die meisten (1/3) der Untersuchungsteilnehmer kamen auf Anraten des Nervenarztes in die Ambulanz; 28% durch einen praktischen Arzt. Ein Viertel kam auf eigenen Wunsch zur psychotherapeutischen Behandlung. 14% kamen auf Anraten von Freunden oder Angehörigen bzw. Bekannten.

Krankenstand

Vor Beginn der Untersuchung, also vor Beginn der Therapie, waren 40% der Teilnehmer krankgeschrieben. Am Ende der Untersuchung waren es nur noch 5,4%.

Beeinträchtigung durch Symptome

Die meisten der Untersuchungsteilnehmer – gut ein Drittel (35,3%) – fühlen sich am meisten durch die Beziehung zu sich selbst beeinträchtigt.
20,3% gaben an, daß sie sich durch den Arbeitsplatz betreffende Symptome beeinträchtigt fühlen.
28,6% gaben an, sich am meisten durch Konflikte in der Partnerschaft bzw. Familie beeinträchtigt zu fühlen.
7,8% leiden am meisten am gestörten Kontakt zur Umgebung.

## 5.2 Beschreibung der Teilnehmerstichprobe auf den Kriteriumvariablen der psychologischen Tests

### 5.2.1 Freiburger Persönlichkeitsinventar (FPI) (Abb. 9)

Die an der Untersuchung teilnehmenden Patienten schildern sich im FPI als mißgestimmt, selbstunsicher (FPI 3), leicht irritierbar und zögernd (FPI 6), und im Kontakt mit anderen erleben sie sich als leicht gehemmt und angespannt (FPI 8),

| Auswertungsbogen | | FPI | Gesamtform Halbform A-B | | | | | | | | Datum | |
|---|---|---|---|---|---|---|---|---|---|---|---|---|
| | | Prozent | 4 | 7 | 12 | 17 | 20 | 17 | 12 | 7 | 4 | |
| Skala | Rohwert | Standardwert | 9 | 8 | 7 | 6 | 5 | 4 | 3 | 2 | 1 | Stanine |
| FPI 1 | | Nervosität psychosomatisch gestört | | | | | 54% | | | | | psychosomatisch, nicht gestört |
| FPI 2 | | Spontane Aggressivität spontan aggressiv emotional unreif | | | | | | | | | | nicht aggressiv, beherrscht |
| FPI 3 | | Depressivität mißgestimmt selbstunsicher | | | | | | | | | | zufrieden, selbstsicher |
| FPI 4 | | Erregbarkeit reizbar, leicht frustriert | | | | | | | | | | ruhig, stumpf |
| FPI 5 | | Geselligkeit gesellig lebhaft | | | | | | | | | | ungesellig, zurückhaltend |
| FPI 6 | | Gelassenheit selbstvertrauend gutgelaunt | | | | | | | | | | irritierbar, zögernd |
| FPI 7 | | Reaktive Aggressivität Dominanzstreben reaktiv aggressiv sich durchsetzend | | | | | | | | | | nachgiebig, gemäßigt |
| FPI 8 | | Gehemmtheit gehemmt gespannt | | | | | | | | | | ungezwungen, kontaktfähig |
| FPI 9 | | Offenheit offen selbstkritisch | | | | | | | | | | verschlossen, unkritisch |
| FPI E | | Extraversion extravertiert | | | | | | | | | | introvertiert |
| FPI N | | Emotionale Labilität emotional labil | | | | | | | | | | emotional stabil |
| FPI M | | Maskulinität typisch männliche Selbstschilderung | | | | | 54% | | | | | typisch weibliche Selbstschilderung |

**Abb. 9.** FPI-Profil der Gesamtstichprobe zu Untersuchungsbeginn

98 Beschreibung der untersuchten Patienten

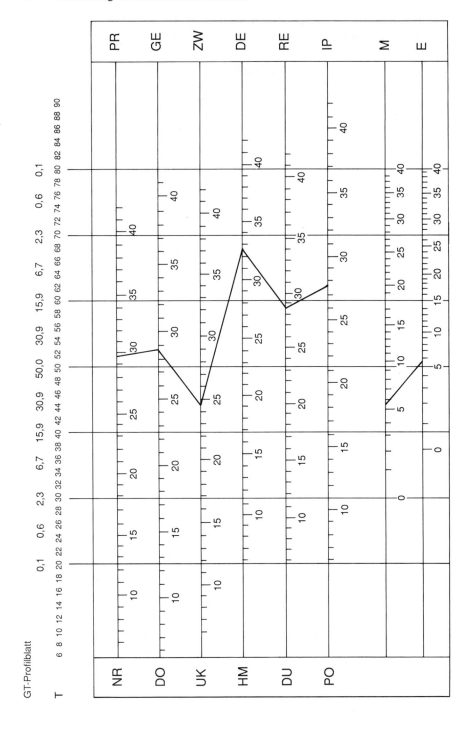

so daß sich insgesamt das Bild von Persönlichkeiten mit depressiven Verstimmungen ergibt. Auch die Neurotizismuswerte sind leicht erhöht. Außerdem neigen die Teilnehmer zu psychosomatischen Störungen und zur Nervosität (FPI 1).
Auffällig ist auch die typisch weibliche Selbstschilderung der Teilnehmer.
Auf den Skalen „spontane Aggressivität" (FPI 2) und „reaktive Aggressivität" (FPI 7) liegen die Teilnehmer im Normalbereich. Dies gilt ebenso für die Skalen Erregbarkeit (FPI 4), Geselligkeit (FPI 5) und Offenheit (FPI 9). Die Teilnehmer schildern sich selbst weder als stark extravertiert noch als stark introventiert (FPI E).

### 5.2.2 Gießen-Test (GT) (Abb. 10)

Auch im Gießen-Test weisen die Teilnehmer überdurchschnittliche Depressionswerte auf (GT 4). Sie schildern sich als ungesellig und im heterosexuellen Kontakt befangen (GT 6) sowie verschlossen und mißtrauisch (GT 5).
Des weiteren schildern sich die Teilnehmer als eher unterkontrolliert (GT 3; auf dieser „Skala" geht es um die Beziehung zwischen dem Es und den Kontrollmechanismen der Ich-Über-Ich-Organisation; Beckmann et al. 1983, S. 45). Auf der Skala „soziale Resonanz" (GT 1) liegen die Teilnehmer im Normalbereich eher auf der Seite „positive soziale Resonanz", d. h. sie beschreiben sich eher als anziehend, beliebt.
Auch auf der Skala „Dominanz" (GT 2) liegt die Teilnehmerstichprobe im Normalbereich eher auf der Seite „geringfügig", d. h. sie beschreiben sich eher als kooperativ, geduldig und fügsam. Wie im FPI zeigt sich auch im GT die depressive Verstimmtheit der Teilnehmerstichprobe am deutlichsten. Das Testprofil der Teilnehmerstichprobe entspricht außer auf der 1. Skala („soziale Resonanz") dem Testprofil von Neurotikern (s. Handbuch zum Gießen-Test, Brähler 1983), jedoch steht bei den Patienten die depressive Verstimmtheit deutlich im Vordergrund. So hohe Werte auf der Depressionsskala in Verbindung mit niedrigen Werten auf den Aggressionsskalen sind typisch für psychosomatisch gestörte Patienten.

### 5.2.3 Gießener Beschwerdebogen (GBB)

Auf allen Skalen des GBB liegt die Teilnehmerstichprobe im Bereich einer zu psychosomatischen Erkrankungen neigenden Patientengruppe (Abb. 11). Die Werte

---

**Abb. 10.** GT-Profil der Gesamtstichprobe zu Untersuchungsbeginn
NR negative soziale Resonanz
PR positive soziale Resonanz
DO Dominanz
GE Gefügigkeit
UK Unterkontrolliertheit
ZW Zwänglichkeit
HM Hypomanie
DE Depression
DU Durchlässigkeit
RE Retentivität
PO soziale Potenz
IP soziale Impotenz
M Mittelankreuzungen
E Extremankreuzungen

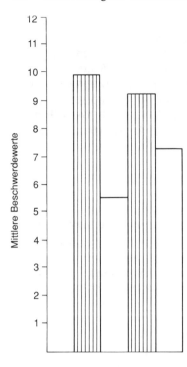

Abb. 11. Psychosomatische Beschwerden in der Gesamtstichprobe zu Untersuchungsbeginn auf den Kriteriumvariablen des GBB (*schraffierte Säulen*) im Vergleich mit den Höchstwerten der Normalbevölkerung

auf den einzelnen Skalen Magenbeschwerden und Herzbeschwerden sind allerdings nicht so hoch, daß man annehmen muß, daß die Patienten tatsächlich schon organische Schäden (Erkrankungen) zeigen.

Es ist anzunehmen, daß die Skalenwerte deswegen so hoch sind, weil die Patienten zu erhöhter Klagsamkeit neigen. Besonders hoch sind Erschöpfungsneigung und Beschwerdedruck der Teilnehmer; mitgeteiltes, subjektives Leiden, eingestandener Spannkraftverlust und Hilfsbedürftigkeit sind bei der Teilnehmerstichprobe also sehr viel größer als bei der Normalbevölkerung. Die hohe Erschöpfungsneigung der Teilnehmer weist auf die neurotische Komponente der Beschwerden hin, außerdem ist die Erschöpfungsneigung symptomatisch für eine neurotisch depressive Tendenz (Brähler u. Scheer 1983, S. 89). Auf der Skala der Gliederschmerzen erreicht die Teilnehmerstichprobe dieselben Werte wie die Stichprobe der Arthritispatienten. Gliederschmerzen sind symptomatisch für Verspannungszustände. Nach Bräutigam u. Christian (1981) kommen in ihnen verdrängte aggressive Strebungen durch die Skelettmuskulatur zum Ausdruck. Dem entsprächen die niedrigen Werte der Teilnehmerstichprobe auf den verschiedenen Aggressionsskalen der genannten Persönlichkeitstests.

### 5.2.4 Depressionsstatusinventar (DSI)

Aus dem DSI geht hervor, daß die Teilnehmerstichprobe insgesamt an mittelstarken Depressionen leidet (Abb. 12). Dies stimmt mit den Ergebnissen der Depres-

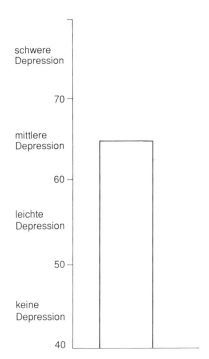

**Abb. 12.** Depression in der Gesamtstichprobe zu Untersuchungsbeginn im DSI

sionswerte auf Skala 3 des FPI und Skala 4 des GT überein. Wie Arieti u. Bemporad (1983, S. 93 ff.; Kielholz u. Adams 1984) ausführlich darlegen, ist die Depressivität bei allen neurotischen Erscheinungsbildern eine Begleitreaktion auf die *Unfähigkeit, den jeweiligen inneren Konflikt zu lösen.* Diese *Hilflosigkeit* generalisiert sich auf das gesamte Stimmungsbild, was sich auch im DSI abbildet.

## 5.3 Diagnostische Einschätzung der Patientenstichprobe aufgrund der Testergebnisse

Zusammenfassend kann man sagen, daß es sich bei der untersuchten Teilnehmerstichprobe nach den vorliegenden Testergebnissen um neurotische Persönlichkeiten handelt. Hinweise darauf sind die relativ hohen Mittelwerte der Versuchspersonen auf den Skalen „Nervosität", „Depressivität" und „emotionale Labilität" („neurotische Trias") des FPI. Mit diesen Ergebnissen stimmen die hohen Mittelwerte auf der Skala „depressive Grundstimmung" des GT überein. Die hohen Angstwerte der Teilnehmerstichprobe lassen im engeren Sinn auf Personen mit Angstneurosen und Neurasthenien schließen (für letztere sind die große Anzahl an vegetativen Störungen, wie sie im GBB zum Ausdruck kommen, kennzeichnend). Die untersuchte Teilnehmerstichprobe kann zur Gruppe der psychosomatisch gestörten Patienten gezählt werden; die hohe Erschöpfungsneigung sowie der große Beschwerde- und Leidensdruck (erhöhte Klagsamkeit) weisen auf den neurotischen Hintergrund der psychosomatischen Beschwerden hin. Bei der hier beschriebenen Patientengruppe kann man außerdem feststellen − aufgrund der hohen Mittelwerte im GBB und auf den Skalen 3 (Depressivität), 6 (Gelassenheit in umgekehrter Polung), 8 (Gehemmtheit) des FPI −, daß mit den körperlichen Beschwerden intrapsychische Mißempfindungen und nicht interpersonell psychosoziale (wie sie eher vom GT erfaßt werden) einhergehen. In der Patientenstichprobe sind demnach Körperbeschwerden eher „Depressionskorrelat" als „Depressionsersatz". Die hohen Depressionswerte im DSI lassen für diese Stichprobe auch den Schluß zu, daß es aufgrund der depressiven Verstimmung zu einer Reihe von vegetativen Störungen kommt. Die Testergebnisse stimmen mit denen, die an anderen Stichproben von Psychotherapiepatienten erhoben wurden, überein (Beckmann et al. 1983; Dührssen 1972; Schepank 1987; Bräutigam 1972; Plog 1976; Dörner u. Plog 1984).

# 6 Testpsychologische Vergleichsuntersuchungen der Kurzgruppenpsychotherapiemethoden

## 6.1 Veränderungen der gesamten Therapiegruppe (AT+PME+AKG) im Vergleich zur Kontrollgruppe

In diesem Kapitel werden die testpsychologischen Ergebnisse der 3 therapeutischen Behandlungsgruppen zusammengefaßt und mit den Testergebnissen der Kontrollgruppe, d. h. der Patienten auf der Warteliste, verglichen (der Ausdruck „Gruppe" ist hier als „Vergleichsgruppe" zu verstehen und nicht als „Behandlungsgruppe"). Nach einer kurzen Darstellung der Ausgangswertunterschiede werden die einzelnen Tests mit ihren Veränderungen dargestellt. Anschließend werden diese tabellarisch zusammengefaßt und in ihrer Bedeutung für die Gesamtuntersuchung interpretiert.

Zur besseren Übersicht der folgenden Untersuchungsdurchführung dient folgendes vereinfachtes Schema:

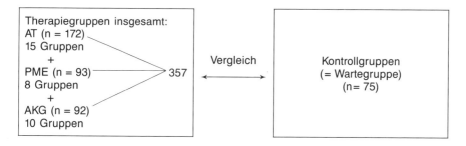

### 6.1.1 Vergleich der Ausgangswerte

Zunächst sollte untersucht werden, ob sich zu Beginn der Behandlung bzw. der Wartezeit Unterschiede ergeben, die das Gesamtergebnis beeinflussen könnten. Die Ergebnisse sind dann anders bzw. nicht zu werten, als das der Fall wäre, wenn keine Ausgangsunterschiede auftreten.

Die vorliegenden Ausgangswertunterschiede sind glücklicherweise nicht sehr zahlreich und v. a. gering in der Ausprägung. Sie lassen sich dadurch erklären, daß die 1. Testung nach dem Erstgespräch aus behandlungstechnischen Überlegungen stattfinden mußte. Schließlich mußte im Erstgespräch zunächst geklärt werden, ob überhaupt eine Therapie indiziert war (Ausschluß von organisch bedingten Störungen oder anderer therapieverunmöglichender Aspekte). Wenn eine Therapie indiziert war, so mußten entsprechende Merkmale vorhanden sein, damit die jeweilige Person für die Studie in Frage kam. Aus diesen Gründen schien es nicht zumutbar, die Patienten einer doch stundenlangen Testung zu unterziehen, um sie dann womöglich weiterzuverweisen. Die wenigen Ausgangswertunterschiede signalisieren so den möglichen negativen Einfluß der Wartezeit auf das Befinden der Kontrollgruppenangehörigen.

*Prüfung der Ausgangswertunterschiede im FPI:* Es zeigen sich keine unterschiedlichen Ausgangswerte der gesamten Therapiegruppe und der Kontrollgruppe.

*Prüfung der Ausgangswertunterschiede im GT:* Zu Beginn der Untersuchung zeigt sich die Kontrollgruppe dem Trend nach depressiver (GT 4) als die Therapiegruppe. Die Ausgangswerte unterscheiden sich in den beiden Gruppen, jedoch in den übrigen Skalen des GT nicht voneinander.

*Prüfung der Ausgangswertunterschiede im GBB:* Der psychosomatische Beschwerdedruck liegt zu Beginn der Untersuchung bei der Kontrollgruppe (Wartegruppe) trendmäßig höher als bei der Therapiegruppe. Die Ausgangswerte sind in einzelnen psychosomatischen Beschwerden gleich.

*Prüfung der Ausgangswertunterschiede im DSI:* Die Kontrollgruppe ist zu Untersuchungsbeginn signifikant depressiver als die Therapiegruppe.

*Prüfung der Ausgangswertunterschiede im State-Trait-Angstinventar (STAI):* Die situative Ängstlichkeit (STAI S) ist dem Trend nach in der Kontrollgruppe größer als in der Therapiegruppe.

*Prüfung der Ausgangswertunterschiede in der Eigenschaftswörterliste (EWL):* Bei Untersuchungsbeginn zeigt sich tendenziell bei den Patienten der Kontrollgruppe (Wartegruppe) mehr Ärger, verglichen mit den Patienten der Therapiegruppe. Außerdem fühlt sich die Kontrollgruppe statistisch gesehen ängstlicher (EWL M) und deprimierter (EWL N) als die Therapiegruppe. – Auf den anderen Befindlichkeitsskalen wie Aktivität, Introvertiertheit etc. zeigen sich keine Ausgangswertunterschiede.

*Prüfung der Ausgangswertunterschiede beim Polaritätsprofil (PP):* Die Wartegruppe sieht sich tendenziell „passiver" (P 5), „kränker" (P 24) und „schlechter" (P 26) als die Therapiegruppe. Zu Beginn der Untersuchung sieht sich die Wartegruppe signifikant „friedlicher" (P 12) und „abstoßender" (P 24) als die Therapiegruppe. Zudem fühlt sich diese Gruppe noch hochsignifikant „mißmutiger" (P 18) und „unglücklicher" (P 29). Bei allen übrigen Polaritäten zeigen sich keine unterschiedlichen Ausgangswerte.

*Prüfung der Ausgangswertunterschiede hinsichtlich des Leidensdrucks:* In diesem Punkt unterscheiden sich die beiden Gruppen zum Untersuchungsbeginn nicht voneinander.

Als Therapieeffekte sollen im folgenden nur jene Ergebnisse interpretiert werden, die aus dem Vergleich der gesamten Therapiegruppe (Therapiegruppe AT+Therapiegruppe PME+Therapiegruppe AKG) mit der Kontrollgruppe als statistisch gesicherte Unterschiede zwischen diesen Gruppen nachgewiesen werden konnten.

Bei Therapie- und Kontrollgruppe handelt es sich um vergleichbare Gruppen, sofern keine Ausgangsunterschiede bestehen. Die wenigen Ausgangswertunterschiede wurden bereits besprochen.

Trotz der zufälligen Aufteilung in Therapiegruppe und Kontrollgruppe ergaben sich gerade wegen der erfolgten Zuweisung in eine der beiden Gruppen einige wenige Unterschiede auf einzelnen Testskalen. So waren die Patienten der Kontrollgruppe, die auf die Therapie noch warten mußten, zu Beginn der Untersuchung depressiver, also mißgestimmter (GT 4, DSI, EWL N, P 18, P 29), situativ ängstlicher (STAI S, EWL M), und beschrieben sich tendenziell als ärgerlicher (EWL L), passiver (P 5) und kränker (P 24). Die aktuelle Befindlichkeit der Kontrollgruppe war also zu Untersuchungsbeginn schlechter als die der Therapiegruppe. Das könnte darauf zurückzuführen sein, daß diese Gruppe nicht mit der sofortigen Abhilfe für ihre Beschwerden und Probleme rechnen konnte, was bei der Therapiegruppe der Fall war. Die Kontrollgruppe weist auch tendenziell einen höheren psychosomatischen Beschwerdedruck (GBB B) auf; sie leidet etwas mehr als die Therapiegruppe unter ihren psychosomatischen Beschwerden, was ebenfalls mit der noch bevorstehenden Wartezeit bei der einen Gruppe, mit der in aussichtstehenden Abhilfe bei der anderen Gruppe erklärbar ist.

### 6.1.2 Zusammenfassung und Diskussion der Ergebnisse
(Tabellen 7 und 8)

Nachfolgend werden nur unterschiedliche Veränderungen der Therapiegruppe gegenüber der Kontrollgruppe dargestellt.
Als Therapieeffekte können im wesentlichen eine Abnahme der Nervosität, der psychischen Gestörtheit (FPI 1), eine Zunahme der emotionalen Stabilität (FPI 6, EWL K, EWL J, P 21, P 15, P 13) sowie eine Verbesserung der Stimmungslage (FPI 3, EWL 1, P 2, P 21, P 26) und eine Zunahme der positiven sozialen Resonanz (GT 1) festgestellt werden. Mit der Verbesserung der psychischen Befindlichkeit und der psychosomatischen Störungen geht die deutliche Abnahme des Leidensdrucks konform. Die in der Ambulanz zum Zeitpunkt der Untersuchung durchgeführte Psychotherapie (AT, PME und AKG) erwies sich somit als geeignet, die spezifischen Beschwerdebilder

- Depressivität,
- emotionale Instabilität,
- psychosomatische Beschwerden,
- negative soziale Resonanz,
- Leidensdruck

dieser Patientenstichprobe deutlich zu verbessern.
Statistisch signifikant zeigt sich, daß die behandelten gegenüber den nichtbehandelten Fällen „weniger nervös" (FPI 1) und „gelassener bzw. selbstvertrauender" (FPI 6) sind. Gemeinsam war für die Therapie- und Kontrollgruppe eine „größere Offenheit", d. h. sie geben verschiedene kleine Fehler zu, haben eine unbekümmerte Haltung und sind selbstkritischer (FPI 9). Eine „stärkere Maskulinität" (FPI 12) zeigte aktivere Durchsetzungsfähigkeit, ausgeglichenere Stimmungslage und wenige körperliche Beschwerden. Die übrigen Skalenwerte des FPI (FPI 2, 3, 4, 7, 8, 10 und 11) ließen keine signifikanten Veränderungen erkennen.

**Tabelle 7.** Therapieeffekte (konstruktive Veränderungen) der Therapiegruppe (AT+PME+AKG) vs. Kontrollgruppe im gesamten Untersuchungszeitraum

| Test | Therapiegruppe (AT+PME+AKG; n = 357) | | p |
|---|---|---|---|
| FPI | 1: | Nervosität | ** |
|  | 5: | Geselligkeit | * a |
|  | 6: | Gelassenheit | ** |
| GT | 1: | soziale Resonanz | ** |
| GBB |  |  |  |
| DSI |  |  |  |
| STAI |  |  |  |
| EWL | K: | Empfindlichkeit | *** (**) |
|  | I: | gehobene Stimmung | ** |
|  | J: | Erregtheit | * a |
|  | L: | Ärger | * a |
|  | O: | Verträumtheit | ** a |
|  | H: | Selbstsicherheit | * |
| PP | 2: | heiter | * a |
|  | 26: | besser | * a |
|  | 21: | lauter | ** |
|  | 15: | herrisch | * |
|  | 13 (+): | geordneter | * b |
|  | 31 (+): | schneller | ** b |
| Leidensdruck | Abnahme des Leidensdrucks | | |

\* Trend, \*\* statistisch signifikant, \*\*\* statistisch hochsignifikant.
a Nur unmittelbar nach den 10 Gruppensitzungen.
b Nur unmittelbar in der 2. Messung nach 10 Wochen.

Die Tatsache, daß beide Gruppen zunehmend offener und selbstkritischer werden, läßt vermuten, daß bereits die Warteposition bei den nichtbehandelten Personen eine Wachheit für innere und äußere Ereignisse auslöst. Die Abnahme der Nervosität und größere Gelassenheit sind als Therapieeffekte anzusehen.

Die Patienten der Therapiegruppe sind nach der Therapie statistisch gesehen signifikant „sozial resonanter" (GT 1) als die Kontrollgruppe. Das heißt, daß die behandelten Patienten sich nach der Therapie anziehender, geachteter und durchsetzungsfähiger sowie von der Umwelt stärker geschätzt fühlen. Die „soziale Resonanz" der Therapiegruppe gegenüber der Kontrollgruppe kann auf die Interaktion in der jeweiligen Behandlungsgruppe zurückgeführt werden. Die „Depressivität" (GT 4) nimmt sowohl für die behandelten als auch nichtbehandelten Fälle höchstsignifikant ab. Die Patienten der Stichprobe fühlen sich am Ende der Testung weniger bedrückt, weniger ängstlich, unabhängiger und können Ärger zeigen. Beiden Gruppen gemeinsam ist auch das Zunehmen mittlerer Ankreuzungen (Hinweis auf Abnahme depressiver Reaktionen; Brähler 1983: GT-Handbuch, S. 26). Erstaunlich ist die Abnahme der Depressivität für beide Gruppen. Allein das Gefühl, „demnächst versorgt zu werden", hilft den Patienten der Warteliste offensichtlich, sich wieder mehr zuzutrauen, sich ernstzunehmen und auf Besserung zu hoffen. Für die restlichen Skalen des Gießen-Tests (Durchlässigkeit, Dominanz, Kontrolle und soziale Potenz) konnten keine signifikanten Mittelwertdifferenzen gefunden werden.

**Tabelle 8.** Signifikante Veränderungen in Kontroll- und Therapiegruppe insgesamt (konstruktive Effekte), aber keine darüber hinausgehenden Effekte in der Therapiegruppe. t-Tests für abhängige Stichproben

| Test | Therapiegruppen (AT+PME+AKG) und Kontrollgruppe (Wartegruppe; n = 432) | Signifikanz |
|---|---|---|
| FPI | 9: Offenheit | ** |
| | M: Maskulinität | ** |
| GT | 4: Depressivität | *** (****) |
| GBB | E: Erschöpfungsneigung | *** |
| | M: Magenbeschwerden | *** |
| | G: Gliederschmerzen | *** |
| | H: Herzbeschwerden | **** |
| | B: Beschwerdedruck | **** |
| DSI | Depression | |
| STAI | S: Situative Angst | *** |
| | T: Allgemeine Angst | **** |
| EWL | G: Introversion | * |
| | D: Müdigkeit | ** |
| | J: Erregtheit | * |
| | M: Ängstlichkeit | *** |
| | N: Deprimiertheit | ** |
| PP | 1: hart | *** |
| | 2: heiter | *** |
| | 3: klar | ** |
| | 4: stark | ** |
| | 6: verspielt | ** |
| | 7: offen | *** |
| | 9: frei | *** |
| | 13: geordnet | **** |
| | 16: gesellig | *** |
| | 17: robust | * |
| | 19: gut gelaunt | ** |
| | 22: frisch | ** |
| | 23: dominant | ** |
| | 24: gesund | *** |
| | 25: erfreulich | **** |
| | 26: gut | ** |
| | 27: anziehend | ** |
| | 29: glücklich | ** |
| Leidensdruck | Abnahme in den ersten 10 Wochen **** | |

\* p = 0,05; \*\* p = 0,01; \*\*\* p = 0,005; \*\*\*\* p = 0,001.

Im testpsychologischen Sinne konnten im GBB keine signifikanten Unterschiede ermittelt werden. Hingegen nahmen in beiden Gruppen auf allen Skalen Erschöpfungsneigung, Magenbeschwerden, Gliederschmerzen, Herzbeschwerden und Beschwerdedruck (also die Beschwerden) höchstsignifikant ab.

Patienten, die sich entscheiden, eine Psychotherapie aufgrund ihrer Beschwerden anzufangen, setzten sich bereits innerlich mit ihren Konflikten auseinander. Durch die Zusage eines Therapieplatzes werden Prozesse ausgelöst, die zur Veränderung

der körperlichen Wahrnehmung führen. Die psychosomatischen Beschwerden bekommen so eine andere Bedeutung zugeschrieben (Bräutigam 1972).
Die Depression (DSI) hat signifikant sowohl in der Therapie- als auch in der Kontrollgruppe abgenommen. Die Abnahme der Depression ist damit zweifach gesichert (siehe GT, Skala 4). Sowohl die situative als auch die allgemeine Angst (STAI) nehmen in der Therapie- und Kontrollgruppe höchstsignifikant ab. Da auch die Patienten der Kontrollgruppe ein Erstinterview hatten, fühlen sie sich nicht nur der Institution gegenüber, sondern auch ihrem „Ersttherapeuten" vertraut. Wenn sie nun unerwartet große „Angst" bekommen, besteht zumindest die Möglichkeit, sich entweder an den entsprechenden Arzt des Erstinterviews oder aber an die Institution zu wenden. Dieser Gedanke und die Hoffnung, daß ihnen die Angst durch eine in Aussicht stehende Therapie genommen wird, reduziert die situative und allgemeine Angst.
Testpsychologisch zeigen sich in der Eigenschaftswörterliste (EWL) signifikante Unterschiede, die dahin gehen, daß die Therapiegruppe „weniger empfindlich" und in ihrer „Stimmung gehobener" ist als die Kontrollgruppe. In beiden Gruppen nehmen „Introversion", „Müdigkeit", „Erregtheit", „Ängstlichkeit" und „Deprimiertheit" ab. Die EWL mißt v. a. aktuelle emotionale Befindlichkeit. Die Ergebnisse auf der Testskalierung zeigen einen Trend zur Mitte hin; das heißt, daß aktuelle Befindlichkeiten in positiver Richtung beeinflußt werden konnten.
Die behandelten Patienten unterscheiden sich im Polaritätenprofil (PP) gegenüber den nichtbehandelten nur darin, daß sie „lauter" und „weniger nachgiebig" sind. Daneben lassen sich eine Reihe von Eigenschaften aufführen, die sich in beiden Gruppen veränderten; und zwar gilt für beide, daß sie signifikant „härter", „heiterer", „klarer", „stärker", „verspielter", „offener", „freier", „geordneter", „geselliger", „robuster", „gut gelaunt", „frischer", „dominanter", „gesünder", „erfreulicher", „gut", „anziehender" und „glücklicher" geworden sind. Diese Attributionen zeigen eine stärkere Annäherung der untersuchten Personen an ihre Idealvorstellungen, was nach Plog (1976, S. 53) auf eine Abnahme neurotischer Selbstbildverzerrungen hinweist, mit einer leichten Überlegenheit der Therapiegruppe gegenüber der Wartelistengruppe.
Der Leidensdruck nimmt in der Therapiegruppe signifikant ab. In der Wartelistengruppe nimmt er zunächst ab, um vor der Behandlung wieder anzusteigen. Das bedeutet, daß die kurztherapeutische Behandlung das subjektive Leidenserlebnis eindeutig zu verringern imstande war (vgl. dazu die Ergebnisse der Pfadanalyse, Kapitel 8). Neben den Therapieeffekten zeigten sich auch eine Reihe von Kontrollgruppeneffekten.
Mit der Entscheidung, in „Psychotherapie" zu gehen, werden offenbar Prozesse ausgelöst, die antizipatorische Konfliktlösungsfähigkeiten aktivieren. Das bedeutet für den Patienten: „Wenn ich in psychotherapeutischer Behandlung bin, können wir meine Migräneanfälle ja besprechen, und sicher wird es mir dann gut gehen". Mit V. Weizsäcker (1950) gesprochen, heißt das: „Wahrnehmung ist Bewegung", und dies führt bereits zur inneren Bearbeitung des Konflikts. Die psychosomatischen Beschwerden ändern sich durch die neue Sichtweise, was nicht nur zur Abnahme der Angst und Depression, sondern auch zur Abnahme der körperlichen Beschwerden führt.

Die Patienten der Wartelistengruppe erhielten alle ein Erstgespräch, bei dem sie ihre Bitte: „Nehmen Sie sich meiner Probleme an, Herr/Frau Doktor", aussprechen konnten. Mit der Antwort, daß sie sich leider noch ein wenig gedulden müßten, bis ein Platz in der Gruppe (AT, PME oder AKG) frei wird, konnten die Patienten zunächst zufrieden sein. Sie hatten das Gefühl, „versorgt" zu werden, und wußten, daß es sich nur um einen Zeitaufschub handelt.

Verstärkt wird die Zuwendung zu den Patienten noch dadurch, daß sie von Zeit zu Zeit Fragebögen erhielten, in denen man sich nach „ihrem Befinden" erkundigt. So konnten z. B. beim Patienten die Phantasien entstehen: „Das ist aber sehr nett von dieser/diesem Frau/Herr Doktor, daß er/sie mich nicht vergessen hat und sich immer noch nach mir erkundigt. Vielleicht bin ich ein ganz besonderer Fall, denn bei allen Patienten wird er/sie diese Erkundigungen ja nicht einholen können" etc. Die Patienten der Warteliste fühlen sich, obwohl noch nicht an einer Therapie teilnehmend, aufgehoben; sie stehen zumindest auf einer Warteliste und kommen schon bald in Therapie. Falls diese Patienten unerwarteterweise großen Schwierigkeiten gegenüberständen, denen sie sich alleine nicht gewachsen fühlten, blieb ihnen die Möglichkeit, ihren Therapeuten aus dem Erstinterview anzurufen (was allerdings nie in Anspruch genommen wurde).

## 6.2 Therapieeffekte des AT

Nach folgendem vereinfachten Schema wurde die Untersuchung durchgeführt:

### 6.2.1 Darstellung der Ergebnisse (Tabelle 9)

**Tabelle 9.** Statistisch signifikante Veränderungen in der Therapiegruppe AT im Vergleich zur Kontrollgruppe. Multivariate Varianzanalyse

| Test | | | Signifikanz | |
|---|---|---|---|---|
| FPI | 1: | Nervosität | *** | |
| | G: | Gelassenheit | * | ⎫ |
| GT | 6: | Soziale Potenz | ** | ⎬ allgemeines |
| EWL | I: | Gehobene Stimmung | * | ⎭ Wohlbefinden |
| | J: | Erregtheit | * | |
| | K: | Empfindlichkeit | * | ⎫ emotionale |
| | L: | Ärger | * | ⎬ Gereiztheit |
| | O: | Verträumtheit | * | Angst |
| PP | P 2: | „Heiter" | ** | |
| | P 31: | „Schneller" | ** | |
| Leidensdruck | | Abnahme des Leidensdrucks | *** | |

* p = 0,05; ** p = 0,01; *** p = 0,005.

## 6.2.2 Interpretation der Ergebnisse

Nervosität und psychosomatische Gestörtheit (FPI 1) nehmen in der Therapiegruppe über den gesamten Untersuchungszeitraum statistisch hochsignifikant ab. Die Patienten des AT sind also sowohl nach 10 als auch nach 20 Wochen deutlich weniger nervös und psychosomatisch weniger gestört als die vergleichbare Kontrollgrrppe ohne AT.

Die Therapiegruppe AT ist sowohl nach 10 als auch nach 20 Wochen statistisch signifikant „sozial potenter" (GT 6) als die Kontrollgruppe, bei der die soziale Potenz in diesem Zeitraum abnimmt. In der Therapiegruppe AT nehmen in der 2. Untersuchungshälfte (nach dem Ende der Gruppensitzungen) die Extremantworten (GT E) gegenüber der Kontrollgruppe statistisch signifikant zu. Dies könnte ein Hinweis darauf sein, daß die AT-Patienten am Ende der Untersuchung geneigt sind, ihre psychischen Probleme zu sehen und sie nicht länger nur auf der körperlichen Ebene zu agieren.

Die Stimmung der Therapiegruppe AT ist sowohl nach 10 als auch nach 20 Wochen stationär signifikant gehobener (EWL 1) als die der Kontrollgruppe.

Die Therapiegruppe AT ist nach 10 Wochen statistisch signifikant weniger erregt (EWL J) und weniger empfindlich (EWL K) als die Kontrollgruppe. In der Kontrollgruppe nehmen beide Werte in den ersten 10 Wochen deutlich zu.

Als Kurzzeiteffekt des AT kann die Abnahme von Ärger (EWL L) und Verträumtheit (EWL O) in den ersten 10 Wochen (mit Gruppensitzungen) gegenüber der Kontrollgruppe ohne AT gesehen werden.

Sowohl nach 10 als auch nach 20 Wochen sehen sich die Patienten der Therapiegruppe AT statistisch signifikant heiterer (P 2) als die Kontrollgruppe ohne AT. Nach 20 Wochen sieht sich die Therapiegruppe AT statistisch signifikant schneller, weniger langsam (P 31) als die Kontrollgruppe.

Bezüglich der Veränderungen der Wert- und Idealvorstellungen läßt sich feststellen, daß keine der geprüften Wertvorstellungen und Ideale für die Therapiegruppe AT an Bedeutung gegenüber der Kontrollgruppe gewonnen hat, vielmehr verlieren diese Vorstellungen ihre starke Bedeutung in der Therapiegruppe AT. Statistisch signifikant verlieren folgende Werte und Ideale für die Therapiegruppe gegenüber der Kontrollgruppe an Bedeutung: „sauber, nett", „liebevoll" (in den ersten 10 Wochen), „intaktes Familienleben" (Trend) und „erfüllte Liebe".

Ebenso hat der Leidensdruck in der Therapiegruppe AT gegenüber der Kontrollgruppe über den gesamten Untersuchungszeitraum statistisch signifikant abgenommen.

Als wesentlichste Therapieeffekte des AT können also angesehen werden:

– Abnahme der Nervosität, der psychosomatischen Gestörtheit,
– Zunahme der sozialen Potenz, der Geselligkeit und Kontaktfindung,
– Zunahme der Stabilität der emotionalen Befindlichkeit,
– Abnahme von hohen Wert- und Idealvorstellungen,
– Abnahme des Leidensdrucks.

Diese Ergebnisse zeigen insgesamt die Verbesserung des neurotischen Beschwerdebildes der Patienten der AT-Gruppen an. Das schrittweise Einüben von Entspan-

nung durch die Imagination bestimmter Körperteile sollte entsprechend der theoretischen Annahmen zu einer „ganzheitlichen Versenkung" führen. Die vorliegenden Untersuchungsergebnisse sprechen für das Eintreten von körperlicher und psychischer Entspannung. Den Patienten dürfte es demnach größtenteils gelungen sein, eine Ruhestellung herzustellen, bei der sie sich innerlich sammeln können (vgl. Schultz 1972; Stokvis u. Wiesenhütter 1979; Kniffki 1979; Hoffmann 1981; Rosa 1983; Pritz 1984).
Durch die Konzentration auf die Übungen, die ihrerseits angenehm entspannend wirkende Bilder auslösen können, kommt es zu einer Konzentration auf sich selbst. Dabei wird die Bereitschaft des retikulären Systems herabgesetzt, d. h. auf Außenreize wird nicht mehr so stark reagiert wie früher bzw. wie dies bei den Patienten der Kontrollgruppe möglicherweise der Fall ist. Das AT ist offensichtlich dazu prädestiniert, körperliche Affektresonanzen zu dämpfen. Hinsichtlich der Indikationskriterien sind Personen mit starker psychosomatischer Affektresonanz gut in AT-Gruppen aufgehoben.

## 6.3 Therapieeffekte der PME

Nach folgendem vereinfachten Schema wurde die Untersuchung durchgeführt:

### 6.3.1 Darstellung der Ergebnisse (Tabelle 10)

**Tabelle 10.** Konstruktive Veränderungen der Therapiegruppe PME im Vergleich zur Kontrollgruppe. Multivariate Varianzanalyse, Wechselwirkung PME/WL

| Test | | | Signifikanz |
|---|---|---|---|
| FPI | 5: | Geselligkeit | ** |
|  | 9: | Offenheit | *** |
| GT | 1: | soziale Resonanz | ** |
| GBB | M: | Magenbeschwerden | ** |
| EWL | K: | Empfindlichkeit | ** |
| PP | P 2: | heiter | * |
|  | P 4: | stark | ** |
|  | P 7: | offen | ** |
|  | P 12: | aggressiv | ** |
|  | P 15: | herrisch | ** |
|  | P 16: | gesellig | * |
|  | P 21: | laut | ** |
|  | P 29: | glücklich | ** |
| Leidensdruck | | Abnahme des Leidensdrucks | ** |

\* p = 0,05; \*\* p = 0,01; \*\*\* p = 0,005.

## 6.3.2 Interpretation der Ergebnisse

Als Therapieeffekte der PME sollen nur solche gelten, die sich aus einer statistisch abgesicherten unterschiedlichen Veränderung von Therapiegruppe PME und Kontrollgruppe ergeben. In der Therapiegruppe PME nimmt die Geselligkeit (FPI 5) statistisch signifikant zu. Sowohl nach 10 als auch nach 20 Wochen zeigt sich die Therapiegruppe PME statistisch hochsignifikant offener, selbstkritischer (FPI 9) als die Kontrollgruppe. Das heißt, daß die Patienten der Therapiegruppe PME am Ende der Therapie und noch 10 Wochen danach bereit sind, Fehler und Schwächen zuzugeben, sich selbstkritischer gegenüber stehen als zu Beginn der Therapie.

Auch im GT nimmt die Geselligkeit, die positive soziale Resonanz (GT 1) in der Therapiegruppe PME statistisch signifikant deutlicher zu als in der Kontrollgruppe. Die Patienten sind kontaktfreudiger, lebhafter und unbekümmerter als vor Beginn der Behandlung.

Mit der großen Offenheit in Zusammenhang könnte die Zunahme der Depressivität in den ersten 10 Wochen stehen (GT 3). Die Patienten werden offener, selbstkritischer und damit verbunden auch selbstunsicherer, trauriger. In der 2. Untersuchungshälfte werden dann die Patienten der Therapiegruppe PME aber wieder selbstsicherer und zufriedener. Anhand des GBB konnte festgestellt werden, daß die Magenbeschwerden bei den Patienten, die an der PME teilnahmen, signifikant abnahmen. In der Eigenschaftswörterliste (EWL) zeigten sich die Therapiepatienten signifikant weniger empfindlich, d.h. weniger emotional gereizt und labil gegenüber den Patienten der Kontrollgruppe.

Auf dem Polaritätenprofil (PP) zeigen sich folgende Therapieeffekte:
Die Therapiegruppe PME sieht sich

- heiterer (P 2, Trend),
- stärker (P 4, statistisch signifikant),
- anziehender (P 7, statistisch signifikant),
- weniger friedlich (P 12, statistisch signifikant),
- geselliger (P 16),
- phantasievoller (P 17),
- lauter (P 21, statistisch signifikant),
- glücklicher (P 29, Trend).

Die Empfindlichkeit (EWL K) nimmt tendenziell kumulativ ab.
Der Leidensdruck nimmt in der Therapiegruppe PME in der 2. Hälfte der Untersuchung statistisch hochsignifikant deutlich ab. In der 1. Hälfte der Untersuchung nimmt der Leidensdruck auch in der Kontrollgruppe ab.
Insgesamt werden die Patienten der Therapiegruppe PME schon nach 10 Wochen

- deutlich offener, selbstkritischer; bereit, sich nicht nach der sozialen Erwünschtheit zu beurteilen (FPI 9, P 4, P 12, P 21); stärker zur Selbstreflexion neigend (Depressionswert im GT);
- geselliger und positiv sozial resonant (FPI 5, GT 1, P 16);
- tendenziell heiterer (P 2) und glücklicher (P 24).

Sie leiden deutlich weniger unter ihren Beschwerden als am Beginn der Therapie.

Besondere entspannungstherapeutische Effekte wie die Abnahme der Nervosität, einzelner psychosomatischer Beschwerden, der Erregbarkeit und der Angst konnten nicht nachgewiesen werden.

Dies bedarf weitergehender Überlegungen: Die Wirkung der PME zeigt sich vorwiegend im psychischen Bereich, möglicherweise ist der Zeitraum des Erlernens der PME zu kurz. Jacobson (1982) betont in besonderer Weise die Notwendigkeit des regelmäßigen und häufigen Übens und das Fehlen des hypnotischen Effekts, wie er beim autogenen Training auftritt. Die systematische Übungsintensität wird aber von keinem der Autoren angegeben. Es bleibt sowohl theoretisch als auch praktisch offen, nach welchem Maß an Übung der spezifische entspannungstherapeutische Effekt der PME auftritt. Diese Frage bedarf weiterer Erforschung, insbesondere natürlich hinsichtlich spezifischer Patientenpopulationen. Die „nach außen gewandtere" Haltung der PME-Patienten deutet allerdings auf eine Reduktion der Angst hin, welche in ihrer physiologischen Korrelation der Verspannung durch die systematische Anspannung und Entspannung beseitigt wird. Allerdings besteht auch die Möglichkeit, daß die therapeutische Gruppensituation selbst diese Effekte provoziert hat. Personen, die stark zurückgezogen sind, sprechen auf diese Form der Kurzgruppentherapie aufgrund der vorliegenden Ergebnisse besonders gut an. Veränderungen im Verhaltensbereich entsprechen den Modellvorstellungen der dahinterliegenden Theorie über die Ziele der Verhaltensmodifikation, bei der „inneres" Erleben eine nachrangige Bedeutung gegenüber „äußeren" Verhaltensänderungen zukommt.

## 6.4 Therapieeffekte der AKG

Das Untersuchungsdesign sah folgendermaßen aus:

### 6.4.1 Darstellung der Ergebnisse (Tabelle 11)

**Tabelle 11.** Konstruktive Veränderungen der AKG im Vergleich zur Kontrollgruppe. Multivariate Varianzanalyse

| Test | | Signifikanz |
|---|---|---|
| FPI | G: Gelassenheit | ** |
|  | N: Neurotizismus, emotionale Labilität | * |
| GT | 1: soziale Resonanz | ** |
| EWL | D: Müdigkeit | * |
|  | J: gehobene Stimmung | ** |
|  | K: Empfindlichkeit | ** |
|  | O: Verträumtheit | ** |
| PP | 5: aktiv | ** |
|  | 15: weniger unterwürfig | * |
| Leidensdruck | Abnahme des Leidensdrucks | *** |

\* p = 0,1; \*\* p = 0,05; \*\*\* p = 0,01.

## 6.4.2 Interpretation der Ergebnisse

Als Therapieeffekte der AKG sollen auch hier die unterschiedlichen Veränderungen, die sich aus dem Vergleich mit der Kontrollgruppe ergaben, gelten.
Die Patienten der AKG werden deutlich gelassener, selbstvertrauender und besser gelaunt (FPI 6, statistisch signifikant). Außerdem nimmt die emotionale Labilität, der Neurotizismuswert (FPI N) in dieser Gruppe tendenziell ab.
In der 2. Untersuchungshälfte werden die Patienten der AKG statistisch signifikant geselliger, kontaktfreudiger, positiv sozial resonanter (GT 1) als vor der Therapie.
Bereits nach 10 Wochen zeigen sich die Patienten der AKG weniger müde (EWL D), weniger empfindlich (EWL K), weniger verträumt (EWL O) und in besserer Stimmung als die Kontrollgruppe.
Auf dem Polaritätenprofil sieht sich die Therapiegruppe aktiver (P 5, statistisch signifikant), geordneter (P 13, Tendenz), weniger nachgiebig (P 15, Tendenz) und frischer (P 22, Tendenz) als die vergleichbare Kontrollgruppe ohne Therapie.
In der 2. Untersuchungshälfte hat für die AKG der Wert „tüchtig" gegenüber der Kontrollgruppe tendenziell an Bedeutung gewonnen — ein Hinweis auf die Aktivitätszunahme (Zunahme an Handlungsbereitschaft).
Die Patienten der AKG sind nach der Therapie und 10 Wochen später weniger irritierbar, selbstvertrauender, zuversichtlich, weniger agierend, tatkräftig (FPI 6, W 2), weniger reizbar, gespannt und empfindlicher (FPI N, EWL K), weniger depressiv (FPI N), emotional stabiler, selbstsicherer, sicherer (auch im Umgang mit anderen; FPI N), positiv sozial resonanter (geselliger, kontaktfreudiger; GT 1) als vor der Therapie. Der Leidensdruck nimmt durch die AKG hochsignifikant ab.
Insgesamt sind die Patienten der AKG nach der Therapie weniger neurotisch als die vergleichbare Kontrollgruppe ohne Psychotherapie.
Die Patienten der AKG zeigen eine größere Bereitschaft, Konflikte zu bearbeiten. Sie können jetzt den Problemen gelassener gegenübertreten mit dem Selbstvertrauen, das sie sich in der Gruppe erworben haben. Es ist nicht verwunderlich, daß sie sozial resonanter wirken, da die analytische Beziehung in der Gruppe ja auf sozialer Interaktion basiert. Hier konnten die Patienten in einem sozialen Lernfeld neues Verhalten trainieren. Die Patienten zeigten nach Ende der Therapie weniger Ängste und psychische Erschöpfung; sie fühlten sich emotional stabiler. Durch das Ansprechen der Konflikte, die Mitteilung der eigenen Probleme und die Stützung des Therapeuten wurde die emotionale Empfindung angesprochen, analysiert und bearbeitet. Für Personen mit psychosozialen Konflikten ist die analytische Gruppe eine Methode der Wahl.

# 7 Testpsychologische Untersuchungen zur Indikationsstellung in den Kurzgruppentherapien

## 7.1 Problemstellung

In der Psychotherapieforschung bezeichnet man als indikative Variablen die verschiedenen Typen psychischen und psychisch bedingten Gestört- und Krankseins, also diagnostische Einheiten, insbesondere pathologische. Ein Indikationsschema ist die Einteilung von Krankheiten nach dem Gesichtspunkt der Behandelbarkeit durch spezifische Therapiemethoden (vgl. Heigl 1978).
Nach Zielke (1979) handelt es sich bei der Indikation um ein Zuordnungsproblem, bei dem als indikative Variablen entweder die verschiedenen Behandlungsmethoden (bei vorgegebener Patientenpopulation) oder Klassifikationen von Störungen auf der Patientenseite (bei vorgegebenen Behandlungsmethoden) anzusehen sind. Darüber hinaus setzt nach Zielke (1979) eine fruchtbare Auseinandersetzung mit der Indikationsfrage jedoch voraus, daß

1) die Existenz einer Mehrzahl therapeutischer Orientierungen mit unterschiedlichen Behandlungstechniken und unterschiedlichen Behandlungszielen anerkannt wird;
2) man stärker als bisher individuelle Differenzen zwischen den Patienten berücksichtigt.

In den vorangegangenen Kapiteln unserer Untersuchung wurde bereits darauf hingewiesen, daß neben der therapeutischen Technik auch die Person des Therapeuten sowie die Gruppe einen Einfluß auf den Behandlungserfolg haben. Das gilt ebenso für die individuelle Zuweisungsentscheidung (vgl. Zielke 1979; Kielholz u. Adams 1984). Beim gegenwärtigen Stand der Indikationsforschung und dem Rahmen unserer Möglichkeiten erscheint es jedoch angemessen, vereinfacht von der Veränderung bestimmter Personen in bestimmten Therapieverfahren auszugehen und von da aus auch die Wechselwirkung zwischen Technik und Persönlichkeitsmerkmalen in Betracht zu ziehen.
Im Hinblick auf die praktische Relevanz schien es sinnvoll, zwischen 8 Patientenpopulationen zu unterscheiden und diese in den 3 therapeutischen Methoden auf ihre Veränderung zu untersuchen. Dazu diente die Methode des t-Tests und der Varianzanalyse über die 4 in Abschn. 7.2 genannten Dimensionen (psychosomatische Beschwerden, Depression, emotionale Labilität, soziale Potenz).
Die Patientenpopulationen setzen sich folgendermaßen zusammen:

– Depressive (1), Nichtdepressive (2),
– psychosomatisch Gestörte (3), psychosomatisch wenig Gestörte (4),

- emotional Empfindliche (5), emotional wenig Empfindliche (6),
- positiv sozial Resonante (7), negativ sozial Resonante (8).

## 7.2 Bildung der unterschiedlichen Symptomkomplexe

Einige Skalen der verwendeten Tests zeigten sich in diesen durchgeführten testpsychologischen Untersuchungen als besonders sensibel zur Messung von Veränderungen. Von diesen Skalen wurden für die Untersuchung zur Indikationsstellung diejenigen ausgewählt, die auch klinisch relevant sind. Es wurden 4 Symptombereiche gebildet und in den einzelnen Therapiegruppen die Patienten in solche geteilt, die „stark" und in solche die „schwach" an dem jeweiligen Symptom litten. Anschließend wurde die Veränderung der jeweiligen Patientengruppe der einen Psychotherapieform auf den einzelnen Kriteriumvariablen (Testskalen) mit den Veränderungen derselben Patientengruppe der anderen Psychotherapieform verglichen. Es ergaben sich eine Reihe unterschiedlicher Veränderungen derselben Symptompopulation in den 3 verschiedenen Kurzgruppenpsychotherapien. Die 4 Symptomgruppen, die in den einzelnen Therapieformen geprüft wurden, sind folgende:

1) psychosomatische Beschwerden (GBB B),
2) Depression (DSI),
3) emotionale Labilität, Empfindlichkeit (EWL K),
4) soziale Potenz (GT 6).

Erzielt eine Symptomgruppe durch eine bestimmte Psychotherapie gegenüber einer anderen bessere Veränderungseffekte, so kann diese Psychotherapieform als die für diese Symptomgruppe geeignetere, besser indizierte gelten.

## 7.3 Therapiegruppenvergleiche

**Patienten mit hohem psychosomatischen Beschwerdedruck**

Die Patienten mit hohem psychosomatischen Beschwerdedruck werden im AT gegenüber der AKG tendenziell beherrschter, also weniger aggressiv (FPI 2).
Die Nervosität, psychosomatische Gestörtheit (FPI 1) nimmt in den ersten 10 Wochen nur im AT ab, in der 2. Untersuchungshälfte auch in der AKG und in der PME (hier hat die Nervosität in den ersten 10 Wochen deutlich zugenommen).
Bei Patienten mit hohem psychosomatischen Beschwerdedruck gibt es in den einzelnen Therapiegruppen keine statistisch gesicherten Unterschiede bezüglich der Abnahme der psychosomatischen Beschwerden, wie sie der GBB erfaßt (in allen 3 Therapiegruppen nehmen diese kumulativ ab). Darüber hinaus nimmt sowohl die allgemeine Angst als auch die situative Ängstlichkeit in allen 3 Therapiegruppen in gleichem Ausmaß ab. Ebenfalls keine Gruppenunterschiede gibt es bezüglich der Abnahme des Leidensdrucks.
In der PME scheint es allerdings unmittelbar nach der Therapie durch die spezielle Ausrichtung auf den Körper und seine Reaktionen zu einer erhöhten Sensibilisie-

rung, verstärkten Wahrnehmung und negativen Empfindung körperlicher Affektresonanzen und Mißstimmungen zu kommen. Somit erweist sich die PME für Patienten mit hohem psychosomatischen Beschwerdedruck als ungünstig, will man den für diese Patientengruppe unangenehmen Effekt der Entspannungsmethode vermeiden.

Das AT und die AKG erweisen sich gleichermaßen als indiziert für Patienten mit hohem psychosomatischen Beschwerdedruck.

**Patienten mit niedrigem psychosomatischen Beschwerdedruck**

Für die Patienten mit niedrigem psychosomatischen Beschwerdedruck sind alle 3 Psychotherapieformen in gleicher Weise indiziert, da sich keine unterschiedlichen Veränderungseffekte zwischen den einzelnen Therapiegruppen für diese Patientenstichprobe ergaben.

**Schwer depressive Patienten**

Für die Patientengruppen mit mittlerer und schwerer Depression gibt es keine unterschiedlichen Therapieeffekte in den einzelnen Psychotherapieformen. Es empfiehlt sich aber, depressive Patienten mit negativer sozialer Resonanz eher der PME als dem AT zuzuordnen, da die soziale Resonanz in der PME statistisch signifikant positiver wird als in der Therapiegruppe AT. In der AKG nimmt die Müdigkeit dieser Patientenstichprobe während der Gruppensitzungen deutlicher ab als in den anderen beiden Psychotherapieformen; außerdem sehen sich die depressiven Patienten der AKG „wilder", „weniger zart" als in den anderen Therapieformen. Da die Müdigkeit, wie sie die EWL mißt, ein wesentliches Merkmal der Depression ist (Müdigkeit als Zeichen körperlicher und emotionaler Erschöpfung), empfiehlt es sich, depressive Patienten der AKG zuzuordnen.

**Wenig depressive Patienten**

Die wenig depressiven Patienten der AKG sehen sich gegenüber derselben Patientengruppe des AT weniger leicht erregbar und reizbar (FPI 4), geselliger und kontaktfreudiger (FPI 5) und weniger sanft (P 29). Gegenüber den leicht depressiven der PME sehen sich die Patienten der AKG vergnügter (P 18), und die spontane Aggressivität (FPI 2) nimmt zu.

Die wenig depressiven Patienten der PME sehen sich gegenüber derselben Patientenstichprobe des AT passiver (P 5), zurückhaltender (P 7), zurückgezogener (P 16), zarter (P 19), dümmer (P 30) und langsamer (P 31).

Die AKG hat gegenüber dem AT den Vorteil, daß die Patienten weniger störbar, emotional belastbarer werden und vermehrtes Kontaktbedürfnis zeigen. Auch gegenüber der anderen entspannungstherapeutischen Methode, der PME, hat die AKG den Vorteil, daß die Patienten erlebnishungriger, weniger passiv werden, vermehrt das Bedürfnis nach Abwechslung zeigen (FPI 2) und sich selbst vergnügter sehen.

Diese Unterschiede können dadurch entstehen, daß das Hauptaugenmerk dieser beiden Methoden in erster Linie nicht auf der Auseinandersetzung mit zwischenmenschlichen Problemen liegt. In den beiden entspannungstherapeutischen Methoden bleiben die Patienten mit dem eigenen Körper und den persönlichen Empfindungen weitgehend für sich alleine.

**Emotional empfindliche Patienten**

Bei dieser Patientenstichprobe nimmt in der AKG die Depressivität (GT 4) gegenüber den anderen Therapieformen ab. Gegenüber dem AT nimmt in der AKG außerdem noch die Gehemmtheit (FPI 8) ab. Da die Empfindlichkeit (Erregbarkeit, Verletzlichkeit) ein wesentliches Merkmal der Depressivität ist (vgl. EWL, Handbuch; Brähler 1983, S. 16), scheint die AKG für diese Patientenstichprobe am besten indiziert.

**Wenig empfindliche Patienten**

Bei den wenig empfindlichen, weniger verletzbaren, wenig leicht erregbaren Patienten nehmen in der PME gegenüber den anderen beiden Therapieformen Angst (STAI T) und Gliederschmerzen (GBB G) deutlicher ab (Gliederschmerzen stehen deutlich in Zusammenhang mit psychischer Anspannung und Verkrampfung). Gegenüber dem AT hat die PME außerdem noch den Vorteil, daß Erregbarkeit (FPI 4), spontane Aggressivität (FPI 2) und Verträumtheit (EWL O) zurückgehen.
Die Offenheit (Selbstkritik, FPI 9) nimmt allerdings in der PME gegenüber den anderen beiden Therapieformen so deutlich zu, daß sie schon nach 10 Wochen in dieser Therapieform einen überdurchschnittlichen Wert erreicht hat.
Die Patienten der AKG sehen sich gegenüber den anderen Therapieformen aktiver (P 5).

**Sozial wenig potente Patienten**

Diese Patientenstichprobe beschreibt sich selbst als ungesellig, im heterosexuellen Kontakt befangen, wenig hingabefähig und kaum fähig, Bindungen einzugehen (vgl. Brähler 1983).
Die AKG hat gegenüber dem AT den Vorteil, daß bei dieser Patientenstichprobe die Geselligkeit (FPI 5) tendenziell zunimmt und die Depressivität (GT 4) statistisch signifikant abnimmt. Außerdem sehen sich die Patienten der AKG sowohl gegenüber den sozial wenig potenten Patienten des AT als auch des PME aktiver (P 5), kumulativ nüchterner (P 14) und frischer (P 22).
Für die sozial wenig potenten Patienten mit psychosomatischen Störungen bzw. großer Nervosität empfiehlt sich als entspannungstherapeutische Methode eher das AT, da es hier zu einer Abnahme der Nervosität und der psychosomatischen Gestörtheit (FPI 1) kommt. Jedoch scheint auch hier die AKG am besten indiziert.

**Sozial potente Patienten**

Bei dieser Patientenstichprobe gibt es in den unterschiedlichen Therapieformen keine unterschiedlichen Veränderungen mit Ausnahme der Gliederschmerzen (GBB G), die in der PME gegenüber den anderen Therapieformen am deutlichsten abnehmen.

**Zusammenfassung der Ergebnisse**

Die Untersuchung über therapeutische Effekte der unterschiedlichen Therapiemethoden mit Patientengruppen verschiedenster Symptombereiche zeigte, daß einzelne Therapiemethoden für bestimmte Symptombereiche besser indiziert sind als andere. Auf einzelnen Testskalen konnten in den 3 unterschiedlichen Therapiegruppen für manche Symptombereiche günstigere Effekte erzielt werden als für andere. Für die psychisch stabileren Patienten (weniger empfindlich, weniger emotional gereizt, sozial potenter) erweist sich die PME als ausreichend geeigneter, um körperliche Anspannung und deren Folgen zu beseitigen. Es konnte bei dieser Patientengruppe eine stärkere Reduktion der Nervosität, der psychosomatischen Gestörtheit, hier v.a. der Herz-, Atem- und Gliederschmerzen, durch die PME erzielt werden als durch das AT (vgl. Paul 1969b).

Für die Patienten mit hohem psychosomatischen Beschwerdedruck hat sich das AT gegenüber der PME als die besser indizierte Entspannungsmethode erwiesen (vgl. Kniffki 1979).

Für die Patienten mit mittleren bis schweren psychischen Symptomen (hohe Depressivität, emotionale Instabilität, soziale Impotenz) zeigt sich die AKG gerade zur Besserung dieser Symptomatik als die am besten indizierte Therapieform (vgl. Budman et al. 1984). Im Gegensatz zu den beiden Entspannungsmethoden werden die Patienten mit einer schweren psychosomatischen Symptomatik hier körperlich und emotional stabiler und fähiger, mit anderen in Kontakt zu treten.

Diese Ergebnisse entsprechen der unterschiedlichen Intention der angewandten Therapieformen und zeigen, daß die Entspannungstherapien für die Patienten mit schweren psychischen Symptomen, wie zu erwarten, nicht ausreichend sind.

Zu beachten ist allerdings, daß Patienten auf den unterschiedlichen Meßskalen differente Werte angeben konnten. Die Ergebnisse bezüglich der Indikationsstellung sind daher so zu interpretieren, daß die oben zusammengefaßten varianzanalytisch untersuchten Skalen Hinweise auf die mögliche Indikation geben, die im Einzelfall durch zusätzliche Daten ergänzt werden müssen.

# 8 Determinanten des Therapieerfolgs (Pfadanalyse)

## 8.1 Problemstellung

Mit all jenen Variablen, in denen sich signifikante Therapieerfolge manifestieren, war geplant, auch noch eine Pfadanalyse zu rechnen und dabei einige zusätzliche unabhängige Variablen (Geschlecht, Alter, Bildung) zu berücksichtigen. Die Pfadanalyse erlaubt anhand eines Apriorimodells über Kausalzusammenhänge, die Stärke der Zusammenhänge quantitativ zu bestimmen und Scheinzusammenhänge über im Modell berücksichtigte Drittvariablen als solche zu eliminieren.

## 8.2 Planung und Durchführung

In der Pfadanalyse wurden folgende Variablen berücksichtigt: Als exogene Variablen im Sinne Lohmöllers (1981), d. h. Variablen, die im Modell nicht durch andere Variablen erklärt werden, wurden Alter und Geschlecht eingeführt. Da Alter und Geschlecht in unserer Gesellschaft stark mit Bildung korrelieren, weil früher eine höhere Bildung generell und ganz besonders für Frauen wesentlich schwerer zu erlangen war als heute, wurde im Modell das Bildungsniveau aus Alter und Geschlecht erklärt. Die Ausgangswerte jener Variablen, in denen sich bei der univariaten Auswertung signifikante Effekte gezeigt hatten, die über die Veränderungen der Kontrollgruppe hinausgingen, wurden durch die 3 bereits erwähnten Variablen erklärt. Die 3 Versuchsbedingungen, in die ja zufällig zugewiesen wurde und die daher als exogene Variablen ins Modell Eingang finden müssen, erklären im Pfadmodell ausschließlich die Nachtestwerte der relevanten Testwerte. Die Nachtestwerte werden darüber hinaus jeweils noch durch die Ausgangswerte aller relevanten Testwerte vor Therapiebeginn erklärt.

Neun manifeste Variablen, die sich mit der Zufriedenheit in verschiedenen Lebensbereichen auseinandersetzten (Nervosität, Gelassenheit, soziale Resonanz, Empfindlichkeit, gehobene Stimmung, Verträumtheit, Situation verschlechtert, Arztbesuche, Leidensdruck), wurden im Rahmen des Modells faktorenanalytisch zu einer latenten Variablen („Zufriedenheit") zusammengefaßt. Bei allen anderen Variablen war eine analoge Strategie wegen der inhaltlichen Unterschiede nicht zweckmäßig. Grundsätzlich wurden in der Graphik der Pfadanalyse (Abb. 13) nur Pfade eingezeichnet, die mindestens 0,21 betragen (0,20 entspricht der Signifikanzgrenze für Produkt-Moment-Korrelationen bei der vorliegenden Stichprobengröße von n = 81). In der Darstellung des Kausalmodells werden die verständlicherweise sehr

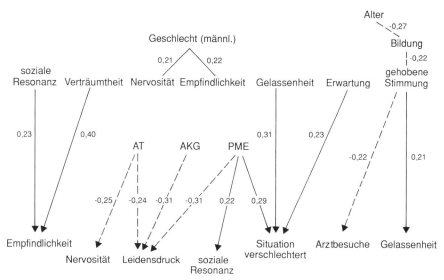

**Abb. 13.** Graphische Darstellung der Pfadanalyse. Signifikante Pfade (Korrelation >0,20). ⟶ positiver Zusammenhang; --→ negativer Zusammenhang

stark ausgeprägten Pfade vom Vortest zum Nachtest pro Testskala nicht eingezeichnet, da diese Effekte trivial sind und die Darstellung dadurch bloß unübersichtlich würde. Bezüglich der genauen Angaben sei auf Tabelle 12 verwiesen. In einem einzigen Fall, bei der Variable Gelassenheit, wurde die Korrelation zwischen Vortest und Nachtest nicht durch diesen Zusammenhang selbst erklärt, sondern der Nachtestwert wurde durch 2 andere Testwerte zum Ausgangszeitpunkt (Erwartung, Leidensdruck, Nervosität, Gelassenheit, soziale Resonanz, gehobene Stimmung, Verträumtheit) erklärt. Da dieses Ergebnis inhaltlich wenig sinnvoll scheint und man immer mit einem gewissen Ausmaß an Zufälligkeiten rechnen muß, ist zu vermuten, daß es sich dabei um ein Artefakt handelt. Genauen Aufschluß über diese Frage könnte aber nur eine Kreuzvalidierung an einer weiteren Stichprobe geben.

## 8.3 Ergebnisse

Die Ergebnisse der Pfadanalyse, nämlich die einzelnen Pfadkoeffizienten, die sich aus Produkt-Moment-Korrelationen ergeben, sind in Abb. 13 graphisch dargestellt. Aus dieser Graphik sind die Stärke des Zusammenhangs sowie dessen Richtung (positiver oder negativer Zusammenhang) ersichtlich.
Im folgenden seien die Einflüsse und Zusammenhänge zwischen den gewählten Variablen beschrieben: Wie zu erwarten, wirkt sich das Alter der Patienten auf die Bildung aus: Je älter die Patienten, desto niedriger ist ihr Bildungsniveau, gemessen an der höchsten abgeschlossenen Schulform. Das Geschlecht hat keinen Einfluß auf die Bildung – die Frauen in dieser Stichprobe sind also von ihrem schulischen Bildungsabschluß her den männlichen Teilnehmern gleichgestellt.

**Tabelle 12.** Matrix der Pfadkoeffizienten der Variablen in der Pfadanalyse

| | Alter | Geschlecht | Bildung | | | | Erwartung | Leidensdruck | Nervosität | Gelassenheit | Soziale Resonanz | |
|---|---|---|---|---|---|---|---|---|---|---|---|---|
| | 1 | 2 | 3 | 4 | 5 | 6 | 7 | 8 | 9 | 10 | 11 | 12 |
| 1 | 0 | 0 | 0 | 0 | 0 | 0 | 0 | 0 | 0 | 0 | 0 | 0 |
| 2 | 0 | 0 | 0 | 0 | 0 | 0 | 0 | 0 | 0 | 0 | 0 | 0 |
| 3 | −27 | 19 | 0 | 0 | 0 | 0 | 0 | 0 | 0 | 0 | 0 | 0 |
| 4 | −4 | −6 | 12 | 0 | 0 | 0 | 0 | 0 | 0 | 0 | 0 | 0 |
| 5 | 7 | 12 | −13 | 0 | 0 | 0 | 0 | 0 | 0 | 0 | 0 | 0 |
| 6 | 0 | 7 | −19 | 0 | 0 | 0 | 0 | 0 | 0 | 0 | 0 | 0 |
| 7 | 8 | 18 | 36 | 0 | 0 | 0 | 0 | 0 | 0 | 0 | 0 | 0 |
| 8 | −13 | 3 | −17 | 0 | 0 | 0 | 0 | 0 | 0 | 0 | 0 | 0 |
| 9 | 8 | 21 | −6 | 0 | 0 | 0 | 0 | 0 | 0 | 0 | 0 | 0 |
| 10 | 12 | −15 | −14 | 0 | 0 | 0 | 0 | 0 | 0 | 0 | 0 | 0 |
| 11 | 12 | −11 | −12 | 0 | 0 | 0 | 0 | 0 | 0 | 0 | 0 | 0 |
| 12 | 12 | −20 | −4 | 0 | 0 | 0 | 0 | 0 | 0 | 0 | 0 | 0 |
| 13 | 1 | −8 | −22 | 0 | 0 | 0 | 0 | 0 | 0 | 0 | 0 | 0 |
| 14 | −3 | −4 | −3 | 0 | 0 | 0 | 0 | 0 | 0 | 0 | 0 | 0 |
| 15 | 0 | 0 | 0 | 0 | 0 | 0 | 0 | 0 | 0 | 0 | 0 | 0 |
| 16 | 0 | 0 | 0 | 0 | 0 | 0 | 0 | 0 | 0 | 0 | 0 | 0 |
| 17 | 0 | 0 | 0 | 0 | 0 | 0 | 0 | 0 | 0 | 0 | 0 | 0 |
| 18 | −17 | 5 | −9 | −6 | −10 | 4 | −10 | 6 | 53 | −17 | 1 | 2 |
| 19 | 3 | 3 | 8 | −3 | 16 | 1 | 5 | −5 | 11 | 44 | −6 | 9 |
| 20 | 11 | 5 | −12 | −6 | −2 | 5 | −1 | 0 | −2 | 15 | 65 | 11 |
| 21 | −7 | 5 | −10 | 0 | −19 | 10 | −8 | 2 | −10 | −18 | 23 | −1 |
| 22 | −5 | 14 | −2 | 0 | 13 | −8 | 5 | −4 | 0 | 25 | −7 | 10 |
| 23 | −11 | −12 | −5 | −11 | −5 | 4 | −12 | −9 | 15 | −19 | 13 | −17 |
| 24 | 1 | 13 | −8 | −13 | 10 | 0 | −23 | −11 | 6 | −31 | 2 | 2 |
| 25 | −1 | −13 | 5 | 2 | 3 | −6 | 10 | 7 | −7 | −17 | 10 | −15 |
| 26 | −1 | 7 | −3 | −16 | −19 | −4 | −17 | 33 | 3 | −13 | 0 | 13 |

(2. Meßzeitpunkt umfasst Spalten 7–12.)

Auch Alter und Geschlecht sind in der Stichprobe gleichmäßig verteilt, d. h. auf jeder Altersstufe bleibt die Verteilung männliche/weibliche Teilnehmer (1/3 zu 2/3) erhalten.

Die Schulbildung der Patienten wirkt sich sowohl auf die Stimmungslage als auch auf ihre Erwartungshaltung bezüglich der Behandlung aus: Je höher die Bildung, desto niedriger die Stimmungslage und die Erwartung an die Behandlung für die Besserung der Beschwerden. Berücksichtigt man nun den Einfluß des Alters auf die Bildung, so sind es die jüngeren Patienten, bei denen die Stimmungslage deut-

|  | Gehobene Stimmung | Verträumtheit | AT | PME | AKG |  |  |  |  |  |  |  |  |  |  |
|---|---|---|---|---|---|---|---|---|---|---|---|---|---|---|---|
|  | 13 | 14 | 15 | 16 | 17 | 18 | 19 | 20 | 21 | 22 | 23 | 24 | 25 | 26 |  |
|  | 0 | 0 | 0 | 0 | 0 | 0 | 0 | 0 | 0 | 0 | 0 | 0 | 0 | 0 |  |
|  | 0 | 0 | 0 | 0 | 0 | 0 | 0 | 0 | 0 | 0 | 0 | 0 | 0 | 0 |  |
|  | 0 | 0 | 0 | 0 | 0 | 0 | 0 | 0 | 0 | 0 | 0 | 0 | 0 | 0 |  |
|  | 0 | 0 | 0 | 0 | 0 | 0 | 0 | 0 | 0 | 0 | 0 | 0 | 0 | 0 |  |
|  | 0 | 0 | 0 | 0 | 0 | 0 | 0 | 0 | 0 | 0 | 0 | 0 | 0 | 0 |  |
|  | 0 | 0 | 0 | 0 | 0 | 0 | 0 | 0 | 0 | 0 | 0 | 0 | 0 | 0 |  |
|  | 0 | 0 | 0 | 0 | 0 | 0 | 0 | 0 | 0 | 0 | 0 | 0 | 0 | 0 |  |
|  | 0 | 0 | 0 | 0 | 0 | 0 | 0 | 0 | 0 | 0 | 0 | 0 | 0 | 0 |  |
|  | 0 | 0 | 0 | 0 | 0 | 0 | 0 | 0 | 0 | 0 | 0 | 0 | 0 | 0 |  |
|  | 0 | 0 | 0 | 0 | 0 | 0 | 0 | 0 | 0 | 0 | 0 | 0 | 0 | 0 |  |
|  | 0 | 0 | 0 | 0 | 0 | 0 | 0 | 0 | 0 | 0 | 0 | 0 | 0 | 0 |  |
|  | 0 | 0 | 0 | 0 | 0 | 0 | 0 | 0 | 0 | 0 | 0 | 0 | 0 | 0 |  |
|  | 0 | 0 | 0 | 0 | 0 | 0 | 0 | 0 | 0 | 0 | 0 | 0 | 0 | 0 |  |
|  | 0 | 0 | 0 | 0 | 0 | 0 | 0 | 0 | 0 | 0 | 0 | 0 | 0 | 0 |  |
|  | 0 | 0 | 0 | 0 | 0 | 0 | 0 | 0 | 0 | 0 | 0 | 0 | 0 | 0 |  |
|  | 0 | 0 | 0 | 0 | 0 | 0 | 0 | 0 | 0 | 0 | 0 | 0 | 0 | 0 |  |
|  | 0 | 0 | 0 | 0 | 0 | 0 | 0 | 0 | 0 | 0 | 0 | 0 | 0 | 0 |  |
|  | 16 | 2 | -25 | 0 | -16 | 0 | 0 | 0 | 0 | 0 | 0 | 0 | 0 | 0 | Nervosität |
|  | 21 | -8 | -8 | -2 | 8 | 0 | 0 | 0 | 0 | 0 | 0 | 0 | 0 | 0 | Gelassenheit |
|  | 2 | 3 | 13 | -22 | 17 | 0 | 0 | 0 | 0 | 0 | 0 | 0 | 0 | 0 | Soziale Resonanz |
|  | -14 | 40 | 3 | -9 | -7 | 0 | 0 | 0 | 0 | 0 | 0 | 0 | 0 | 0 | Empfindlichkeit |
|  | 32 | 6 | 17 | 11 | 14 | 0 | 0 | 0 | 0 | 0 | 0 | 0 | 0 | 0 | Gehobene Stimmung |
|  | -1 | 51 | -6 | -9 | -14 | 0 | 0 | 0 | 0 | 0 | 0 | 0 | 0 | 0 | Verträumtheit |
|  | 0 | 7 | 13 | -29 | 10 | 0 | 0 | 0 | 0 | 0 | 0 | 0 | 0 | 0 | Situation verschlechtert |
|  | -22 | -2 | 16 | -10 | 19 | 0 | 0 | 0 | 0 | 0 | 0 | 0 | 0 | 0 | Arztbesuche |
|  | 16 | 6 | -24 | -31 | -22 | 0 | 0 | 0 | 0 | 0 | 0 | 0 | 0 | 0 | Leidensdruck |

3. Meßzeitpunkt

lich gedrückter und die Erwartung an die Therapie geringer ist, als dies bei den älteren Patienten der Fall ist. Es ist verständlich, daß man in depressiven Stimmungsphasen eher dazu neigt, geringe Erwartungen an die Behandlung zu haben und umgekehrt. Zum anderen könnte sich in diesen Zusammenhängen auch die kritische, weniger autoritätsgläubige Haltung der jüngeren Patienten gegenüber ärztlichen Behandlungen oder ähnlichen Methoden widerspiegeln.

Je höher die Anfangserwartung an die Behandlung, desto eher gaben die Patienten an, daß sich ihre Situation in den Behandlungsmonaten noch verschlechtert hat.

Möglicherweise erwarteten sich diese Patienten zuviel von der Behandlung und beurteilten ihre Situation so am Behandlungsende negativer als diejenigen Patienten, die sich von der Behandlung nur wenig oder mäßig viel erwarteten. Demnach klagen Menschen mit niedriger Bildung und hoher Erwartung – es sind dies die älteren Patienten – häufiger, daß sich die äußere Situation in der Behandlungszeit verschlechtert hat.

Ebenfalls geben die Patienten, die zum Untersuchungsbeginn emotional stabiler, also gelassener waren, am Untersuchungsende eher an, daß sich ihre Situation verschlechtert habe. Die Interaktionskonfiguration „Gelassenheit" wird im Laufe der therapeutischen Regression in Frage gestellt und die abgewehrten Konflikte dadurch sichtbarer. Dies löst entsprechende Angstgefühle aus (vgl. Kernberg 1978; A. Freud 1936).

Bei Patienten mit gehobener Stimmungslage nehmen die Arztbesuche im Behandlungszeitraum ab. Es ist dies nach der Analyse bei den älteren Patienten mit niedriger Bildung und gehobener Stimmungslage der Fall. Je gehobener die Stimmung, desto weniger besorgter scheinen die Patienten um ihre Gesundheit zu sein, und es genügt ihnen die psychotherapeutische Behandlung als Behandlungsform für ihre Beschwerden. Andererseits dürfte gerade bei den älteren Menschen, wenn sie sich wohlfühlen und in therapeutischer Behandlung sind, weniger das Bedürfnis vorhanden sein, einen Arzt aufzusuchen (es ist ja bekannt, daß der Arztbesuch gerade bei dieser Patientengruppe eine psychotherapeutische Funktion hat).

Die Abnahme der Arztbesuche scheint auch mit der Zunahme an Gelassenheit bei Patienten mit gehobenerer Stimmung zu stehen. Patienten mit gehobener Stimmungslage zu Untersuchungsbeginn fühlen sich am Ende der Therapie gelassener und selbstvertrauender.

Je selbstvertrauender und gelassener jemand am Untersuchungsbeginn ist, desto eher gibt er an, daß sich seine Situation während der Behandlungsmonate verschlechtert hat.

Einen interessanten Einfluß hat das Geschlecht bei der untersuchten Stichprobe auf die Nervosität (psychosomatische Gestörtheit, körperliche Manifestation von Problemen) und die Empfindlichkeit (emotionale Labilität): Männer sind nervöser und psychosomatisch gestörter als Frauen; die Frauen hingegen sind emotional empfindlicher und labiler als die Männer. Dieses Ergebnis könnte ein Hinweis auf einen geschlechtsspezifischen Unterschied in der Verarbeitung von Problemen oder Konflikten sein.

Wie schon die Ergebnisse der univariaten Auswertung zeigten, hat das AT einen positiven Einfluß auf die Nervosität (psychosomatische Gestörtheit) der Patienten: Durch das AT nehmen diese Beschwerden ab. Ebenso konnte durch das AT, wie auch durch die beiden anderen Therapiemethoden PME und AKG, der Leidensdruck positiv beeinflußt werden, d. h. durch jede der 3 Behandlungsformen hat der Leidensdruck abgenommen.

Die Behandlungsmethode PME hat noch einen weiteren positiven Einfluß auf die soziale Resonanz der Patienten – wie schon in der Literatur zur PME beschrieben, ist das PME eine verhaltenstherapeutische Entspannungsmethode, die den Abbau der Angst zum Ziel hat. Wer weniger ängstlich ist, geht eher auf andere Menschen zu und ist am sozialen Kontakt interessiert.

Allerdings geben die Patienten bei dieser Methode häufiger an, daß sich ihre äußere Situation im Behandlungszeitraum verschlechtert hat. Dieses Ergebnis entspricht dem Ergebnis der Therapiezielbeurteilungen, wo die Patienten der PME angeben, daß sich soziale Probleme durch die Behandlungsmethode nicht gebessert haben. Es könnte sich um eine zufällige Zuweisung von Patienten mit schwerwiegenderen sozialen Problemen zu dieser Therapiemethode handeln, die dieses Ergebnis bewirkt.

Zusammengefaßt lassen sich 3 Therapieeffekte durch die Variablen Alter, Bildung, Erwartungshaltung und Stimmungslage erklären; es sind dies die Abnahme der Arztbesuche, die Zunahme an Selbstvertrauen und Gelassenheit und die Verbesserung der Situation des Patienten (Familie, Partnerschaft, Beruf etc.). Das Alter hat einen positiven Einfluß auf die Arztbesuche und auf die Zunahme der Gelassenheit durch eine therapeutische Behandlung. Es scheint, daß ältere Menschen die Therapeuten besser zu nützen vermögen als jüngere Patienten. Dies steht im Widerspruch zum Vorurteil vieler Therapeuten, die Psychotherapie mit alten Menschen als nicht effektiv erachten. Neuere Befunde (vgl. Radebold et al. 1981; Strotzka 1978; Pritz 1983a) bestätigen unser Ergebnis.

Die Therapieeffekte Abnahme der Nervosität und Zunahme der sozialen Resonanz werden jeweils durch die Teilnahme an einer spezifischen Behandlungsmethode erklärt (AT: Abnahme der Nervosität, PME: Zunahme der sozialen Resonanz). Im wesentlichen stimmen die Ergebnisse der Pfadanalyse mit den Ergebnissen der univariaten Auswertung überein, was für die Gültigkeit der so gewonnenen Koeffizienten spricht.

# 9 Verlaufsmessungen und subjektive Beurteilungen des Therapieerfolgs

Im folgenden Kapitel soll der Verlauf der Gruppensitzungen mit den dafür vorgesehenen, auf S. 86 aufgeführten Meßinstrumenten beschrieben werden. Die Patienten erhielten unmittelbar nach jeder Gruppensitzung einen kurzen Fragebogen, mit dem

- die Stellung des Patienten in der Gruppe und seine Einstellung zur Gruppe,
- die Beurteilung des Therapeuten durch den Patienten,
- das Übungsverhalten (nur in den entspannungstherapeutischen Methoden),
- der Gebrauch von Medikamenten,
- der Therapieerfolg aus der Sicht des Patienten

erfaßt werden sollten (vgl. Minsel 1974; Grawe 1976; Plog 1976).
Im Hinblick auf diese Kriterien werden die 3 Therapiegruppen AT, PME und AKG miteinander verglichen.

## 9.1 Gruppenbefindlichkeitssoziogramm

Das Gruppenbefindlichkeitssoziogramm soll einen generellen Eindruck über die emotionale Befindlichkeit des Gruppenteilnehmers während der Gruppensitzung widerspiegeln (Moreno 1959). Anhand von konzentrischen Kreisen gibt der Gruppenteilnehmer an, wie sehr er sich in der Gruppe vertraut bzw. akzeptiert fühlt. Aus Tabelle 13 und Abb. 14 wird ersichtlich, daß die Integration in die unterschiedlichen Gruppen relativ rasch vor sich geht, d.h. eine Gruppenkohäsion ist bereits in der 1. Sitzung erreicht. Hier spielt sicherlich auch ein Vertrauensvorschuß an die Therapeuten eine große Rolle. Deutlich sichtbar wird in der letzten Sitzung ein Sichzurückziehen der Teilnehmer aus der Gruppe entsprechend der Abschiedssituation.
Die Verläufe in den unterschiedlichen Methoden zeigen eine höhere Kohäsion bei den Entspannungstherapien gegenüber der AKG. Dies deutet auf die höhere Konfliktspannung in der AKG hin.

## 9.2 Therapeutenbeurteilung

Zur Beurteilung des Therapeutenverhaltens durch die Teilnehmer der Gruppen nach jeder Sitzung wurde ein modifizierter Fragebogen von Barret-Lennard (1962)

Tabelle 13. Gruppenbefindlichkeitssoziogramm. Verteilung der Gruppenbeurteilungen in den einzelnen 10 Sitzungen in den 3 Therapiegruppen. Angaben in %. AT: n = 150, PME: n = 74, AKG: n = 80

| Beurteilung | Ich fühle mich nicht vertraut .... | | | | | Ich fühle mich akzeptiert .... | | | | Ich fühle mich sehr vertraut .... |
|---|---|---|---|---|---|---|---|---|---|---|
| Sitzung/Gruppe | 1 | 2 | 3 | 4 | 5 | 6 | 7 | 8 | 9 | 10 |
| 1 AT   | 2,5 | 5,0 | 5,0  | 7,6  | 22,7 | 10,9 | 11,8 | 8,4  | 3,4  | —    |
| PME    | 2,9 | 8,7 | 2,9  | 4,3  | 20,3 | 10,1 | 4,3  | 11,6 | 10,1 | —    |
| AKG    | —   | 8,3 | 16,7 | 13,3 | 18,3 | 15,0 | 6,7  | 8,3  | 8,3  | —    |
| 2 AT   |     | 3,8 | 2,9  | 9,6  | 17,3 | 15,4 | 14,4 | 10,8 | 5,8  | 20,2 |
| PME    | 1,5 | 4,5 | 1,5  | 6,1  | 18,2 | 15,2 | 10,6 | 13,6 | 10,6 | 18,2 |
| AKG    |     | 1,9 | 16,7 | 9,3  | 13,0 | 18,5 | 14,8 | 11,1 | 7,4  | 7,4  |
| 3 AT   | 1,0 | 1,0 | 6,7  | 5,8  | 18,3 | 8,7  | 10,6 | 19,2 | 5,8  | 23,1 |
| PME    | 3,1 |     |      | 4,7  | 18,8 | 17,2 | 9,4  | 12,5 | 12,5 | 21,9 |
| AKG    | 2,0 |     |      | 17,6 | 11,8 | 29,4 | 19,6 | 5,9  | 3,9  | 5,9  |
| 4 AT   |     | 2,0 | 2,0  | 7,1  | 13,3 | 14,3 | 13,3 | 14,3 | 7,1  | 24,5 |
| PME    | 1,6 | 1,0 | 5,1  | 1,6  | 9,5  | 20,6 | 15,9 | 17,5 | 11,1 | 19,0 |
| AKG    |     | 1,6 | 1,6  | 6,0  | 8,0  | 16,0 | 16,0 | 12,0 | 8,0  | 6,0  |
| 5 AT   |     | 2,0 | 16,0 | 5,0  | 11,9 | 16,8 | 7,9  | 13,9 | 11,9 | 29,7 |
| PME    |     | 1,0 | 2,0  | 6,7  | 16,7 | 11,7 | 11,7 | 16,7 | 15,0 | 20,0 |
| AKG    |     |     | 1,7  | 8,5  | 6,7  | 12,8 | 17,0 | 23,4 | 2,1  | 10,6 |
| 6 AT   |     | 6,4 | 10,6 | 2,4  | 16,5 | 9,4  | 10,6 | 20,0 | 14,1 | 24,7 |
| PME    |     | 1,2 | 1,2  | 8,6  | 10,3 | 15,5 | 13,8 | 8,6  | 15,5 | 25,9 |
| AKG    |     |     | 1,7  | 4,3  | 19,6 | 13,0 | 17,4 | 20,9 | 10,9 | 8,7  |
| 7 AT   |     | 6,5 | 8,7  |      | 16,2 | 9,5  | 12,2 | 18,9 | 14,9 | 27,0 |
| PME    |     | 1,4 |      |      | 10,5 | 17,5 | 15,8 | 10,5 | 14,0 | 31,6 |
| AKG    | 4,3 |     |      |      | 8,7  | 21,7 | 27,7 | 17,4 | 6,5  | 8,7  |
| 8 AT   |     | 1,8 | 6,5  | 4,3  | 10,9 | 9,1  | 9,1  | 20,0 | 20,0 | 25,5 |
| PME    |     |     |      | 3,6  | 10,6 | 21,3 | 8,5  | 8,5  | 14,9 | 34,0 |
| AKG    |     |     |      | 2,1  | 10,6 | 9,8  | 19,5 | 19,5 | 2,4  | 14,6 |
| 9 AT   |     |     | 12,2 | 7,3  | 12,2 | 10,1 | 11,6 | 17,4 | 18,8 | 30,4 |
| PME    |     | 2,4 |      | 2,7  | 10,1 | 13,5 | 10,8 | 10,8 | 10,8 | 40,5 |
| AKG    |     | 1,4 |      | 7,3  | 10,8 | 19,5 | 19,5 | 19,5 | 4,9  | 9,8  |
| 10 AT  |     | 4,9 |      | 3,2  | 14,6 | 6,3  | 3,2  | 19,5 | 19,0 |      |
| PME    |     |     | 1,6  | 1,1  |      | 7,7  | 5,1  | 7,7  | 5,1  |      |
| AKG    | 2,4 | 2,4 | 7,3  | 12,2 | 15,4 | 7,7  | 5,1  | 9,8  | 9,8  |      |

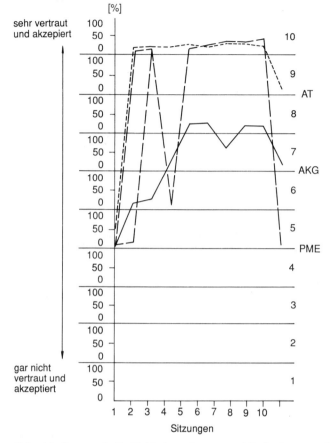

**Abb. 14.** Gruppenbefindlichkeitssoziogramm. Häufigst genannte Befindlichkeit in der Gruppe pro Sitzung in den 3 Therapiegruppen über den gesamten Sitzungszeitraum

verwendet. Die Fragen bezogen sich auf das Therapeutenverhalten hinsichtlich der von Rogers entwickelten günstigen Einstellungsdimensionen eines Therapeuten. Dabei zeigten sich deutliche Unterschiede zwischen den 3 Behandlungsmethoden. Das therapeutische Verhalten der Therapeuten der Entspannungsmethoden wurde wesentlich positiver beurteilt als das Verhalten des analytischen Therapeuten. Dies verwundert allerdings nicht, da doch das Ziel der AKG ein konfliktaufdeckendes darstellt, das ein neutrales Therapeutenverhalten verlangt, während die Entspannungsmethoden einer stützenden Therapeutenpersönlichkeit bedürfen. Kritisch zu bemerken ist, daß der Fragebogen die Erwartungen nicht ganz erfüllte, also offenbar globale Eindrücke der Patienten wiedergab, die möglicherweise von Gefälligkeitsantworten mitbestimmt waren. Denn wer vergrämt gerne den Therapeuten mit einer schlechten Benotung, von dem man sich Hilfe erwartet. Dies drückt sich besonders in der Skala: „Der Therapeut hat mich genau verstanden – nicht verstan-

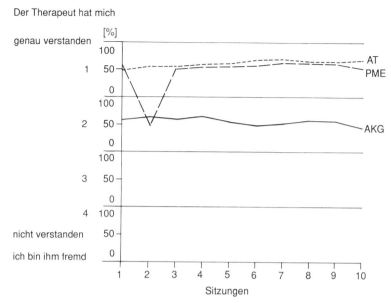

**Abb. 15.** Häufigst genannte Therapeutenbeurteilung pro Sitzung in den 3 Therapiegruppen im Verlauf von 10 Sitzungen

den" aus. Hier gibt es eine große Mehrzahl von Personen, die sich ganz genau verstanden fühlten, obwohl sie in den betreffenden Sitzungen gar nicht zu Wort gekommen waren. Dies ist in einzelnen Fällen durchaus möglich, in der Gehäuftheit der positiven Äußerungen drückt es aber doch wohl einen generellen Faktor von Verständnis aus, wobei der Schluß naheliegt, daß die Patienten die Therapeuten verstanden, es aber weniger ersichtlich ist, ob sie verstanden wurden. Schließlich ist noch das suggestive Moment zu erwähnen, dem in den Methoden AT und PME sicherlich eine große Bedeutung zukommt.

Zur Verdeutlichung der unterschiedlichen Therapeutenbeurteilungen pro Therapiegruppe und Sitzung dient Abb. 15.

## 9.3 Medikamentengebrauch

Zur Prüfung der Fragestellung, inwieweit Psychotherapie einen Einfluß auf den Medikamentengebrauch hat, gaben die Patienten zu Beginn der Therapie und nach jeder 10. Gruppensitzung an, ob die Einnahme von Medikamenten in der letzten Woche zugenommen, abgenommen oder gleich geblieben ist. Die Patienten konnten auch angeben, daß sie keine Medikamente einnehmen. Aus Tabelle 14 und Abb. 16 wird ersichtlich, wieviel Prozent der Patienten pro Gruppe und pro Sitzung keine Medikamente eingenommen haben, bei wieviel Prozent der Patienten die Medikamenteneinnahme zugenommen, gleichgeblieben und abgenommen hat (vorwiegend Tranquilizer und Antidepressiva in niedrigen Dosen, 1 – 3 mg/Tag).

Tabelle 14. Verteilung der Patienten auf die einzelnen Kategorien des Medikamentengebrauchs von Sitzung zu Sitzung insgesamt

| Gruppe | AT n = 106 (1. Sitzung) | | | | PME n = 60 (1. Sitzung) | | | | AKG n = 50 (1. Sitzung) | | | |
|---|---|---|---|---|---|---|---|---|---|---|---|---|
| Einnahme Sitzungen | Zuge- nommen [%] | Gleich [%] | Abge- nommen [%] | Keine Medi- kamente [%] | Zuge- nommen [%] | Gleich [%] | Abge- nommen [%] | Keine Medi- kamente [%] | Zuge- nommen [%] | Gleich [%] | Abge- nommen [%] | Keine Medi- kamente [%] |
| 1 | 3,4 | 43,7 | 5,7 | 43,7 | 11,7 | 50,0 | 6,7 | 30 | 0,0 | 31,0 | 9,4 | 56,3 |
| 2 | 3,5 | 40,7 | 9,3 | 46,5 | 6,7 | 58,3 | 10,0 | 25 | 3,8 | 30,8 | 11,5 | 53,8 |
| 3 | 1,2 | 42,2 | 11,8 | 45,9 | 3,6 | 51,8 | 14,3 | 30,4 | 4,3 | 26,1 | 17,4 | 52,2 |
| 4 | 2,5 | 45,6 | 6,3 | 45,6 | 1,9 | 53,7 | 14,8 | 29,6 | 9,1 | 40,9 | 9,1 | 40,9 |
| 5 | 6,3 | 38,0 | 8,9 | 46,8 | 7,7 | 50,0 | 21,2 | 21,2 | 12,0 | 40,0 | 12,0 | 36,0 |
| 6 | 4,5 | 35,8 | 10,4 | 49,3 | 3,8 | 59,6 | 13,5 | 23,1 | 8,3 | 37,5 | 8,3 | 45,8 |
| 7 | 2,0 | 39,2 | 11,8 | 47,1 | 10,8 | 54,2 | 14,6 | 20,8 | 0,0 | 45,8 | 0,0 | 54,2 |
| 8 | 8,5 | 36,2 | 6,4 | 48,9 | 2,6 | 66,7 | 10,3 | 20,5 | 8,3 | 29,2 | 4,2 | 58,3 |
| 9 | 0,0 | 37,1 | 14,3 | 48,6 | 10,0 | 53,3 | 13,3 | 23,3 | 4,0 | 24,0 | 20,0 | 52,0 |
| 10 | 8,2 | 28,6 | 12,2 | 44,9 | 6,3 | 46,9 | 9,4 | 18,8 | 0,0 | 29,6 | 22,2 | 44,4 |
| | 4,01 | 38,71 | 9,71 | 46,73 | 6,51 | 54,45 | 12,81 | 24,27 | 4,98 | 33,49 | 11,41 | 49,39 |

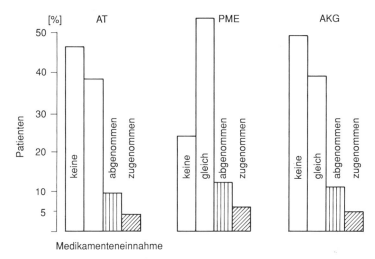

**Abb. 16.** Medikamentengebrauch über den gesamten Untersuchungszeitraum in den 3 Therapiegruppen

Etwa die Hälfte der Patienten der AKG und der Therapiegruppe AT nehmen keine Medikamente; von den PME-Patienten hingegen nimmt nur ein Drittel (30%) keine Medikamente.

Die Medikamenteneinnahme hat nur bei durchschnittlich 4% (AT), 6,51% (PME) und 5% (AKG) zugenommen. Dagegen hat sie bei 9,71% (AT), 12,81% (PME) und 11,41% (AKG) abgenommen. In den einzelnen Psychotherapiegruppen kommt es durchschnittlich doppelt so oft zu einer Abnahme der Medikamenteneinnahme als zu einer Zunahme (vgl. Dührssen 1972).

## 9.4 Übungsverhalten

Da für das Erlernen der entspannungstherapeutischen Technik und somit für den Therapieerfolg von den Autoren (vgl. Schultz 1972; Pritz 1984) das selbständige und regelmäßige Üben als besonders wichtig angesehen wird, sollte das Übungsverhalten der Patienten erfaßt werden (s. Abb. 17).
Dabei stellte sich heraus, daß beinahe alle Patienten auch zu Hause die jeweilige Entspannungstechnik übten (96,7% – 100%).
Durchschnittlich 82% der AT-Patienten und 70% der PME-Patienten üben täglich.
Entsprechend der Aufforderung, das AT 2mal täglich zu üben, gaben die meisten AT-Patienten (37,5% – 46,2%) an, 2mal täglich zu üben.
Der Aufforderung entsprechend, die PME 1mal täglich zu üben, gaben die meisten PME-Patienten (33,3% – 37,9%) auch an, 1mal täglich zu üben.
Die Anzahl derer, die unregelmäßig übten, liegt bei den AT-Patienten durchschnittlich um 15%, bei den PME-Patienten doppelt so hoch, nämlich bei 30%.
Insgesamt entspricht jedoch das Übungsverhalten der Patienten den Anforderungen der entspannungstherapeutischen Methoden für ihr Erlernen.

132 Verlaufsmessungen und subjektive Beurteilungen des Therapieerfolgs

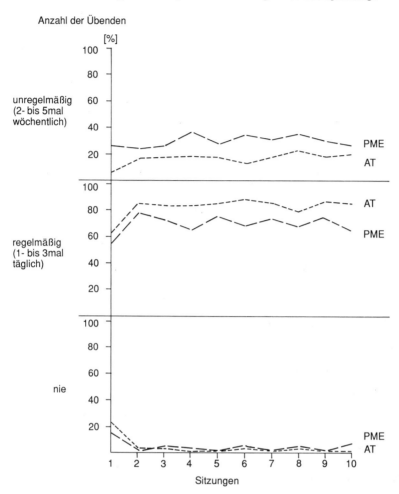

**Abb. 17.** Übungsverhalten im Verlauf der 10 entspannungstherapeutischen Sitzungen der Therapiegruppen AT und PME

Kritisch muß vermerkt werden, daß möglicherweise Gefälligkeitsantworten diese Ergebnisse bestimmt haben, da einzelne Beobachtungen in den Therapiegruppen nicht auf so regelmäßiges Üben hindeuteten.

## 9.5 Beurteilung des Therapieerfolgs durch die Patienten

Ein wichtiger Stellenwert in der Psychotherapieforschung kommt der persönlichen Beurteilung des Therapieerfolgs durch die Patienten zu. Mit dem auf S. 86 beschriebenen Fragebogen wurden die Therapieziele der untersuchten Patienten (Gesamtstichprobe; Therapiegruppen und Kontrollgruppe) und ihre Bewertung durch diese Patienten im Laufe der Psychotherapie erfaßt.

Insgesamt wurden von den Patienten 989 Therapieziele genannt; darunter waren 143 verschiedene Therapieziele. Diese wurden entsprechend ihrer Nennhäufigkeit (Zahlen in Klammern) geordnet und bezogen sich auf folgende Problembereiche:

1. Innere Ruhe, Ausgeglichenheit, Gelassenheit (78)
2. Schlafstörungen (61)
3. Leistungsfähigkeit, Aktivität (53)
4. Angst (49)
5. Selbstsicherheit, Selbstbewußtsein (45)
6. Nervosität (35)
7. Konzentrationsmangel (33)
8. Entspannung (30)
9. Blutdruckstabilität (28)
10. Körperliche Beschwerdefreiheit (23)
11. Erregbarkeit, Reizbarkeit (23)
12. Depression (22)
13. Zittern (20)
14. Kommunikations-, Kontaktfreudigkeit (19)
15. Streß (17)
16. Alltagsproblembewältigung (15)
17. Herzbeschwerden
18. Magen-Darm-Beschwerden (13)
19. Vegetative Labilität (13)
20. Medikamentenverzicht (11)
21. Zittern (11)
22. Pessimismus (11)
23. Lebensfreude (11)
24. Partnerschaftsprobleme (10)
25. Gelenks-, Rückenschmerzen (9)
26. Schweißausbrüche (8)
27. Abhängigkeit (8)
28. Müdigkeit, Erschöpfung (7)
29. Beruf (Aufstieg, Autorität) (7)
30. Schwindel (7)
31. Aggressivität (7)

32.–143.

Diese Therapieziele wurden in der Folge inhaltlich gruppiert (wobei die Ziele 32.–143. nicht näher angeführt werden, da sie jeweils nur einige Nennungen hatten). Die Gruppierung erfolgte durch 4 Untersucher, um eine mögliche Redundanz der Gruppierungen zu vermeiden.
Die Verteilung der Nennungen auf diese 5 verschiedenen Problemkreise brachte folgendes Ergebnis:

– Am häufigsten wurden Angst und Depression als Problem genannt, das durch die Psychotherapie gebessert werden sollte (37% der Angaben).

**Tabelle 15.** Therapieziele (Problembereiche) der Patienten

|  | Häufigkeitsangabe | |
|---|---|---|
|  | n | [%] |
| 1. Körperliche Beschwerden | 310 | 31,3 |
| 2. Entspannung, Ruhe | 102 | 10,3 |
| 3. Angst, Depression | 366 | 37,0 |
| 4. Leistung, Aktiviertheit | 120 | 12,1 |
| Ich-Bereich |  | 90,7 |
| 5. Elternbeziehungen | 10 | 1,0 |
| 6. Beziehung zu Partner | 9 | 0,9 |
| 7. Beziehung zu Kindern | 3 | 0,3 |
| Familie/Partnerschaft |  | 2,2 |
| 8. Berufliche Beziehungen | 11 | 1,1 |
| 9. Berufliche Probleme (Streß ...) | 14 | 1,4 |
| 10. Kontakt mit anderen Menschen | 21 | 2,1 |
| Soziales Umfeld |  | 4,6 |
| 11. Sonstiges | 22 | 2,2 |


**Tabelle 16.** Verteilung der Therapieziele

| Problembereich | Anzahl der Nennungen | |
|---|---|---|
| Psychische Probleme | 619 | (62,6%) |
| Körperliche Beschwerden | 310 | (31,3%) |
| Soziale Probleme | 60 | (6,1%) |
|  | 989 | (100%) |


- Ein Drittel (33,6%) der genannten Ziele bezog sich auf die Besserung körperlicher Beschwerden.
- 12,1% der Therapieziele bezogen sich auf Leistungssteigerung, Anheben des Aktivierungsniveaus und Konzentrationssteigerung.
- 10,3% der genannten Therapieziele bezogen sich auf den Bereich Entspannung, Streßabbau, Ruhe und innere Ausgeglichenheit.
- Beziehungsprobleme, berufliche Probleme und Probleme mit anderen machen die restlichen 10% der genannten Therapieziele aus.

Tabelle 15 zeigt die Verteilung der Therapieziele, die sich bei Aufgliederung in folgende 3 Problembereiche ergibt:

1) Probleme des Patienten mit sich selbst,
2) Probleme des Patienten im familiären und partnerschaftlichen Umfeld,
3) Probleme des Patienten in seinem gesamten Umfeld.

Faßt man des weiteren alle genannten Therapieziele in folgende 3 Bereiche zusammen:

Tabelle 17. Körperlicher Problembereich: Veränderung der mittleren Rangwerte im Lauf von 10 Gruppensitzungen und einer Nachbesprechung (11) bezüglich der Beurteilung der persönlichen Therapieziele. t-Test für abhängige Stichproben

| Therapiegruppe | Behinderung | | | Erwartung | | | Erreichtes | | |
|---|---|---|---|---|---|---|---|---|---|
| | AT<br>n = 59 | PME<br>n = 35 | AKG<br>n = 6 | AT<br>n = 59 | PME<br>n = 35 | AKG<br>n = 6 | AT<br>n = 59 | PME<br>n = 35 | AKG<br>n = 6 |
| Sitzung | | | | | | | | | |
| 1 | 8,71 | 8,72 | 7,83 | 6,33 | 5,64 | 6,50 | 2,97 | 3,16 | 4,08 |
| 2 | 7,51 | 8,31 | 7,08 | 6,04 | 5,29 | 7,08 | 3,32 | 2,99 | 3,75 |
| 3 | 6,64 | 7,13 | 7,92 | 6,06 | 5,39 | 5,25 | 4,51 | 3,79 | 5,00 |
| 4 | 6,43 | 6,24 | 5,00 | 6,06 | 6,13 | 5,67 | 5,03 | 5,69 | 7,42 |
| 5 | 6,20 | 5,81 | 6,75 | 6,06 | 6,21 | 3,83 | 5,68 | 5,87 | 5,58 |
| 6 | 5,64 | 5,61 | 7,92 | 6,35 | 6,36 | 4,67 | 6,55 | 6,83 | 5,25 |
| 7 | 5,58 | 5,07 | 6,50 | 6,00 | 6,13 | 5,83 | 6,82 | 7,94 | 5,83 |
| 8 | 5,35 | 4,64 | 5,83 | 6,20 | 6,51 | 7,08 | 7,24 | 6,66 | 6,67 |
| 9 | 5,19 | 4,53 | 3,92 | 5,96 | 6,23 | 5,58 | 7,42 | 7,50 | 7,33 |
| 10 | 4,48 | 4,76 | 2,17 | 5,70 | 5,79 | 6,75 | 8,15 | 7,90 | 7,33 |
| 11 | 4,25 | 5,19 | 5,08 | 5,24 | 6,11 | 7,75 | 8,29 | 7,69 | 7,75 |
| (p) | 0,0000** | 0,0000** | 0,0497* | 0,8828 | 0,8937 | 0,6871 | 0,0000** | 0,0000** | 0,3835 |

* Signifikant; ** höchstsignifikant.

Tabelle 18. Psychischer Problembereich: Veränderung der mittleren Rangwerte im Lauf von 10 Gruppensitzungen und einer Nachbesprechung (11) bezüglich der Beurteilung der persönlichen Therapieziele. t-Test für abhängige Stichproben

| Therapiegruppe | Behinderung | | | Erwartung | | | Erreichtes | | |
|---|---|---|---|---|---|---|---|---|---|
| | AT n = 97 | PME n = 40 | AKG n = 63 | AT n = 98 | PME n = 38 | AKG n = 62 | AT n = 94 | PME n = 40 | AKG n = 62 |
| Sitzung | | | | | | | | | |
| 1 | 8,83[a] | 8,97[a] | 7,50[a] | 6,51[b] | 5,91[b] | 6,87[b] | 3,04[c] | 2,95[c] | 4,04[c] |
| 2 | 8,55 | 8,81 | 7,10 | 6,30 | 6,17 | 6,33 | 3,37 | 3,15 | 4,41 |
| 3 | 7,47 | 7,92 | 6,48 | 6,21 | 5,71 | 5,95 | 3,87 | 3,77 | 4,85 |
| 4 | 6,38 | 7,07 | 6,43 | 5,76 | 6,00 | 5,41 | 5,35 | 5,50 | 4,97 |
| 5 | 6,11 | 5,24 | 6,37 | 5,12 | 6,74 | 5,60 | 5,83 | 6,29 | 5,39 |
| 6 | 5,19 | 5,02 | 5,85 | 5,69 | 6,63 | 5,56 | 6,75 | 6,97 | 5,96 |
| 7 | 5,05 | 4,95 | 5,25 | 6,12 | 5,97 | 5,95 | 7,12 | 6,91 | 7,11 |
| 8 | 5,39 | 4,45 | 5,10 | 6,03 | 6,13 | 5,90 | 6,90 | 7,44 | 7,22 |
| 9 | 4,66 | 4,40 | 5,02 | 6,37 | 6,03 | 6,40 | 7,54 | 7,27 | 7,18 |
| 10 | 4,15 | 4,29 | 5,63 | 6,17 | 5,66 | 6,30 | 8,17 | 7,88 | 7,52 |
| 11 | 4,22 | 4,86 | 5,29 | 5,72 | 5,05 | 5,74 | 8,06 | 7,86 | 7,36 |
| (p) | 0,0000* | 0,0000* | 0,0000* | 0,1706 | 0,7203 | 0,3800 | 0,0000* | 0,0000* | 0,0000* |

* Höchstsignifikant.
[a] Hohe Werte bedeuten starke Behinderung.
[b] Hohe Werte bedeuten große Erwartung.
[c] Hohe Werte bedeuten Erreichung des Ziels.

**Tabelle 19.** Sozialer Problembereich: Veränderung der mittleren Rangwerte im Lauf von 10 Gruppensitzungen und einer Nachbesprechung (11) bezüglich der Beurteilung der persönlichen Therapieziele. t-Test für abhängige Stichproben

| Therapiegruppe | Behinderung | | | Erwartung | | | Erreichtes | | |
|---|---|---|---|---|---|---|---|---|---|
| | AT<br>n = 10 | PME<br>n = 3 | AKG<br>n = 13 | AT<br>n = 10 | PME<br>n = 3 | AKG<br>n = 13 | AT<br>n = 10 | PME<br>n = 3 | AKG<br>n = 13 |
| Sitzung | | | | | | | | | |
| 1 | 8,90 | 5,50 | 7,85 | 6,55 | 9,00 | 7,04 | 3,59 | 5,75 | 3,68 |
| 2 | 7,75 | 6,17 | 7,38 | 5,70 | 6,50 | 7,11 | 2,86 | 5,75 | 4,89 |
| 3 | 7,95 | 7,00 | 6,96 | 4,55 | 5,00 | 6,25 | 3,73 | 1,75 | 5,32 |
| 4 | 7,45 | 5,50 | 6,73 | 4,30 | 5,00 | 6,43 | 3,82 | 2,75 | 4,68 |
| 5 | 6,90 | 6,17 | 7,15 | 5,60 | 5,00 | 5,83 | 5,05 | 4,50 | 5,29 |
| 6 | 5,70 | 5,17 | 6,19 | 5,95 | 7,67 | 5,50 | 6,00 | 4,50 | 5,79 |
| 7 | 4,30 | 5,83 | 5,85 | 5,85 | 8,33 | 5,57 | 6,14 | 7,25 | 6,07 |
| 8 | 4,60 | 6,33 | 4,85 | 6,25 | 6,50 | 5,00 | 6,68 | 7,25 | 6,00 |
| 9 | 4,25 | 5,17 | 4,38 | 6,60 | 5,00 | 5,71 | 8,27 | 7,50 | 7,64 |
| 10 | 3,90 | 6,33 | 4,31 | 7,70 | 4,17 | 5,82 | 9,68 | 9,00 | 8,79 |
| 11 | 4,30 | 6,83 | 4,35 | 7,35 | 3,83 | 5,68 | 10,18 | 10,00 | 7,86 |
| (p) | 0,0007*** | 0,9988 | 0,0215* | 0,5565 | 0,6170 | 0,8663 | 0,0000*** | 0,3150 | 0,0010** |

\* Signifikant; \*\* hochsignifikant; \*\*\* höchstsignifikant.

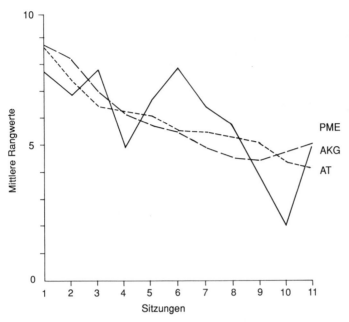

**Abb. 18.** Therapiezielbeurteilung durch die Patienten: Veränderungen der Behinderung durch körperliche Beschwerden in den 3 Therapiegruppen über den gesamten Untersuchungszeitraum. t-Test für abhängige Stichproben – Signifikanzniveau: * p = 0,05; ** p = 0,01; *** p = 0,005; **** p = 0,001. --- AT; ----- PME; ——— AKG

- psychische Probleme,
- körperliche Probleme
- soziale Probleme,

so ergibt sich die in Tabelle 16 aufgeführte Verteilung.

Im Anschluß an die Auszählung und Kategorisierung der Therapieziele wurde für jede Therapiegruppe pro Sitzung ein Mittelrang hinsichtlich Behinderung, Erwartung und Erreichtes für die Therapieziele bezüglich

- psychischer Probleme,
- körperlicher Beschwerden,
- sozialer Probleme

gebildet. Die mittleren Rangwerte jeder Sitzung der jeweiligen Therapiegruppe wurden miteinander verglichen. Aus den Tabellen 17–19 werden die Veränderungen der Zielbewertungen im Lauf der 10 gruppentherapeutischen Sitzungen und der Nachbesprechung (11. Sitzung) ersichtlich:

Die Behinderung durch psychische Probleme nimmt in allen 3 Therapiegruppen statistisch höchstsignifikant ab.

Die Veränderung der Angaben, wieviel in bezug auf die Therapieziele im psychischen Bereich bereits erreicht wurde, ist ebenfalls für alle 3 Therapiegruppen stati-

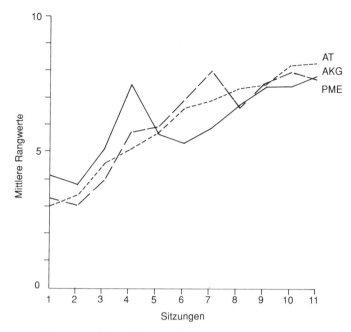

**Abb. 19.** Therapiezielbeurteilung durch die Patienten: Zunahme des Erreichten bezüglich körperlicher Beschwerden in den 3 Therapiegruppen über den gesamten Untersuchungszeitraum. t-Test für abhängige Stichproben (Signifikanzniveaus wie bei Abb. 18). --- AT; ——— PME; ——— AKG

stisch höchstsignifikant: Am Anfang der Therapie geben die Patienten an, wenig erreicht zu haben – am Ende der Therapie deutlich mehr.
Die Erwartung bezüglich der Therapieziele im psychischen Problembereich veränderten sich in keiner der Therapiegruppen im Laufe von Sitzungen.
Zur Verdeutlichung der Therapiezielbeurteilung dienen die Abb. 18–23; die Therapieziele sind für jede Gruppe nach psychischen, körperlichen und sozialen Problemen gesondert dargestellt. Zunächst wurden der Einfachheit halber nur die 1., mittlere und letzte Sitzung in den Graphiken berücksichtigt: Die Behinderung durch körperliche bzw. psychosomatische Beschwerden nahm in den Therapiegruppen AT und PME statistisch höchstsignifikant ab, in der Therapiegruppe AKG ist die Abnahme statistisch signifikant.
Insgesamt läßt sich aufgrund der subjektiven Therapiezielbeurteilungen der Patienten feststellen, daß alle 3 Therapieformen in bezug auf die angegebenen Zielvorstellungen zum Erfolg geführt haben bzw. als effektiv gesehen wurden.
Der positiven subjektiven Einschätzung des Therapieerfolgs kommt besonders bei depressiven Patienten, Patienten mit psychosomatischen Beschwerden und den neurotischen Patienten ein wichtiger Stellenwert zu, da Hoffnungslosigkeit und Hilflosigkeit gegenüber den eigenen Problemen und Beschwerden allgemein als Faktoren angesehen werden, die diese Störungen stabilisieren. Jedes Erfolgserlebnis in bezug auf die Bewältigung dieser Störungen und Probleme unterbricht den

140  Verlaufsmessungen und subjektive Beurteilungen des Therapieerfolgs

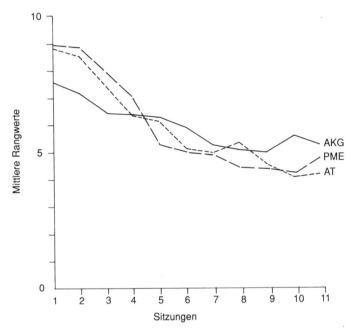

**Abb. 20.** Therapiezielbeurteilung durch die Patienten: Abnahme der Behinderung durch psychische Probleme in den 3 Therapiegruppen über den gesamten Untersuchungszeitraum. t-Test für abhängige Stichproben (Signifikanzniveaus wie bei Abb. 18). — — — AT; — — — PME; ——— AKG

**Abb. 21** (*oben*). Therapiezielbeurteilung durch die Patienten: Zunahme des Erreichten bezüglich psychischer Probleme in den 3 Therapiegruppen über den gesamten Untersuchungszeitraum. t-Test für abhängige Stichproben (Signifikanzniveaus wie bei Abb. 18). — — — AT; — — — PME; ——— AKG

**Abb. 22** (*unten*). Therapiezielbeurteilung durch die Patienten: Veränderung der Behinderung durch soziale Probleme in den 3 Therapiegruppen über den gesamten Untersuchungszeitraum. t-Test für abhängige Stichproben (Signifikanzniveaus wie bei Abb. 18). — — — AT; — — — PME; ——— AKG

Beurteilung des Therapieerfolgs durch die Patienten 141

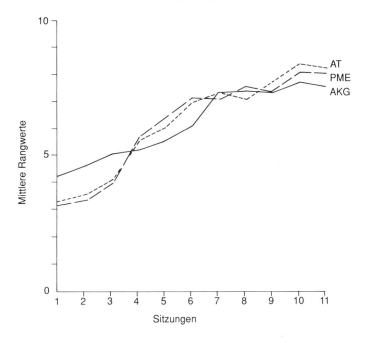

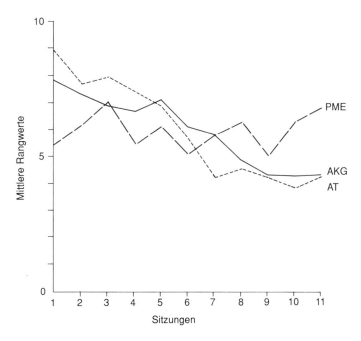

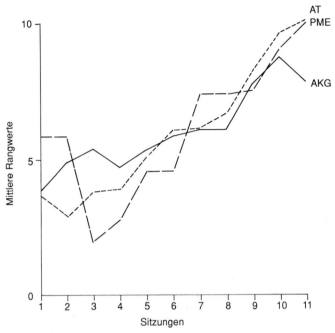

**Abb. 23.** Therapiezielbeurteilung durch die Patienten: Zunahme des Erreichten bezüglich sozialer Probleme in den 3 Therapiegruppen über den gesamten Untersuchungszeitraum. t-Test für abhängige Stichproben (Signifikanzniveaus wie bei Abb. 18). --- AT; ----- PME; ――― AKG

Kreislauf der Stabilisierung. Die Kurztherapie scheint nach den vorliegenden Ergebnissen eine Besserung, wenn auch vielleicht meist keine völlige Heilung der angegebenen Beschwerden und Probleme zu bewirken.

Die subjektive Erfolgsbeurteilung stützt einerseits die testpsychologischen Ergebnisse, andererseits geht sie über diese hinaus, da bei den Tests das Hauptaugenmerk auf der allgemeinen Befindlichkeitsveränderung lag und die genauen Beschwerden der einzelnen Patienten nicht berücksichtigt werden konnten.

# 10 Vorzeitige Beendigung der Therapie (Therapieabbruch)

## 10.1 Problemstellung

Bei der Fragestellung nach Therapieindikationen ist Abbrüchen der Behandlung besondere Aufmerksamkeit zu widmen, da sie häufig auftreten. Beakland u. Lundwall (1975) berichten von durchschnittlich 25% – 30% Therapieabbrüchen in der Gruppentherapie, Yalom (1975) von um 30%. Die vorliegende Studie weist ähnliche Abbruchzahlen auf. Wenn es um die Effektivitätsprüfung von Therapiemaßnahmen geht, müssen Therapieabbruchzahlen und ihre Gründe berücksichtigt werden, da sie entsprechende Erfolge stützen, aber auch in ein anderes Licht zu stellen vermögen. Therapieabbrecher können aber nicht nur Erfolgskontrollen entsprechend beeinflussen, sondern auch eine Hilfestellung für eine positive Diagnostik darstellen.

In kürzlich durchgeführten Untersuchungen wurde festgestellt, daß die Ausfallszahlen in der Gruppentherapie und Einzeltherapie ähnlicher sind, als man ursprünglich annahm (vgl. Piper et al. 1985). Trotzdem stellt der Therapieabbruch in der Gruppensituation ein besonderes Problem dar, da durch den Abbruch eines Patienten der Ablauf und die frühe Entwicklung der gesamten Gruppe beeinflußt werden. Die Aufmerksamkeit und Energie der Gruppe wird von Entwicklungsaufgaben abgelenkt und auf das Problem des frühzeitigen Ausscheidens des Gruppenmitglieds gerichtet. Der Therapieabbruch in der Therapiegruppe ist meist eine angsterzeugende und demoralisierende Erfahrung für den Abbrecher, die verbleibenden Mitglieder und den Therapeuten, deren Auswirkungen lange Zeit in der Gruppe spürbar sind. Es sollen in dieser Untersuchung mit Hilfe der Testbatterie die unterschiedlichsten Dimensionen der Persönlichkeit erfaßt und mit Hilfe der Inhaltsanalyse, die den Interaktionsstil erforscht, überprüft werden, inwieweit Therapieabbruch auf Persönlichkeitsmerkmale und/oder Gruppenverhalten zurückzuführen ist.

Eine Möglichkeit, an das Problem des Therapieabbruchs heranzugehen, besteht darin, die Gründe für den Therapieabbruch herauszufinden, – also zu erklären, wieso Patienten die Therapie vorzeitig beenden, um dann systematische Maßnahmen in der therapeutischen Praxis entwickeln und ergreifen zu können.

## 10.2 Gründe für die vorzeitige Beendigung einer Gruppentherapie

Zur Erörterung der Gründe, die zum Therapieabbruch führen, wird auf eine Untersuchung aus dem Jahre 1966 von Yalom näher Bezug genommen (s. Yalom 1975).

Yalom hat 97 Patienten aus 9 Therapiegruppen, die innerhalb von 12 oder weniger Sitzungen die Therapie vorzeitig beendet haben, untersucht. Die Daten wurden aus Befragungen und Fragebogenuntersuchungen der Ausgeschiedenen und ihrer Therapeuten sowie aus den Aufzeichnungen und Beobachtungen der Gruppensitzungen und anamnestischen und demographischen Daten aus den Fallgeschichte gewonnen.

Eine Analyse der Daten ließ 9 Hauptgründe für das Ausscheiden der Patienten aus der Therapie erkennen:

1) äußere Faktoren,
2) Abweichungen von der Gruppennorm,
3) Probleme der Intimität,
4) Angst vor emotionaler Ansteckung,
5) Unfähigkeit, den Arzt mit anderen zu teilen,
6) Komplikationen durch gleichzeitige Einzel- und Gruppentherapie,
7) „frühe Provokateure",
8) unzulängliche Ausrichtungen auf die Therapie,
9) Komplikationen durch die Bildung von Untergruppen.

An der Entscheidung zur Beendigung der Therapie ist gewöhnlich mehr als ein Faktor beteiligt, wobei einige Faktoren mehr mit äußeren Umständen oder festen Charakterzügen zusammenhängen, während andere mit Problemen verknüpft sind, die in der Gruppe entstehen.

Die Gründe für die Beendigung der Therapie, die Yalom (1975) herausgefunden hat, sollen hier nur soweit erörtert werden, als sie Bedeutung für diese Untersuchung haben.

Äußere Faktoren

Äußere Faktoren, zu denen physische Gründe wie unlösbare Terminkonflikte oder Umzug in eine neue Wohngegend und äußere beginnende Beziehungen oder bevorstehendes Versagen im Beruf oder Studium zählen, werden von Patienten häufig als Ursache für die Beendigung der Therapie genannt.

Bei weiterem Nachfragen zeigt sich jedoch sowohl bei den physischen Gründen wie auch bei den äußeren Belastungen das Vorhandensein von gruppenbezogenen Gründen, die mehr mit dem Ausscheiden zu tun haben als die vorgebrachten äußeren Belastungen.

So können Patienten, die an der Gruppentherapie interessiert sind und sich persönliche Erfolge erwarten, Möglichkeiten finden, um z. B. Terminkonflikte zu lösen, oder sie nützen die Gruppentherapie, um hier äußere Belastungen zu bearbeiten.

Yalom (1975) vertritt die These, daß eine unangemessene Betonung äußerer Ereignisse die Manifestation eines Verleugnungsmechanismus ist, der dem Patienten hilft, etwas zu vermeiden, was er in der Gruppe als gefährlich empfindet: „Die Patienten benützten die äußere Belastung als eine Rationalisierung für den Therapieabbruch, um den vorausgeahnten Gefahren der Selbstoffenbarung, der Aggression, der Intimität und der Konfrontation mit unbekannten Aspekten ihrer selbst zu entgehen" (Yalom 1975, S. 186).

Abweichung von der Gruppennorm

Ein weiterer Faktor, der als Grund für Therapieabbruch anzusehen ist, ist die Abweichung von der Gruppennorm.
Patienten, die die Therapie aus diesem Grund beenden, werden durch ihr interpersonales Verhalten in den Gruppensitzungen und nicht etwa wegen eines von der Norm abweichenden Lebensstils oder einer entsprechenden Vorgeschichte zu Abweichlern. Die am häufigsten beschriebenen Merkmale des Abweichens von der Gruppennorm sind:

- ein Mangel an psychologischer Erfahrung,
- ein Mangel an interpersonaler Feinfühligkeit,
- ein Fehlen persönlicher psychologischer Einsicht, das sich z. T. durch den ständigen Gebrauch von Verleugnungen manifestiert.

Patienten, die von der Gruppennorm abweichen und die Therapie vorzeitig beenden, unterscheiden sich auch in der Art ihrer Kommunikation von den anderen Gruppenmitgliedern. Sie neigen dazu, auf der Ebene der Symptombeschreibung des Gebens und Forderns von Ratschlägen oder des Be- und Verurteilens zu bleiben, und vermeiden die Erörterung unmittelbarer Gefühle in den Interaktionen des Hier und Jetzt.
Mit den beschriebenen Persönlichkeitsmerkmalen und Verhaltensweisen fehlt den von der Gruppennorm Abweichenden eine notwendige Voraussetzung, um an der Gruppenaufgabe teilnehmen zu können, die von E. Stotland folgendermaßen definiert wird: „Die Aufgabe der Therapiegruppen besteht darin, sinnvolle Kommunikation mit den anderen Gruppenmitgliedern zustande zu bringen, sich zu offenbaren, brauchbares Feedback zu geben und die verborgenen und unbewußten Aspekte der eigenen Gefühle, Verhaltensweisen und Motivationen zu untersuchen" (Stotland, zit. nach Yalom 1975, S. 188).
Gruppenmitglieder, die an der Gruppenaufgabe nicht teilnehmen können und die die Bewegung der Gruppe in Richtung auf Erledigung dieser Aufgabe behindern, fühlen sich von der Gruppe viel weniger angezogen und sind eher motiviert, die Mitgliedschaft aufzugeben.

Probleme der Intimität

Als einen weiteren häufigen Grund für die vorzeitige Beendigung der Therapie gibt Yalom (1975) konfliktgeladene Gefühle in bezug auf Intimität an. Er hat gezeigt, daß sich diese Intimitätskonflikte in unterschiedlicher Art manifestieren.

- *Durch schizoiden Rückzug:* Diese Patienten hatten große Schwierigkeiten im Herstellen von Beziehungen und in der Kommunikation in der Gruppe, sie können distanziert und introvertiert beschrieben werden.
- *Durch fehlangepaßte Selbstoffenbarung:* Hier muß zwischen Angst vor Selbstoffenbarung und promiskuöser Selbstoffenbarung unterschieden werden.
- *Durch unrealistische Forderungen nach sofortiger Intimität.*

Selbstoffenbarung ist eine wesentliche Voraussetzung für die Bildung wichtiger interpersonaler Beziehungen in einer Gruppensituation. Die Angst vor Selbstoffenbarung hindert die Patienten daran, sich an der Gruppe zu beteiligen und somit an der Gruppenaufgabe teilzuhaben, was in vielen Fällen, wie bei den „Therapieabweichlern" schon beschrieben wurde, dazu führt, daß sie die Gruppe verlassen. Andere Patienten begeben sich durch vorzeitige oder promiskuöse Selbstoffenbarung oder durch die Forderung nach sofortiger Intimität in eine exponierte Gruppenrolle, bevor sie noch interpersonale Bindungen geknüpft haben.

Sie geraten in eine Position großer Verletzlichkeit in der Gruppe, so daß sie aus Angst vor Angriffen anderer Gruppenmitglieder oder aus Scham, zuviel preisgegeben zu haben, aus der Gruppe fliehen.

„Frühe Provokateure"

In seiner Untersuchung fand Yalom (1975) eine Gruppe von Patienten, die er als „frühe Provokateure" bezeichnete, die die Therapie aufgrund ihrer Rolle, die sie dadurch in der Gruppe einnehmen, vorzeitig beendeten.

Yalom (1975) beschreibt diese Patienten folgendermaßen: „Sie stürmten herein, versetzten die Gruppe in wilde Aktivität und verschwanden dann wieder" (Yalom 1975, S. 268). Diese Patienten schaffen durch ihr Verhalten, indem sie Therapeut und Gruppenmitglieder schon zu Beginn der Therapie herausforderten, in der Gruppe eine unerträgliche Rolle für sich, aus der sie nur noch durch vorzeitige Beendigung der Therapie fliehen können.

Die Bedeutung der Untersuchung und der theoretischen Grundlagen über Therapieabbruch von Yalom (1975) liegt vor allem in ihrem pragmatischen Gehalt. Mit dem Wissen über bestimmte Persönlichkeitsmerkmale und Verhaltensweisen und deren Auswirkungen in der Gruppensituation, die mit einiger Wahrscheinlichkeit für Therapieabbruch prädisponierend sind, ist es dem Therapeuten möglich, therapeutische Maßnahmen zu setzen. Ebenso ist es wichtig, die Ursachen für das Verhalten, das zum Therapieabbruch führen könnte, aufzudecken, um so eine vorzeitige Beendigung der Therapie verhindern zu können.

Die meisten Untersuchungen über Therapieabbruch beschäftigen sich damit, *Vorhersagekriterien* für Therapieabbruch zu finden. Um einen Überblick über die Fülle vorliegender empirischer Untersuchungen geben zu können, erscheint es notwendig, eine Unterteilung der Studien in 3 Gruppen vorzunehmen:

1) Studien, die sich mit der sozialen Klasse und den demographischen Variablen der Patienten beschäftigen,
2) Studien, die psychologische Testdaten untersuchten,
3) Studien, die sich mit Erwartungen und anderen Variablen auseinandersetzten.

Soziale Schicht und demographische Variablen

Cole et al. (1962) und Dodd (1971), die die soziale Schicht an einem gegebenen Klassifikationsschema untersuchten, konnten einen signifikanten Zusammenhang zwischen sozialer Schicht und Länge der Therapiedauer feststellen: Patienten der Unterschicht besuchten signifikant weniger Sitzungen als Patienten der Mittelschicht ($p = 0,05$). Fiester u. Rudestam (1975), die den Beschäftigtenstatus als Maß für die soziale Klasse herangezogen haben, fanden ebenfalls heraus, daß Mittelschichtpatienten eine längere Therapiedauer aufweisen als Unterschichtpatienten. Studien, in denen der Zusammenhang zwischen Bildung und Dauer der Therapie untersucht wurde (vgl. Rosenzweig u. Folman 1974; Lorr u. McNair 1964), fanden ebenfalls einen positiven Zusammenhang.

Der Grund für das Vorliegen widersprüchlicher Ergebnisse (vgl. Pope et al. 1975) scheint am Faktor „Bildung" zu liegen, da dieser einem größeren Komplex von Faktoren anzugehören scheint, der sprachliche Fähigkeiten, Wissen über Psychotherapie, Einkommen und andere ähnliche Faktoren umfaßt.

Die Variable Geschlecht wurde in mehreren Studien untersucht, wobei die meisten Untersuchungen keine signifikanten Unterschiede zwischen Männern und Frauen in bezug auf Therapieabbruch feststellen konnten (vgl. Craig u. Huffine 1976; Grotjahn 1972). In Baekland u. Lundwall (1975), die einen Überblick über empirische Untersuchungen zum Problem des Therapieabbruchs geben, finden sich auch Untersuchungen, die einen Zusammenhang zwischen Geschlecht und Therapieabbruch feststellten, doch betonen die beiden Autoren, daß das Geschlecht keine bedeutende Vorhersagevariable für Therapieabbruch darstellt.

Ähnliche Aussagen können laut Garfield (1978) für das Alter von Klienten gemacht werden. Obwohl es einige Therapeuten gibt, die jüngere Klienten zu bevorzugen scheinen (vgl. Bailey et al. 1959), scheint das Alter keine wesentliche Vorhersagevariable für Therapieabbruch zu sein (vgl. Affleck u. Garfield 1961; Cartwright 1955).

Psychologische Testdaten

Mit der zunehmenden Entwicklung psychologischer Testverfahren stieg auch das Interesse, aus Testdaten Vorhersagevariablen für den Therapieabbruch zu finden. Garfield (1978) beschreibt verschiedene Studien, die sich mit diesem Untersuchungsthema beschäftigen, und fand viele widersprüchliche Untersuchungsergebnisse!

Die Gründe für die unterschiedlichen Ergebnisse liegen v. a. darin, daß in den Untersuchungen verschiedene statistische Analyseverfahren verwendet wurden und keine einheitliche Auswahl der Stichproben und der Definition für Therapieabbruch vorlagen.

Ein weiteres Problem ist, daß die Persönlichkeitsvariablen, die untersucht wurden, in den verschiedenen Studien unterschiedlich definiert und gemessen wurden. Zum Beispiel fanden McNair u. Lorr (1971) in ihrer Untersuchung einen Zusammenhang zwischen Motivation und der Länge der Therapie, aber in 3 anderen Untersuchungen konnte kein Zusammenhang festgestellt werden (vgl. Affleck u. Garfield 1961; Garfield et al. 1963; Siegel u. Fink 1962).

Yalom (1975) beschreibt eine Untersuchung von Kotkov u. Meadow (1953), bei der mit Hilfe des Rorschach-Tests ermittelt wurde, daß Therapieabbrecher eine geringere Fähigkeit hatten, Streß auszuhalten, weniger Verlangen nach Einfühlung und eine geringere Fähigkeit, emotionale Beziehungen herzustellen. Die Unterscheidungskraft des Rorschach-Tests war jedoch, laut Yalom, sehr gering; kaum besser als bei einem einfachen Interviewverfahren. Garfield (1978) stellt in seiner Zusammenfassung von empirischen Untersuchungen über Therapieabbruch fest, daß der Rorschach-Test und bestimmte Skalen des MMPI eine äußerst geringe Vorhersagekraft bezüglich Therapieabbruch haben.

Erwartungen und andere Variablen

In einer großen Anzahl von Studien wurde der Zusammenhang zwischen Erwartungen der Patienten an die Therapie und Therapieabbruch untersucht. Heine u. Trosman (1960, in Garfield u. Bergin (1986) leiteten eine Studie, die die anfänglichen Erwartungen an die Therapeut-Klient-Beziehung untersuchte.
Die Autoren kamen zu dem Ergebnis, daß Klienten, die die Therapie abbrachen, vor allem passive Zusammenarbeit als Mittel, ihr Ziel zu erreichen, betonten und vermehrt medizinische und diagnostische Informationen vom Therapeuten erwarteten. Die Klienten, die die Therapie nicht abbrachen, betonten mehr die aktive Zusammenarbeit, was sich auch mit den Erwartungen des Therapeuten deckte.
In einer anderen Untersuchung wurde herausgefunden, daß mehr Therapieabbrecher, im Gegensatz zu den Klienten, die die Therapie beendeten, spezielle Hilfe und Ratschläge zu ihren Problemen in der 1. Sitzung erwarten (vgl. Heine 1953). Es zeigte sich auch, daß sich die Erwartungen von Therapeuten und Therapieabbrechern viel stärker unterschieden, als dies bei Therapeuten und Nichtabbrechern der Fall war.
Neben den Erwartungen des Patienten an die Therapie und an den Therapeuten ist auch die Art, wie der Therapeut den Patienten wahrnimmt und ihm begegnet, für den Fortgang der Therapie von Bedeutung.
Wenn der Therapeut den Klienten als schwierig, unmotiviert oder als ablehnend wahrnimmt, ist es sehr wahrscheinlich, daß diese Haltung mehr oder weniger bewußt in die Kommunikation mit dem Klienten einfließt.
In einer Untersuchung der Therapeutenvariablen am Ende der 2. Sitzung einer Gruppentherapie wurden 3 Faktoren gefunden, die in einem signifikanten Zusammenhang ($p = 0{,}05$) zur Fortsetzung der Therapie standen (Rosenzweig u. Folman 1974). Diese Faktoren waren:

– die Selbsteinschätzung des Therapeuten, mit dem Klienten zusammenarbeiten zu können,
– die positiven Gefühle des Therapeuten zum Klienten,
– seine Beurteilung der Fähigkeit des Klienten, eine therapeutische Beziehung herzustellen.

In einer anderen Untersuchung wurde ein Zusammenhang der positiven Gefühle des Therapeuten zum Klienten und seiner positiven Prognose zur Fortsetzung der Therapie festgestellt (Shapiro 1965).

Garfield weist darauf hin, daß trotz großer Plausibilität der Untersuchungsergebnisse beachtet werden muß, daß in den verschiedenen Untersuchungen über Erwartung und Therapieabbruch unterschiedliche Patienten- und Therapeutenstichproben verwendet wurden und unterschiedliche Definitionen von Therapieaabbruch und Erwartung vorlagen, wodurch eine Vergleichbarkeit der Studien nur mit Vorbehalten möglich ist.
In einer Studie von Conelly u. Piper (1984) wurde Therapieabbruch in der Gruppenpsychotherapie in Zusammenhang mit Gruppenverhalten und Reaktionen und Wahrnehmungen anderer Gruppenmitglieder und Erwartungen untersucht. In einer Untersuchung, die vor Beginn der Therapie durchgeführt wurde, beschrieben die späteren Therapieabbrecher ihre interpersonale Fähigkeit als gering, außerdem hatten sie mehr negative Erwartungen an die Therapie als Nichtabbrecher.

## 10.3 Beschreibung der untersuchten Stichprobe

Von den 210 für diese Fragestellung erfaßten Patienten brachen 60 Personen die Therapie vorzeitig ab. Das bedeutet, daß 71,4% der Patienten die Therapie beendeten und 28,6% die Therapie abbrachen. Eine Therapieabbruchrate von 30% entspricht in etwa den Zahlen, die in anderen Untersuchungen über Therapieabbruch in der Gruppenpsychotherapie genannt werden. Im allgemeinen bricht ein Drittel aller Patienten eine Gruppenpsychotherapie vorzeitig ab (vgl. Yalom 1975; Baekland u. Lundwall 1975).

## 10.4 Darstellung der Testergebnisse

Die Auswertung der verschiedenen Tests ergab eine Reihe signifikanter, hochsignifikanter und tendenziell signifikanter Ergebnisse (s. auch Tabelle 20) bezüglich der Unterschiedlichkeit von Therapieabbrechern und Nichtabbrechern. Im FPI beschreiben sich Therapieabbrecher als „spontan aggressiver" und „emotional unreifer" (FPI 2), als „mißgestimmter und selbstunsicherer" (FPI 3) und als „emotional labiler" (FPI N) als Nichtabbrecher.
Das aggressive Verhalten der Therapieabbrecher konnte auch im Gießen-Test nachgewiesen werden (GT 2). Das dominante Verhalten der Therapieabbrecher weist darauf hin, daß diese Personen häufiger in Auseinandersetzungen verstrickt, eigensinniger und ungeduldiger sind als Nichtabbrecher.
Im Gießener Beschwerdebogen (GBB) weisen Therapieabbrecher eine „höhere Erschöpfungsneigung" auf, die nach Brähler und Scheer (1983) symptomatisch ist für eine neurotisch depressive Tendenz. Depressives Verhalten konnte außer im FPI (Skala 2A) und GBB (Skala 1) auch noch in der Eigenschaftswörterliste festgestellt werden. Therapieabbrecher sind signifikant deprimierter (EWL N) und hochsignifikant in gedrückterer Stimmung (EWL I) als Nichtabbrecher.
Therapieabbrecher zeigen außerdem ein erhöhtes Angstniveau (STAI, State-Angst), d. h. sie leiden an höherer Angst vor zukünftigen Ereignissen und ihr emo-

**Tabelle 20.** Zusammenfassung der signifikanten Ergebnisse aus dem Vergleich von Therapieabbrechern und Nichtabbrechern (in Klammern Bezeichnung der einzelnen Skalen)

| Test | Tendenziell signifikant (p<0,1) | Signifikant (p<0,05) | Hochsignifikant (p<0,005) |
|---|---|---|---|
| FPI | | Spontane Aggressivität (2)<br>Depressivität (3)<br>Emotionale Labilität (N)<br>Dominanz (2) | |
| GT | Kontrolle (3) | | |
| GBB | | Erschöpfungsneigung (1) | |
| STAI | Trait-Angst (2) | | State-Angst (1) |
| PP | Nüchtern – verträumt (14)<br>Schlecht – gut (26)<br>Abstoßend – anziehend (26)<br>Wertvoll – wertlos (28)<br>Widerwärtig – schmackhaft (34) | Weich – hart (1)<br>Gesund – krank (24)<br>Glücklich – unglücklich (29)<br>Fair – unfair (36) | Heiter – traurig (2)<br>Friedlich – aggressiv (12)<br>Zerfahren – geordnet (13)<br>Vergnügt – mißmutig (18)<br>Frisch – müde (22)<br>Erfreulich – unerfreulich (25) |
| EWL | Aktiviertheit (A)<br>Desaktiviertheit (C)<br>Extravertiertheit (F)<br>Selbstsicherheit (H) | Deprimiertheit (N) | Gehobene Stimmung (I) |

tionaler Zustand ist gekennzeichnet durch erhöhte Anspannung, Besorgtheit, Nervosität und innere Unruhe.
Im Polaritätenprofil (PP) beschreiben sich Therapieabbrecher als trauriger, aggressiver, zerfahrener, mißmutiger und müder als jene Personen, die die Therapie zu Ende führen (hochsignifikante Ergebnisse). Des weiteren charakterisieren sie sich selbst als härter, kränker, unglücklicher und unfairer als Nichtabbrecher (signifikante Ergebnisse).

## 10.5 Durchführung der inhaltsanalytischen Untersuchung

### 10.5.1 Kategoriensystem

Die Kategorien zur Erfassung des Beziehungsaspekts menschlicher Kommunikation stellen das Meßinstrument der inhaltsanalytischen Untersuchung dar. Die für die Untersuchung verwendeten Kategorien sind dem Kommunikationsmodell von Watzlawick et al. (1969) entnommen.
Der Grund für die Auswahl der Kategorien aus der Theorie von Watzlawick et al. lag einerseits darin, daß kein geeignetes, bereits standardisiertes inhaltsanalytisches Verfahren vorlag, welches die Untersuchung des Beziehungsaspektes in der Psychotherapie zum Inhalt gehabt hätte. Andererseits besteht in Watzlawicks Theorie eine äußerst geschickte Verbindung zwischen Praxis, Methode und Interpretation, so daß sich die Theorie unmittelbar wie eine Kategorisierung des Untersuchungsziels ausnimmt.
Darüber hinaus besteht mit der Wahl der Kategorien aus einer bereits vorliegenden Theorie eine zusätzliche Form der Validierung, die „face validity" (Rust 1983): „Diese Art der Validierung konstruiert einen Zusammenhang zwischen den theoretischen Vorkenntnissen der Forschungsgruppe und den Informationen der Erhebung, die sich mit einiger Evidenz in die theoretischen Annahmen einfügen lassen" (Rust 1983, S. 320).
Watzlawick et al. (1969) stellen in einem von 5 Axiomen ihres Kommunikationsmodells fest, daß in jeder Mitteilung ein Beziehungsaspekt und ein Inhaltsaspekt enthalten ist. Der Inhaltsaspekt erweist sich v. a. als Information, der Beziehungsaspekt einer Mitteilung gibt einen Hinweis darauf, wie der Sender der Mitteilung die Beziehung zwischen sich und dem Empfänger sieht. Watzlawick stellt resümierend fest: „Zwischenmenschliche Systeme sind demnach zwei oder mehrere Kommunikanten, die die Natur ihrer Beziehung definieren" (S. 116).
Nach Watzlawick (S. 84) gibt es u. a. 3 Möglichkeiten, diese Beziehungsdefinitionen auszudrücken, nämlich über

– Bestätigung,
– Entwertung,
– Verwerfung.

Im folgenden soll eine nähere Beschreibung der 3 Kategorien gegeben werden.

## 1) Bestätigung

Für Watzlawick et al. (1969) ist diese Beziehungsmitteilung die wichtigste Voraussetzung für geistige Stabilität und Entwicklung.
Ebenso stellt Yalom (1975, S. 57) bei der Beschreibung von Gruppenkohäsion fest, daß „die Mitgliedschaft in einer Gruppe, das Akzeptiertwerden und die Billigung anderer in der Entwicklung des einzelnen Menschen von höchster Bedeutung ist."
„Bestätigung" ist die positive Reaktion auf Mitteilungen und Äußerungen anderer, die die Botschaft „Du hast in deiner Ansicht über dich recht" ausdrückt.

## 2) Entwertung

Watzlawick sieht die 2. Möglichkeit der Beziehungsmitteilung als die wesentlichste an. Während „Bestätigung" und „Verwerfung" den Begriffen von Wahrheit und Falschheit entsprechen, entspricht die „Entwertung" dem Begriff der Unentscheidbarkeit. Mit der Mitteilung der Entwertung negiert der Sender der Botschaft die menschliche Wirklichkeit des Empfängers. Die Entwertung gipfelt in der Mitteilung „Du existierst nicht".

## 3) Verwerfung

Die Verwerfung setzt zumindest eine begrenzte Anerkennung dessen voraus, was verworfen wird, und negiert daher nicht notwendigerweise die Wirklichkeit des Bildes, das der andere von sich hat. Verwerfung läuft letztendlich auf die Mitteilung „Du hast in deiner Ansicht über dich unrecht" hinaus. Gewisse Formen der Verwerfung können sogar heilsam sein, wie z.B. wenn der Psychotherapeut sich weigert, die Selbstdefinition des Patienten in der Übertragungssituation anzunehmen.

Inhaltsanalytisches Untersuchungsmodell

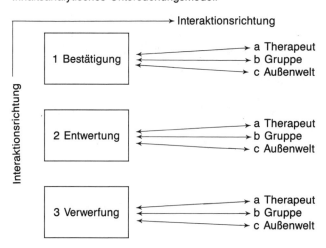

Laing (1973, S. 73) zitiert dazu William James: „Eine unmenschlichere Strafe könnte nicht erfunden werden, als daß man – wenn dies möglich wäre – in der Gesellschaft losgelassen und von allen ihren Mitgliedern völlig unbeachtet bleiben würde."

Des weiteren beschreibt Laing (1973), daß in der Entwertung für den Betroffenen seine Gefühle ihrer Gültigkeit beraubt, seine Handlungen ihrer Motive, Absichten und Folgen entkleidet werden und die Situation ihrer Bedeutung für den Betroffenen beraubt wird (Watzlawick 1963).

Die Kategorien „Bestätigung", „Verwerfung", „Entwertung" stellen die Dimensionen dar, mit der der Beziehungsaspekt untersucht werden soll. Des weiteren soll aber auch die Interaktionsrichtung der Beziehungsäußerungen mittels der in nebenstehender Übersicht (S. 152) dargestellten Kategorien erfaßt werden.

## 10.5.2 Darstellung der Ergebnisse der inhaltsanalytischen Untersuchung

**Vergleich der beiden Untersuchungsgruppen auf dem inhaltsanalytischen Kategorienschema**

Mit der inhaltsanalytischen Untersuchung sollte festgestellt werden, ob zwischen Therapieabbrechern und Nichtabbrechern Unterschiede hinsichtlich bestimmter Interaktionsstile in der Gruppenpsychotherapie bestehen.

Geprüft wird diese Frage für jede Kategorie des inhaltsanalytischen Schemas mit dem t-Test für unabhängige Stichproben.

Die Ergebnisse der Häufigkeitsanalyse für die inhaltsanalytischen Kategorien sind in Tabelle 21 dargestellt.

**Tabelle 21.** Häufigkeitsanalyse der inhaltsanalytischen Kategorien. Gruppe 1: Nichtabbrecher (n = 27); Gruppe 2: Abbrecher (n = 15)

| Kategorien | Gruppen | $\bar{x}$ $s^2$ | F-Test | | t-Test | |
|---|---|---|---|---|---|---|
| | | | f | p | f | p |
| 1a Bestätigung | Gr. 1 | 0,1503 0,144 | | | | |
| | Gr. 2 | 0,1447 0,206 | 2,05 | 0,110 | −0,73 | 0,472 |
| 1b Bestätigung zur Gruppe | Gr. 1 | 0,0092 0,036 | | | | |
| | Gr. 2 | 0,0048 0,19 | 3,75 | 0,112 | 0,51 | 0,612 |
| 1c Bestätigung zur Außenwelt | Gr. 1 | 0,0343 0,066 | | | | |
| | Gr. 2 | 0,0820 0,128 | 3,75 | 0,003 | −1,35 | 0,193 |

**Tabelle 21** *(Fortsetzung)*

| Kategorien | Gruppen | $\bar{x}$ $s^2$ | F-Test f | p | t-Test f | p |
|---|---|---|---|---|---|---|
| 1c' Bestätigung von der Außenwelt | Gr. 1 | 0,016 0,031 | 3,71 | 0,004 | −1,35 | 0,193 |
|  | Gr. 2 | 0,0386 0,060 |  |  |  |  |
| 2a Verwerfung zur Gruppe | Gr. 1 | 0,0583 0,074 | 14,96 | 0,001 | −3,37 | 0,004*** |
|  | Gr. 2 | 0,3134 0,288 |  |  |  |  |
| 2b Verwerfung zum Therapeuten | Gr. 1 | 0,0080 0,074 | 9,96 | 0,000 | −1,19 | 0,250 |
|  | Gr. 2 | 0,289 0,066 |  |  |  |  |
| 2c Verwerfung von der Außenwelt | Gr. 1 | 0,721 0,098 | 3,67 | 0,004 | −0,29 | 0,776 |
|  | Gr. 2 | 0,1591 0,188 |  |  |  |  |
| 2c' Verwerfung zur Außenwelt | Gr. 1 | 0,0343 0,041 | 1,65 | 0,241 | −0,29 | 0,776 |
|  | Gr. 2 | 0,0386 0,054 |  |  |  |  |
| 3a Entwertung zur Gruppe | Gr. 1 | 0,0023 0,041 | 939,88 | 0,000 | −1,89 | 0,080* |
|  | Gr. 2 | 0,1254 0,253 |  |  |  |  |
| 3b Entwertung zum Therapeuten | Gr. 1 | 0 0 | 0 | 1,000 | −1,99 | 0,054 |
|  | Gr. 2 | 0,096 0,025 |  |  |  |  |
| 3c Entwertung von der Außenwelt | Gr. 1 | 0,0275 0,040 | 7,39 | 0,000 | −1,03 | 0,317 |
|  | Gr. 2 | 0,579 0,110 |  |  |  |  |
| 3c' Entwertung von der Gruppe | Gr. 1 | 0,0492 0,063 | 4,36 | 0,006 | 2,43 | 0,020** |
|  | Gr. 2 | 0,0145 0,030 |  |  |  |  |

* $p \leq 0,1$ (tendenziell signifikant); ** $p \leq 0,05$ (signifikant); *** $p \leq 0,005$ (hochsignifikant).

Therapieabbrecher und Nichtabbrecher unterscheiden sich hochsignifikant in der Kategorie „Verwerfung zur Gruppe" (2a; p = 0,05); d.h. die Therapieabbrecher verwenden diesen negativen Interaktionsstil häufiger, verglichen mit Nichtabbrechern.
Ein signifikanter Unterschied (p = 0,05) besteht in der Kategorie „Entwertung von der Außenwelt" (3c), im Sinne einer negativeren bis mißachtenderen Kommunikation zu Therapieabbrechern von Personen ihrer näheren Umgebung. Ein tendenziell signifikantes Ergebnis (p = 0,10) findet sich in der Kategorie „Entwertung zur Gruppe" (3a), im Sinne eines mißachtenderen Interaktionsstils in der Therapiegruppe von seiten der Therapieabbrecher.
Aufgrund der Ergebnisse können folgende Aussagen getroffen werden:

1) Therapieabbrecher unterscheiden sich in der Art und Anzahl der Mitteilungen ihrer Beziehung zu anderen Gruppenmitgliedern statistisch signifikant von den Patienten, die die Therapie zu Ende führen.
2) Therapieabbrecher unterscheiden sich statistisch signifikant von jenen Patienten, die die Therapie zu Ende führen, im Sinn häufigerer Zurückweisung der Meinungen und Stellungnahmen anderer Gruppenmitglieder.
3) Therapieabbrecher unterscheiden sich nicht von den Patienten, die die Therapie zu Ende führen, hinsichtlich der positiven Kontaktaufnahme zu anderen Gruppenmitgliedern. Therapieabbrecher bestätigen andere Gruppenmitglieder genauso häufig wie die Nichtabbrecher.
4) Therapieabbrecher unterscheiden sich von Nichtabbrechern tendenziell hinsichtlich eines Kommunikationsstils, der die anderen Gruppenmitglieder persönlich entwertet.

Therapieabbrecher weisen also die Meinungen und Stellungnahmen der Gruppenmitglieder häufiger zurück als die Nichtabbrecher, und sie verwenden darüber hinaus häufiger einen Kommunikationsstil, der die anderen als Person entwertet.

**Tabelle 22.** Verteilung der Wortzahl in den beiden Gruppen

| Wortzahl | | Gesamtstichprobe | | | |
|---|---|---|---|---|---|
| | | Gruppe 1 Nichtabbrecher | Gruppe 2 Abbrecher | Gesamt | |
| | | | | n | [%] |
| 1 – 400 | | 9 | 3 | 12 | 28,65 |
| 401 – 800 | | 4 | 3 | 7 | 16,67 |
| 801 – 1200 | | 4 | 5 | 9 | 21,43 |
| 1201 – 1600 | | 2 | 3 | 5 | 11,91 |
| 1601 – 2000 | | 4 | 1 | 5 | 11,91 |
| 2001 – 2400 | | 0 | 0 | 0 | 0 |
| Über 2400 | | 4 | 0 | 4 | 9,52 |
| Gesamt | | 27 | 15 | 52 | 100 |
| Durchschnittliche Wortzahl | $\bar{x}$ | 1 198,963 | 921,667 | | |
| | s | 1 202,437 | 477,504 | | |

**Tabelle 23.** Unterschiede in der Wortzahl der beiden Gruppen

| Wortzahl Gruppe | x̄ | F-Test zur Prüfung von Varianzen | | t-Test | |
|---|---|---|---|---|---|
| | | F | (p) | t | (p) |
| Gruppe 1 (Nichtabbrecher) | 1 198,963 | 6,34 | 0,001 | 1,06 | 2,97 |
| Gruppe 2 (Abbrecher) | 921,667 | | | | |

Bezüglich positiver Stellungnahmen und Kontaktaufnahme zu anderen Gruppenmitgliedern konnten keine Unterschiede zwischen beiden Gruppen festgestellt werden.

**Vergleich der beiden Untersuchungsgruppen Abbrecher und Nichtabbrecher bezüglich der Wortzahl**

Beim Vergleich der beiden Gruppen hinsichtlich der Wortzahl sollte herausgefunden werden, ob zwischen ihnen Unterschiede in der Sprechzeit während der Therapiesitzungen bestehen.
In Tabelle 22 ist die Verteilung der Wortzahlen dargestellt. Aus Tabelle 23 geht hervor, daß keine beachtenswerten Unterschiede bezüglich der Wortzahl der beiden Gruppen bestehen. Eine Überprüfung der Mittelwerte mittels t-Test ergab einen nicht signifikanten Unterschied.

## 10.6 Zusammenfassung der testdiagnostischen und inhaltsanalytischen Untersuchung

Die Auswertung der testdiagnostischen Untersuchung ergab, daß Therapieabbrecher aggressiver, labiler, ängstlicher und depressiver sind als Nichtabbrecher.
Die Auswertung der inhaltsanalytischen Untersuchung zeigte, daß Therapieabbrecher in der Therapiegruppe die Meinungen und Deutungen anderer Gruppenmitglieder weniger oder gar nicht akzeptieren, diese häufiger als falsch zurückweisen und nicht ernstnehmen. Die Ergebnisse der testdiagnostischen Untersuchung decken sich mit den inhaltsanalytischen Ergebnissen: Das aggressivere und ängstlichere Verhalten der Therapieabbrecher manifestiert sich im mißachtenderen Interaktionsstil. Aufgrund der Ergebnisse der beiden Untersuchungen scheint Therapieabbruch nicht eine alleinige Reaktion auf eine spezielle Gruppensituation oder auf bestimmte äußere Faktoren zu sein, so wie auch Therapieabbruch nicht nur von bestimmten Persönlichkeitsmerkmalen abhängig ist. Es bestätigt sich vielmehr die Grundannahme, daß Therapieabbruch die Folge eines Zusammenspiels von bestimmten Persönlichkeitsmerkmalen und eines entsprechenden Interaktionsstil ist.

# 11 Inhaltsanalytische Evaluierung des Therapeutenverhaltens

## 11.1 Problemstellung

In diesem Kapitel soll der Frage nachgegangen werden, ob sich die Therapeuten in ihrem Verhalten in den von ihnen geleiteten Gruppen (AKG, PME und AT) unterscheiden oder ähnlich sind.

Der Therapeut handelt nicht nur entsprechend dem Konzept seiner therapeutischen Schule, sondern auch wie jeder andere Mensch entsprechend seinen Theorien über die Welt, die immer subjektive Theorien sind. Als eine entscheidende Variable in dieser Untersuchung sollte auch das Verhalten des Therapeuten bzw. Gruppenleiters herausgegriffen werden. Von daher gesehen wird es in dieser Studie als notwendig erachtet, genauer und möglichst objektiv diesen „Theorien" nachzugehen.

Um das Verhalten der Therapeuten während der Therapie miteinander vergleichen zu können, wurde jede Gruppensitzung auf Tonband aufgenommen. Die Tonbandaufnahmen wurden transkribiert, transliteriert und inhaltsanalytisch ausgewertet. Zur Analyse der Gesprächsprotokolle bzw. der Therapeutenäußerungen wurden die Kategorien von Temple (1981, zit. nach Sloane et al. 1981), Lennard u. Bernstein (1960) und Truax u. Carkuff (1967) herangezogen und in einer vom Autor entsprechend modifizierten Form angewendet. Diese Kategoriensysteme wurden dann analog zu Sloane et al. (1981) verwendet.

## 11.2 Inhaltsanalytische Auswertung der Tonbandprotokolle

### 11.2.1 Transkription und Kategorisierung

Zur Auswertung des Therapeutenverhaltens wurden 3 voneinander unabhängige Beurteiler („rater") geschult und nach Prüfung ausreichender Übereinstimmung (Intercoderreliabilität) eingesetzt.

Im folgenden Teil sollen die einzelnen Schritte, die zur Analyse der Therapieprotokolle führen, aufgezeigt werden:

1) Bei den Therapieprotokollen handelt es sich um natürliche Texte, die während der Therapiesitzungen aufgezeichnet wurden. Die Therapeuten erhalten keinerlei Hinweise darüber, wie ihre Äußerungen später ausgewertet werden.
2) Die auf das Tonband aufgezeichneten Therapiesitzungen werden nur bezüglich der Therapeutenäußerungen transkribiert.

3) Kategorisiert werden die Äußerungen zwischen 2 Meldungen von Gruppenteilnehmern.
4) Jede Therapeutenäußerung wird danach untersucht, ob ihr Inhalt einer der Kategorien des vorhandenen Kategoriensystems entspricht, – unabhängig davon, wie lang eine solche Äußerung ist.
   a) Generell gilt, daß eine Äußerung nur nach einer Kategorie innerhalb eines Kategoriensystems ausgewertet wird.
   b) Eine Äußerung wird unabhängig von ihrer grammatikalischen Zeitform bewertet, d. h. es wird genauso kategorisiert, ob der Inhalt in der Vergangenheits-, Gegenwarts-, Zukunfts- oder Möglichkeitsform zum Ausdruck gebracht wird.
5) Da 3 verschiedene Kurzgruppentherapiemethoden miteinander verglichen werden sollen, wobei der analytischen (AKG) 2 Entspannungsmethoden (AT und PME) gegenüberstehen, wurden beim Vergleich des Therapeutenverhaltens die speziellen Übungsanweisungen des Therapeuten bei den Entspannungstrainingsgruppen nicht berücksichtigt.

Jeweils 3 Sitzungen (3., 6., 9. Sitzung) der AKG, des AT und der PME wurden hinsichtlich des Therapeutenverhaltens ausgewertet. Bei den Anfangs-, Mitte- und Endsitzungen wurden jeweils Mittelwerte berechnet. Für jede Kategorie eines Kategorienschemas wurden absolute Häufigkeitswerte ermittelt, die auch in einer Graphik dargestellt wurden.

### 11.2.2 Beschreibung der inhaltsanalytischen Kategorienschemata

**Inhaltliche Kategorien nach Temple**

Ziel dieser Kategorisierung ist es, den Gesprächsanteil des Therapeuten inhaltlich zu messen, d. h. Auskunft über den Inhalt oder die Art zu erfassen, mit der die Konversation von seiten des Therapeuten kontrolliert wird.

Nachfolgend werden die Kategorien nach Temple (die benutzten Kategorien wurden von der Bales-Interaktionsskala abgeleitet) mit entsprechend eingebrachten Ergänzungen vorgestellt.

1) *Fragen nach Information*: Äußerungen des Therapeuten, die neue Information vom Patienten erfragen und breite bzw. mehrdeutigere Antworten provozieren, fallen in diese Kategorie. Fragen, die vorliegende Informationen nur klären sollen, sind in diesem Fall nicht gemeint.
   *Beispiele zu Therapeutenäußerungen*: „Hatten Sie Schwierigkeiten, die Entspannungsübungen in Ihrem Tagesablauf unterzubringen?" – „Hat jemand Wärme im Bauchraum verspürt?" – „Wie geht es Ihnen denn hier in der Gruppe mit den anderen Teilnehmern?"
2) *Vermitteln von Informationen*: Dieser Kategorie zugehörig sind neutrale Informationen. Ausgeschlossen sind dagegen Informationen, die die psychologischen Probleme des Patienten beleuchten. In dieser Rubrik sollen auch einfache Feststellungen bzw. Aussagen des Therapeuten, die allgemeine Probleme der angewendeten Therapiemethoden aufklären, erfaßt werden.

*Beispiele zu Therapeutenäußerungen:* „Frau A hat sich für die heutige Gruppensitzung entschuldigt. Sie kann nicht kommen, weil sie keinen Babysitter gefunden hat." – „Im übrigen gibt es bereits einen Entspannungseffekt, den man selber nicht registriert, sobald man zu üben beginnt; also bei dem Vorsatz: Jetzt beginne ich mit dem Autogenen Training."

3) *Klärungen und Interpretationen:* Unter dieser Kategorie versteht man, daß der Therapeut ursächliche Zusammenhänge, meist auf dem Hintergrund seines psychologischen Verständnisses bzw. Konzeptes, herstellt, indem er erklärt und interpretiert. Der Therapeut verfügt hierbei über psychologische Informationen und setzt sie in Bezug zu den individuellen Problemen des Patienten. Im weitesten Sinne gehören zu dieser Kategorie auch ironisch-provozierende Fragen des Therapeuten mit indirektem Klärungsversuch.
*Beispiele zu Therapeutenäußerungen:* „Ich soll Ihnen einen Ratschlag geben, damit Sie wissen, was Sie tun sollen." – „Was Sie sich wünschen, wäre, daß Sie Ihrem Mann sagen, ah dominiere mich, aber laß mir genug Freiheit." „Überstrenge Eltern sind sicher keine Freude für ihre Kinder."

4) *Nichtdirektive Äußerungen:* Der Therapeut zeigt in seinen Äußerungen, daß er den Patienten versteht, er stimmt ihm indirekt durch Bejahung zu. Er hält Sachverhalte fest, ohne Informationen zu erfragen.
*Beispiele zu Therapeutenäußerungen:* „Mh-hmm." – „Sie haben gemerkt, wieviele Gedanken Ihnen bei der Entspannungsübung durch den Kopf gegangen sind."

5) *Direktive Äußerungen:* Diese Kategorie enthält Äußerungen, in denen der Therapeut sehr bestimmt wirkt und auf direkte Art und Weise Probleme anspricht.
*Beispiele zu Therapeutenäußerungen:* „Ja, also wichtig ist, daß Sie kräftig zurücknehmen nach den Übungen." – „Besprechen wir einmal, wie es Ihnen gegangen ist in der letzten Woche. Wir haben ja Wärme und Schwere in den Armen geübt." – „Sie müssen mit der Hand dann ganz fest zurücknehmen nach der Übung."

6) *Zustimmung:* Sowohl verbales als auch nonverbales Verhalten des Patienten wird vom Therapeuten akzeptiert und gebilligt.
*Beispiele zu Therapeutenäußerungen:* „Wenn Sie andere Gedanken entwickeln, das gehört dazu, man muß sich nicht auf die Formeln konzentrieren, das ist gut, wie Sie es machen. Lassen Sie ruhig die Gedanken kommen." – „Es freut mich, daß Sie dieses Problem mit ihrem jetzigen Verhalten gegenüber Ihrer Frau besser in den Griff bekommen."

7) *Ablehnung:* Der Therapeut gibt zu erkennen, daß er nicht einverstanden ist mit dem verbalen und nonverbalen Verhalten des Patienten; er mißbilligt es.
*Beispiele zu Therapeutenäußerungen:* „Und daß es darum geht, daß Sie Ihre Aggressionen deutlicher ausdrücken, das haben Sie auch vergessen?" – „Ich erlebe Sie nämlich tatsächlich als eine eher aggressive Persönlichkeit!" – „Sie hätten sich diesmal besser anders verhalten sollen."

## Inhaltliche Kategorien nach Lennard u. Bernstein (1960)

1) *Passive Aufforderung zum Fortfahren*: Diese Kategorie umfaßt jene Äußerungen, mit denen der Therapeut seine passive Zuhörerschaft signalisiert und den Patienten lediglich auffordert, fortzufahren.
   *Beispiel:* „Ich verstehe, mhm, Hm-mm." Solche Kommentare ermuntern den Patienten zum Weiterreden, ohne ihn thematisch in irgendeiner Weise einzuengen.
2) *Aktive Aufforderung zum Fortfahren*: Äußerungen dieser Kategorie zeigen dem Patienten, daß der Therapeut zuhört und ihn aktiv auffordert, weiterzureden.
   *Beispiel*: „Wie war das damals mit Ihren Geschwistern?"
3) *Beschränkung auf ein allgemeines Thema*: Hierher fallen jene Äußerungen, die den Patienten auf ein Thema beschränken, ihm aber innerhalb dieses Themas völlige Redefreiheit lassen. Äußerungen dieser Kategorie zeigen, daß eine gewisse Kontrolle über die Konversation ausgeübt wird.
   *Beispiele*: „Erzählen Sie doch etwas über Ihre Arbeit." – „Was hielten Sie von der letzten Sitzung?"
4) *Beschränkung auf den spezifischen Gedanken*: Hier handelt es sich um Äußerungen, mit denen der Therapeut spezifische Vorschläge aufgreift, die kurz vorher gemacht worden sind. Der Patient wird auf einen spezifischen Gedanken gelenkt. Alle Äußerungen, mit denen der Therapeut auf die spezielle Problematik oder auf Äußerungen und Stellungnahmen von Patienten näher eingeht, bzw. Deutungen und Interpretationen des Therapeuten sind unter diesem Punkt zu nennen.
   *Beispiele*: „Ich soll Ihnen einen Ratschlag geben, damit Sie wissen, was Sie tun sollen." – „Ich denke bei Ihrem Problem kann Entspannung helfen." – „Wer war das, wenn Ihr Vater mit Ihnen geschimpft hat?"
5) *Überleitungen zu einem neuen Vorschlag*: Diese Kategorie umfaßt neue Vorschläge des Therapeuten.
   Im Gegensatz zu Kategorie 3 muß sich der Patient hier mit einem spezifischen Thema befassen, und im Unterschied zu Kategorie 4 handelt es sich hier um ein neues Thema, das vom Therapeuten angeschnitten wird.
   *Beispiele*: „Wir beginnen jetzt mit der Entspannung." – „Mich würde jetzt viel mehr interessieren, wie es den anderen Gruppenmitgliedern geht."
6) *Überleitung zu einer neuen Sequenz*: Äußerungen, die in diese Kategorie fallen, leiten eine ganze Reihe neuer Vorschläge ein, wodurch die Unterhaltung inhaltlich sehr stark kontrolliert wird.
   *Beispiele*: „Berichten Sie, wie es Ihnen in der letzten Woche ergangen ist." – „Wie schaut es aus mit den individuellen Formeln?" – „Was haben Sie aus dieser Situation gemacht?"
7) *Fragen nach spezifischer Information*: Hierher gehören jene Äußerungen, mit denen eine ganz bestimmte Information vom Patienten erbeten wird, so daß seine Antwortmöglichkeiten extrem eingeschränkt sind.
   *Beispiele*: „Wie alt ist Ihre Schwester?" – „Wann war das?"

## Inhaltliche Kategorien nach Truax u. Carkuff (1967)

1) *Ausmaß des interpersonellen Kontakts*: Diese Kategorie beschreibt das aktive Interesse und die aktive Aufmerksamkeit, mit der sich der Therapeut dem einzelnen Patienten zuwendet. Der Therapeut beweist Kontakt zum Patienten, wenn er nachfragt, wo Unklarheiten bestehen bzw. wo der Therapeut weiteres Interesse an der Fortführung eines Themas hat. Zu dieser Kategorie gehören auch Fragen des Therapeuten, die den Patienten ermutigen, seine Problematik weiter zu erörtern.

2) *Empathisches Verstehen*: Zum empathischen Verstehen zählt die nicht wertende sensible Aufmerksamkeit für die innere Welt des Patienten. Für den Therapeuten ist es wichtig, sich die Erlebniswelt des Patienten vorzustellen und sich in sie einfühlen zu können. Der Therapeut fragt sich: „Was fühlt der Gesprächspartner?" – „Welche Erfahrungen macht er?" – „Was bedeutet das jetzt für ihn?" Tausch u. Tausch (1981) beschreiben in einer Übersichtsskala die Haltung und Aktivität des einfühlenden, nicht wertenden Verstehens des Therapeuten:
   – Eine Person erfaßt vollständig die vom anderen geäußerten gefühlsmäßigen Erlebnisinhalte und gefühlten Bedeutungen.
   – Sie versteht den anderen so, wie dieser sich im Augenblick selbst sieht.
   – Sie teilt dem anderen das mit, was sie von seiner inneren Welt verstanden hat.
   – Sie ist dem anderen nahe in dem, was dieser fühlt, denkt und sagt.
   *Beispiele*: „Habe ich Sie hierin richtig verstanden, Sie sind jemand, der immer fürchtet, von anderen hintergangen zu werden?" – „Wie sehen Sie sich selbst?" – „Vielleicht ist das eine Möglichkeit für Sie, daß Ihnen Gefühle nicht zu nahe kommen?"

3) *Selbstkongruenz*: Äußerungen, Handlungen und Maßnahmen, Gestik und Mimik des Therapeuten stimmen mit seinem inneren Erleben, Fühlen, Einstellungen und Denken überein. Der Therapeut verstellt sich nicht, gibt nichts vor, verleugnet keine Teile von sich selbst. Er ist bereit und einverstanden, daß das Fühlen und Denken, das hinter seinen Äußerungen steht, den anderen transparent wird. Einen Überblick über Selbstkongruenz gibt die nachfolgende Skala von Tausch u. Tausch:
   – Der Therapeut verhält sich ungekünstelt, natürlich, spielt keine Rolle.
   – Er verhält sich in origineller, vielfältiger Weise.
   – Er ist aufrichtig und heuchelt nicht.
   – Er ist durchschaubar.
   – Er drückt tiefe gefühlsmäßige Erlebnisse aus.
   *Beispiele*: „Im Augenblick reden Sie und reden, seien Sie mir nicht böse, aber ich kann im Moment nicht zuhören." – „Ich an Ihrer Stelle würde mich sehr unwohl fühlen." – „Ich fühle mich unwohl hier."

4) *Positive Wertschätzung*: Diese Kategorie beschreibt die uneingeschränkte Achtung, die Haltung der Wärme und des Annehmens des Therapeuten gegenüber dem Patienten. Die folgende Übersichtsskala von Tausch u. Tausch veranschaulicht und definiert diese Haltung und entsprechende Aktivitäten des Therapeuten:

- Eine Person empfindet Achtung und Wertschätzung für den anderen, sie akzeptiert seine Art des Fühlens und Erlebens, auch wenn diese gegensätzlich zu ihren eigenen Wertmaßstäben ist.
- Sie nimmt Anteil an ihm, sie beachtet ihn, läßt ihn gelten, anerkennt ihn.

### 11.2.3 Intercoderreliabilität

Die inhaltsanalytische Untersuchung des Therapeutenverhaltens muß empirisch durch ihre Reliabilität abgesichert werden. Reliabel in diesem Sinne heißt, es muß der Nachweis einer einheitlichen Handhabung des Kategoriensystems durch alle Beurteiler (Kodierer) erbracht werden. Genaue Regeln sind festzulegen, insbesondere sind präzise Formulierungen der Kategorien und Kodieranweisungen von Bedeutung. Gerade bei der manuellen Analyse von Texten können sich Fehler, z. B. durch Ermüdungserscheinungen, Konzentrationsschwächen usw., einschleichen. Überprüfung meint den Grad der Übereinstimmung zwischen verschiedenen Kodierern. *Reliabilität beinhaltet*:

a) Die Untersuchung muß wiederholbar sein und von anderen Forschern überprüft werden können.
b) Verschiedene Kodierer müssen die Kategorien gleich interpretieren.

Eine wichtige Voraussetzung für die genannten Punkte ist die Schulung der Kodierer. Allgemein gilt die Forderung, mindestens 70% an Übereinstimmung zu erzielen.
Für jede der analysierten Kategorien (Temple, Truax Carkuff, Lennard u. Bernstein) wurden die Intercoderreliabilitäten nach Ritsert (zit. nach Rust 1983, S. 311) berechnet.
Die Berechnung erfolgte nach je 50 vorgenommenen Kodierungen, die von 3 Kodierern ausgeführt wurden. Ein Beispiel ist in Tabelle 24 dargestellt;
Verläßlichkeit 109:150 = 0,73; 73% der insgesamt möglichen Übereinstimmungen wurden realisiert. Die Intercoderreliabilität beträgt 0,73 für die Temple-Kategorien.
Die Intercoderreliabilität beträgt 0,70 für die Kategorien nach Lennard u. Bernstein und 0,69 für die nach Truax u. Carkuff.
Nachdem die Intercoderreliabilität von allen 3 Kategoriesystemen als ausreichend reliabel angesehen werden durfte ($\bar{x} = 0,071$), konnte mit der Kategorisierung der vorliegenden Therapeutenäußerungen (Gesprächsprotokolle, insgesamt 27 Sitzungen) begonnen werden!

9 Sitzungen: 3mal 3. Stunde AT,
                3mal 6. Stunde AT,
                3mal 9. Stunde AT;
9 Sitzungen: 3mal 3. Stunde PME,
                3mal 6. Stunde PME,
                3mal 9. Stunde PME;
9 Sitzungen: 3mal 3. Stunde AKG,
                3mal 6. Stunde AKG,
                3mal 9. Stunde AKG.

**Tabelle 24.** Intercoderreliabilität der Temple-Kategorien

| Mögliche Muster der Übereinstimmung bei 3 Kodierern | Zahl der möglichen Übereinstimmungen | Anzahl der Kodierungsfälle pro Muster im Gesamtmaterial | Realisierte paarweise Übereinstimmungen |
|---|---|---|---|
| 3 | 3 | 31 | 93 |
| 2; 1 | 1 | 16 | 16 |
| 1; 1; 1 | 0 | 3 | |
| | | 50 | $\Sigma = 109$ |

## 11.3 Evaluierung des Therapeutenverhaltens in den unterschiedlichen Therapiegruppen (AT, PME, AKG) nach den Kategorien von Temple, Lennard u. Bernstein und Truax u. Carkuff

Mit dem $\chi^2$-Test wurde überprüft, ob sich die Therapiemethoden (AKG, PME, AT) in den Kategorien von Temple, Lennard u. Bernstein u. Truax u. Carkuff signifikant unterscheiden.
Die Kategorien „Zustimmung" und „Ablehnung" (6, 7) bei Temple sowie die Kategorie „Überleitung zu einer neuen Sequenz" (6) bei Lennard u. Bernstein und die Kategorien „Selbstkongruenz" und „positive Wertschätzung" (3, 4) bei Truax u. Carkuff kamen sehr selten in den jeweiligen Therapeutenverhalten vor und wurden von daher für die statistische Auswertung nicht berücksichtigt. Außerdem muß der Erwartungswert beim $\chi^2$-Verfahren $\geq 5$ sein, was in den oben genannten Kategorien nicht der Fall ist.

### 11.3.1 Kategorien nach Temple

**Darstellung der Ergebnisse**

Die Therapeuten der 3 untersuchten Therapieformen (AT, PME, AKG) unterscheiden sich in ihrem Verhalten hinsichtlich der Kategorien nach Temple höchstsignifikant (p = 0,01). Die genauere Untersuchung zeigte (s. auch Abb. 24):

a) In der AKG wurde besonders häufig im Sinne der Kategorie „Klärungen und Interpretationen" vom Therapeuten interveniert (n = 39 entspricht 58,2% der Nennungen). An 2. Stelle folgen Äußerungen der „Frage nach Information" (n = 14 entspricht 20,9% aller Nennungen). Die Therapeutenäußerungen nach den Kategorien „Vermitteln von Information" und „direktive Äußerungen" sind gleich häufig vorgekommen (n = 5 entspricht 7,5%). Im Sinne der „nichtdirektiven Äußerungen" wurde am wenigsten interveniert (n = 4 entspricht 6,0% aller Nennungen).

b) Beim PME gibt es eine bevorzugte Intervention nach der Kategorie „nichtdirektive Äußerungen" (n = 28 entspricht 40,6% aller Nennungen). Es folgen dann

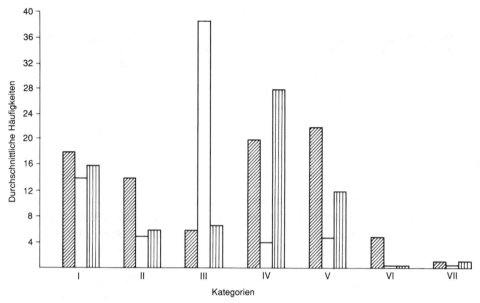

**Abb. 24.** Durchschnittliche Häufigkeiten insgesamt ($\bar{x}$ aus den 3., 6. und 9. Sitzungen) für das Therapeutenverhalten in den Gruppen AT, AKG und PME nach den Kategorien von Temple. ▨ AT; ☐ AKG; ▥ PME

„Fragen nach Information" (n = 16 entspricht 23,2% aller Nennungen) und „direktive Äußerungen" (n = 12 entspricht 17,4% aller Nennungen). Am seltensten werden vom Therapeuten Äußerungen gegeben im Sinne der Kategorien „Klärungen und Interpretationen" (n = 7 entspricht 10,1% aller Nennungen) und „Vermitteln von Information" (n = 6 entspricht 8,7% aller Nennungen).

c) Im AT kommt das Therapeutenverhalten der Kategorie direktive Äußerungen" (n = 22 entspricht 27,5% der Nennungen) am meisten vor. Daran anschließend zeigen sich „nichtdirektive Äußerungen" (n = 20 entspricht 25%) und „Fragen nach Information" (n = 18, 22,5% aller Nennungen) und etwas weniger „Vermitteln von Information" (n = 14 entspricht 17,5% aller Nennungen). Am wenigsten interveniert der Therapeut im Sinne von „Klärungen und Interpretationen" (n = 6 entspricht 7,5% aller Nennungen).

Zusammengefaßt kann man feststellen, daß in der analytischen Gruppe beim Therapeuten „Klärungen und Interpretationen" dominieren (n = 39, 58,2%), während es beim Therapeuten in der PME-Gruppe „nichtdirektive Äußerungen" (n = 28, 40,6%) sind. Demgegenüber zeigen sich beim Therapeuten der AT-Gruppe nicht so eindeutig, Präferenzen, am meisten wird jedoch die Kategorie „direktive Äußerungen" benutzt.

**Interpretation der Ergebnisse**

In der analytisch geführten Gruppe kontrollierte der Therapeut die Konversation am meisten mit „Klärungen und Interpretationen". Da in der Psychoanalyse die

„Deutungskunst" eine besondere Würdigung erfährt und zu einer zentralen Handlungsmodalität des Analytikers wird, ist dieses Ergebnis bestätigend für den analytisch geschulten Therapeuten.

In der PME-Gruppe verhält sich der Therapeut „nondirektiv". Die Kategorien „nichtdirektive Äußerungen" und „Fragen nach Information" wurden häufig verwendet. Das Anliegen der Verhaltenstherapie, nämlich das Neulernen und Verlernen von Verhaltensweisen, kommt in den Sitzungen zur PME weniger deutlich zum Ausdruck.

Das Verhalten der Therapeuten in der AT-Gruppe kann man als „direktiv" bezeichnen. Besonders häufig wurde im Sinne der Kategorien „direktive Äußerungen" und „Vermitteln von Information" interveniert. Das Therapeutenverhalten entspricht dem Anspruch der AT insofern, als es eine Entspannungsmethode ist, die erlernt werden soll und über die der Therapeut informiert.

Zusammenfassend kann die Frage, ob sich der Gesprächsanteil der Therapeuten inhaltlich mit ihrem jeweiligen Therapieverständnis (analytisch bzw. verhaltenstherapeutisch orientiert) deckt, mit Ja beantwortet werden. Anhand der Kategorien von Temple konnte gezeigt werden, daß in der AKG eher „interpretiert", in der PME-Gruppe eher „nondirektiv", in der AT-Gruppe eher „direktiv" von den Therapeuten interveniert wurde. Erwähnt werden muß natürlich auch, daß von allen 3 Therapeuten weitere Kategorien inhaltlich gestreift wurden. In der Kategorienskala wurden allerdings „Ablehnung" und „Zustimmung" einheitlich kaum benutzt. Dies spricht dafür, daß alle Therapeuten jahrelang Erfahrungen mit Psychotherapie haben und auf einer soliden Grundlage arbeiten. Die Resultate stimmen im wesentlichen mit denen in der Studie von Sloane et al. (1981) überein.

### 11.3.2 Kategorien nach Lennard u. Bernstein

**Darstellung der Ergebnisse**

Die Therapeuten in AKG, PME und AT unterscheiden sich in ihrem Verhalten hinsichtlich der Kategorien nach Lennard u. Bernstein höchstsignifikant (p = 0,01). Die genauere Untersuchung zeigte (s. auch Abb. 25):

a) Bei der AKG wird vom Therapeuten überwiegend im Sinne der Kategorie „Beschränkung auf ein allgemeines Thema" interveniert (n = 30, 41,1%). Am zweithäufigsten sind Äußerungen im Sinne der „Beschränkung auf einen spezifischen Gedanken" (n = 21, 28,8%). Als nächstes folgen "Fragen nach spezifischer Information" (n = 14, 19,2%). Weit weniger häufig sind die Therapeutenäußerungen im Sinne der Kategorien „Überleitung zu einem neuen Vorschlag" (n = 4, 5,5%), „aktive Aufforderung zum Fortfahren" (n = 3, 4,1%) und „passive Aufforderung zum Fortfahren" (n = 1, 1,4%).

b) In der PME zeigte sich am häufigsten das Therapeutenverhalten im Sinne der Kategorie „Beschränkung auf einen spezifischen Gedanken" (n = 24, 32,9%); an 2. Stelle „Fragen nach spezifischer Information" (n = 22, 30,1%). In größerem Abstand folgen Äußerungen bezüglich der „Beschränkung auf ein allgemeines Thema" (n = 11, 15,1%) und „Überleitung zu einem neuen Vorschlag"

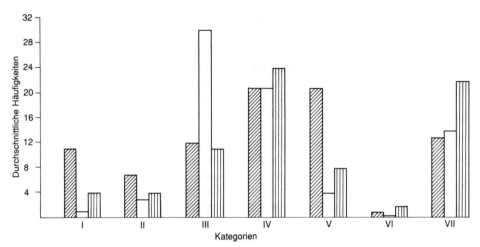

**Abb. 25.** Durchschnittliche Häufigkeiten insgesamt ($\bar{x}$ aus den 3., 6. und 9. Sitzungen) für das Therapeutenverhalten in den Gruppen AT, AKG und PME nach den Kategorien von Lennard u. Bernstein. ▨ AT; □ AKG; ▥ PME

(n = 8, 11%). In der Häufigkeit gleich selten wurde im Sinne der Kategorien „passive Aufforderung zum Fortfahren" (n = 4, 5,5%) und „aktive Aufforderung zum Fortfahren" (n = 4, 5,5%) vom Therapeuten interveniert.

c) Beim AT dominieren Therapeutenäußerungen im Sinne der Kategorien „Beschränkung auf einen spezifischen Gedanken" (n = 21, 24,7%) und „Überlegungen zu einem neuen Vorschlag" (n = 21, 24,7%). Diesen beiden Kategorien folgen „Fragen nach spezifischer Information" (n = 13, 15,3%), „Beschränkung auf ein allgemeines Thema" (n = 12, 14,1%) und „passive Aufforderung zum Fortfahren" (n = 11, 12,9%). An letzter Stelle kommt das Therapeutenverhalten „aktive Aufforderung zum Fortfahren" (n = 7, 8,2%).

Zusammenfassend kann man sagen, daß in der AKG beim Therapeuten die „Beschränkung auf ein allgemeines Thema" (n = 30, 41,1%) die größte Rolle spielt und somit ein deutlicher Unterschied zu den Therapeuten in den Gruppen PME und AT besteht.

Die Therapeutenäußerungen in der AT-Gruppe bezüglich der Kategorie „Überleitung zu einem neuen Vorschlag" (n = 21, 24,7%) zeigen höhere Häufigkeiten als in AKG und PME.

Von allen 3 Therapeuten wird von Äußerungen im Sinne der Kategorie „Beschränkt auf einen spezifischen Gedanken" fast gleich häufig Gebrauch gemacht (AKG: n = 21, 28,8%; PME: n = 24, 32,9%; AT: n = 21, 24,7%).

**Interpretation der Ergebnisse**

Hier sollte überprüft werden, wie stark das Ausmaß der Kontrolle ist, die der Therapeut über die Interaktion ausübt. Ganz allgemein kann bei diesen Ergebnissen bezüglich der „kontrollierten Interaktion des Therapeuten" festgestellt werden, daß es Unterschiede im Therapeutenverhalten gibt in Abhängigkeit zu den verschiedenen Therapiemethoden. Der analytisch orientierte Therapeut lenkt den Patienten auf ein allgemeines Thema oder auf eine spezielle Problematik. Er gesteht dem Patienten innerhalb dieses Themas völlige Redefreiheit zu. Die Häufigkeit, mit der der Therapeut dieses Verhalten initiierte, bestätigt den Hauptgedanken der Psychoanalyse, nämlich daß der Patient zur „freien Assoziation" aufgefordert wird.

Demgegenüber zeigt der Verhaltenstherapeut der PME Äußerungen, mit denen er ganz bestimmte Informationen vom Patienten erbittet, so daß die Antwortmöglichkeiten des Patienten extrem eingeschränkt sind. Neben dieser eindeutig der Verhaltenstherapie zuzuschreibenden Kontrolle über den Patienten lassen sich aber auch Interventionen beobachten, die den Patienten auf einen spezifischen Gedanken beschränken, der ihm Redefreiheit einräumt.

Der Therapeut des AT bietet häufiger neue Vorschläge und neue Themen an, was wieder ein kontrolliertes Verhalten, ähnlich dem PME, anzeigt. Daneben werden auch hier Äußerungen des Therapeuten gemacht, die den Patienten auf einen spezifischen Gedanken beschränken sollen.

Wenn sich auch alle Therapeuten in ihren Interventionen bezüglich der „Beschränkung auf einen spezifischen Gedanken" ähnlich verhalten, der eine gewisse Freiheit im Reden bzw. Darstellen der Probleme des Patienten einräumt, so existierten aber offenbar für jeden der Therapeuten Präferenzen in differenzierter Art und Weise: Für den Therapeuten der AKG ist dies die „Beschränkung auf ein allgemeines Thema", wobei dem Patienten völlige Redefreiheit zugestanden wird. Das Gesprächsthema wurde vom Patienten bestimmt.

Der Therapeut der PME-Gruppe bevorzugt „Fragen nach spezifischer Information", die die Antwortmöglichkeiten des Patienten einschränken. Das Gesprächsthema wurde vom Therapeuten bestimmt.

Für den Therapeuten der AT-Gruppe kann die „Überleitung zu einem neuen Thema" als zusätzliche Präferenz gesehen werden. Diese Tatsache steht vermutlich in Zusammenhang damit, daß beim AT immer neue Übungen indiziert werden. Dies gilt zwar auch für das PME, doch liegt der Unterschied darin, daß beim PME zu Beginn das Grundmuster der Entspannung erklärt und später modifiziert wird. Auch für das AT gilt, daß das Gesprächsthema eher vom Therapeuten bestimmt wird. Der Therapeut des AT fordert sowohl „passiv als auch aktiv mehr zum Fortfahren" auf, was für die Erlangung des Entspannungstrainings spricht.

Die Tatsache, daß die „Überleitung zu einer neuer Sequenz" bei allen Therapeuten so selten vorkommt, könnte darin begründet sein, daß es sich um „Kurzgruppentherapien" handelte, die spezifische Ziele verfolgten.

## 11.3.3 Kategorien nach Truax u. Carkuff

**Darstellung der Ergebnisse** (Abb. 26)

Die Therapeuten der AKG, der PME- und AT-Gruppe unterscheiden sich in ihrem Verhalten hinsichtlich der Kategorien von Truax u. Carkuff hochsignifikant ($p = 0{,}01$).

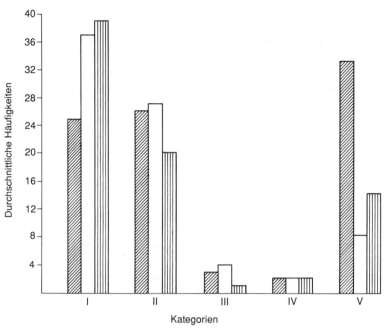

**Abb. 26.** Durchschnittliche Häufigkeiten insgesamt ($\bar{x}$ aus den 3., 6. und 9. Sitzungen) für das Therapeutenverhalten in den Gruppen AT, AKG und PME nach den Kategorien von Truax u. Carkuff. ▨ AT; ☐ AKG; ▥ PME

Die genauere Untersuchung zeigte:

a) In der AKG dominiert das Therapeutenverhalten im Sinne der Kategorie „Ausmaß des interpersonellen Kontaktes" (n = 37, 51,4% aller Nennungen). Danach folgen Äußerungen des „empathischen Verstehens" (n = 27, 37,5%). Deutlich seltener sind „Erläuterungen des Therapeuten" (n = 8, 11,1%).

b) Bei der PME steht sehr deutlich die Äußerung des Therapeuten im Sinne der Kategorie „Ausmaß des interpersonellen Kontaktes" (n = 39, 53,4%) im Vordergrund. Schon weit seltener ist das Therapeutenverhalten „empathisches Verstehen" (n = 20, 27,4%). An letzter Stelle kommen Äußerungen im Sinne von „Erläuterungen des Therapeuten" (n = 14, 19,2%).

c) Im AT wurde am häufigsten im Sinne der Kategorie „Erläuterungen des Therapeuten" (n = 22, 39,3%) interveniert. Danach folgen Äußerungen des Therapeuten im Sinne der Kategorien „empathisches Verstehen" (n = 26, 31%) und „Ausmaß des interpersonellen Kontaktes" (n = 25, 29,8%).

Zusammenfassend kann festgestellt werden, daß im Sinne der Kategorie „Ausmaß des interpersonellen Kontaktes" die Therapeuten der AKG und der PME-Gruppe am meisten intervenierten (AKG: n = 37, 51,4%; PME: n = 39, 53,4%). Demgegenüber hebt sich der Therapeut der AT-Gruppe deutlich ab, da hier Äußerungen im Sinne von „Erläuterungen des Therapeuten" (n = 33, 39,3%) vorrangig benutzt werden.

**Interpretation der Ergebnisse**

Mit den Kategorien nach Truax u. Carkuff sollte das empathische Verhalten der Therapeuten in den unterschiedlichen Gruppen (AT, PME, AKG) gemessen werden. Im Interesse und der Aufmerksamkeit, mit der sich der Therapeut dem Patienten zuwendet, ist kein Unterschied im Verhalten des eher analytisch orientierten und der verhaltenstherapeutisch orientierten Therapeuten festzustellen. Da solches empathisches Verhalten eine sehr allgemeine Voraussetzung eines „Psychotherapeuten" ist, gleich welcher Richtung er angehören mag, kann das Ergebnis nicht überraschen. Beim Therapeuten der AT-Gruppe, der dieses Verhalten weniger stark ausgeprägt zeigt als die beiden anderen, wird deutlich, daß er das Erlernen eines Entspannungsverfahrens anbietet und von daher weniger im unmittelbaren Kontakt zu den Patienten steht.

Im „empathischen Verstehen", bei dem der Therapeut Gefühle oder Stimmungen beim Patienten anspricht und Äußerungen des Patienten spiegelt, unterscheiden sich die Therapeuten im wesentlichen nicht voneinander. Auch hier werden wieder „Grunddimensionen eines therapeutischen Werkzeugkastens" zum Ausdruck gebracht. Es darf als erfreulich angesehen werden, daß die beiden Kategorien „Ausmaß des interpersonellen Kontaktes" und „empathisches Verstehen" von allen 3 Therapeuten am häufigsten gezeigt wurden. Daß der Therapeut des AT mehr dazu neigt, auf Vorgehensweise und Technik in der Therapie Bezug zu nehmen als auf die spezielle Problematik des Patienten, spricht für sein Verständnis des angebotenen Entspannungstrainings. Auf dieser Skala hebt er sich am deutlichsten vom analytisch orientierten Therapeuten ab bzw. auch von der PME-Gruppe.

### 11.3.4 Zusammenfassung der Unterschiede im Therapeutenverhalten in den einzelnen Therapiegruppen nach den untersuchten inhaltsanalytischen Kategorienschemata

Im folgenden werden die Ergebnisse der Abschn. 11.3.1 – 11.3.3 noch einmal übersichtlich zusammengefaßt:

*Kategorien nach Temple*:
AKG vs. PME: höchstsignifikant.
AKG vs. AT: höchstsignifikant.
PME vs. AT: nicht signifikant.

*Kategorien nach Lennard u. Bernstein*:
AKG vs. PME: signifikant.
AKG vs. AT: höchstsignifikant.
PME vs. AT: signifikant.

*Kategorien nach Truax u. Carkuff*:
AKG vs. PME: nicht signifikant.
AKG vs. AT: höchstsignifikant.
PME vs. AT: höchstsignifikant.

## 11.4 Diskussion

In dieser Untersuchung wurde das Verhalten der Therapeuten, die unterschiedliche Therapiekonzepte in verschiedenen Kurzgruppen anwenden, analysiert. Zum Thema gemacht werden sollte die Frage, ob sich Therapeuten in ihrem Interaktionsverhalten in den 3 Kurzgruppen (AKG, PME, AT) auch tatsächlich voneinander unterscheiden. Anhand der Kategorienschemata von Temple, Truax u. Carkuff, Lennard u. Bernstein wurde das Therapeutenverhalten inhaltsanalytisch ausgewertet. Zu diesem Zweck wurden die Therapeutenäußerungen mit Tonband aufgenommen und anschließend in eine schriftliche Form gebracht.

Die Vorgehensweise dieser Untersuchung wirft sowohl formal-methodische als auch inhaltliche Probleme auf.

Formal-methodische Probleme

Die Äußerungen der Therapeuten werden zwischen zwei Meldungen von Gruppenmitgliedern kategorisiert ohne Berücksichtigung der Dauer bzw. Länge einer Äußerung. Das heißt ob eine Therapeutenäußerung kurz (z. B. „Ja" oder „Hmm") oder lang (z. B. „Da nicht, weil Sie sozusagen begonnen haben zu sprechen, als Sie von Ihrem Mann gesprochen haben, also offenbar haben Sie sich mit Ihrem Mann identifiziert") ausgeführt wurde, wird bei der Auswertung nicht berücksichtigt. Es erhebt sich nun die Frage, ob diese Therapeutenäußerungen nicht besser in einem Berechnungsverfahren mathematisch dargestellt werden müßten (z. B. mit der Verwendung eines Gewichtungsfaktors), um die inhaltlichen Kriterien besser differenzieren zu können.

Inhaltliche Probleme

Ein anderes Problem bezieht sich auf die „Tiefe" der einzelnen Kategorien und die Auffassung der Kategorieinhalte im Kontext der Therapiemethode.
Oberflächlich betrachtet, scheinen sich die Kategorien genügend zu unterscheiden, wodurch sie leicht anzuwenden sind. Greifen wir aber z. B. eine Kategorie aus dem Schema von Temple heraus: „Klärungen und Interpretationen", so bietet sich eine Aufspaltung in Deutung, Konfrontation und Durcharbeiten geradezu an.
Den Beurteilern stehen die Protokolle der Therapeutenaussagen aus den 3 Kurzgruppen AKG, PME, AT zur Verfügung, nach denen sie für das jeweilige Schema von Temple, Truax u. Carkuff und Lennard u. Bernstein in einem inhaltsanalytischen Vorgehen das Therapeutenverhalten kategorisieren sollen.
Zur Illustration des Problems sei im folgenden auf Temples Kategorie „*Klärungen und Interpretationen*" näher eingegangen. Die nachfolgend angeführten Beispiele entstammen der mittleren Phase (6. Sitzung) der AKG, der PME- und AT-Gruppe.
Die Kategorie „Klärungen und Interpretationen" umfaßt Äußerungen, mit denen ursächliche Zusammenhänge häufig im Sinne des theoretischen Konzepts des Therapeuten erklärt und interpretiert werden. Dazu gehören psychologische Informationen mit direktem Bezug zu den individuellen Problemen des Patienten.

*AKG*: „Und daß Sie ständig auf der Wanderschaft sein wollen, heißt doch auch, sich nirgends einlassen, nicht, das ist immer nur ein sehr beschränkter Kontakt, den man hat als Wandersmann. Also da haben Sie Angst, Sie könnten Ihre Selbständigkeit verlieren, wenn Sie sich einlassen jetzt mit dieser Frau."
*PME*: „Vielleicht ist Ihre Anspannung eine wichtige Reaktion, die zeigt, daß Sie sich sonst sehr viel vornehmen, wenn Sie dann mit der Entspannung so alles lassen können."
*AT*: „Also, es gibt die paradoxe Reaktion beim autogenen Training, daß es statt warm kalt ist, das ist oft ein unbewußter Widerstand gegen die Entspannung."

Vergleich der angeführten Beispiele

*AKG*: In der analytischen Gruppe geht der Therapeut sehr direkt auf das Problem eines Patienten ein, sich nicht einlassen zu können. Er versucht den dahinterliegenden Konflikt zu beleuchten – nämlich die Angst davor, die Selbständigkeit zu verlieren, wenn man sich auf einen Partner „näher einläßt". Der Therapeut interpretiert das Verhalten des Patienten, um eine Klärung herbeizuführen, die ein entsprechendes „Aha-Gefühl" beim Patienten auslösen könnte.
*PME*: In der PME versucht der Therapeut, andeutungsweise das Verständnis für einen möglichen Zusammenhang darzustellen. Die Klärung des Problems liegt auf einer weniger tiefen Ebene als die des Therapeuten aus der analytischen Gruppe.
*AT*: Ähnlich wie in der PME ist auch das Verhalten des Therapeuten im AT. In einem sehr allgemein gehaltenen Ton spricht der Therapeut von dem Phänomen der paradoxen Reaktion und klärt auf, daß dies etwas mit einem unbewußten Widerstand gegen die Entspannung zu tun hat. Durch diese Aussage spricht er den Patienten, für den dieser Hinweis gilt, nicht direkt an und überläßt ihm die Entscheidung, ob er sich näher mit diesem Problem auseinandersetzen will oder nicht.
In allen 3 Therapeutenäußerungen handelt es sich um die Kategorie „Klärungen und Interpretationen". Anhand der ausgewählten Beispiele ist deutlich geworden, wie unterschiedlich differenziert diese Äußerungen, je nach Therapieverständnis, ausfallen können.
Die „Klärungen" (Deutungen) in der AKG rekurrieren auf den Beziehungshintergrund, während die der PME- und AT-Gruppe „flacher" erscheinen. Allerdings bleibt offen, inwieweit nicht auch die Tatsache des Interpretierens, also das Zurückführen spezifischer Sachverhalte auf einen dahinterliegenden anderen Beziehungszusammenhang, unabhängig von der „Tiefe" an sich schon mutativ wirkt.
Als nächstes Beispiel wird aus dem Schema von Lennard u. Bernstein die Kategorie *„Frage nach spezifischer Information"* herausgegriffen. Sie umfaßt jene Äußerungen des Therapeuten, mit denen eine ganz bestimmte Information vom Patienten erbeten wird, so daß seine Antwortmöglichkeiten extrem eingeschränkt sind. Die angeführten Beispiele sind der Anfangsphase (3. Sitzung) der Kurzgruppen entnommen.
*AKG*: „Mit wem bekommen Sie Probleme?"
*PME*: „Das heißt, Sie haben alle Muskeln zunächst angespannt. Haben Sie dann immer den Muskel angespannt und entspannt?"
*AT*: „Haben Sie schon Wärme gespürt?"

Die Intervention des Therapeuten aus der analytischen Gruppe berührt den Patienten in seiner Personalität stärker, als dies etwa bei den Fragen in der PME und im AT der Fall ist, wo speziell zur Entspannungsübung nachgefragt wird. Trotzdem gilt für alle 3 Therapieformen, daß es sich um „Fragen nach spezifischer Information" handelt.

Schließlich soll aus dem Schema von Truax u. Carkuff die Kategorie „*Ausmaß des interpersonellen Kontakts*" näher betrachtet werden. Sie beschreibt das Interesse und die Aufmerksamkeit, mit denen sich der Therapeut dem Patienten zuwendet oder Fragen stellt. Die angeführten Beispiele sind der Endphase (9. Sitzung) der Kurzgruppen entnommen.

*AKG*: „Fühlen Sie sich eigentlich nicht abgeschnitten von der Gruppe?"
*PME*: „In welcher Weise hat Ihnen die Übung geholfen?"
*AT*: „Was haben Sie denn für eine individuelle Formel gefunden?"

Die Aufmerksamkeit und das Interesse in der analytischen Gruppe sind unmittelbar auf die Person und deren Konflikte bezogen, während in den beiden Entspannungsgruppen (PME, AT) der Therapeut bezüglich der Übungen nachfragt.

Bei der Auswertung des Therapeutenverhaltens nach den Kategorien von Truax u. Carkuff, Lennard u. Bernstein und Temple wird deutlich, wie schwierig diese Kategorisierung bezüglich der unterschiedlichen Therapiestile auszuwerten ist. Bei der Anwendung der Inhaltsanalyse treten immer Probleme mit der Mehrdeutigkeit der Sprache auf. Von den Beurteilern der unterschiedlichen Therapieprotokolle wird im vorhinein ein hinreichendes „Sprachverständnis" vorausgesetzt, d. h. die Mehrdeutigkeit eines Textes bezieht sich hier besonders auf die kontextuelle Ebene.

Nach den Temple-Variablen neigt der analytisch geschulte Therapeut eher dazu, die Konversation durch „Klärungen und Interpretationen" zu bestimmen (AKG); der verhaltenstherapeutisch geschulte Therapeut verhält sich „nondirektiv" in seinen Äußerungen, und der Therapeut des AT kontrolliert durch seine „direktiven Äußerungen".

Durch die Kategorien nach Lennard u. Bernstein konnte gezeigt werden, daß in der analytischen Gruppe das Gesprächsthema eher vom Patienten bestimmt wird („mehr Beschränkung auf allgemeine Themen") und in den Gruppen, in denen die Entspannungstechniken erlernt werden, die Gesprächsthemen vom Therapeuten beeinflußt werden (PME: „Fragen nach spezifischer Information"; AT: „Überleitung zu neuen Themen").

Anhand der Variablen nach Truax u. Carkuff stellt sich heraus, daß die Therapeuten der 3 Kurzgruppen sich sehr ähnlich verhielten bezüglich des „Ausmaßes an interpersonellem Kontakt" und der „Empathie". Der Therapeut des AT neigt gegenüber den anderen Therapeuten noch mehr zu „Erläuterungen".

Diese Ergebnisse zeigen deutlich, daß sich der Gesprächsanteil der Therapeuten inhaltlich mit ihrem jeweiligen Therapieverständnis deckt. Besonders gut zu sehen ist dies an den Variablen von Temple und Lennard u. Bernstein. Die Kategorien von Truax u. Carkuff beziehen sich eher auf ein allgemeines Therapieverständnis.

# 12 Nachuntersuchung

## 12.1 Problemstellung

In der Psychotherapie eine katamnestische Untersuchung durchzuführen, ist methodisch gesehen eine sehr schwierige Aufgabe (vgl. Cremerius 1962; Dührssen 1972; Hartig 1975).
Die Gründe dafür liegen zum einen in den nicht kontrollierbaren bzw. nicht erfaßbaren Einflüssen auf die Psyche. Veränderungen bei Patienten in gesundheitlicher, persönlicher und sozialer Hinsicht können nicht eindeutig interpretiert bzw. auch nicht nur auf die psychotherapeutische Behandlung zurückgeführt werden.
Durch den Zeitraum zwischen Therapieende und Nachuntersuchung können sowohl äußere (z.B. Ereignisse) als auch innere (psychische und organische Veränderungen) Einflüsse mit der Langzeitwirkung therapeutischer Intervention interferieren. Dies kann zu Symptomverbesserungen führen oder aber sich gegenteilig auswirken im Sinne einer Symptomverschlechterung. Des weiteren ist es auch der Zeitfaktor, der dazu führen kann, daß im Forschungsteam Personal ausfällt. Schließlich kann es bei Patienten zu unterschiedlichen Ausfallquoten kommen.
Während früher der Forschung nach langzeitlichen Nachuntersuchungen gefolgt wurde (Strupp u. Bergin 1969), zeichnet sich neuerdings eine Tendenz ab, aus den oben genannten Gründen kurzfristigere Nachuntersuchungen zu planen.
*Die Symptomfreiheit eines Patienten läßt mehrere Deutungen zu*:
a) Wenn die Symptomatik nicht mehr nachweisbar ist, kann es sein, daß die Grundkrankheit geheilt ist oder daß zur Zeit keine Symptomatik besteht.
b) Von der Grundkrankheit aus gesehen, kann es sein, daß der der Erkrankung zugrundeliegende Konflikt für das Individium an Bedeutung verloren hat (nur die neue Symptomproduktion hört auf).
c) Die Symptomatik fehlt, weil es ein symptomfreies Intervall gibt, einen Symptomwechsel, eine Spontanheilung, Scheinheilung oder Selbstheilung.

Es erhebt sich immer wieder die Frage, ob es sich bei der Symptomfreiheit eines Patienten um eine spontane Symptomverbesserung oder therapiebedingte Heilung handelt.
Ein weiterer Grund für die Schwierigkeit einer katamnestischen Untersuchung liegt in der methodischen Vorgehensweise, insbesondere in der Herstellung vergleichbarer unbehandelter Kontrollgruppen zur Therapiegruppe.
1) Personen, die zwar einer Therapiegruppe zugeordnet wurden, jedoch trotzdem nicht daran teilnahmen, zeichnen sich durch bestimmte Persönlichkeitsmerk-

male aus, wodurch sie keine adäquate Vergleichsgruppe mehr bilden können.
2) Eine andere Möglichkeit besteht darin, zu einer Therapiegruppe eine entsprechende Warteliste zu bilden. Die Patienten der Wartelisten wären von vornherein gezwungen, wenigstens 2 Jahre keine psychotherapeutische Hilfe in Anspruch zu nehmen. Dieses Vorgehen ist jedoch aus ethischen Gründen nicht vertretbar. Patienten, die aus einem Leidensdruck heraus eine entsprechende psychotherapeutische Einrichtung aufsuchen, darf nicht für die nächsten Jahre Hilfe versagt bleiben.
3) Schließlich können bei einer zweimaligen Nachuntersuchung an denselben Patienten Versuchsartefakte wie z. B. der Rosenthal-Effekt, Ermüdungserscheinungen etc. auftreten.

Mit Stengel (1960, zit. nach Cremerius 1962) darf festgestellt werden: „Die völlig unbehandelten Fälle sind die, von denen wir nichts wissen" (S. 8).

Kausale Attributierungen lassen sich bei Nachuntersuchungen nur schwerlich begründen; vielmehr muß eine Ereigniskette angenommen werden, die zu bestimmten Veränderungen führt. In gleicher Weise muß gefragt werden, was denn eigentlich in Personen vorgeht, die keine augenscheinlichen Veränderungen aufweisen: Welche Kräfte wirken in diesen Personen, um einen bestimmten psychologischen Zustand aufrechtzuerhalten?

Der primäre Zugang bei dieser Nachuntersuchung lag daher naturgemäß in der Deskription der Veränderungen, um zunächst das Feld der Veränderungen abzustecken. Kausalattributionen werden vermieden, um die Möglichkeiten aufzuzeigen, die in unterschiedlichen Interpretationsparadigmen liegen.

Da, wie bereits beschrieben, eine echte Vergleichsgruppe nicht gegeben ist, kommt der subjektiven Realität der untersuchten Gruppe besondere Bedeutung zu.

Im Hinblick auf den therapeutischen Erfolg der Behandlung darf daher die Möglichkeit in Erwägung gezogen werden, daß Effekte der Veränderung nicht nur zufällig auftreten, sondern in einem Zusammenhang mit der erfolgten Behandlung stehen.

Untersuchungen, die auf die Möglichkeiten einer Nachuntersuchung verzichten, müssen die Vorhaltung hinnehmen, daß nur Effekte untersucht werden, die sich im Rahmen der gerade laufenden Behandlung ergeben, darüber hinaus aber keine Wirkung zeigen. Dies mag für den Therapeuten zunächst genügen, es befriedigt jedoch nicht die Frage nach der Transferleistung in die Alltagssituation. Katamnesen kommt daher eine zentrale Bedeutung zu, wenn es um Wirksamkeitsprüfungen von Therapiemethoden geht, auch wenn die Methodik noch nicht hinreichend entwickelt ist, um verläßliche Kausalketten herstellen zu können.

## 12.2 Durchführung

### 12.2.1 Stichprobe

Die Stichprobe setzt sich aus Patienten zusammen, die 1985 das Ambulatorium für Psychotherapie aufsuchten, in einer der 3 Kurzgruppen die Therapie beendeten

und an der 2 Monate später angebotenen Nachbesprechung teilnahmen. Die Nachuntersuchung fand 2 Jahre danach statt. Nach dem Zufallsprinzip wurden diese Patienten für die katamnestische Untersuchung ausgewählt und davon 45 Personen erfaßt.
Die Stichprobe umfaßt somit:

- 15 Patienten der AT-Gruppe,
- 15 Patienten der PME-Gruppe,
- 15 Patienten der AKG.

Die durch Zufall ausgewählten Patienten wurden unter der bekannten Adresse angeschrieben. In dem Brief wurden die Patienten eingeladen, an einem Interview (s. 12.2.2) von ca. 45–60 min. teilzunehmen, bei dem sie ihre damaligen Erfahrungen aus der Therapiegruppe schildern sollten. Die Patienten wurden darüber informiert, daß einer der Mitarbeiter an der Untersuchung sich telefonisch an sie wenden wird, um einen Interviewtermin zu vereinbaren.
Von den 72 angeschriebenen Patienten waren:

- 5 unbekannt verzogen,
- 3 verstorben,
- 12 telefonisch nicht erreichbar,
- 7 nicht bereit.

45 Patienten fanden sich bereit, an dem Interview teilzunehmen. Die Untersuchungstermine wurden für morgens ab 9 Uhr bis abends 19 Uhr angeboten. Erstaunlich war der hohe persönliche Einsatz von Patienten, die abends nach Dienstschluß noch bereit waren, zum Interview zu kommen.

### 12.2.2 Interview

Das Interview wurde nicht von einem der behandelnden Therapeuten durchgeführt. Die Interviewer führten ein tiefenpsychologisch orientiertes Gespräch mit den Patienten. Hierbei handelte es sich um ein halbstandardisiertes Interview.
Zunächst wurden für das Interview 3 ehemalige Patienten (aus AT, PME, AKG), deren Therapiebeginn ebenfalls 2 Jahre zurücklag, zum Gespräch gebeten. Dies diente der Abklärung des Fragebogens und der allgemeinen Durchführbarkeit der Interviewsituation.
Neben den Fragen nach der Symptomverbesserung, der Gruppenteilnahme und dem allgemeinen jetzigen Wohlbefinden, den sog. „weichen Daten", wurden die Patienten auch nach Arztbesuchen und Tablettenverbrauch befragt, um objektivierbare Tatbestände zu erhalten.

## 12.3 Ergebnisse

Im folgenden werden die Ergebnisse nach den Fragen des Interviews gereiht dargestellt.

### 12.3.1 Beurteilung des allgemeinen Befindens

*Frage 1:* „Wie beurteilen Sie heute Ihr allgemeines Befinden?"

Diese Frage wurde ganz bewußt zu Beginn des Interviews gestellt, um eine erste subjektive und unspezifische bzw. grobe Einschätzung der Patienten über ihr jetziges „allgemeines" psychisches und/oder physisches Befinden zu erhalten. Die Frage hätte etwa auch lauten können: „Wie geht es Ihnen heute verglichen mit früher ?" — Die Aufgabe der Interviewer war es dann, die Antworten in 5 Abstufungen einzuordnen (deutlich besser, besser, gleich, schlechter, deutlich schlechter; Tabelle 25).

Von 15 Patienten der AT-Gruppe ging es 8 Patienten (53,4%) zum jetzigen Zeitpunkt besser: 4 Patienten (26,7%) fühlten sich deutlich besser und 4 Patienten (26,7%) besser. 6 Patienten (40%) schätzten ihr Befinden als gleich wie früher ein, ein Patient (6,7%) schlechter.
In der PME-Gruppe fühlten sich von 15 Patienten 9 (60%) besser als früher: einem Patienten (6,7%) ging es deutlich besser und 8 Patienten (53,3%) besser. 3 Patienten (20%) beschrieben ihren Zustand als gleich; 3 fühlten sich schlechter als früher, 2 von ihnen (13,3%) sogar deutlich schlechter.
Von 15 Patienten in der AKG beschrieben die meisten Patienten (12; 80%) ihr allgemeines Befinden als besser: 7 Patienten (46,7%) sogar als deutlich besser, 5 Patienten (33,3%) als besser. 2 Patienten (13,3%) geht es gleich und einem Patienten (6,7%) schlechter als zum Zeitpunkt vor der Therapie.
Insgesamt gesehen fühlen sich von 45 Patienten aus allen 3 Untersuchungsgruppen 29 Patienten (64,5%) besser; davon geht es 12 (26,7%) deutlich besser und 17 (37,8%) besser. So wie früher stuften sich 11 (24,4%) und 5 Patienten (11,1%) schlechter ein: 3 Patienten (6,7%) geht es schlechter und 2 (4,4%) deutlich schlechter.

**Tabelle 25.** Allgemeines Wohlbefinden der Patienten der Gruppen AT, PME, AKG zum Zeitpunkt der Nachuntersuchung, verglichen mit dem Therapiebeginn

| Wohlbefinden | | AT | PME | AKG | Gesamt |
|---|---|---|---|---|---|
| Deutlich besser | n | 4 | 1 | 7 | 12 |
| | [%] | 26,7 | 6,7 | 46,7 | 26,7 |
| Besser | n | 4 | 8 | 5 | 17 |
| | [%] | 26,7 | 53,3 | 33,3 | 37,8 |
| Gleich | n | 6 | 3 | 2 | 11 |
| | [%] | 40,0 | 20,0 | 13,3 | 24,4 |
| Schlecht | n | 1 | 1 | 1 | 3 |
| | [%] | 6,7 | 6,7 | 6,7 | 6,7 |
| Deutlich schlechter | n | – | 2 | – | 2 |
| | [%] | | 13,3 | | 4,4 |
| Gesamt | n | 15 | 15 | 15 | 45 |
| | [%] | 33,3 | 33,3 | 33,3 | 100 |

Auffallend sind hier die geschilderten positiven und optimistischen Einschätzungen des eigenen Befindens. Da diese Frage einleitend gestellt wurde, ist eine gewisse Befangenheit der Patienten nicht auszuschließen (Was erwartet der Interviewer von mir? Ich wurde ausgewählt, persönlich zur Nachuntersuchung bestellt und befragt!). Die Antwortfülle reichte von „Mir geht es zur Zeit optimal" über „Mir geht es gut mit Schüben" zu „Mir geht es nicht besonders gut" und „Mir geht es schlecht". Zwei Drittel der Patienten schildern ihr Befinden als deutlich besser bzw. besser als zum Zeitpunkt der Behandlung.

### 12.3.2 Symptomveränderung

*Frage 2:* „Wie verhält es sich mit den Beschwerden, die Sie damals zur Behandlung führten?"

Bei dieser Frage wurden die Patienten aufgefordert, ihre Beschwerden, die sie vor 2 Jahren zur Therapie führten, zu benennen. Sie sollten versuchen, die Intensität ihrer Behinderung heute – verglichen mit früher – auf einer vierstufigen Skala (von „nicht mehr vorhanden" bis „sehr starke Behinderung") einzustufen.
Aus den Angaben der Patienten beurteilten die Interviewer, ob es sich um

1) Symptomheilung,
2) Symptomverbesserung,
3) Symptomerhaltung,
4) Symptomverschlechterung

handelt (s. Tabelle 26).

Symptomheilung

Unter einer „Symptomheilung" wurde verstanden, daß das Symptom zur Zeit der Befragung nicht mehr bestand und der Patient keine ärztliche Behandlung brauchte.

**Tabelle 26.** Symptomveränderungen der Patienten aus den Gruppen AT, PME und AKG

| Veränderung | | AT | PME | AKG | Gesamt |
|---|---|---|---|---|---|
| Heilung | n | 2 | 1 | 4 | 7 |
|  | [%] | 13,3 | 6,7 | 26,7 | 15,6 |
| Besserung | n | 8 | 8 | 8 | 24 |
|  | [%] | 53,3 | 53,3 | 53,3 | 53,3 |
| Unverändert | n | 5 | 5 | 3 | 13 |
|  | [%] | 33,3 | 33,3 | 20,0 | 28,9 |
| Verschlechtert | n |  | 1 |  | 1 |
|  | [%] |  | 6,7 |  | 2,2 |
| Gesamt | n | 15 | 15 | 15 | 44 |
|  | [%] | 33,3 | 33,3 | 33,3 | 100 |

Eine Patientin litt vor der Therapie an einer Dickdarmentzündung, und zwar über 5 Jahre hinweg. Sie stufte ihre damalige Behinderung mit 4 (sehr stark) ein, spricht heute von einer Symptombefreiung bzw. -heilung und gibt die Intensität mit 1 (nicht mehr vorhanden) an. Sie betont, daß sie sich heute viel mehr mit sich selbst auseinandersetzt und ihre hohen Anforderungen an sich mehr relativiert bzw. zurücknimmt als früher. Sie sagte: „Mir ist bewußt geworden, daß ich meinen Mann nicht ändern kann und nur aus der Krise komme, wenn ich an mir selbst arbeite. Ich fühle mich auch nicht mehr so abhängig von den Stimmungen meines Mannes. Ich weiß eigentlich zur Zeit besser, was ich will, und kann mich aktiv dafür einsetzen. Na ja, wie soll ich es erklären, ich behalte mir z. B. jetzt mehr Haushaltsgeld ein, um mir etwas zu gönnen, und treffe meine Schwiegermutter in größeren Abständen, wenn ich auch wirklich Lust dazu habe."

### Symptomverbesserung

Mit einer „Symptomverbesserung" ist der Zustand gemeint, bei dem das Symptom in milder Form fortbesteht und nur sehr selten ärztliche Hilfe erforderlich ist.

Eine Patientin kam zur therapeutischen Behandlung aufgrund von allgemeinen Angstzuständen, Schweißausbrüchen und Angst vor dem Straßenbahnfahren. Die Intensität ihrer Behinderung gibt sie für damals mit 4 (sehr stark) und heute mit 2 (besser) an. Zur Symptomverbesserung sagt sie: „Ich denke einfach nicht mehr an das; was soll das, es wird eh nichts sein. Wenn ich zusammenfalle, kümmert sich eh jemand um mich." Weiter betont die Patientin, daß sie sich jetzt auch mehr mit der Natur beschäftige und sich daraus viel holen kann. Ihre Medikamente haben sich reduziert von 1 Tabl. Lexotan vor der Therapie auf 1/2, 1/4 und schließlich gar keine Tablette mehr.

### Symptomerhaltung

„Das Symptom ist unverändert" bedeutet, daß das Symptom auch noch nach der Therapie (zum Zeitpunkt der Nachuntersuchung) im selben Ausmaß besteht wie zu Therapiebeginn, daß das Symptom in gleicher Form vor und nach der Therapie besteht und in ähnlicher Weise ärztliche Hilfe benötigt wird.

Ein Patient begab sich in Psychotherapie, weil er sehr unter beruflichem Streß litt, was zu Kopfschmerz, Müdigkeit und einer allgemein herabgesetzten Leistungsfähigkeit führte. Als Steuerprüfer fühlte er sich gegenüber seinen Klienten oft minderwertig, da er auch „Höherstehende" (Akademiker) überprüfen mußte. Er erklärte: „Leider ist meine berufliche Situation nach wie vor die gleiche geblieben und deshalb geht es mir wahrscheinlich nicht wesentlich besser."

### Symptomverschlechterung

Unter „Symptomverschlechterung" ist zu verstehen, daß sich die Beschwerden während oder nach der psychotherapeutischen Behandlung verstärkt haben und sich der Patient deswegen in ärztlicher Behandlung befindet.

Eine Patientin begab sich in psychotherapeutische Behandlung, weil sie unter Bluthochdruck, Verspannungen und Durchblutungsstörungen am ganzen Körper litt. Sie stufte ihre damalige Behinderung mit 2–3 ein, während sie heute von 3–4 spricht. Nach der Therapie fühlte sie sich zunächst besser, dann jedoch sind ihre Beschwerden schlimmer geworden. Sie beklagt sich sehr über ihren Mann, der 70 Jahre alt ist und der immer etwas anderes will als sie. Die Patientin paßt sich dann zwar den Wünschen ihres Mannes an, regt sich aber innerlich darüber auf, was zu höherem Blutdruck führt. Die Arztbesuche haben deutlich zugenommen.

**Tabelle 27.** Verteilung der angegebenen Symptomveränderung

| | | | | |
|---|---|---|---|---|
| Symptomheilung | 15,6% | (n = 7) | 68,9% | (n = 31) |
| Symptomverbesserung | 53,3% | (n = 24) | | |
| Keine Veränderung | 28,9% | (n = 13) | 31,1% | (n = 14) |
| Symtomverschlechterung | 2,2% | (n = 1) | | |
| | | | Gesamt | n = 45 |

Bei den oben angeführten Fallbeispielen wurde darauf geachtet, daß in der Zwischenzeit bei den Patienten keine signifikanten Lebensereignisse stattgefunden haben.

Ergebnisse (Tabelle 26)

In der AT-Gruppe fühlten sich (von 15) 2 Personen (13,4%) von ihren Symptomen geheilt, 8 Patient (53,3%) sprachen von einer Symptomverbesserung, bei 5 Patienten (33,3%) blieb das Symptom unverändert. Bei der PME-Gruppe gab 1 Patient (6,7%) sein Symptom als geheilt an. Von einer Symptomverbesserung konnten 8 Patienten (53,3%) berichten.
Aus der AKG-Gruppe konnten 4 Patienten (26,7%) über eine Symptomheilung berichten. Bei 8 Patienten (53,3%) haben sich die Symptome verbessert. Das Symptom blieb unverändert bei 3 Patienten (20,0%).
Insgesamt gaben von 45 Patienten 7 (15,6%) eine Symptomheilung an; 24 Patienten (53,3%) sprechen von einer Symptomverbesserung; 13 (28,9%) konnten keine Veränderung ihrer Symptome bestätigen, und bei 1 Patienten (2,2%) trat eine Verschlechterung ein.
Werden die 4 Kategorien enger zusammengefaßt zu 2 Kategorien, so können wir bezüglich einer „Symptomverbesserung" („Heilung") 31 Patienten (68,9%) zählen und in bezug auf „keine Veränderung des Symptoms" („Verschlechterung") 14 Patienten (31,1%; Tabelle 27).

Insgesamt haben von den 45 Patienten der Nachuntersuchung 23 (51,1%) psychische Beschwerden, 19 (42,2%) körperliche und 3 (6,7%) soziale Beschwerden.

### 12.3.3 Veränderungen durch die therapeutische Behandlung

*Frage 3*: „Hat die Behandlung für Sie eine Veränderung gegenüber früher gebracht?"

Mit dieser Fragestellung sollte deskriptiv erfaßt werden (die Patienten wurden aufgefordert, frei und möglichst ausführlich auf die Frage einzugehen), ob die Patienten die Behandlung als Grund für ihre Besserung ansehen (bzw. was für sie gut an der Gruppenteilnahme gewesen ist). Die Patienten erlebten ganz subjektiv die Veränderung auf eine bestimmte Art und Weise und äußerten dies auch sehr spontan. Unter Umständen wäre es vorstellbar, daß in dem gefragten Augenblick an

**Tabelle 28.** Angegebene Gründe für die „Besserung" der Symptome bei AT-, PME- und AKG-Patienten. (Höchstzahl möglicher Registrierungen pro Kategorie für jede der 3 Gruppen: 15 Antworten)

|  | AT | PME | AKG |
|---|---|---|---|
| Selbstbewußtsein; mehr zu eigenen Bedürfnissen stehen | 3 | 3 | 11 |
| Sensibilisierung für innere psychische Vorgänge | 3 | 2 | 7 |
| Aktive Problemlösung | 1 | 2 | 5 |
| Startsignal oder Starthilfe für weitere psychische Behandlung | – | – | 3 |
| Mut zur äußeren Veränderung | – | 1 | 5 |
| Sich entspannen, wenn nötig abschalten können | 8 | 8 | – |
| Keine Gründe konnten für die Besserung angegeben werden | 3 | 4 | – |

bestimmte Veränderungen nicht gedacht wurde bzw. sie nicht genannt worden sind.

Bei den angegebenen Antworten der Patienten muß beachtet werden, daß die Interviewer nicht systematisch nach bestimmten Kategorien fragten.

Als die Patienten mit der Therapie anfingen, hatten sie bestimmte Erwartungen und sind dadurch auch an gewissen Punkten mehr oder weniger sensibel für psychotherapeutische Veränderungen.

Nur unter Berücksichtigung dieser Einschränkungen dürfen die Antworten auf diese Frage interpretiert werden.

**Veränderungen im einzelnen**

Für die Einstufung von „Besserungsgründen", die die Patienten angaben, wurde ein System mit 7 Kategorien erarbeitet. Pro Kategorie konnten für jede der 3 untersuchten Psychotherapiegruppen (AT, PME, AKG) maximal 15 Antworthäufigkeiten registriert werden. Die Antworten reichten von der Möglichkeit „gar keinen Grund angeben zu können" über „einzelne Gründe" bis hin zu detaillierten Schilderungen, die „Mehrfachantworten" beinhalteten (s. auch Tabelle 28).

Im nachfolgenden Teil sollen nun die Kategorien im einzelnen mit entsprechenden Falldarstellungen erläutert werden.

Selbstbewußtsein – mehr zu eigenen Bedürfnissen stehen

Manche Patienten erklären ihr besseres subjektives Wohlbefinden damit, daß sie sich jetzt mehr Dinge zutrauen, ihre Bedürfnisse mehr wahrnehmen und auch umsetzen. Ingesamt fühlen sie sich selbstbewußter und dem Leben mehr gewachsen, als dies früher der Fall war.

Ein Patient schildert, daß ihn die Schwierigkeiten in seinem Beruf heute nicht mehr so schnell aus dem Gleichgewicht bringen können. Er sagt: „Ich stehe nicht mehr so im Eck und fühle mich irgendwie selbstbewußter."
Eine weitere Patientin betont, daß sie gegenüber ihren Eltern und ihrem Mann selbstbewußter auftritt. Sie berichtet, daß es ihr nicht mehr so wichtig ist, wie man über sie denkt. In der Therapie ist ihr bewußt geworden: „Ich kann nur mir selber helfen und sonst niemand, im Endeffekt muß ich es selber machen."

## Sensibilisierung für innere psychische Vorgänge

Diese Begründung für eine psychische Besserung beinhaltet, daß den Patienten ein Zusammenhang von psychischen und körperlichen Beschwerden klar geworden ist. Darüber hinaus setzten sich einige mit ihrer Kindheit mehr auseinander.

Eine Patientin sagte: „Durch meine innere Auseinandersetzung habe ich meinen Körper besser verstehen und kennengelernt. Mir ist total ein Zusammenspiel von körperlichen und seelischen Problemen klar geworden."
Ein Patient erläutert: „Ich habe zu verstehen begonnen, wie meine psychische Verfassung sich in meinen körperlichen Symptomen niederschlagen kann; jetzt denke ich mir: Ah, da war schon wieder etwas."

## Aktive Problemlösung

In dieser Kategorie erklären die Patienten, wie sie sich im weiteren Alltag mit ihren Problemen auseinandergesetzt haben, und zwar so, daß sie sich besser fühlen konnten.

Eine Patientin glaubt, sich heute besser Problemen und Konflikten stellen zu können. Für sie war es besonders wichtig, den Tod ihres Vaters aufzuarbeiten, „Trauerarbeit zu leisten". In der Folge setzte sie sich mehr mit ihrer Kindheit auseinander und reflektiert dadurch ihre heutigen Beziehungen zu anderen Personen. Sie beschreibt auch ihre heutigen Beziehungen (zu Mutter und Freund) als inniger und intensiver wie früher. „Irgendwie habe ich gelernt, meine Aktivitäten mehr dort zu setzen, wo ich auch dabei bin. Ich habe kapiert, daß ich mitten durch muß und danach konnte ich auch wieder mehr Lebensfreude entwickeln."
Ein Patient beschrieb die Entwicklung seiner Eigeninitiative so: „Früher war ich wie ein Möbelstück; die Sonne geht auf, die Sonne geht unter. Jetzt bin ich lebendiger geworden, nicht mehr so wie ein Möbelstück. Es ist wichtig, daß man selber etwas tut, um Beziehungen zu pflegen." Der Patient ist sich nach der Therapie klar geworden, daß er Einfluß auf sein Leben hat, es in die Hand nehmen und verändern kann.

## Kurzgruppenpsychotherapie als Ausgangspunkt für eine längerfristige Behandlung

Patienten, die nach der Gruppentherapie einer psychotherapeutischen Weiterbehandlung nachgingen, führten ihre Besserung meist auch auf diesen Umstand zurück.

Eine Patientin beschrieb, wie diskriminierend sie es zunächst von ihrem Gruppenarzt empfand, sie auf die Möglichkeit einer Einzeltherapie nach Beendigung der Gruppe hinzuweisen. Sie erlebte es wie ein Nachsitzen und glaubte, es nicht nötig zu haben. Jetzt geht es ihr mit dieser Einzeltherapie sehr gut. Früher versuchte sie „über den Dingen stehen zu müssen, während es jetzt auch o.k. ist, nicht darüber zu stehen". Die Patientin konsumierte früher Wissen, studierte auch kurz Psychologie, heute holt sie sich innerlich das, was sie braucht, nämlich ihre Einzeltherapie.

## Mut zur äußeren Veränderung

Für einige Patienten zeigte sich nach der Therapie ihre Besserung nach außen durch Veränderungen wie z. B. Wohnungswechsel, Berufsveränderung etc.

Eine Patientin beschloß nach der Therapie, ihre Studienrichtung zu ändern, und zwar vom Studium der Psychologie zum Studium der Publizistik. Sie sagte: „Früher habe ich meine Bedürfnisse nicht einmal gekannt, jetzt weiß ich besser, was ich machen möchte, kann bestimmte Dinge verändern und fühle mich nicht mehr so ausgeliefert. Ich studiere auch mit viel mehr Freude und kann mir auch erlauben, unsicher zu sein."

Eine weitere Patientin fand nach der Therapie eine Arbeit und wagte es, den Führerschein zu machen.

Ein Patient lernte nach der Therapie eine Frau kennen, zog aus dem Studentenwohnheim aus und gründete eine Wohngemeinschaft. Des weiteren regte er innerhalb seines Studiums einen Lehrauftrag für Anamnesegespräche an.

Sich entspannen, wenn nötig abschalten können

Patienten der AT- und PME-Gruppen haben hervorgehoben, wie wertvoll ab und zu kleine Entspannungsübungen im alltäglichen Leben sein können.

Eine Patientin erzählt: „Für mich sind die Entspannungsübungen eine Verschönerung des Alltags. Beim Einschlafen geht es mir gut damit, und dann habe ich mir noch alltägliche Situationen ausgedacht, wo ich mich entspannen will, z. B. beim Kopfwaschen."

Ein Patient hatte sich eine ganz spezielle Variante der Entspannung angeeignet. Er kaufte sich das vom Gruppenleiter publizierte Buch über AT und versuchte sich beim Lesen zurückzuversetzen in die damalige Gruppensituation bzw. in die beruhigende Stimme des Therapeuten. Diese Strategie hilft dem Patienten, läßt ihn ruhiger werden und eine liberalere Einstellung zu sich selber finden. Dieser Patient berichtet: „Ich habe die Tabletten durch das AT ersetzt."

Keine Gründe konnten für die Besserung angegeben werden

Schließlich gab es Patienten, denen es nach der Therapie zwar besser ging, sie fühlten sich insgesamt wohler und zufriedener, sie konnten aber keinen Grund für ihre Veränderung angeben.

**Veränderungen durch die therapeutische Behandlung in den einzelnen Therapiegruppen (AT/PME/AKG)**

AT-Patienten

Als häufigster Grund für die Besserung wurde von den Patienten angegeben, daß sie sich jetzt besser „entspannen und wenn nötig abschalten können" als früher (8 von 15 Patienten). Als nächstes wurden „Selbstbewußtsein; mehr zu eigenen Bedürfnissen stehen" und „Sensibilisierung für innere psychische Vorgänge" jeweils dreimal genannt. Keine Gründe für die Besserung konnten 3 Patienten angeben. Aktive Problemlösung wurde einmal als Grund genannt. Die beiden Kategorien „Startsignal oder Starthilfe für weitere psychische Behandlung" und „Mut zur äußeren Veränderung" kamen in den Gesprächen nicht vor.

PME-Patienten

Am meisten wurde auch hier wie beim AT als Besserungsgrund „Sich entspannen, wenn nötig abschalten können" von 8 Patienten angegeben. 4 Patienten sagten, daß ihnen „kein Grund für die Veränderung" einfalle. Am dritthäufigsten wurde „Selbstbewußtsein; mehr zu eigenen Bedürfnissen stehen" genannt, und zwar dreimal. „Sensibilisierung für innere psychische Vorgänge" und „aktive Problemlösung" gaben jeweils 2 Patienten im Laufe des Interviews an. Ein Patient begründete seine Besserung, indem er seinen „Mut zur äußeren Veränderung" beschrieb. Von der Kategorie „Startsignal oder Starthilfe für weitere psychische Behandlung" wurde nicht gesprochen.

AKG-Patienten

Viele Patienten sprachen davon, daß sie nach der Therapie „selbstbewußter wurden" und „mehr zu eigenen Bedürfnissen stehen konnten" als früher. Von 15 Patienten äußerten sich 11 in diese Richtung. 7 Patienten fühlten sich „sensibler für innere psychische Vorgänge". Als Begründung für ein besseres Wohlbefinden gaben jeweils 5 Patienten „aktive Problemlösung" und „Mut zur äußeren Veränderung" an. 3 Patienten nehmen die Therapie als „Startsignal oder Starthilfe für weitere psychische Behandlung". „Sich entspannen, wenn nötig abschalten können" gab niemand als Antwort. Allen Patienten war es möglich, einen „Grund für ihre Besserung" zu nennen.

Auffallend bei den Interviews, besonders bei den deskriptiven Fragestellungen, war der Unterschied von AKG-Patienten zu AT- und PME-Patienten. Patienten, die die analytisch geführte Kurzgruppe besuchten, konnten im allgemeinen detailliertere Auskunft über sich geben, als dies etwa Patienten aus der AT- oder PME-Gruppe möglich war. Infolge dieser Tatsache waren auch die Antworthäufigkeiten bei AKG-Patienten größer. Alle Befragten aus der AKG-Gruppe konnten wenigstens einen Grund nennen, der zu ihrem besseren Wohlbefinden führte. Interessant ist, daß sich Patienten der AT- und PME-Gruppe in ihren Antworten zu den Besserungsgründen und auch in der Gewichtung einzelner Kategorien ähnlicher sind und damit von den Patienten der AKG-Gruppe deutlich abheben.

Vermutlich steht dieses Ergebnis in Zusammenhang mit der Konzeption der unterschiedlichen Therapiemethoden, wobei sich AT und PME, beides eher somatisch orientierte Methoden, vom Verständnis her gesehen ähnlicher sind als die AKG, eine tiefenpsychologisch orientierte Therapiemethode.

**Beurteilung der Gruppe in der therapeutischen Behandlung**

Allgemeine Beurteilung der Gruppe (Tabelle 29)

Bei der Frage: „Wie beurteilen Sie Ihre Teilnahme an der Gruppe aus heutiger Sicht? Was hat Ihnen die Gruppe gebracht?" sollte eine spontane Antwort der Patienten hervorgerufen werden, die grob und unspezifisch Auskunft über die Gruppenteilnahme gibt (Hat die Gruppe etwas gebracht?).

Die Interviewer mußten die Antwort der Patienten in 4 Abstufungen: „viel gebracht, etwas gebracht, unverändert, nichts gebracht" einteilen.

Von 15 Patienten der AT-Gruppe sagten 10 (66,7%), daß ihnen die Gruppe wertvoll war. 2 (13,3%) fanden, daß ihnen die Gruppe sehr „viel gebracht" hat und 8

**Tabelle 29.** Gruppenbeurteilung der Patienten aus den Gruppen AT, PME und AKG

| Gruppenbeurteilung | | AT | PME | AKG | Gesamt |
|---|---|---|---|---|---|
| Viel gebracht | n | 2 | 3 | 7 | 12 |
| | [%] | 13,3 | 20,0 | 46,7 | 26,7 |
| Etwas gebracht | n | 8 | 11 | 5 | 24 |
| | [%] | 53,3 | 73,3 | 33,3 | 53,3 |
| Unverändert | n | 3 | 1 | 1 | 5 |
| | [%] | 20,0 | 6,7 | 6,7 | 11,1 |
| Nichts gebracht | n | 2 | – | 2 | 4 |
| | [%] | 13,3 | – | 13,3 | 8,9 |
| Gesamt | n | 15 | 15 | 15 | 45 |
| | [%] | 33,3 | 33,3 | 33,3 | 100 |

(53,3%) fanden, daß ihnen die Gruppe „etwas gebracht" hat. 2 Patienten (13,3%) konnten sich „weder für positive noch negative" Beurteilung entscheiden, und 3 weitere (20%) betonten, daß ihnen die Gruppe „nichts gebracht" hat.

In der PME-Gruppe berichteten die meisten Patienten (14; 93,3%), daß ihnen die Gruppe gut getan hat. 3 Patienten (20%) sagten, die Gruppe habe ihnen „viel gebracht", und 11 Patienten sagten, die Gruppe habe ihnen „etwas gebracht". 1 Patient (6,7%) blieb „unentschieden". Es gab keinen Patienten, der sich negativ zur Gruppenteilnahme geäußert hätte.

In der AKG betonten von 15 Patienten 12 (80%), daß die Gruppenteilnahme gut für sie war. 7 Patienten (46,7%) erklärten, die Gruppe habe ihnen „viel gebracht", und 5 Patienten (33,3%) sagten, daß ihnen die Gruppe „etwas gebracht" habe. 1 Patient (6,7%) konnte weder gute noch schlechte Aspekte an der Gruppenteilnahme finden, und 2 Patienten (13,3%) meinten, daß ihnen die Gruppe nichts gebracht habe.

Insgesamt gesehen betonten von 45 Patienten aus allen 3 Gruppen 36 (80%), daß ihnen die Gruppe gut getan hat. 12 Patienten (26,7%) schilderten ihre Gruppenteilnahme als besonders wertvoll und 24 (53,3%) sagten, daß ihnen die Gruppe etwas gebracht hat. 4 Patienten (8,9%) blieben in ihrer Einschätzung unentschieden und 5 (11,1%) erklärten, daß ihnen die Gruppe nichts gebracht hat.

**Einschätzung der Heilfaktoren durch die Patienten**

Auf die Frage „Welche heilende Wirkung hatte für Sie die Gruppenteilnahme?" konnten die Patienten aus ihrer Sicht heilende Faktoren der Gruppentherapie angeben. Für die von den Patienten angegebenen „heilenden Faktoren" ihrer Gruppenteilnahme wurde ein Kategoriensystem mit 8 Kategorien entwickelt. Maximal können pro Kategorie für jede der 3 untersuchten Psychotherapiegruppen (AT, PME, AKG) 15 Antworten registriert werden.

Die Antworten der Patienten waren sehr unterschiedlich. Einige konnten „keine Heilfaktoren" angeben, andere nannten „ein und mehrere Faktoren" bis hin zu „detaillierten Schilderungen". Nachfolgend werden die einzelnen Kategorien mit entsprechenden Patientenfällen beschrieben.

## Relativierung der eigenen Probleme

Patienten erlebten ihre Probleme im Vergleich zu denen anderer Teilnehmer oft als viel weniger schlimm bzw. trivial. Die Tatsache, daß andere Mitglieder „noch schwerer unter ihren Problemen litten", führte dazu, die eigenen Probleme zu relativieren.

Eine Patientin berichtete: „Für mich war es unheimlich erschreckend, zu sehen, wieviel junge Menschen Probleme haben. Ja, da geht's bei mir noch. Meine Probleme erschienen mir dann viel weniger wichtig im Vergleich zu dieser jungen Generation."
Gegenüber dieser Patientin schilderte eine jüngere Teilnehmerin: „In der Gruppe konnte ich auch feststellen, daß die Probleme der anderen ärger waren als bei mir. Ich war einer der jüngsten Teilnehmer und habe mir dann gedacht, daß ich ja den Vorteil habe, einiges zu ändern."
Eine Patientin erklärte, daß sie sich den anderen Gruppenteilnehmern gegenüber sehr überlegen empfand, weil sie sich sprachlich gut äußern konnte und auch sonst keine Hemmungen gehabt hat.
Ein Patient sagte, daß durch das Zuhören über andere Probleme seine eigenen relativiert wurden und er sich sagte: „Na, wie ist denn der erst beisammen."
Eine Patientin dachte „Mir geht es eigentlich eh gut, die anderen sind die armen Schweine."

## Universalität des Leidens

Allein die Tatsache, daß alle Patienten ein bestimmtes Problem, mit dem sie allein nicht fertig geworden sind, zur Gruppe führte, macht die Patienten zu Gleichgesinnten, die ihr Schicksal miteinander teilen. Diese Kategorie läßt sich gut ausdrücken mit dem Spruch: „Wir sitzen alle im selben Boot."

Eine Patientin äußerte, daß es ihr nur deshalb möglich war, über ihre eigenen Probleme zu sprechen, weil die anderen Gruppenmitglieder auch über ihre Probleme sprachen. Sie sagte, man fühlt sich nicht mehr so allein. Wichtig war es für die Patientin, ihre Hemmungen zu sprechen zu verlieren. Sie sagte: „Der Druck zu reden wurde immer größer während den Sitzungen, so daß ich schließlich die Knöpfe aufmachte."
Eine Patientin hatte das Gefühl, ihr Schicksal mit anderen teilen zu können. Sie berichtete: „Andere haben auch Leid erfahren, man fühlt sich nicht so allein damit."
Ein Patient betonte, daß ihm die Gruppe sehr, sehr gut getan habe, weil er da einmal nicht der Unterlegene in einer Hierarchie war, sondern gesehen hat, daß alle Probleme haben.
Eine Patientin sagte: „Beruhigend war, daß jeder Probleme hatte wie ich auch."

## Offenheit: Mitteilung von Informationen

Unter dieser Kategorie sollte verstanden werden, daß zwischen Patienten untereinander und zwischen Patient und Therapeut eine Offenheit besteht, in der Informationen mitgeteilt werden, was dem Patienten zur Besserung hilft.

Eine Patientin schildert, daß es für sie wichtig war, daß der Therapeut auf sie eingegangen ist und ihr Informationen und Tips gegeben hat.
Eine Patientin betonte: „Ich habe die Gruppe positiv erlebt, etwas über andere zu erfahren, und der Herr Doktor hat gute Ratschläge gegeben und war sehr ruhig und nett."

### Wärme und Wertschätzung

Patienten berichteten, daß sie sich in der Gruppe als Person sehr angenommen fühlten und ihnen gerade diese Wertschätzung vom Therapeuten oder anderen Gruppenmitgliedern so gut und wohl getan haben.

Eine Patientin fühlte sich in der Gruppe verstanden und ernst genommen. Sie sagte: „Besonders wichtig empfang ich, daß alle Gruppenteilnehmer sich gegenseitig respektierten und akzeptierten. Die anderen haben mir wirklich das Gefühl gegeben, mir zuzuhören und auf mich einzugehen, nicht so wie das mein Vater mit mir macht." Ein Patient erklärte, daß es für ihn wichtig war zu reden, ohne sofort kritisiert zu werden. Er sagte: „Man wurde akzeptiert von den anderen so wie man ist, und sie haben zugehört."
Eine Patientin erklärte, daß ihr die ruhige und warme Art des Arztes sehr gut getan habe.
Ein Patient sagte: „Die Ärztin war ganz toll und super gewesen, sie ist auf jeden kurz eingegangen, war ruhig und verständnisvoll."

### Gruppenkohäsion

Sich als gute Gruppe zu fühlen, d. h. ein „Wir-Gefühl" in der Gruppe zu entwickeln, in dem Dinge gemeinsam angegangen werden oder zum Wachstum kommen, erinnerten einige Patienten als wertvoll.

Eine Patientin brachte dies so zum Ausdruck: „Die Gruppe empfand ich einfach als irrsinnig schön."
Eine Patientin betonte das Gruppengefühl, das durch die gemeinsamen Übungen zustandekam, als etwas sehr Wertvolles.
Eine Patientin sprach von einem angenehmen Zusammensein von Bedürftigen.

### Katharsis: Negative und positive Gefühle zeigen dürfen

Patienten, die sich in der Gruppe „Luft machten", indem sie ihre Gefühle offen zeigten und auslebten, ohne Repressalien befürchten zu müssen, fühlten sich hinterher erleichtert und gaben dies als heilenden Faktor ihrer Gruppenteilnahme an.

Ein Patient erzählte: „Ich konnte mich ausbrüllen und die Gruppe hat mich so akzeptiert, man braucht die Gefühle in der Gruppe nicht zu verbergen."
Eine Patientin sagte: „Wichtig für mich war, daß ich mich eigentlich so geben konnte, wie ich mich gerade gefühlt habe. Ob schwach oder stark, ich durfte einfach so sein, wie mir zumute war. Damals wollte ich meine Familie nicht belasten, und so tat es mir gut, mich in der Gruppe auszuweinen."

### Kontinuität der therapeutischen Beziehung

Die Vorgabe, sich einmal in der Woche in psychotherapeutische Behandlung zu begeben, und dies über einen Zeitraum von 2–3 Monaten, erlebten einige Patienten schon als sehr beruhigend.

Eine Patientin, die sich von ihrer therapeutischen Bedürftigkeit her eher als Randfigur wahrnahm, erklärte dennoch, daß das kontinuierliche Hingehen zur Gruppe sehr wichtig für sie gewesen ist.
Eine Patientin berichtete, daß es für sie beruhigend und gut war, zur Gruppe zu kommen, um sich einfach abzulenken und einmal hinauszugehen.

Tabelle 30. Angegebene Heilfaktoren in den Gruppen AT, PME und AKG

|  | AT | PME | AKG |
|---|---|---|---|
| Relativierung der eigenen Probleme | 1 | 4 | 10 |
| Universalität des Leidens | 5 | 7 | 4 |
| Offenheit: Mitteilung von Informationen | 4 | 3 | 1 |
| Wärme/Wertschätzung | 3 | 2 | 5 |
| Gruppenkohäsion | 3 | 2 | 2 |
| Katharsis: Gefühle zeigen dürfen, negative und positive | 1 | – | 4 |
| Kontinuität der therapeutischen Beziehung | 6 | 3 | 1 |
| Gruppenteilnehmer konnten keine Heilfaktoren angeben | 3 | 2 | 1 |

Keine Angabe von Heilfaktoren

Es gab auch Patienten, die die Gruppe zwar als angenehm oder zumindest nicht negativ in Erinnerung hatten, aber keine spezifischen Heilfaktoren nennen konnten.

**Angegebene Heilfaktoren der Gruppentherapie der einzelnen Therapiegruppen** (Tabelle 30)

AT-Patienten

Der meistgenannte Heilfaktor, der von der AT-Gruppe ausging, bestand in der „Kontinuität der therapeutischen Beziehung". Von 15 Antwortmöglichkeiten wurden 6 gegeben. Wichtig (5 Nennungen) war die „Universalität des Leidens". Als nächstes wurde „Offenheit: Mitteilung von Informationen" viermal als heilender Faktor genannt. Die Kategorien „Wärme/Wertschätzung", „Gruppenkohäsion" und „kein Heilfaktor angegeben" wurden jeweils dreimal genannt. Von je einem Patient wurden „Relativierung der eigenen Probleme" und „Katharsis: Gefühle zeigen dürfen, negative und positive" als heilende Wirkung der „Gruppenteilnahme" beschrieben.

PME-Patienten

An 1. Stelle der heilenden Faktoren wurde die „Universalität des Leidens" angegeben. Von 15 Antwortmöglichkeiten wurden 7 genannt. Deutlich weniger und als nächster Faktor wurde viermal die „Relativierung der eigenen Probleme" angesprochen. Die Kategorien „Offenheit: Mitteilung von Informationen" und „Kontinuität der therapeutischen Beziehung" wurden jeweils dreimal aufgezählt. Schließlich rangierten die Kategorien „Wärme/Wertschätzung", Gruppenkohäsion" und „kein Heilfaktor angegeben" auf einem Platz mit jeweils 2 Antworten. Eine „Katharsisfunktion" wurde von niemand als Heilfunktion angegeben.

AKG-Patienten

Die meisten Patienten gaben als heilsamen Faktor der Gruppentherapie die „Relativierung der eigenen Probleme" an, und zwar zehnmal von möglichen fünfzehnmal. Schon weit darunter wurde die Kategorie „Wärme/Wertschätzung" mit fünfmal angegeben. Jeweils viermal wurde als Kategorie „Universalität des Leidens" und „Katharsis: Gefühle zeigen dürfen, negative und positive" benannt. „Gruppenkohäsion" wurde von 2 Patienten als heilsam angesehen. Von je einem Patient wurde „Offenheit: Mitteilung von Informationen" und „Kontinuität der therapeutischen Beziehung" angegeben. Allen Patienten war es möglich, zumindest einen heilenden Faktor, der durch die Gruppensituation ausgelöst wurde, zu benennen; die Kategorie „kein Heilfaktor angegeben" ist somit nicht aufgetreten.

Hier zeichnete sich ein ähnlicher Trend wie bei der Frage 3 ab, der dahin geht, daß Patienten aus der AKG bei der Befragung ausführlichere und vielfältigere Antworten gaben, als dies bei den PME- und AT-Patienten der Fall war.

Insgesamt ist auffallend, daß die Patienten aus allen 3 Gruppen doch ähnliche Heilfaktoren anführen. Die wichtigsten Heilfaktoren waren für alle 3 Gruppen „Relativierung eigener Probleme" und „Universalität des Leidens".

Bei der AT-Gruppe spielte zusätzlich noch die Stützfunktion der Gruppe eine wesentliche Rolle, die in der Kategorie „Kontinuität der therapeutischen Beziehung" zum Ausdruck kommt.

**Veränderungen der Arztbesuche** (Tabelle 31)

Bei dieser Frage: „Hat sich die Anzahl der Arztbesuche verändert?" sollte ermittelt werden, wie häufig die Patienten Ärzte aufsuchen nach der beendeten Therapie im Vergleich zu der Zeit vor der Therapie. Festgestellt wurde zunächst, ob es Patienten gab, die weder vor noch nach der Therapie Ärzte konsultierten. Von den Patienten, die in ärztlicher Behandlung waren, wurde registriert, ob sie nach Ende der Therapie seltener, gleich oft oder öfter zu ihrem Arzt gingen.

Alle 15 Patienten, die an der AT-Gruppe teilnahmen, befanden sich vorher in ärztlicher Behandlung. Bei 5 Patienten (33,3%) wurden die Arztbesuche seltener.

**Tabelle 31.** Arztbesuche der Patienten aus den Gruppen AT, PME, AKG

| Arztbesuche | | AT | PME | AKG | Gesamt |
|---|---|---|---|---|---|
| Nie | n | | | 4 | 4 |
| | [%] | | | 26,7 | 8,9 |
| Seltener | n | 5 | 11 | 8 | 24 |
| | [%] | 33,3 | 73,3 | 53,3 | 53,3 |
| Gleich | n | 10 | 2 | 3 | 15 |
| | [%] | 66,7 | 13,3 | 20,0 | 33,3 |
| Öfter | n | | 2 | | 2 |
| | [%] | | 13,3 | | 4,4 |
| Gesamt | n | 15 | 15 | 15 | 45 |
| | [%] | 33,3 | 33,3 | 33,3 | 100 |

10 Patienten (66,7%) gingen in gleicher Häufigkeit zum Arzt. Keiner der Patienten besuchte öfter den Arzt.
Auch alle 15 Patienten, die an der PME-Gruppe teilnahmen, konsultierten vor Therapiebeginn Ärzte. 11 Patienten (73,3%) suchten seltener Ärzte als vorher auf. Bei 2 Patienten (13,3%) blieb der Arztbesuch gleich. 2 Patienten (13,3%) begaben sich nach der Therapie öfter in ärztliche Behandlung.
Von 15 Patienten in der AKG waren 4 (26,7%) vor der Therapie nie beim Arzt. 8 Patienten (53,3%) begaben sich nach der Therapie seltener in ärztliche Behandlung. Bei 3 Patienten (20%) war der Arztbesuch gleich. Keiner der Patienten besuchte den Arzt öfter.
Insgesamt gesehen waren von den 45 Patienten 4 Patienten (8,9%) vor und nach der Therapie nie beim Arzt. 24 Patienten (53,3%) konsultierten seltener Ärzte. Bei 15 Patienten (33,3%) hat sich die Anzahl der Arztbesuche nicht verändert. 2 Patienten (4,4%) gehen öfter zum Arzt.

**Veränderungen im Medikamentengebrauch** (Tabelle 32)

Bei der Frage „Hat sich im Medikamentenverbrauch seit der Behandlung etwas geändert?" sollten die Veränderungen im medikamentösen Bereich erfaßt werden. Neben der Feststellung, daß bestimmte Patienten weder vorher noch nachher Medikamente eingenommen haben, sollte für jede Gruppe herausgefunden werden, ob die Medikamenteneinnahme nach Ende der Therapie „zugenommen" hat, „gleichgeblieben" ist oder „abgenommen" hat.
Von den 15 Patienten der AT-Gruppe nahmen 3 (20%) weder vor noch nach der Therapie Medikamente ein. 5 Patienten (33,3%) nahmen nach der Behandlung weniger Medikamente. 6 Patienten (40%) nahmen die gleiche Dosis bzw. die gleichen Medikamente weiterhin ein. 1 Patient (6,7%) nahm seit der Behandlung mehr Medikamente als vor der Behandlung.
Bei der PME-Gruppe nahmen alle Patienten einmal Medikamente ein. 10 Patienten (66,7%) konnten ihre Medikamenteneinnahme verringern. 3 Patienten (20%) verhielten sich in der Medikamenteneinnahme gleich wie vor der Therapie. Bei 2 Patienten (13,3%) kam es zu einer Medikamentenzunahme.

Tabelle 32. Medikamenteneinnahme der Patienten aus den Gruppen AT, PME, AKG

| Medikamente | | AT | PME | AKG | Gesamt |
|---|---|---|---|---|---|
| Nie | n | 3 | – | 9 | 12 |
| | [%] | 20,0 | – | 60,0 | 26,7 |
| Abnahme | n | 5 | 10 | 4 | 19 |
| | [%] | 33,3 | 66,7 | 26,7 | 42,2 |
| Gleich | n | 6 | 3 | 2 | 11 |
| | [%] | 40,0 | 20,0 | 13,3 | 24,4 |
| Zunahme | n | 1 | 2 | – | 3 |
| | [%] | 6,7 | 13,3 | – | 6,7 |
| Gesamt | n | 15 | 15 | 15 | 45 |
| | [%] | 33,3 | 33,3 | 33,3 | 100 |

In der AKG nahmen von 15 Patienten 9 (60%) weder vor noch nach der Therapie Medikamente ein. 4 Patienten (26,7%) nahmen nach der Behandlung weniger Medikamente. 2 Patienten (13,3%) nahmen die gleichen Medikamente wie früher ein. Es gab keine Patienten, bei denen der Medikamentengebrauch zugenommen hätte.

Insgesamt gesehen nahmen von 45 Patienten 12 (26,7%) weder vor noch nach der Therapie Medikamente zu sich. 19 Patienten (42,2%) betonten das Absetzen ihrer Medikamente nach Ende der Therapie. Bei 11 Patienten (24,4%) kam es zu keinerlei Veränderung im Medikamentenverbrauch. 3 Patienten (6,7%) erhöhten ihre Medikamenteneinnahme.

**Weiterführende psychotherapeutische Behandlung**

Mit der Frage „Hatten Sie nach der Gruppe eine psychotherapeutische Weiterbehandlung?" (Ja-/Nein-Antworten) wurde erhoben, ob die an einer Kurzgruppentherapie teilgenommenen Patienten anschließend an einer weiteren psychotherapeutischen Behandlung teilnahmen.

Von den 15 Patienten der AT-Gruppe hatten 13 (86,7%) keine psychotherapeutische Weiterbehandlung mehr. 2 Patienten (13,3%) hatten eine psychotherapeutische Weiterbehandlung, und zwar 1 Patientin (6,6%) eine psychotherapeutische Einzeltherapie und 1 Patientin (6,6%) eine psychotherapeutische Gruppe.

In der PME-Gruppe hatte keiner der Patienten eine psychotherapeutische Weiterbehandlung.

Von der AKG hatten 7 Patienten (46,6%) keine Weiterbehandlung mehr. 6 Patienten (40%) nahmen an einer psychotherapeutischen Gruppe und 2 Patienten (13,3%) an einer Einzeltherapie teil.

Aus allen 3 Gruppen hatte die überwiegende Mehrheit der Patienten (35; 77,7%) keine psychotherapeutische Weiterbehandlung mehr. 10 Patienten (22,2%) hatten nach der Gruppe noch eine psychotherapeutische Weiterbehandlung.

## 12.4 Zusammenfassung

In der Zeit von Mai bis Juli 1987 wurde die Nachuntersuchung von Patienten, die 2 Jahre zuvor die Ambulanz für Psychotherapie aufsuchten, durchgeführt. An der Untersuchung nahmen je 15 Patienten aus den Gruppen AT, PME und AKG teil. Durchgeführt wurde die Nachuntersuchung von Interviewern, die ein halbstandardisiertes Interview benutzten.

Besonderes Interesse galt natürlich der Frage, wie es den Patienten nach 2 Jahren in ihrem „allgemeinen Wohlbefinden" und mit ihren „Symptomen" geht. Von 45 Patienten berichteten

- 29 (64,5%) über eine Verbesserung,
- 11 (24,4%) über einen veränderten Zustand,
- 5 (11,1%) über eine Verschlechterung.

Im Hinblick auf die Symptome, die die Patienten zur Therapie führten, betonten 31 Patienten (68,9%) eine Verbesserung, und 14 Patienten (34,1%) bezeichneten ihre Symptome als unverändert bzw. verschlechtert.
Beide Ergebnisse sind sehr positiv, wenn man bedenkt, daß immerhin 60% – 70% der Patienten sich wohler und mit ihren Symptomen besser fühlen als vor der Therapie. (Verglichen mit anderen Studien, entsprechen diese Werte zwar noch einer „Sofortnachuntersuchung", nehmen aber über einen längeren Zeitraum, etwa 10 Jahre, ab, und das Verhältnis kehrt sich um: Z. B. sind es nur 25% der Patienten, die nach 10 Jahren untersucht wurden in der Studie von Cremerius 1962.)
Faktoren, die zu diesen optimistischen Einschätzungen führten, liegen möglicherweise in der Befangenheit der Patienten gegenüber dem Interviewer (sie geben ein gutes Bild von sich für den Interviewer) und dem besonderen Status, der ihnen als „ausgewählte Personen für die Nachuntersuchung" zukommt. Abgesehen davon, kann die subjektive Einschätzung des eigenen Befindens und der eigenen Symptome bewußt oder unbewußt zu Fehlbeurteilungen führen. Hiermit sind beispielsweise die Verkennung oder Verleugnung der realen Tatsachen gemeint. Schließlich ist noch zu bedenken, daß die Patienten in einer angespannten „Krisensituation" die Therapie begonnen haben und von daher gesehen im nachhinein ein anderes Bild über sich haben.
Zu den Beschwerden, die die Patienten in die Therapie führten, zählten

- 51,1% (23 Patienten) zu psychischen Symptomen,
- 42,2% (19 Patienten) zu körperlichen Symptomen,
-  6,7% ( 3 Patienten) zu sozialen Symptomen.

Sieht man einmal von den sozialen Beschwerden ab, so halten sich die körperlichen und psychischen Beschwerden ungefähr die Waage.
Weitere Außenkriterien, die die subjektive Einschätzung der Patienten ergänzen bzw. objektivieren sollten, waren die Erhebung von Arztbesuchen und Medikamentenverbrauch.

- Von 45 Patienten waren 4 (8,9%) weder vor noch nach der Therapie bei einem Arzt,
- 24 Patienten (53,3%) suchten nach der Therapie den Arzt „seltener" auf,
- 15 Patienten (33,3%) suchten den Arzt „gleich häufig" auf,
-  2 Patienten ( 4,4%) suchten den Arzt nach der Therapie „häufiger" auf.

Die Tatsache, daß 50% der Patienten nach der Therapie seltener zu einem Arzt in Behandlung gingen als früher, ist ein sehr erfreuliches Resultat der Kurzgruppentherapie. Patienten erleben sich vielleicht weniger von außen steuerbar und verlassen sich mehr auf sich selber.

- Von 45 Patienten nahmen 12 Patienten (26,7%) weder vor noch nach der Therapie Medikamente ein,
- 19 Patienten (42,2%) haben ihre Medikamente nach der Therapie abgesetzt,
- 11 Patienten (24,4%) nehmen in gleicher Dosis wie vor der Therapie ihre Medikamente,
-  3 Patienten (6,7%) erhöhten nach der Therapie ihre Medikamenteneinnahme.

Ähnlich wie bei den selteneren Arztbesuchen darf auch hier von einem positiven Ergebnis bezüglich der Medikamentenabnahme (40%) gesprochen werden.
In bezug auf die Gruppentherapie sollten die Patienten noch berichten, wie sie die Gruppe erlebten und ob sie sich psychotherapeutisch weiterbehandeln ließen.
Von den 45 befragten Patienten antworteten:

- 36 Patienten (80%), daß sie die Gruppe als sehr gut und hilfreich erlebten,
- 4 Patienten (8,9%) fanden die Gruppe weder gut noch schlecht,
- 5 Patienten (11,1%) äußerten, daß ihnen die Gruppe nichts gebracht hat.

Die Gruppenerfahrung wird von der überwiegenden Mehrheit der Teilnehmer (80%) als positiv erlebt, was für diese Art von Kurzbehandlung sprechen dürfte. Einer psychotherapeutischen Weiterbehandlung unterzogen sich von 45 Patienten 10 Patienten (22,2%); 35 (77,8%) ließen sich nicht weiterbehandeln. Die überwiegende Mehrheit der Patienten beließ es bei ihrer Kurztherapie.
Mit Hilfe des $X^2$-Verfahrens wurde überprüft, ob ein Zusammenhang zwischen den verschiedenen Therapieformen (AT, PME, AKG) und den Variablen „Geschlecht", „allgemeines Wohlbefinden", „Beschwerden", „Symptomveränderung", „Arztbesuche", „Medikamente", „Weiterbehandlung" und „Gruppenbeurteilung" besteht. Der Test zeigte, daß sich die Therapiemethoden hinsichtlich der Variablen „Geschlecht", „allgemeines Wohlbefinden", „Symptomveränderung", „Medikamentenverbrauch" nicht signifikant unterscheiden.
In bezug auf die Variablen „Beschwerden" und „Arztbesuche" konnten keine signifikanten Zusammenhänge und für die „Weiterbehandlung" der Patienten nur Trends nachgewiesen werden.
Die Tatsache, daß sich die Kurzgruppentherapieformen AT, PME und AKG in den meisten hier untersuchten Faktoren nicht signifikant unterschieden haben (vgl. Studie von Cremerius 1962), könnte auf den „kurzen Zeitfaktor" zurückgeführt werden. Auf der anderen Seite spricht dieses Ergebnis aber auch dafür, daß es letztlich nicht darauf ankommt, in welche Kurzgruppenpsychotherapieform Patienten kommen, sondern darauf, daß Patienten psychotherapeutisch in Kurzgruppen behandelt werden. Der wichtigste Grund ist möglicherweise aber der, daß die Nachuntersuchungsdaten nicht genau zu differenzieren sind für diese Fragestellung. Letztlich ist nicht feststellbar, welche der Kurzgruppen die überlegene Therapiemethode ist, was u. U. mit dem hier verwendeten Untersuchungsinstrument in Zusammenhang steht.
Aufgrund der Randomisierung der Stichprobe kam es zu Mittelwertsummationen, die die Frage der Indikationsmerkmale eher vermischen als differenzieren. In diesem Zusammenhang muß noch erwähnt werden, daß sich die gestellten Fragen an die Patienten in 2 Formen zeigten: Fragen, bei denen die Antwort kurz gefaßt werden konnte (1, 2, 5, 6, 7), und eher deskriptive Fragen (3 und 4), die dem Patienten eine ausführlichere Beantwortung ermöglichen sollten.
Von den Interviewern konnte nun beobachtet werden, daß bei den Fragen 3 und 4, die statistisch nicht ausgewertet werden konnten, sich die Patienten der AKG deutlich von denen der AT- und PME-Gruppe in der Antwortgenauigkeit und Antwortvielfalt unterschieden. Die Patienten der AKG berichteten konkreter über ihre psychische Situation und beschrieben ihre Schwierigkeiten im alltäglichen Leben.

# 13 Zusammenfassung und Diskussion

Die Idee, Kurzgruppenpsychotherapien zu untersuchen, entstand aus der therapeutischen Arbeit des Autors mit den unterschiedlichen Kurzgruppentherapiemethoden in der Ambulanz für Psychotherapie der Wiener Gebietskrankenkasse. Nach Durchsicht der empirischen und kasuistischen Befunde zeigte sich, daß es zwar eine zunehmende Anzahl von Kurzgruppenpsychotherapien gibt und die internationale Tendenz dazu steigend ist, daß es jedoch an Forschungsergebnissen über die Effektivität mangelt. Auch die Konzeptualisierung von Kurzgruppentherapien befindet sich noch in einem Anfangsstadium. Die Studie soll zur Klärung dieser Fragen beitragen.

Die vorliegende Arbeit gliedert sich in 2 Teile: Im theoretischen Teil wurde der aktuelle Stand der Kurzgruppenpsychotherapie beschrieben. Zunächst wurden die Grundlagen, welche zur Entstehung kurzgruppenpsychotherapeutischer Behandlungsformen beigetragen haben, angeführt und diskutiert (Kap. 1). Daran anschließend wurden 3 unterschiedliche Kurzgruppenpsychotherapien, AT, PME und AKG, im Hinblick auf ihre methodischen Aspekte, empirischen Befunde und ihren Prozeßverlauf dargestellt (Kap. 2). Mit der Auswahl der spezifischen Forschungsmethodik für die vorliegende Untersuchung betreffend (Testbatterie, Fragebögen zum Therapieverlauf, und Inhaltsanalyse von Therapieprotokollen in Form eines Vortest-Nachtest-Kontrollgruppendesigns) beschäftigt sich das 3. Kapitel.

Im empirischen Teil wurden die Ergebnisse der Studie dargestellt, wobei jedes der Kapitel 4–12 einem unterschiedlichen Untersuchungsaspekt gewidmet ist. Abschließend werden diese Ergebnisse nun nochmals beleuchtet und diskutiert.

## 13.1 Patientenstichprobe

Die vorgelegte empirische Untersuchung wurde an 432 Patienten (2/3 Frauen, 1/3 Männer) durchgeführt, die die Ambulanz für Psychotherapie aufsuchten. Das Alter der Patienten lag zwischen 18 und 80 Jahren; der Großteil (62,6%) jedoch war zwischen 25 und 45 Jahren alt. Man kann von einer gleichmäßigen Verteilung des Patientenguts auf die einzelnen Bildungsstufen sprechen (Pflichtschule = 20%, Berufsschule = 27,3%; Allgemeinbildende höhere Schule = 24%; Berufsbildende höhere Schule = 21,8%; mit Ausnahme des Hochschulabschlusses 7,2%). Gut die Hälfte der Patienten (51,6%) steht in einem Angestellten- oder Beamtenverhältnis; das Einkommen liegt bei 1/3 der Patienten zwischen 5000 und 10000 S und bei 1/4 der Patienten zwischen 10000 und 15000 S pro Monat.

Fast 2/3 der Patienten kamen auf Anraten des Arztes und 1/3 auf eigenen Wunsch bzw. auf Empfehlung von Freunden und Bekannten. Der überwiegende Teil der untersuchten Personen isnd der unteren Mittelschicht zuzuordnen. Mit Hilfe einer 8stufigen Skala konnte herausgefunden werden, daß die Patienten eine hohe Therapieerwartung hatten.

Neben den sozialdeskriptiven Daten der Patientenstichprobe wurden zu Beginn der Untersuchung auch testdiagnostische Einschätzungen vorgenommen. Diese Ergebnisse zeigten, daß es sich bei allen Patienten um neurotische Persönlichkeiten handelte, wobei sich bei den meisten ihre Probleme/Beschwerden auch auf psychosomatischer Ebene manifestieren. Im FPI: typische neurotische Trias Nervosität/Depressivität/emotionale Labilität und auf der Skala „Grundstimmung" des GT ein Mittelwert in Richtung Depressivität. Auffallend ist ein relativ hoher psychosomatischer Beschwerdedruck (GBB). Die untersuchten Personen entsprechen sowohl der Klientel, die Dührssen (1972) in einer Katamnese bei Psychotherapiepatienten Westberlins untersucht hat, als auch den für typisch angesehenen ambulanten Psychotherapiepatienten der Psychosomatischen Klinik Gießen (Beckmann et al. 1983, S. 66 ff.).

Die Behandlung auf Krankenschein, wie sie in der Ambulanz für Psychotherapie in Wien angeboten wird, hat einen enormen Einfluß auf die Zusammensetzung der Patienten. Durch den Charakter der „kostenlosen Psychotherapie" (sie wird über die Beiträge der Versicherten finanziert) wird sowohl das Bewußtsein der zuweisenden Ärzte geprägt als auch das Bewußtsein der Patienten. Ärzte können eine Stelle nennen, bei der eine Psychotherapie auch für weniger und unterprivilegierte Patienten eine Methode der Wahl ist, und Patienten können dies ihrerseits in Anspruch nehmen, weil sie von ihrem zuständigen Arzt dahingehend beraten wurden.

Das Angebot von Kurzgruppentherapien, die sich über einen Zeitraum von 10 Sitzungen erstrecken, wird von vielen Arbeitgebern toleriert, während eine Langzeitbehandlung eher auf Widerstände stoßen kann. Für viele Personen bedeutet es nach wie vor ein soziales Stigma, „in Psychotherapie zu gehen", was sich bei einer geringeren Sitzungsanzahl leichter verbergen läßt.

Durch die große Behandlungskapazität der Ambulanz (bis zu 2000 Behandlungen pro Jahr) kommt es zu einem Zusammentreffen von Patienten mit unterschiedlichsten Symptomen. Gemeinsam ist den meisten Patienten, daß sie sich ängstlich, bedrückt, minderwertig fühlen, zu Selbstvorwürfen neigen und sich den Anforderungen im Leben nicht besonders gut gewachsen fühlen.

## 13.2 Effekte der Kurzgruppentherapie

Um die Effekte der Kurzgruppentherapie zu untersuchen, wurden in 33 Behandlungsgruppen 3 unterschiedliche Behandlungsformen in je 10 Gruppensitzungen durchgeführt (AT: 15, PME: 8, AKG: 10 Behandlungsgruppen) und in ihrer Wirkung auf diese Patienten gegenüber unbehandelten Patienten einer Wartegruppe verglichen.

Im Untersuchungszeitraum von 20 Wochen zeigte sich die Verbesserung von 3 Symptombereichen durch eine kurzgruppentherapeutische Behandlung:

1) Verbesserung der motorischen, psychovegetativen Instabilität,
2) emotionale Stabilisierung,
3) Verbesserung der sozialen Fähigkeiten.

Diese Veränderungen konnten im einzelnen durch eine statistisch signifikante Änderung der folgenden Testskalen nachgewiesen werden (*Trend, **statistisch signifikant).

1) Abnahme der Nervosität (FPI 2, **p = 0,045)
   Abnahme der Erregbarkeit (EWL-J, *p = 0,094)
2) Zunahme der Gelassenheit (FPI 6, **p = 0,022)
   Abnahme der Empfindlichkeit (EWL-K, **p = 0,026)
   Zunahme der gehobenen Stimmung (EWL-I, **p = 0,034)
   Zunahme der Selbstsicherheit (EWL-H, *p = 0,052)
   Abnahme der Verträumtheit (EWL-O, **p = 0,050)
   Abnahme der Verträumtheit (EWL-O, **p = 0,050)
   Abnahme der Extremantworten (GT-E, *p = 0,063)
3) Zunahme der sozialen Resonanz (GT 1, **p = 0,017)
   Zunahme der Geselligkeit (FPI 5, **p = 0,022)
   Abnahme der Nachgiebigkeit (P, **p = 0,050).

Die psychovegetative und emotionale Labilisierung nimmt zugunsten einer größeren inneren Stabilität ab. Die behandelten Patienten sind innerlich ruhiger, ausgeglichener, selbstvertrauender, ihre Stimmungslage ist besser als vor der Therapie, und die motorische Unruhe hat ebenfalls abgenommen.
Nach außen hin verbesserte sich die Kontaktbereitschaft und die Freude am sozialen Kontakt; die Patienten zeigen sich geselliger, weniger zurückgezogen, weniger nachgiebig, durchsetzungsfähiger und lebhafter als vor der Therapie.
Diese Ergebnisse sind einerseits auf die Selbstruhigstellung und vegetative Harmonisierung in den beiden Entspannungsmethoden (AT, PME) zurückzuführen, andererseits auf die (gruppen)therapeutische Situation aller 3 Methoden, vor allem auch in der analytischen Therapieform, in der es möglich ist, dem eigenen Empfinden Ausdruck zu verleihen, Probleme und Konflikte zu bearbeiten, eigene Verhaltensweisen zu überprüfen und neue soziale Fertigkeiten zu erlernen und in der Gruppe einzuüben.
Angst und Depression, wie sie DSI und STAI messen, haben zwar in der Therapiegruppe gegenüber dem Untersuchungsbeginn deutlich abgenommen, allerdings können diese Effekte nicht als Therapieeffekte der Kurzgruppentherapie angesehen werden, da auch in der unbehandelten Kontrollgruppe Angst und Depression deutlich abgenommen haben. Die Angst- und Depressionswerte, wie sie durch die beiden Tests wiedergegeben werden, erfassen eindeutig nur die aktuelle Befindlichkeit und nicht Angst und Depression in ihrem gesamten Erscheinungsbild. Die Heilung schwerer psychischer Konflikte un ihrer Ausdrucksformen konnte durch eine kurzgruppentherapeutische Behandlung nicht nachgewiesen werden. Es ist davon auszugehen, daß 10 Behandlungssitzungen für die Lösung schwerwiegender strukturbedingter psychischer Probleme nicht ausreichen.

## 13.3 Effekte in der Kontrollgruppe

Neben den Effekten in der therapiegruppe zeigten sich auch eine Reihe von Veränderungen in der Wartegruppe. Es sind dies v. a.

- Abnahme der Depression (DSI),
- Abnahme der Angst (STAI),
- Abnahme der psychosomatischen Beschwerden (GBB),
- Abnahme der Arztbesuche in der Wartezeit,
- Besserung der aktuellen Befindlichkeit, wie sie im Polaritätenprofil zum Ausdruck kommt.

Diese Ergebnisse weisen aber nur darauf hin, daß auch in der Wartegruppe die aktuelle Befindlichkeit gebessert werden konnte. Depression und Angst, wie sie in DSI und STAI gemessen werden, erfassen nämlich nicht das gesamte Erscheinungsbild der Depression und Angst mit ihren zugrundeliegenden Konflikten, sondern geben lediglich die momentane Stimmungslage der Patienten wieder.
Die Abnahme der psychosomatischen Beschwerden deutet ebenfalls nur auf die Abnahme der Klagsamkeit bezüglich dieser Beschwerden und nicht auf eine echte Verbesserung dieser Beschwerden in der Kontrollgruppe hin; d. h. die körperlichen Beschwerden werden weniger stark empfunden. Die Gründe für die Besserung der Befindlichkeit der Kontrollgruppenpatienten können sein:

1) Hoffnung auf Besserung,
2) In-Aussicht-Stehen einer Abhilfe für die Beschwerden,
3) vermehrtes Interesse am eigenen Befinden durch die bevorstehende Behandlung,
4) vermehrte Auseinandersetzung mit den Problemen und Beschwerden durch die bevorstehende Behandlung, das Erstgespräch und das Ausfüllen der Fragebögen.

Es stellt sich die Frage, wann, abgesehen vom äußeren Beginn der Therapie, bereits therapeutisches Handeln und Wirken einsetzt. Die Entscheidung, sich in eine psychotherapeutische Behandlung zu begeben, vermag ein erster Schritt in Richtung Besserung darzustellen. Das Warten auf eine psychotherapeutische Behandlung, das sich oft aus ökonomischen Gründen nicht vermeiden läßt, kann, wie gezeigt werden konnte, eher als fruchtbare Vorbereitungszeit und weniger als verlorene Zeit angesehen werden.
Die Ergenbisse der Wartelistenpatienten zeigen aber auch, daß Kontrollgruppen, wie sie uns aus experimentellen Designs vertraut sind, in der Psychotherapieforschung so nicht existieren. Vielmehr haben alle Einflüsse auf den Patienten, etwa in der Wartezeit auf die Therapie, auch einen Effekt hinsichtlich seiner Beschwerden und Probleme (s. auch Hartig 1975).

## 13.4 Unterschiedliche Effekte der 3 Behandlungsmethoden

### 13.4.1 Autogenes Training

Durch die Therapiemethode des AT konnte eine statistisch hochsignifikante Abnahme der Nervosität (FPI 1, p = 0,0009), also der psychosomatischen Labilität erzielt werden.
Das AT erweist sich demnach für nervöse, zu psychovegetativen Störungen neigende und unter „Streß" leidende Patienten als eine wirksame Entspannungstherapie. Mit der unlustbetonten, motorischen Unruhe und Verspannung geht oft eine emotionale Unausgeglichenheit einher, die mit einer Leistungsineffizienz verbunden ist, die ebenfalls durch das AT verringert werden konnte (EWL J, p = 0,026).
Eine Reihe von Ergebnissen weisen auf die Verbesserung der emotionalen Befindlichkeit und auf die Besserung der Stimmungslage durch das AT hin (Abnahme der Empfindlichkeit, EWL K, p = 0,042; Abnahme der Verträumtheit, EWL O, p = 0,050; Abnahme des Ärgers, EWL I, p = 0,050; gehobene Stimmungslage, EWL I, p = 0,050, PP 2, p = 0,50).
Gegenüber der Kontrollgruppe konnte die soziale Potenz (GT 6, p = 0,050) der Therapiegruppe gesteigert werden, d.h. die Therapiegruppe zeigte sich nach der Behandlung im sozialen Kontakt weniger befangen und offener. Außerdem konnte eine statistisch signifikante Abnahme des Leidensdrucks erzielt werden (p = 0,014).
Insgesamt konnte entsprechend der Zielsetzung des AT die Selbstruhigstellung und die damit verbundene Herstellung körperlicher und emotionaler Ausgeglichenheit nachgewiesen werden.

### 13.4.2 Progressive Muskelentspannung

In dieser Behandlungsgruppe konnten keine speziellen entspannungstherapeutischen Effekte, wie die Abnahme der Nervosität, der psychosomatischen Beschwerden und der Angst, nachgewiesen werden. Hingegen zeichneten sich in der Therapiegruppe PME deutliche Veränderungen in Richtung Kontaktfähigkeit ab: so wurde eine deutliche Zunahme der Offenheit (FPI 9, p = 0,000) sich selbst und anderen gegenüber nachgewiesen. Außerdem zeigten sich die Patienten nach der Behandlung deutlich geselliger (FPI 5, p = 0,054) und an sozialem Kontakt interessiert (GT 1, 0,050; PP 15, p = 0,043).
Wie in der Therapiegruppe AT hat auch hier der Leidensdruck der Patienten deutlich abgenommen (p = 0,008). Die Verbesserung der Kontaktfähigkeit und die größere Kontaktbereitschaft der PME-Patienten entspricht der Zielvorstellung der PME, nach der dem inneren Erleben eine nachrangige Bedeutung gegenüber äußeren Verhaltensänderungen zukommt.

### 13.4.3 Analytische Kurzgruppentherapie

Die Therapieeffekte der AKG zeigen sich 1) in der Besserung und Stabilisierung der emotionalen Befindlichkeit und 2) in der Verbesserung der Soziabilität der Patienten. Es konnte nachgewiesen werden, daß diese Patienten nach der Therapie weniger leicht reizbar, gespannt und empfindlich waren (EWLK, $p = 0{,}058$); sie zeigten sich weniger depressiv und selbstsicherer (FPI 6, $p = 0{,}05$), zuversichtlicher und tatkräftiger (FPI N, $p = 0{,}1$; PP 5, $p = 0{,}05$). Im Umgang mit anderen beschreiben sie selbst als geselliger und mehr an sozialem Kontakt interessiert (GT 1, $p = 0{,}048$) als vor der Therapie.

Im Vergleich mit den beiden Entspannungsmethoden konnte in der AKG das breiteste Spektrum an unterschiedlichen Symptomverbesserungen nachgewiesen werden.

### 13.4.4 Unterschiedliche Therapieeffekte (Übersicht)

In der Zusammenschau ergeben sich für die 3 unterschiedlichen Behandlungsformen Schwerpunkte in ihren therapeutischen Effekten:

| | | | |
|---|---|---|---|
| AT | motorische Stabilität, psychovegetative Stabilisierung | psychische Stabilität | soziale Fähigkeiten |
| PME | soziale Fähigkeiten (Offenheit, Geselligkeit) | | |
| AKG | psychische Stabilität | | soziale Fähigkeiten |

### 13.5 Determinanten des Therapieerfolgs

In einer Pfadanalyse sollte geklärt werden, inwieweit exogene Variablen wie Alter, Geschlecht und Bildung den Therapieerfolg beeinflussen. Dabei zeigten sich folgende Ergebnisse:

– Je älter die Patienten (sowohl Frauen als auch Männer), desto niedriger ist ihr Bildungsniveau.
– Je höher die Bildung des jeweiligen Patienten, desto niedriger ist seine Stimmungslage und die Erwartung an die Besserung seiner Beschwerden.
– Berücksichtigt man den Einfluß des Alters auf die Bildung, so sind es v. a. die jüngeren Personen, die gedrücktere Stimmung und relativ geringe Therapieerwartungen haben. Dies läßt sich so verstehen, daß einerseits Mutlosigkeit in der gedrückten Stimmung auftritt, andererseits aber auch eine gewisse autoritätskritische Haltung darin liegen kann, die Erwartungen an die Behandlung nicht zu hoch zu schrauben.
– Je höher die Therapieerwartung am Anfang, desto eher geben die Patienten eine Verschlechterung ihrer Beschwerden in den Behandlungsmonaten an. Dies erstaunt nicht, denn wenn die illusionäre Überhöhung der therapeutischen Wirkung zusammenbricht, muß es ja zu Enttäuschungsreaktionen kommen.

- Insbesondere ältere Menschen mit geringer Bildung beschreiben ihre Situation als eine sich verschlechternde. Dabei ist zu beachten, daß natürlich die Möglichkeit der Klage nicht nur als negativ gesehen werden kann, sondern auch eine Reaktionsform darstellt, die eben nur in der therapeutischen Situation wahrgenommen werden kann, da andere Ansprechpartner gerade für diese Personengruppe außerhalb der Therapie oft nur in geringem Ausmaß vorhanden sind.
- Emotional sich als stabil beschreibende Personen geben ebenfalls eine Verschlechterung ihrer Situation im Verlauf der Therapie an. Dies läßt sich aus der Tatsache erklären, daß im Verlauf der therapeutischen Regression die Konfliktabwehr „aufgeweicht" und so die Konfliktspannung spürbarer wird (wodurch sich die Symptombildung verringert).
- Bei Personen mit gehobener Stimmungslage verringern sich die Arztbesuche während der Behandlung deutlich; sie sind auch am Ende der Behandlung gelassener und haben mehr Selbstvertrauen.
- Ein interessanter geschlechtsspezifischer Unterschied zeigt sich in der unterschiedlichen Konfliktverarbeitungstendenz von Männern und Frauen: Männer sind nervöser und psychosomatisch gestörter als Frauen, während die Frauen emotional empfindlicher und labiler als die Männer sind.
- Im AT zeigt sich eine signifikante Abnahme der Nervosität und in der PME eine Zunahme der sozialen Resonanz. Diese Ergebnisse entsprechen auch der univariaten Auswertung.

## 13.6 Indikationsstellung

Eine ganz besondere Bedeutung kommt der Indikationsstellung im Erstkontakt mit dem Patienten zu. Die Ergebnisse können als Richtlinien für eine effizientere Zuweisung der Patienten zu den für sie geeignetsten Therapieformen dienen.
Im Rahmen dieser Untersuchung konnten Bausteine zu einem möglichen „Indikationsinventar" gelegt werden, das eines weiteren Ausbaus, z. B. im Sinne eines Indikationsfragebogens bzw. -interviews, bedarf.
Die PME erwies sich als die bessere Entspannungsmethode nur für *sozial potente und emotional stabile Patienten*. Möglicherweise steht die Tatsache, daß „psychisch stabilere" Patienten bessere Erfolge im PME gegenüber dem AT aufweisen, im Zusammenhang mit der „Übungstechnik". Beim PME stehen die Übungen „Anspannung – Entspannung" mehr im Vordergrund, verglichen mit dem AT, bei dem auch übungsbegleitende Empfindungen im Zentrum der Aufmerksamkeit stehen. Das PME scheint für Personen, die wenig Bereitschaft signalisieren, ihre Symptome in einem „gesamtheitlichen" Kontext zu sehen, besser geeignet zu sein. Die PME verlangt vom Übenden von vornherein auch mehr Selbstkontrolle und damit einen Verzicht auf eine tiefgehende Regression.
Für Personen mit *psychosomatisch hohem Beschwerdedruck* ist das AT besser geeignet. Das AT bringt zum einen mit seinen Entspannungsübungen die Patienten in eine „Ruhestellung" mit hoher Konzentration auf die vom Patienten wahrgenommenen somatischen Beschwerden. Zum anderen werden nach der Übungspha-

se diese körperlichen Empfindungen verbal reflektiert und können somit in einen „psychosomatischen" Zusammenhang gestellt werden.
Das AKG ist im Vergleich mit den anderen beiden Kurzgruppenmethoden für Patienten besser geeignet, die eine besonders *schwere psychische Problematik* aufweisen. Die AKG bietet den Patienten die Chance, ihre Probleme, die sie vielleicht schon über einen längeren Zeitraum haben, offen auszudrücken. Des weiteren haben sie in der Gruppe die Möglichkeit zu sehen, wie andere Personen in der Gruppe unter ähnlichen Problemen und Konflikten leiden, und können so ihre eigenen Symptome relativieren. Durch die Wirkung der Interaktion in der Gruppe erhalten diese Patienten eine größere Aufmerksamkeit für die szenische Darstellung und Durcharbeitung ihrer vor- und unbewußten Konflikte.
Eine optimale Zuweisung wäre sowohl auf seiten der Patienten als auch der Therapeuten von Vorteil: Auf seiten der Patienten kann es durch „gezieltere Gruppenzusammensetzungen" zu förderlichen Interaktionen kommen; auf seiten der Therapeuten können Strategien zum Umgang mit therapiegünstigen bzw. -ungünstigen Verhaltensweisen entwickelt und somit effizientere und befriedigendere Ergebnisse erzielt werden.

## 13.7 Verlaufsmessungen

Die 10 gruppentherapeutischen Sitzungen wurden mit einem kurzen Fragebogen begleitet zur Erfassung

- der Gruppenbefindlichkeit aus der Sicht der Patienten,
- der Beurteilung des Therapeuten durch die Patienten,
- der Veränderung des Medikamentengebrauchs,
- des Übungsverhaltens (bei entspannungstherapeutischen Methoden),
- der subjektiven Erfolgseinschätzung bezüglich der Symptomveränderungen im Therapieverlauf.

Das Gruppenbefindlichkeitssoziogramm zeigt deutlich, daß eine Gruppenintegration in den unterschiedlichen Therapiegruppen bereits in der 2. und 3. Sitzung stattfindet, eine hohe Gruppenkohäsion wird bereits am Beginn der therapeutischen Behandlung erreicht. In der letzten Sitzung kommt es erwartungsgemäß zu einem Sichzurückziehen der Teilnehmer aus der Gruppe entsprechend dem bevorstehenden Abschied von der Gruppe. Die Teilnehmer der AKG beurteilen die Gruppenkohäsion zwar ebenfalls positiv, jedoch zeigen sich hier deutlichere Schwankungen in der Beurteilung zu den einzelnen Sitzungen als bei den beiden entspannungstherapeutischen Methoden, was darauf zurückzuführen ist, daß in der analytischen Behandlung die Gruppendynamik eine größere Rolle spielt. In diesem Sinne darf auch die Therapeutenbeurteilung der Patienten der AKG gesehen werden – auch hier beurteilt diese Patientengruppe den Therapeuten differenzierter als dies die Patienten der entspannungstherapeutischen Gruppen tun. Die Patienten der AKG beurteilen den Therapeuten nicht so positiv wie die Patienten des AT und der PME.

Die Einschätzung des Therapeuten durch die Patienten reflektiert auch das Beziehungsverhältnis, das sie zum Therapeuten haben. Die besonders positive Einschätzung in den Entspannungstherapiegruppen drückt die einerseits angenehme Wirkung stützender Interventionen des Therapeuten auf die Patienten aus, andererseits aber auch die positive Übertragungssituation, die bei den Entspannungstherapien hergestellt wird. Die analytische Arbeit ist diesbezüglich konfliktreicher, dementsprechend sind auch die Beurteilungen des Therapeuten durch die Patienten durchwegs weniger positiv.

Beim Medikamentenverbrauch (nur Psychopharmaka) zeigt sich nur bei einem geringen Prozentsatz der Patienten, die überhaupt Medikamente einnehmen, eine Zunahme während der Behandlung (AT: 4,01%, PME: 6,51%; AKG: 4,98%), während die Abnahme der Medikamenteneinnahme wesentlich deutlicher ausfiel (AT: 9,71%; PME: 12,81%; AKG: 11,41%). Bei den meisten blieb die Medikamenteneinnahme gleich (AT: 38,71%; PME: 54,45%; AKG: 33,49%), was insofern erklärt werden kann, als die Therapeuten während der Behandlung keine Anweisungen zur Veränderung der Medikation gaben, sondern bei diesbezüglichen Fragen auf den verschreibenden Arzt verwiesen. Unter diesem Gesichtspunkt ist die Verringerung der Medikation im angegebenen Ausmaß eine positive Entwicklung, sowohl die Abhängigkeit vom Medikament betreffend als auch in Hinblick auf den Kostenfaktor. Die Abnahme der Medikamente setzt sich, wie aus der Nachuntersuchung zu entnehmen ist, weiter fort.

Bei den Entspannungstherapien wurde auch das Übungsverhalten zu Hause erhoben, wobei das regelmäßige Trainieren einen wichtigen Lernfaktor darstellt. Dabei zeigte sich, daß die meisten Patienten täglich zu Hause üben (AT: 82%; PME: 70%).

Über die Erfassung der Persönlichkeitsmerkmale, der psychischen Gesamtbefindlichkeit und der besonderen Symptomatik mittels standardisierter Fragebögen hinaus sollte den Patienten die Möglichkeit geboten werden, selbst ihre Beschwerden und Probleme, wegen derer sie zur Behandlung gekommen sind, zum Ausdruck zu bringen und sie bezüglich ihrer Besserung im Laufe der Therapie und 10 Wochen nach Beenden der Therapie zu beurteilen. Die subjektive Erfolgsbeurteilung soll die testdiagnostischen Ergebnisse ergänzen und die Veränderung einzelner Beschwerdebilder deutlich werden lassen.

Die genannten Therapieziele geben zunächst einen Hinweis auf die Bedürfnisse und Erwartungen der Patienten an eine psychotherapeutische Behandlung. Dabei wurden als häufigstes Therapieziel „innere Ruhe, Ausgeglichenheit und Gelassenheit" genannt, was auf den Wunsch nach emotionaler Stabilisierung der Patienten hinweist.

Von 5 Problemkreisen, die durch die Psychotherapie gebessert werden sollten, stehen Angst und Depression (37% der Nennungen) an erster Stelle. Psychosoziale Beschwerden (33,6% der Nennungen), Leistungssteigerung/Aktivierung (12,1% der Nennungen), Entspannung (10,3% der Nennungen) und Berufs- und Partnerschaftsprobleme (6,1% der Nennungen) schließen sich an.

Insgesamt wurden von den untersuchten Patienten 989 Therapieziele genannt und beurteilt. Die Beurteilung der von den Patienten genannten Therapieziele erfolgte im Hinblick auf 3 Fragestellungen:

1) Grad der Behinderung,
2) Grad der Erwartung,
3) Ausmaß des Erreichten durch die psychotherapeutische Behandlung.

Die genannten Therapieziele wurden im Hinblick auf diese 3 Gesichtspunkte nach jeder gruppentherapeutischen Sitzung und 10 Wochen nach dem Therapieende von den Patienten auf einer 6stufigen Skala beurteilt. Kategorisiert man alle genannten Therapieziele in die 3 Bereiche

- psychische Beschwerden,
- körperliche Beschwerden,
- soziale Probleme,

so ergeben sich folgende Ergebnisse:
Erwartungsgemäß blieb das Ausmaß der Erwartung an eine psychotherapeutische Behandlung für alle 3 Problembereiche und alle 3 Behandlungsmethoden in etwa unverändert hoch.
Die Abnahme der Behinderung durch körperliche Beschwerden und das Ausmaß des Erreichten, bezüglich dieses Beschwerdekomplexes werden in den beiden entspannungstherapeutischen Methoden als am größten eingeschätzt (AT: $p = 0{,}000$; PME: $p = 0{,}000$; AKG: $p = 0{,}049$). In allen 3 Methoden zeigte sich aber eine statistisch hochsignifikante Besserung dieser Beschwerden (AT, PME, AKG: $p = 0{,}000$).
Bei der Besserung der psychischen Probleme ergaben sich keine Unterschiede zwischen den einzelnen Methoden. Die psychischen Probleme wurden durch alle 3 Behandlungsformen statistisch höchstsignifikant gebessert.
Soziale Probleme (berufliche oder Partnerschaftsprobleme) blieben im Ausmaß ihrer Behinderung für die Patienten der PME unverändert, für die anderen Patienten (AT und AKG) haben sich auch diese Probleme im Laufe des Untersuchungszeitraums gebessert (AT: $p = 0{,}007$; AKG: $p = 0{,}0215$). Die meisten Patienten gaben eine Besserung ihrer psychischen und körperlichen Beschwerden an, jedoch selten eine völlige Heilung.
Die subjektiven Veränderungsziele zeigen die bewußte Einschätzung der Patienten und können auch als Maß für Zufriedenheit und Unzufriedenheit bezüglich des therapeutischen Fortschritts angesehen werden. Es zeigt sich aber auch ein Kalibrierungsphänomen, das vermutlich rückbezüglich wirkt: Das systematische Einstufen der eigenen Beschwerden führt durch die konstante Beschäftigung damit zu einer differenzierteren Wahrnehmung der eigenen Befindlichkeit.
Gegenüber den Testergebnissen ergeben sich 2 Aspekte: Einerseits sind die Tests wohl präziser in der Einordnung von psychischen Störungen im Rahmen allgemeiner Neurosentheorien, andererseits sind die subjektiven Einschätzungen durch das vorherige eigenständige Erstellen der Items der jeweils spezifischen Person angemessener und in diesem Sinne „präziser". Die Bildung subjektiver Items repräsentiert die subjektive Theorie, nach der der betreffende Patient seine Wahrnehmung der Symptome strukturiert. Die subjektiven Einschätzungen konnten das Testmanual bezüglich der Ergebnisse erweitern. Der Erforschung der Veränderung einzelner Symptome in der Einzelfallforschung ist damit ein weiterer Aspekt aufgezeigt.

## 13.8 Vorzeitige Beendigung der Therapie

Aufgrund der begrenzten Anzahl von Therapieplätzen und der langen Wartelisten stellt der Therapieabbruch ein besonderes Problem dar. Therapieabbruch wird oft als Vergeudung von Zeit und therapeutischer Arbeitskraft angesehen. Es ist eine wichtige Aufgabe in der Psychotherapieforschung, zu untersuchen, welche Gründe zu einem vorzeitigen Abbruch führen bzw. welche Persönlichkeitsmerkmale für den Abbruch prädisponierend sind, um das Problem des Therapieabbruchs zu verringern und um daraus auch Verbesserungen für das Vorgehen des Therapeuten ableiten zu können.

Für diese Fragestellung wurde eine Stichprobe von 300 Patienten erfaßt, von denen 210 Personen die Therapie zu Ende führten und 60 Personen sie vorzeitig abbrachen. Das entspricht einem Prozentsatz von 71,4% derer, die die Therapie beendeten, bzw. 28,6% derer, die die Therapie abbrachen. Die Untersuchung über Therapieabbruch umfaßt eine testdiagnostische und inhaltsanalytische Untersuchung der Daten.

Die testdiagnostischen Ergebnisse besagen, daß Therapieabbrecher an größerer Angst leiden (STAI S, $p = 0{,}004$; STAI T, $p = 0{,}064$) und vermehrt auch an Depressionen (FPI 3, $p = 0{,}043$; GBB 1, $p = 0{,}023$; EWL N, $p = 0{,}036$; EWL I, $p = 0{,}001$). Therapieabbrecher sind des weiteren aggressiver (FPI 2, $p = 0{,}016$; GT 2, $p = 0{,}026$) als jene Patienten, die die Therapie zu Ende führten. Die inhaltsanalytische Auswertung der Daten zeigt, daß Therapieabbrecher und Nichtabbrecher sich auch im Interaktionsstil unterscheiden: Therapieabbrecher verhalten sich den anderen Gruppenmitgliedern gegenüber negativer und ablehnender als die Nichtabbrecher („Verwerfung der Gruppe", $p = 0{,}004$; „Entwertung der Gruppe", $p = 0{,}080$), d. h. sie sind insgesamt „labiler" als jene Personen, die die Therapie beenden. Eine Weiterführung dieses Ergebnisses besteht darin, für Patienten Ausschlußkriterien zu entwickeln. Einem Patienten, der nach den Untersuchungsergebnissen beispielsweise als Abbruchpatient eingeschätzt werden kann, müßte der Eintritt in die Gruppentherapie verwehrt werden. Dieser Schritt würde aber zugleich bedeuten, daß den „kränkeren" und somit therapiebedürftigeren Klienten eine Chance auf Besserung ihrer Symptome oder ihres Allgemeinbefindens versagt bleibt.

Als eine Alternative zum Ausschluß von der Therapie kann eine spezielle Gruppenvorbereitung für abbruchgefährdete Patienten angesehen werden, die die Chance dieser Patienten, in der Gruppe zu bleiben, vergrößern soll. Diese Vorbereitung könnte in einer Einzel- oder Gruppensitzung vor Beginn der Therapie stattfinden, wobei all jene Patienten zusammenkommen, die als „abbruchgefährdet" erscheinen.

Die Bedeutung der Vorbereitung von Gruppentherapiepatienten liegt v. a. in der Beseitigung von falschen Auffassungen und Vorstellungen, von unrealistischen Ängsten und Erwartungen und von Anfangsproblemen der Gruppentherapie sowie in der Förderung der Bildung von interpersonalen Bindungen zwischen den Gruppenmitgliedern.

Aufgrund der Untersuchungsergebnisse und der Erfahrungen aus der Psychotherapie werden hier einige Vorschläge von Themen, die in den Vorbereitungssitzungen behandelt werden können, angeführt:

- Im Erstgespräch sollte der Therapeut allgemeine Erklärungen über die Therapie, die der Patient besuchen wird, geben, um zu verhindern, daß der Patient unrealistische Ängste und Erwartungen schon vor Beginn der Therapie aufbaut.
- Der Therapeut könnte mit dem Patienten über dessen Erwartungen an die Therapie sprechen und seine eigenen Erwartungen klarlegen.
- Die Ziele und der Rahmen der Therapie werden ebenso wie eventuell auftretende Schwierigkeiten während der Therapie erörtert.
- Der Therapeut findet während des Erstgesprächs heraus, ob der Patient schon einmal eine Therapie abgebrochen hat. Ist dies der Fall, so untersucht er mit dem Patienten gemeinsam die Gründe dafür.
- Da (geäußerte oder unterdrückte) Aggression eine für Therapieabbruch prädisponierende Variable ist, sollte auch auf förderliches bzw. hinderliches Therapieverhalten eingegangen werden, hier im speziellen auf geäußertes oder unterdrücktes aggressives Verhalten.

Für dieses Vorgehen ist eine sorgfältige diagnostische und anamnestische Untersuchung vor Beginn der Therapie notwendig, um einen abbruchgefährdeten Patienten zu erkennen und ihm eine spezielle Therapievorbereitung und eine individuellere Therapiezuteilung zu ermöglichen. Unter dem Blickwinkel der Indikationsstellung muß festgehalten werden, daß die paradoxe Situation – „kränkere" Patienten brechen die Behandlung vorzeitig ab – zu einer differenzierten Sichtweise führen sollte, nachdem es international vielversprechende Versuche zur Reduzierung von Abbrüchen gibt. Die Abbruchrate von 30% schmälert auch die Ergebnisse der Effektivitätsprüfung, da natürlich nur Daten von Patienten untersuchbar waren, welche die Behandlung vollständig durchgeführt haben. Allerdings bleibt die Frage offen, aus welchen subjektiven Gründen die Abbrecher die Behandlung nicht fortsetzten. Den Abbruchpatienten wurde zu Beginn der Untersuchung ein kurzer Fragebogen zugesandt, mit der Bitte, die Gründe für den Abbruch zu nennen. Die Rücklaufquote lag unter 15%, daher wurde auf eine Auswertung verzichtet. Neben den psychopathologischen Faktoren (z. B. stationäre Aufnahme wegen Verschlechterung der Symptomatik) wurden noch motivationale Faktoren sowie Außenfaktoren (z. B. Umzug) genannt. Weitere Untersuchungen würden nicht nur Abbruchfaktoren erhellen, sondern vielleicht auch einen Beitrag zur Differentialindikation leisten können.

## 13.9 Therapeutenverhalten

Ein kritischer Punkt der meisten Psychotherapiestudien ist die Untersuchung des Therapeutenverhaltens. Häufig wird nur eine Beschreibung der Methode und der therapeutischen Situation vorgenommen. Bei dieser Studie wurden die Gruppengespräche auf Tonband aufgezeichnet und die Interventionen der Therapeuten einer systematischen Inhaltsanalyse unterzogen. Dabei wurden die bereits in der Studie von Sloane et al. (1981) erprobten Kategoriensysteme verwendet, die gewährleisten konnten, daß therapiemethodenübergreifende Gesichtspunkte im Zentrum der

Aufmerksamkeit standen. Es wurde also nicht nur das jeweils aus seiner eigenen Methode heraus erklärbare Therapeutenverhalten untersucht (dies würde ja keine echte Vergleichbarkeit erlauben), sondern es wurden *grundlegende Dimensionen* des Therapeutenverhaltens herangezogen und miteinander verglichen. Dabei konnten nur verbale Äußerungen der Therapeuten ausgewertet werden, nonverbales blieb außer acht. Doch kann diese Studie zeigen, wie auch zuvor schon Wodak (1981) feststellte, daß über das sprachliche Verhalten eindeutige inhaltsanalytische Zuordnungen zu treffen sind und so das Therapeutenverhalten beurteilt werden kann.

Das Verhalten der Therapeuten, die unterschiedliche Therapiekonzepte in verschiedenen Kurzgruppen anwenden, wurde nach den Kategorien von Temple, Lennard u. Bernstein u. Truax u. Carkuff analysiert. Die zentrale Frage bezog sich auf die Identifizierung und Differenzierung des sprachlichen Verhaltens der Therapeuten und läßt sich folgendermaßen formulieren: „Ist ein spezifisches Therapeutenverhalten nachweisbar und unterscheiden sich die 3 Therapeuten in ihrem Interaktionsverhalten in den 3 unterschiedlichen verwendeten Kurzgruppentherapiemethoden?"

Nach den Kategorien von Temple wurde der Gesprächsanteil des Therapeuten inhaltlich geprüft. In der analytischen Gruppe dominierten „Klärungen und Interpretationen" (58,2% aller Nennungen), während in der PME „nichtdirekte Äußerungen" (40,6% aller Nennungen) am häufigsten waren. Im AT zeigten sich nicht so eindeutige Präferenzen, am meisten kamen aber „direkte Äußerungen" (27,5% aller Nennungen) vor. Die Kategorien nach Lennard u. Bernstein ermittelten, wie stark die Kontrolle ist, die der Therapeut über die Interaktion ausübt. In der analytischen Gruppe wurden die Patienten auf „ein allgemeines Thema" (41,1% aller Nennungen) gelenkt, der Therapeut der PME erwartete bestimmte Information vom Patienten, Beschränkung auf einen spezifischen Gedanken (32,9% aller Nennungen) und Fragen nach spezifischer Information (30,1% aller Nennungen). Der Therapeut der AT-Gruppen bietet häufiger neue Vorschläge und Themen an (24,7% aller Nennungen).

Bei den Kategorien nach Truax u. Carkuff sollte das empathische Verhalten des Therapeuten gemessen werden. Das „Ausmaß des interpersonellen Kontaktes" war bei den Therapeuten der AKG und der PME am häufigsten (AKG: 51,4%; PME: 53,4% aller Nennungen). Bei den Therapeuten der AT-Gruppen stand die „Erläuterung des Therapeuten" (39,3% aller Nennungen) im Vordergrund.

Der herausragendste Punkt dieses Teils der Untersuchung besteht darin, daß die „bedeutsamen Therapeutendimensionen" wie die Rogers-Variablen Empathie, Wertschätzung und Echtheit von allen Therapeuten unterschiedlicher Therapieschulen in hohem Ausmaß realisiert wurden. (s. Kategorien nach Truax u. Carkuff).

Möglicherweise steht dies im Zusammenhang mit der langjährigen Therapieerfahrung und der qualifizierten Ausbildung der Therapeuten in den jeweiligen Therapiemethoden.

Tendenziell tritt in den AT-Gruppen verstärkt ein „aktives und direktives Verhalten" auf, während sich in den AKG das typische Analytikerverhalten der Abstinenz und der Deutungsarbeit zeigt. Das Therapeutenverhalten in den PME-Gruppen liegt diesbezüglich „in der Mitte", wobei in den Entspannungsmethoden die Informationsvermittlung eine gewichtigere Rolle im Gegensatz zur AKG einnimmt. Die Therapeuten weisen also eine grundlegend günstige Einstellung zu ihren Patienten auf (z. B. vermeiden sie wertendes Verhalten und zeigen eine wertfreie Haltung), andererseits verhalten sie sich auch methodenkongruent. Dies läßt den Schluß zu, daß die Therapeuten sich so verhalten, wie es ihre jeweilige Therapieschule vorschreibt. Dadurch gewinnen die Behandlungsergebnisse für die Brauchbarkeit der untersuchten Kurzgruppentherapiemethoden an Gewicht. Die Ergebnisse können also nicht auf subjektive Einflußfaktoren der Therapeuten zurückgeführt werden, sondern entsprechen den Forderungen der jeweiligen Therapiemethode.

Die Ergebnisse können durch die Kontrolle des Therapeutenverhaltens auch zum Vergleich mit anderen Studien herangezogen werden. So zeigen sich eine Reihe von Ähnlichkeiten mit der Untersuchung von Sloane et al. (1981) zum Therapeutenverhalten von Psychoanalytikern und Verhaltenstherapeuten, wo sich ebenfalls zeigt, daß bestimmte grundlegende Einstellungen der Therapeuten jenseits der jeweiligen Therapiemethode zu finden sind. Allerdings muß kritisch bemerkt werden, daß die Kausalzuordnung in Hinblick auf die jeweilige Auswirkung eines bestimmten Verhaltenssegments eines Therapeuten auf den Therapieerfolg seines Patienten damit noch lange nicht nachgewiesen ist. Hier steht die Psychotherapieforschung am Anfang und ist bis dato auf spekulative Hypothesen angewiesen, insbesondere unter dem Blickwinkel einer Zwei- bzw. Mehrpersonenpsychologie, welche v. a. durch die Vernetzung der Interaktionen gekennzeichnet ist.

## 13.10 Nachuntersuchung

Zwei Jahre nach der therapeutischen Behandlung wurden 45 Personen interviewt; 15 aus der jeweiligen Kurzgruppentherapiemethode. Ziel war es festzustellen, ob sich Auswirkungen der Behandlung über den Behandlungszeitraum hinaus auffinden ließen und wie die Behandlung im Nachhinein gesehen und beurteilt wurde. Dabei wurde auf eine testpsychologische Erfassung der Symptome verzichtet, da ein mehrjähriger Zeitraum als zu groß erschien, um nicht durch neue Außenereignisse, aber auch durch innere Entwicklungen der Personen so sehr bestimmt zu sein, daß dadurch die Testergebnisse beeinflußt würden. Daher wurde ein halbstandardisiertes Interview angewendet, das genug Spielraum für individuelle Erklärungsmodelle von Veränderung und ihrer Gründe offenließ.

Die Patienten gaben in ihrer Schilderung zu mehr als 2/3 an, daß sich ihre Symptome verbessert hatten, über 15% fühlen sich von ihren Symptomen befreit, nur eine Person berichtete von einer Verschlechterung der Symptomatik. Keine Veränderung beschreiben 28,9% der untersuchten Personen.

Angesichts der grundsätzlichen Schwierigkeit, psychotherapeutischen Erfolg adäquat einzustufen, überrascht es doch, daß eine so geringe Anzahl von Personen eine Verschlechterung der Symptomatik beschreibt. Die Kurzgruppentherapien scheinen also eine Art „Auslöserfunktion" zu besitzen, die es dem Individuum erlaubt, eine Reorganisation oder auch eine Neuorganisation im Hinblick auf die Beschwerden vorzunehmen. Es läßt sich mit einiger Sicherheit annehmen, daß eine

Langzeitwirkung der Kurzgruppenbehandlung vorliegt. Die Kurzzeitwirkung wurde ja eindeutig nachgewiesen (s. Kap. 6). Für die hinreichende Wirkung, zumindest was die subjektive Zufriedenheit der Patienten angeht, spricht auch die geringe Zahl der Patienten, die nach der Kurztherapie eine weitere psychotherapeutische Behandlung gesucht haben (AT: 2, 13,3%; PME: 0; AKG: 8, 53,33%). Sie finden sich hauptsächlich bei den Absolventen der AKG, die durch die Konfliktzentriertheit weiteres Interesse für die Bearbeitung innerer Konflikte zu wecken vermochte.
Auch in der Nachuntersuchung finden sich modellentsprechende Antworten auf die differenzielle Wirkung der Kurzgruppenmethoden. Beschreiben die AT- (24,48%) und PME-Patienten (40%) ausführlich die positive Wirkung der Entspannung und der damit verbundenen Fähigkeit, sich aus Konfliktzonen herauszubegeben, so weisen AKG-Patienten besonders häufige Nennungen von „Stärkung des Selbstbewußtseins" (35,5%) und „mehr zu eigenen Bedürfnissen stehen können" auf. Doch auch in den Entspannungsmethoden wurden diese Dimensionen angesprochen und in der Nachuntersuchung als Therapieeffekt beschrieben, allerdings nachrangig den Entspannungswirkungen.
Insgesamt beschreiben alle Patienten eine Differenzierung ihrer Problematik, spezifische gruppentherapeutische Faktoren wie die Wahrnehmung der unterschiedlichen Leidensformen bei den anderen und die damit verbundene Relativierung des eigenen Leidens scheinen ihre positive Wirkung ausgeübt zu haben. Die AKG-Patienten konnten ausführlichere Berichte über die für sie wichtigen Heilfaktoren geben, was darauf zurückzuführen ist, daß in den AKG das verbale Bearbeiten von Konflikten im Vordergrund steht, während in den „Entspannungsgruppen" das Provozieren von Übertragunskonflikten von seiten der Therapeuten eher vermieden wird.
Die Arztbesuche nahmen nach der Behandlung durchwegs ab (53,3%), ebenso die Einnahme von Psychopharmaka (AT: 41,7%; PME: 66,7%; AKG: 66,7%). Diese Daten korrelieren mit dem Behandlungserfolg. Von 45 Untersuchten beschrieben 39 Personen einen positiven Einfluß der Gruppe auf ihr Befinden, 9 Personen meinten, die Behandlungsgruppe habe keinen Einfluß auf sie gehabt. Interessanterweise messen die untersuchten Personen dem Umfeld der therapeutischen Situation Bedeutung zu, sie beurteilen die Kontakte mit den Krankenschwestern, die die Verwaltungsarbeit erledigen, durchwegs positiv.
Die Ergebnisse der Nachuntersuchung stützen die Resultate der testpsychologischen Untersuchung nach dem Ende der Behandlung insofern, als auch dort eine allgemeine Verbesserung der Symptomatik (AT: 66,7%; PME: 60%; AKG: 80%) festgestellt werden konnte und die subjektive Beurteilung der Veränderung im Untersuchungszeitraum von 20 Wochen ähnliche Einschätzungen aufweist.
Die Nachuntersuchung hat natürlich einen Pferdefuß, weil möglicherweise gerade jene nicht zur Nachbesprechung erschienen, die die Behandlung als für sie negativ beurteilen. Sie entzogen sich möglicherweise der Kritik am therapeutischen Setting durch die Weigerung, an der Nachuntersuchung teilzunehmen.
Wie bei der Effektivitätskontrolle insgesamt stehen wir auch bei der Nachuntersuchung vor dem Problem der kausalen Attribuierung: Natürlich läßt sich ein Zusammenhang zwischen Therapie und Effekt nicht objektiv begründen, viele Indizien weisen aber auf mögliche kausale Wirkungen hin. Durch das qualitative Inter-

view wurden in der Nachuntersuchung einige neue Aspekte beleuchtet, so etwa die Zuschreibung von Heilfaktoren zu den einzelnen Behandlungsmethoden und Wirkaspekte der Gruppenzusammenstellung.

## 13.11 Probleme bei der Untersuchungsdurchführung

Merkwürdigerweise finden sich in der Literatur zur Psychotherapieforschung so gut wie keine Berichte über die Kommunikationsschwierigkeiten, die durch ein Untersuchungsdesign hervorgerufen werden. Der Autor hat dazu 2 Vermutungen: Da diese Schwierigkeiten von den Forschern als höchst subjektiv empfunden werden, haben sie keinen Platz in der Schilderung der objektiven Ergebnisse. Sie tauchen dann verschlüsselt im wissenschaftlichen Text auf, z. B. durch das Vorkommen hoher Datenausfälle, weil Patienten oder Untersucher nicht mehr bereit sind, die entsprechenden Interviews zu führen. Neben dem Bemühen um Objektivität ist es natürlich peinlich, wenn der Forscher zugeben muß, daß eigene persönliche Schwächen (aber auch Stärken) überhaupt eine Rolle spielen. Die Bedeutung der Studie könnte dadurch angezweifelt werden. Schließlich führt das Verschweigen des Forschungsinteresses ebenfalls dazu, die Probleme, die im Untersuchungskontext auftreten, zu verschweigen oder in die Untersuchung einzukleiden. Da es sich gerade in der Psychotherapieforschung um die Erforschung hochkomplexer Interaktionssysteme handelt, spielen die genannten Punkte immer eine Rolle; ihr Gewicht für die Relevanz der untersuchten Aussagen bleibt noch im Dunkeln.

Die Ambulanz für Psychotherapie ist als Versorgungseinrichtung der Wiener Gebietskrankenkasse organisiert und dementsprechend nicht auf Psychotherapieforschung ausgerichtet. Dennoch wurden und werden – oft in mühevoller Arbeit des jeweiligen Untersuchenden – meist kleinere Studien durchgeführt (vgl. Strotzka 1969; Pritz 1986, 1987). Die Gebietskrankenkasse selbst als Träger der Ambulanz ist prinzipiell nicht an Begleitforschung interessiert und sieht diese Aufgabe als bei den Universitäten liegend (Strotzka in einem Fernsehinterview des ORF 1987).

Da die Untersuchung an einem Ort stattfand, wo Psychotherapie im Rahmen einer Ambulanz durchgeführt wird, in der ein Team von Therapeuten und Schwestern tätig ist, mußten alle beteiligten Personen mit der Untersuchungsdurchführung betraut und zur Mitarbeit bereit sein.

Dazu bedurfte es einer Reihe von planenden und klärenden Gesprächen mit der Ambulanzleitung, den an der Untersuchung direkt beteiligten Therapeuten, den Krankenschwestern, die wesentlich am Ablauf der Organisation der Ambulanz beteiligt sind, und den Testleitern sowie den sonst in der Ambulanz tätigen Therapeuten. Die Therapeuten, die die untersuchten Kurzgruppen leiteten, mußten bereit sein, zur Kontrolle des Therapeutenverhaltens und des Ablaufs der Gruppensitzungen die Sitzungen auf Tonband aufzunehmen.

Einen Konfliktstoff im Rahmen der Untersuchungsdurchführung stellte die ambivalente Einstellung der Therapeuten zur Erfassung der Daten mittels Fragebogen und die vorgesehene statistische Aufarbeitung des so erhobenen Datenmaterials dar. Einerseits wollten die Therapeuten in möglichst kurzer Zeit möglichst objektive Aussagen von möglichst vielen Patienten bezüglich der Effektivität der von ihnen durchgeführten Kurzgruppentherapie, andererseits standen sie empirischen Studien kritisch gegenüber.

Dabei wurden die bekannten Argumente, die gegen empirisches Vorgehen häufig vorgetragen werden, wiederholt, wie z. B. die mangelnde Berücksichtigung der „inneren" Prozesse während der Behandlung, Nivellierung der Subjektivität des einzelnen Patienten, prinzipielle „Unvergleichlichkeit" von Personen, Probleme einer adäquaten Kontrollgruppe usw. Befürchtungen hinsichtlich der Kontrolle der Therapeuten durch die Studie wurden ebenso geäußert wie die Vorstellung, es ginge wie in einem „Pferderennen" darum, wer der beste (und wohl auch schlechteste) Therapeut bzw. welches die beste Therapiemethode wäre.

Die sog. subjektive Erfolgseinschätzung wurde dabei meist als gegensätzlich und unvereinbar zur „objektiven" Erfolgskontrolle angesehen. Damit die Untersuchungsdurchführung gelingen konnte, mußten eine Reihe von Verständnisschwierigkeiten und Vorurteilen, die dann zur notwendigen Motivation der Therapeuten geführt haben, aus dem Weg geräumt werden.

Von seiten der Patienten war eine Verunsicherung bezüglich statistischer Datenerhebung und des damit verbundenen Problems des Datenschutzes spürbar. Zum anderen waren einige Patienten anfänglich mit dem Ausfüllen der Fragebogen überfordert, und es bedurfte der sorgfältigen Arbeit der Testleiter, um Fehlerquellen, die aus Unverständnis oder Ungenauigkeit seitens der Patienten beim Ausfüllen entstanden, auszuschalten.

Es war nicht zu verhindern, daß sich einige Patienten mit den Fragebogen auch an die diensthabenden Krankenschwestern oder an den Therapeuten selbst wandten, und es bedurfte der Zusammenarbeit aller, daß die Untersuchung in diesem Rahmen durchgeführt werden konnte.

Von den Testleitern waren eine genaue Kenntnis der Testanweisung und ein einheitliches Vorgehen erforderlich und mußten daher vorher trainiert werden. Zur Durchführung der Drittmessung (10 Wochen nach dem Behandlungsende) wurde eine Nachbesprechung eingeführt. Wie auch bei anderen Untersuchungen kamen nicht mehr alle an der Behandlung teilgenommenen Patienten. Dasselbe gilt für die Nachuntersuchung, die 2 Jahre nach dem Therapieende durchgeführt wurde. Dabei wurden die Patienten telefonisch und brieflich zu einem Nachgespräch eingeladen. Da das Therapieende relativ lang zurücklag, war es nicht immer leicht, die Patienten von der Wichtigkeit einer solchen Nachbesprechung zu überzeugen und zur Teilnahme zu bewegen.

Patienten, die das wünschten, erhielten die wichtigsten Testergebnisse vom Testleiter bei der Nachbesprechung, bzw., wenn es gewünscht war, mit der Post zugesandt.

Die Auswirkungen der Studie auf das Therapeutenteam sind insofern interessant, als einige Kollegen, die vorher eine negative und ablehnende Haltung gegenüber empirischer Psychotherapieforschung eingenommen hatten, nun ihrerseits begleitende Untersuchungen begonnen haben, die der Transparenz der täglichen Ambulanzarbeit sehr zugutekommen.

## 13.12 Weitere Forschungsperspektiven

Die Untersuchung wirft vielfältige Fragestellungen auf, die weiterer Forschungsunternehmungen bedürfen. Ausgehend von der Heterogenität der theoretischen Ansätze in den Kurzgruppentherapien wäre es notwendig, Modelle zu entwickeln, die sich deutlicher als bisher auf die Situation der kurzen Zeit und der spezifisch fokalen Zielrichtung beziehen. Ein Zugang dazu wäre, die Äußerungen der Patienten vor Beginn der Behandlung und während der therapeutischen Sitzungen hinsichtlich der jeweils auftretenden Thematik inhaltsanalytisch zu untersuchen. Dies könnte auch weiteren Aufschluß über Prozeßphasen geben. Die starken Veränderungen bei den Patienten auf der Warteliste provozieren entsprechende Untersuchungen in den Vorstufen der psychotherapeutischen Behandlung. Diese könnten nicht nur Information über Gruppentherapiepatienten bringen, sondern darüber hinaus generelle Prognosen zur Psychotherapieindikation ermöglichen. Die kognitiven wie emotionalen Strukturen sowie deren dynamische Veränderung durch die Entscheidung zur Psychotherapie sind dringend zu untersuchen, da damit die „Partei" des Patienten in bezug auf ihre Aktivität in der Psychotherapie, die möglicherweise eine zentrale Stelle einnimmt, entsprechend gehört werden kann. Dies ist auch im Hinblick auf therapiedifferenzielle Fragestellungen relevant: Warum nützen z. B. bestimmte Patienten die therapeutische Situation in der einen Methode, während sie von einer anderen kaum Gewinn beziehen bzw. ihre Aktivität anders einsetzen oder gar nicht aufkommen lassen? In der Therapeut-Patient-Beziehung bekommt so die Stellung des Patienten zum Therapeuten ein größeres Gewicht als bisher angenommen wurde; die Stellung des Therapeuten hingegen relativiert sich. Es wäre interessant, der Frage nachzugehen, ob Patienten mit homogener Symptomatik in Kurzgruppentherapien ähnlich abschneiden wie Teilnehmer in heterogenen Gruppen, wie sie in der Studie untersucht wurden. Unklar ist nach wie vor der Einfluß bestimmter Aktivitäten von Gruppenmitgliedern auf die anderen Gruppenmitglieder: Auf welche Weise helfen sie sich gegenseitig, wie hindern sie einander, und wie bedeutsam sind spezifische Verhaltensweisen gegenüber unspezifischen Einflüssen? Die Problematik der Psychotherapieforschung wird besonders spürbar, wenn es darum geht, so hochkomplexe Interaktionsformen in ihrer dynamischen wechselseitigen Abhängigkeit zu untersuchen. Hierzu bedarf es meiner Ansicht nach einer qualitativen Verbesserung der Untersuchungsmethodik, die erst in Ansätzen vorhanden ist (etwa im Bereich der Aktionsforschung und der Inhaltsanalyse).

Dazu bedarf es auch einer genaueren Analyse der subjektiven Theorien, mit denen Patienten in die Therapie gehen, sie durchleben und nachher die Effekte zuschreiben. Dies läßt sich durch Einzelfallstudien besser untersuchen als durch statistische Gruppenvergleiche. Warum und wie die subjektive Erfolgsbeurteilung manchmal von den objektiv erhobenen Befunden abweicht, ist ein weiteres Thema, das die Forschung noch beschäftigen wird.

Insgesamt müssen wir nach Forschungsmethoden suchen, die die Bewegung der therapeutischen Beziehung besser abzubilden vermögen als bisher. Im Bereich der Nachuntersuchungen wird dies besonders deutlich, da mit den derzeitigen Untersuchungsmethoden die Gewichtung der Einflußgrößen sehr schwierig und bis dato

eigentlich nur auf die Auswertung von subjektiven Berichten zu vertrauen ist. Diese ist zwar sehr wichtig, aber nicht ausreichend für kausale Begründungen.
Unklar ist nach wie vor, welchen Stellenwert die Außeneinflüsse während der Therapie auf Prozeß, Erfolg oder Mißerfolg haben. Hier wären kontrollierte Studien von großer Hilfe, um dem therapeutischen Interaktionsnetz weitere Informationen zuzuführen. Dies gilt auch für Personen, die die Behandlung vorzeitig beenden.
Ein besonders vernachlässigter Teil in der Psychotherapieforschung ist die Operationalisierung von gefundenen Ergebnissen für die therapeutische Praxis. Für den Froscher ist die Arbeit meist getan, wenn die Untersuchungsergebnisse auf dem Tisch liegen. Oft sind diese Resultate für den Psychotherapeuten in der Praxis entweder gar nicht les- und interpretierbar, oder die in den Ergebnissen verpackten indirekten Handlungsanweisungen sind so verschlüsselt, daß sie für die therapeutische Praxis nicht anwendbar sind und der Psychotherapeut daher wieder mehr auf seine subjektiven Konzepte vertraut. Die Transferleistung kann z.B. so aussehen: In der vorliegenden Studie konnte gefunden werden, daß „nervöse" Personen (FPI, Skala 1) vom AT besonders profitieren. Die Konstruktion eines Fragebogens zur Dimension „Nervosität" könnte eine Hilfestellung bieten, um eine positive Indikationsstellung für AT zu treffen. Im Bereich des Therapeutenverhaltens könnten gezielte Verhaltensweisen zu bestimmten Interventionstechniken gezielt geübt und ins Verhaltensrepertoire des Therapeuten aufgenommen werden.
Generell muß der Forscher mehr die konkrete therapeutische Praxis im Auge haben, will er mit seinen Ergebnissen auch eine Wirkung erzielen.

# Literatur

Aaron WS, Daily D (1974) Short- and long-term therapeutic communities: a follow-up and cost effectiveness comparison. Int J Addict 9:619–636
Abramson RM, Hoffmann L, Johns A (1979) Play group psychotherapy for early latency children on a inpatient psychiatric unit. Int J Group Psychother 29:383–392
Adorno TW (1969) Zur Logik der Sozialwissenschaften. In: Adorno TW, Dahrendorf R, Pilot H, Albert H, Habermas J, Popper KR (Hrsg) Der Postivismusstreit in der deutschen Soziologie. Luchterhand, Darmstadt
Adsett CA, Bruhn JG (1968) Short-term group therapy for post-myocardial infarction patients and their wives. Can Med Assoc J 99:557–585
Affleck DE, Garfield SL (1961) Predictive judgements of therapists and duration of stay in psychotherapy. J Clin Psychol 17:134–137
Ahumada JL (1976) On limited-time group-psychotherapy. II. Group process. Br J Med Psychol 49:81–88
Ahumada JL, Abiuso D, Baiguera N, Gallo A (1974) On limited-time group-psychotherapy: I. Setting, admission and therapeutic ideology. Psychiatry 37:254–260
Alexander F (1956) Psychoanalysis and psychotherapy. Norton, New York
Alexander F, French TM (1946) Psychoanalytic therapy. Ronald, New York
Angst J, Dobler-Mikola A, Binder J (1984) The Zurich study – a prospective epidemiological study of depressive, neurotic and psychosomatic syndromes. I. Problem, methodology. Eur Arch Psychiatr Neurol Sci 234:13–20
APA (1982) Psychotherapy research (published by: APA Commission on Psychotherapies)
Argelander H (1972) Gruppenprozesse – Wege zur Anwendung der Psychoanalyse in Behandlung, Lehre und Forschung. Rowohlt, Hamburg
Argyle M (1967) The psychology of interpersonal behavior. Penguin, Harmondsworth
Argyle M (1969) Social interaction. Methuen, London (dt. 1972; Soziale Interaktion. Kiepenheuer & Witsch, Köln)
Argyle M, Kedon A (1967) The experimental analysis of social performance. In: Berkowitz L (ed) Advances in experimental social psychology, vol 3. Academic Press, New York, pp 312–314
Arieti S, Bemporad J (1983) Depression – Krankheitsbild, Entstehung, Dynamik und psychotherapeutische Behandlung. Klett-Cotta, Stuttgart
Attkisson C, Hargreaves WA, Horowitz MJ, Sorenson JE (1978) Evaluation: Current strengths and future directions. In: Evaluation of human service programms. Academic Press, New York, pp 174–183
Bach H (1981) Der Krankheitsbegriff in der Psychoanalyse. Vandenhoeck & Ruprecht, Göttingen
Bach GR, Molter W (1976) Psychoboom. Wege und Abwege moderner Psychotherapie. Diederichs, Düsseldorf Köln
Bailey MA, Warshaw L, Eichler RM (1959) A study of factors related to length of stay in psychotherapy. J Clin Psychol 15:442–444
Bales CD, Cohenm JL (1979) The use of EMG feedback and progressive relaxation in the treatment of a woman with chronic back pain. Biofeedback Self Regul 4:345–353
Balint M, Ornstein PH, Balint E (1972) Focal psychotherapy. Tavistock, London
Bandura A (1971) Psychological modelling, conflicting theories. Aldine, Chicago

Bandura A (1974) Behavior theory and the models of man. Am Psychol 29
Barrera M Jr (1979) An evaluation of a brief group therapy of depression. J Consult Clin Psychol 47:413–415
Barrett-Lennard GT (1962) Dimensions of therapist response as causal factors in therapeutic change. Psychol Monogr Gen Appl 76
Baudouin C (1972) Suggestion and Autosuggestion. Schabe, Basel
Bauer M (1976) Psychotherapeutische Versorgung. In: Blohmke M, Ferber O von, Kisker KP (Hrsg) Sozialmedizin in der Praxis. Enke, Stuttgart (Handbuch der Sozialmedizin, Bd III, S 275–316)
Baumann D (1986) Inhaltsanalytische Studie zu passiven Verhaltensweisen. Diplomarbeit, Wien
Beakland F, Lundwall L (1975) Dropping out of treatment: A critical review. Psychol Bull 82:783
Becker AM (1978) Psychoanalyse. In: Strotzka H (Hrsg) Psychotherapie, Grundlagen, Verfahren, Indikationen, 2 Aufl. Urban & Schwarzenberg, München, 149–294
Beckmann D, Richter H-E (1972) Gießentest (GT). Huber, Bern
Beckmann D, Brähler E, Richter H-E (1983) Der Gießen-Test (GT). Ein Test für Individual- und Gruppendiagnostik. Handbuch, 3. überarb. Aufl. Huber, Bern
Bednar RL, Kaul TJ (1978) Experimental group research: Current perspectives. In: Bergin AE, Garfield SL (eds) Handbook of psychotherapy and behaviour change: An empirical analysis, 2nd edn. Wiley, New York, pp 769–816
Beitel EH, Kröner B (1982) Veränderung des Selbstkonzeptes durch Autogenes Training. Z Klin Psychol 11:1–15
Bellak L (1980) Vortrag 3. Mai 1980. Jacobi Hospital, Bronx, New York
Bellak L, Small L (1975) Kurzpsychotherapie und Notfallpsychotherapie. Suhrkamp, Frankfurt am Main
Benditsky H (1978) A psychosomatic approach to Gilles de la Tourette's syndrome. Diss Abstr Int 39/2–8:960–970
Bernard HS, Klein RH (1977) Some perspectives on time-limited group psychotherapy. Compr Psychiatry 18:579–584
Bernstein DA, Borkovec TD (1973) Progressive relaxation training: A manual for helping professions. Res Press 66:76–83
Betcher WR (1983) The treatment of depression in brief inaptient group-psychotherapy. Int J Group Psychother 33:365–385
Binder J, Angst J (1981) Soziale Konsequenzen psychischer Störungen in der Bevölkerung. Eine Fallstudie an jungen Erwachsenen. Arch Psychiatr Nervenkr 229:355–370
Binder J, Smokler K (1988) Early memories: A technical aid to focusing in time limited dynamic psychotherapy. Psychother Theor Res Pract 17:52–62
Binswanger H (1929) Beobachtungen an entspannten und versenkten Versuchspersonen. Nervenarzt 2, 4
Bion WR (1971) Erfahrungen in Gruppen und anderen Schriften. Klett, Stuttgart
Blanchard EB et al. (1985) Behavioral treatment of 250 chronic headache patients: A clinical replication series. Ctr Stress Anxiety Disorders 16:308–327
Blaser AB (1980) Role of stereotypes in selecting patients for psychotherapy. Psychother Psychosom 33:59–68
Blau PM (1964) Exchange and power in social life. Wiley, New York
Blau PM (1968) Social exchange. In: Sillis DL (ed) International encyclopedia of the social sciences, vol 7. Macmillan, New York, pp 419–434
Bloom BL (1981) Focused single session therapy: Initial development and evaluation. In: Budmann SH (ed) Forms of brief therapy. Guilford, New York, pp 157–216
Bond GR, Lieberman MA (1978) Selection criteria for group therapy. In: Brady JP, Brodie HKH (eds) Controversy in psychiatry. Saunders, Philadelphia, pp 114–133
Borkovec TD, Fowles DC (1973) Controlled investigation of the effects of progressive and hypnotic relaxation on insomnia. J Abnorm Psychol 82:153–158
Bowers WA, Gauron EF (1981) Potential hazards of the cotherapy relationship. Psychother Theory Res Pract 2:225–228

Brabender VM (1985) Time limited inpatient group therapy: A developmental model. Int J Group Psychother 35:373–390

Brabender VM, Albrecht E, Silitti J, Cooper J, Kramer E (1983) A study of curative factors in short-term group-psychotherapy. Hosp Community Psychiatry 34:643–644

Brähler E (1978) Der Gießener Beschwerdebogen (GBB). Med Habilitationsschrift, Universität Gießen

Brähler E, Scheer J (1983) Der Gießener Beschwerdebogen (GBB). Handbuch. Huber, Bern

Bräutigam W (1972) Reaktionen Neurosen Psychopathien. Thieme, Stuttgart

Bräutigam W, Christian P (1981) Psychosomatische Medizin. Thieme, Stuttgart

Brorsen R (1980) Biofeedback, Autogenes Training und Autogenes Feedback Training bei chronischer Migräne: Eine vergleichende Therapiestudie. Dissertation, Universität Salzburg

Budman SH (1981a) An adult development model of short-term group psychotherapy. In: Budman SH (ed) Forms of brief therapy. Guilford, New York, pp 305–342

Budman SH (ed) (1981b) Forms of brief therapy. Guilford, New York, Group

Budman SH (1985) Forms of brief therapy. Guilford, New York

Budman SH, Bennet MJ (1983) Short-term group psychotherapy. Group 5:25–31

Budmann SH, Wisneski MJ (1983) Short-term group psychotherapy. In: Kaplan H, Sadok BJ (eds) Comprehensive group psychotherapy. Williams & Wilkins, Baltimore, pp 138–143

Budmann SH, Clifford M, Bader L, Bader B (1981a) Experimental pregroup preparation and screening. Group 5:19–26

Budman SH, Randell M, Denby A (1981b) An outcome in short-term group psychotherapy. Group 5:37–51

Budmann SH, Demby A, Feldstein M, Gold M (1984) The effect of time-limited group psychotherapy: A controlled study. Int J Group Psychother 34:587–603

Burke JD, White HS, Havens LL (1979) Which short term therapy? Arch Gen Psychiatry 36:177–187

Butcher JN, Koss MP (1978) Research on brief and crisis-oriented therapies. In: Bergin AE, Garfield SL (eds) Handbook of psychotherapy and behaviour change. Wiley, New York, pp 725–767

Cantor DW (1977) School-based groups for children of divorce. J Divorce 1:183–187

Cantor RC (1978) And a time to live. Harper & Row, New York

Carruthers M (1982) Gibt es eine westliche Art zu sterben? Eine Antwort aus dem Osten. In: Kielholz P, Sieggenthaler W, Taggart W, Zanchetti A (Hrsg) Psychosomatische Herz-Kreislaufstörungen: wann und wie behandeln? Huber, Bern

Cartwright DS (1955) Success in psychotherapy as a function of certain actuarial variables. J Consult Psychol 19:357–363

Cautela JR (1967) Covert sensation

Chertok L, Langen D (1981) Psychosomatik der Geburtshilfe. Kindler, München

Cohn R (1975) Von der Psychoanalyse zur themenzentrierten Interaktion. Klett, Stuttgart

Cole NJ, Branch CH, Allison RB (1962) Some relationship between social class and the practice of dynamic psychiatry. Am J Psychiatry 118:1004–1012

Conelly JL, Piper WE (1984) Pretraining behavior as a predictor of process and outcome in group psychotherapy. (Paper presented to the 15th Annual Meeting of the Society for Psychotherapy Research, Louis, Alberta)

Cook EL, Mead B (1966) Short term group psychotherapy. J Med Soc New Jersey 63:83–85

Cordeiro JC (1972) A new perspective in the treatment of drug addicts: Relaxation. Ann Med Psychol 1:11–17

Corder BF, Haizlip TM, Whiteside L, Vogel M (1980) Pretherapy training for adolescents in group psychotherapy: Contracts, guidelines and pretherapy preparation. Adolescents 59:699–706

Corder BF, Whiteside L, Haizlip TM (1981) A study of currative factors in group psychotherapy with adolescents. Int J Group Psychother 31:345–354

Core-Battery (1981) American Group Psychotherapy Association, New York

Cory TL, Page D (1978) Group techniques for affecting change in the more disturbed patient. Group 2:149–155
Covi L, Roth D, Lipman RS (1984) Cognitive group psychotherapy of depression: The close-ended group. Am J Group Psychother, pp 67–81
Craig T, Huffine C (1976) Correlates of patient attendance in an inner-city mental health clinic. Am J Psychiatry 133:61–64
Cremerius J (1962) Die Bedeutung des Behandlungserfolges in der Psychotherapie. Springer, Berlin Heidelberg New York (Monographien aus dem Gesamtgebiet der Neurologie und Psychiatrie, Bd 99)
Cremerius J (1984) Vom Handwerk des Psychoanalytikers: Das Werkzeug der psychoanalytischen Technik, Bd 1–2. Frommann-Holzboog, Stuttgart
Davanloo H (1978) Basic principles and techniques in short term dynamic psychotherapy. Spectrum Press, New York
Degkwitz R (1981) Zum umstrittenen psychiatrischen Krankheitsbegriff. Urban & Schwarzenberg, München
Deutsch CB, Kramer N (1977) Outpatient group psychotherapy for the elderly: An alternative to institutionalisation. Hosp Community Psychiatry 28:440–442
Dies RR (1979) Group psychotherapy. Reflections on three decades of research. J Appl Behav Sci 15:361–374
Dies RR (1983) Clinical implications of research of leadership in short term group psychotherapy. In: Dies RR, MacKenzie KR (eds) Advances in group psychotherapy: Integrating research and practice. Int Univ Press, New York, pp 27–78
Dies RR (1985) Leadership in short term group therapy: Manipulation of facilitation. Int J Group Psychother 35:435–455
Dies RR, Hess AK (1970) Self-disclosure, time perspective and semantic-differential changes. Marathon and short term group therapy. Compr Group Stud 4:384–395
Dilling H, Weyerer S, Castell R (1984) Psychische Erkrankungen in der Bevölkerung. Enke, Stuttgart
Dodd JA (1971) A retrospective analysis of variables related to duration of treatment in a university psychiatric clinic. J Nerv Ment Dis 151:75–84
Donovan WB, Marvit RC (1970) Alienation-reduction in brief group therapy. Am J Psychiatry 127:825–827
Donovan JM, Bennett MH, McElroy CM (1979) The crisis group, an outcome study. Am J Psychiatry 136:906–910
Dörner K, Plog U (1984) Irren ist menschlich oder Lehrbuch der Psychiatrie-Psychotherapie. Psychiatrie-Verlag, Hannover
Drews S, Klüwer R, Köhler-Weisker A, Krüger-Zenl M, Menne K, Vogel H (Hrsg) (1978) Alexander Mitscherlich zu Ehren, Festschrift für Alexander Mitscherlich zum 70. Geburtstag: Provokation und Toleranz. Suhrkamp, Frankfurt am Main
Dührssen A (1972) Analytische Psychotherapie in Theorie, Praxis und Ergebnissen. Vandenhoeck & Ruprecht, Göttingen
Edinger JD (1985) Relevation and depersonalisation. Br J Psychiatry 146:103
Ehebald U (1978) Der Psychoanalytiker und das Geld. In: Drews S et al. (Hrsg) Provokation und Toleranz. Suhrkamp, Frankfurt, S 361–386
Epstein NB, Vlock LA (1981) Research on results of psychotherapy: A summary of evidence. Am J Psychiatry 138:1027–1035
Erikson EH (1959) Identity and life cycle. Int Univ Press, New York
Eysenck HJ (1952) The effects of psychotherapy: An evaluation. J Consult Psychol 16:319–324
Ezriel H (1961) Übertragung und psychoanalytische Deutung in der Einzel- und Gruppensituation. Psyche (Stuttg) 16:496–523
Faber FR (1984) Psychotherapie und Allgemeinmedizin – Thesen, Daten und Vorschläge zur ärztlichen Psychotherapie. Psychother Psychosom Med Psychol 34:134–139
Fahrenberg J, Selg H, Hampel R (1978) Das Freiburger Persönlichkeitsinventar (FPI). Hogrefe, Göttingen

Farrell D (1976) The use of active experimental group techniques with hospitalized patients. In: Wolberg LR, Aronson ML (eds) Group therapy. Stratton, New York, pp 117–129
Faude BC, Esser G (1978) Polypragmatische Psychotherapie bei einer Konversionsneurose mit Frigidität. Partnerberatung 15/2:56–59
Ferber O von (1971) Gesundheit und Gesellschaft. Kohlhammer, Stuttgart
Ferenczi S, Rank O (1925) The development of psychoanalysis. Int Univ Press, Madison CT
Fey SG, Lindholm E (1978) Biofeedback and progressive relaxation: Effects on systolic and diastolic blood pressure and heart rate. Psychophysiology 15:239–247
Fiester AR, Rudestam KE (1975) A multivariate analysis of the early dropout process. J Consult Clin Psychol 43:428–535
Fischer G (1974) Einführung in die Theorie psychologischer Tests. Huber, Bern
Flegenheimer WV (1982) Techniques of brief psychotherapy. Aronson, New York
Fleissner P (1979) Monetäre Kostenabschätzung für Österreich. In: Strotzka H et al. (Hrsg) Ökonomische Aspekte psychosozialer und psychosomatischer Erkrankungen. Zur Frage der Kosten psychischer Krankheit. Institut für Gesellschaftspolitik, Wien, S 141–160
Floru L (1973) Attempts at behavior therapy by systematic desensitization. Psychiatr Clin 6:300–318
Foerster K (1982) Psychotherapeutische Betreuung leukosekranker Patienten bei der Behandlung unter Isolationsbedingungen. Psychother Psychosom Med Psychol 32:35–38
Foulkes SH (1957) Introduction to group-analytic psychotherapy. Penguin, London
Foulkes SH (1974) Gruppenanalytische Psychotherapie. Kindler, München
Frances A, Clarkin JF, Marachi JP (1980) Selection criteria for a outpatient group psychotherapy. Hosp Community Psychiatry 31:245–258
Frank JD (1961) Persuasion and healing. John Hopkins Press, Baltimore
Frank JD (1966) Common features account for effectiveness. Int J Psychiatry 7:122–127
Frank JD (1979a) The present status of outcome studies. J Consult Clin Psychol 47:310–316
Frank JD (1979b) Thirty years of group psychotherapy. A personal perspective. Int J Group Psychother 29:439–452
Freud A (1936, $^{12}$1980) Das Ich und die Abwehrmechanismen. Kindler, München
Freud S (1901) Zur Psychopathologie des Alltagsleben. (Gesammelte Werke, Bd 4; Fischer, Frankfurt am Main 1966 ff)
Freud S (1913) Märchenstoffe in Träumen. GW Bd 10
Freud S (1915) Bemerkungen über die Übertragungsliebe. GW Bd 10
Freud S (1916/1917) Vorlesungen zur Einführung in die Psychoanalyse. GW Bd 11
Freud S (1923) Das Ich und das Es. GW Bd 13
Freud S (1937) Die endliche und unendliche Analyse. GW Bd 16
Friedman WH (1976) Referring patients for group psychotherapy. Some guidelines. Hosp Communnity Psychiatry 27:121–123
Gada MD (1984) A comparative study of efficiency of EMG biofeedback and progressive muscular relaxation in tension headache. Indian J Psychiatry 26:121–127
Garfield SL (1978) Research on client variables in psychotherapy. In: Bergin AE, Garfield SL (eds) Handbook of psychotherapy and behavior therapy. Wiley, New York, pp 191–232
Garfield SL, Bergin AE (eds) (1978) Handbook of psychotherapy and behavior change: An empirical analysis, 3rd edn. Wiley, New York
Garfield SL, Kurz R (1976) Clinical psychologists in the 1970's. Am Psychol 31:1–9
Garfield SL, Affleck DC, Muffly RA (1963) A study of psychotherapy interaction and continuation of psychotherapy. J Clin Psychol 19:473–478
Garrison JE (1960) Effects of systematic preparation of patients for group psychotherapy. Diss Abstr Int 33:2208
Garvin CD, Reid W, Epstein L (1976) A task-centered approach. In: Roberts RR, Northern H (eds) Theories of social works with groups. Columbia Univ Press, New York, pp 34–48
Gebsattel EE von (1959) Psychokatharsis? In: Frankl VE, Gebsattel EE von, Schultz JH (Hrsg) Handbuch der Neurosenlehre, Psychotherapie, Bd 3. Urban & Schwarzenberg, München, S 372

Gerber WD (1982) Behandlung durch Entspannungstechniken. Migräne, Praxis der Diagnostik und Therapie für Ärzte und Psychologen. S 187–197
Goldstein AD (1962) Therapist-patient expectancies in psychotherapy. Pergamon, New York
Goldstein AD, Shipman WG (1961) Patient expectancies, symptom reduction and aspects of the initial psychotherapy interview. J Clin Psychol 17:129–133
Goldstein AD, Stein N (eds) (1976) Prescriptive psychotherapy. Pergamon, New York (dt. 1980: Maßgeschneiderte Psychotherapien. Steinkopff, Darmstadt)
Goldstein K (1939) The organism: A holistic approach to biology derived from pathological data in man. New York
Gomes-Schwartz B (1978) Effective ingredients in psychotherapy: Prediction of outcome from process variables. J Consult Clin Psychol 46:1023–1035
Gottschalk LA, Gleser GC (1980) Sprachinhaltsanalyse. In: Schöfer G (Hrsg) Theorie und Technik. Studien zur Messung ängstlicher und aggressiver Affekte. Beltz, Weinheim, S 12–201
Grawe K (1976) Differenzielle Psychotherapie: Indikation und spezifische Wirkung von Verhaltenstherapie und Gesprächstherapie. Eine Untersuchung an phobischen Patienten. Huber, Bern
Grawe K (1981) Vergleichende Psychotherapieforschung. In: Minsel WR, Scheller R (Hrsg) Brennpunkte der klinischen Psychologie, Bd.1: Psychotherapie. Kösel, München
Grawe K et al. (1987) Vortrag am 35. Kongreß der DFGP, Heidelberg
Greenson RR (1986) Technik und Praxis der Psychoanalyse. Klett-Cotta, Stuttgart
Grotjahn M (1972) Learning from dropout patients: A clinical view of patients who discontinued group psychotherapy. Int J Group Psychother 22:306–319
Grusec J (1972) Demand characteristics of the modeling experiment. J Pers Soc Psychol 22:139–148
Grusec J, Skubiski M (1970) Model nurturance, demanded characteristics of the modeling experiment and altruism. J Pers Soc Psychol 14:352–359
Gurman S, Razin A (1977) Effective psychotherapy. Pergamon, Oxford
Guttmann G, Beer F (1987) Lernen unter Selbstkontrolle. Bundesministerium für Unterricht, Kunst und Sport, Wien
Guttmann G, Appley MH, Trumbull R (1986) Dynamics of stress, physiological. Psychological and social perspectives. Plenum, New York
Haber LC, Murphy PE, Taylor SW (1977) The effect of short term group psychotherapy of the elderly. Psychiatr Nurs 1:8–11
Häfner H (1985) Sind psychische Krankheiten häufiger geworden? Nervenarzt 56:120–133
Hartig M (1975) Probleme und Methoden der Psychotherapieforschung. Urban & Schwarzenberg, München
Harvey-Smith IA, Cooper B (1970) Patterns of neurotic illness in the community. J Coll Gen Pract 19:132–139
Heigl F (1975, ²1978) Indikation und Prognose in Psychoanalyse und Psychotherapie. Vandenhoeck & Ruprecht, Göttingen
Heigl-Evers A (1978) Konzepte der analytischen Gruppentherapie, 2. neubearb. Aufl. Vandenhoeck & Ruprecht, Göttingen
Heigl-Evers A, Heigl F (1970) Gesichtspunkte zur Indikationsstellung für die analytische Gruppenpsychotherapie. Gruppenpsychother Gruppendyn 2:179–198
Heigl-Evers A, Heigl F (1973) Gruppentherapie: interaktionell-tiefenpsychologisch fundiert (analytisch orientiert)-psychoanalytisch. Gruppenpsychother Gruppendyn 7:132–157
Heigl-Evers A, Heigl F (1975) Zur tiefenpsychologisch fundierten oder analytisch orientierten Gruppenpsychotherapie des Göttinger Modells. Gruppenpsychother Gruppendyn 9:237–266
Heilfron M (1969) Co-therapy: The relationship between therapists. J Group Psychother 19:366–381
Heine RW (1953) A comparison of patient's reports on psychotherapeutic experience with psychoanalytic new directive and Adlerian therapists. Am J Psychother 7:16–23
Heine RW, Trossman H (1960) Initial expectations of the doctor-patient-interaction as a factor in continuance in psychotherapy. Psychol J Study Interpers Processes 23:275–278

Helm JR (1972) Psychotherapieforschung. Fragen, Versuche, Fakten. VEB Deutscher Verlag der Wissenschaften, Berlin
Herkner W (1981) Einführung in die Sozialpsychologie. Huber, Bern
Herrmann T (1979) Psychologie als Problem. Klett, Stuttgart
Heugel D (1938) Autogenes Training als Erlebnis. Zentralbl Psychother [Beih] 2
Hoffmann B (1981) Autogenes Training und Psychoanalyse. Ein Bericht über die Arbeit einer französischen Forschergruppe. Prax Psychother Psychosom 26:61–66
Hoffmann B (1982) Handbuch des Autogenen Trainings. Urban & Schwarzenberg, München
Holsti OR (1969) Content analysis for the social sciences and humanities. Addison-Wesley, Reading MA
Holzkamp K (1972) Kritische Psychologie. Fischer, Frankfurt am Main
Homans G (1961) Social behavior: Its elementary forms. Harcourt, New York
Husek TR, Alexander S (1963) The effectiveness of the anxiety differential in examination situations. Educ Psychol Meas
Imber SD, Frank JD, Nash EH, Stone AR, Gliedman LH (1966) Improvement and amount of therapeutic contact: An alternative to the use of no-treatment controls in psychotherapy. In: Stollak GE, Guerney BG, Rothberg M (eds) Psychotherapy research: Selected readings. Rand McNally, Chicago, pp 234–273
Imber SD, Lewis PM, Loiselle RH (1979) Uses and abuses of the brief intervention group. Int J Group Psychother 29:39–49
Innerhofer P (1977) Das Münchner Trainingsmodell. Springer, Berlin Heidelberg New York
Jacobson E (1928) Progressive relaxation. Univ Chic Press, Chicago
Jacobson E (1942) You must relax. Int Univ Press, New York
Jandl-Jager E, Stumm G, Wirth B, Stocker K, Weber G (1987) Psychotherapeutische Versorgung in Österreich, Bd 2, Teil 1, Nr 7. Institut für Tiefenpsychologie und Psychotherapie, Universität Wien
Janke W, Debus G (1978) Die Eigenschaftswörterliste (EWL). Hogrefe, Göttingen
Kächele H (1987) Vortrag am Institut für Tiefenpsychologie, Universität Wien
Kadis AL, Krasner JD, Winick C (1963) A practicum of group psychotherapy. Harper & Row, New York
Kadzin AE, Wilson GT (1978) Evaluation of behavior therapy: issues, evidence and research strategies. Ballinger, Cambridge MA
Kanas N, Barr MA (1982) Short term homogenous group therapy for schizophrenic inpatients: an questionaire evaluation. Group 6:32–38
Kanfer FH, Philipps JS (1970) Leading foundations of behavior therapy. Wiley, New York
Karasu TB (1982) APA-commission on psychotherapies: psychotherapy research. American Psychiatric Association, Washington
Kaswan J (1981) Manifest and latent functions of psychological services. Am Psychol 36:290–299
Katschnig H (1975) Psychotherapiebedarf. In: Strotzka H (Hrsg) Psychotherapie – Grundlagen, Verfahren, Indikationen. Urban & Schwarzenberg, München, p 127–134
Keegan DL (1974) Adaption to visual handicap: short term group approach. Psychosomatics 15:76–78
Kemper W (Hrsg) (1950) Psychoanalytische Gruppentherapie. Kindler, München
Kernberg O (1978a) Borderline-Störungen und pathologischer Narzißmus. Suhrkamp, Frankfurt am Main
Kernberg PF (1978b) Use of latency age groups in training of child-psychiatrists. Int J Group Psychother 28:95–108
Kibel HD (1978) The rational for the use of group psychotherapy for borderline patients in a short term unit. Int J Group Psychother 28:339–358
Kibel HD (1981) A conceptual model for short term inpatient group psychotherapy. Am J Psychiatry 138:74–80
Kielholz P, Adams C (1984) Vermeidbare Fehler in Diagnostik und Therapie der Depression. Deutscher Ärzteverlag, Köln
Kirchhof HW (1984) Moderne Strategie onkologischer Erkrankungen in der Kurklinik. Rehabilitation 23/3:91–96

Klann G (1979) Die Rolle affektiver Prozesse in der Dialogstrukturierung. In: Flader D, Wodak R (Hrsg) Therapeutische Kommunikation, Ansätze zur Erforschung der Sprache im psychoanalytischen Prozeß, Skriptor, Kronberg, S 117–155

Klein RH (1977) Inpatient group psychotherapy. Practical considerations and special problems. Int J Group Psychother 27:201–214

Klein RH (1983a) Group psychotherapy. In: Hersen M, Kazdin AE, Bellak AS (eds) The clinical handbook. Pergamon, New York, pp 221–234

Klein RH (1983b) Short term group therapy on an adult inpatient service. In: Rosenbaum RA (ed) Varities of short term groups: A handbook for mental health professionals. Mc-Graw-Hill, New York

Klein RH (1983c) Short term group psychotherapy. (Paper read on a Workshop, American Group Psychotherapy Association, Annual Convention, Toronto, Can)

Klein RH (1983d) Some problems of patient refferal for outpatient group psychotherapy. J Am Acad Child Psychiatry 22:375–381

Klein RH (1985) Some principles of short-term group therapy. Int J Group Psychother 35:309–327

Klein RH, Carroll R (in press) Patient sociodemographic characteristics and attendance patterns in outpatient group therapy. I. An overview

Klein RH, Kugel B (1981) Inpatient group psychotherapy. Practical consideration and special problems. Int J Group Psychother 31:311–328

Kniffki C (1979) Transzendentale Meditation und Autogenes Training. Kindler, München

Kölbl C (1987) Erfolg und Mißerfolg der Psychotherapie. Dissertation, Universität Wien

Kotkov B, Meadow A (1953) Rorschach criteria for predicting continuation in individual psychotherapy. J Consult Clin Psychol 17:16–20

Kraft H, Schoetzau P (1982) Das autogene Training in der Behandlung schizophrener Patienten. Fortschr Neurol Psychiatr 50:297–304

Krampen G, Ohm D (1984) Effects of relaxation training during rehabilitation of myocardial infarction patients. Int J Rehab Res 7:68–69

Krasner JD (1971) Analytische Gruppenpsychotherapie mit älteren Menschen. In: Schill S de (Hrsg) Psychoanalytische Therapie in Gruppen. Klett, Stuttgart, S 340–381

Kraxberger E (1986) Die Effektivität des Autogenen Trainings in der Kurzgruppenpsychotherapie. Diplomarbeit, Universität Wien

Krippendorf K (1980) Content analysis. An introduction to its methodology. Sage, London

Kuhn TS (1962) The structure of scientific revolutions. University of Chicago (dt. 1978: Die Struktur wissenschaftlicher Revolutionen. Suhrkamp, Frankfurt am Main)

Kutter P (1976) Elemente der Gruppentherapie. Vandenhoeck & Ruprecht, Göttingen

Kutter P (1986) Probleme der Vermittlung von Psychoanalyse an der Hochschule. Gruppenpsychother Gruppendyn 16:60–88

Kuwalik H, Ott J, Geyer M (1977) Psychotherapie der Suizidalität. Psychiatr Med Psychol 29:490–497

Laing RD (1973) Das Selbst und die Anderen. Kiepenheuer & Witsch, Köln

Lambert MJ, Shapiro DA, Bergin AE (1986) The effectiveness of psychotherapy. In: Garfield SL, Bergin AE (eds) Handbook of psychotherapy and behavior therapy. Wiley, New York, pp 157–213

Langsley D (1980) Kurztherapie. (Vortrag im Jacobi Hospital, 12. 9. 1980, New York)

Laux L, Glanzmann P, Schaffner P, Spielberger CD (1981) Das State-Trait-Angstinventar (STAI). Beltz, Weinheim

Lehrer PM (1982) How to relax and how not to relax: a reevaluation of the work of Edmund Jacobson I. Behav Res Ther 20:417–428

Lehrer PM (1983) Progressive relaxation and meditation: a study of psychophysiological and therapeutic differences between two techniques. Behav Res Ther 21:651–662

Leitner G (1981) Die Effektivität von aktiv autosuggestiven Entspannungsverfahren als Einflußgröße auf das Kreislaufgeschehen und die Atmung – mit besonderer Berücksichtigung des Puls-Atem-Quotientne. Dissertation, Universität Salzburg

Lennard MG, Bernstein A (1960) The autonomy of psychotherapy. Columbia Univ Press, New York

Leupold-Löwenthal H (1986) Handbuch der Psychoanalyse. Orac, Wien
Levison DJ, Danow CN, Klein EB, Levison MH, McKee B (1978) The season of a man's life. Knopf, New York
Lewin K (1963) Feldtheorie in den Sozialwissenschaften. Huber, Bern
Lewis J, Mider PA (1973) Effects of leadership style on content and work styles of short term therapy groups. J Consult Psychol 20:137–141
Lieberman MA (1976) Change induction in small groups. In: Rosenzweig MR, Porter LW (eds) Annual review of psychology. Annual Reviews, Palo Alto CA
Linden M (1977) Verlaufsstudie des Wechsels der Atmung und des $CO_2$-Spiegels während des Lernens des autogenen Trainings. Psychother Med Psychol 27:229–234
Loch W (1977) Die Krankheitslehre der Psychoanalyse. Hirzel, Stuttgart
Lohmöller J (1981) LVPLS 1.6. Manual: Forschungsbericht der Hochschule der Bundeswehr 81
Lorr M, McNair DH (1964) Correlates of length of psychotherapy. J Clin Psychol 20:497–504
Luborsky L (1954) A note on Eysenck's article: "The effects of psychotherapy: an evaluation". Br J Psychol 45:129–131
Luborsky L (1977) Measuring a pervasive psychic structure in psychotherapy: the core conflictual relationship theme. In: Freedman M (ed) Communication structures and psychic structures. Plenum, New York, pp 367–395
Luborsky L, Singer B, Luborsky L (1975) Comparative studies in psychotherapies. Is it true that "everyone has won and all must have prizes?" Arch Gen Psychiatry 32:995–1008
Luthe W (1964) Autogenes training in correlationes psychosomaticae. Grune & Stratton, New York
Malan DH (1963) A study of brief psychotherapy. Tavistock, Thomas, London
Malan DH (1976) The frontier of brief psychotherapy. Plenum, New York
Mann J (1973) Time limited psychotherapy. Harvard, Boston (dt. 1978: Psychotherapie in 12 Stunden. Zeitbegrenzung als therapeutisches Instrument. Walter, Olten)
Mann KF (1983) Autogenes Training – Neure psychophysiologische und psychometrische Untersuchungen. J Verhaltensmod 4:88–93
Mannoni M (1973) Der Psychiater, sein Patient und die Psychoanalyse. Olten, Walter
Marcovitz RJ, Smith JE (1983) Patient's perceptions of curative factors in short-term group psychotherapy. Int J Group Ther 33:21–39
Maslow AA (1981) Psychologie des Seins. Kindler, München
Maxmen JS (1978) An educative model for inpatient group therapy. Int J Group Psychother 28:321–338
McGee TF, Schumann BN (1970) The nature of cotherapy relationship. Int J Group Psychother 20:25–36
McGee TF, Williams M (1971) Time limited and time unlimited group psychotherapy: a comparison with schizophrenic patients. Compr Group Stud 2:71–84
McNair DM, Lorr M (1971) Profile of mood states. Educational and Industrial Testing Service, San Diego, CA
Meltzoff J, Kornreich M (1970) Research in psychotherapy. Atherton, New York
Menninger KA, Holzmann PS (1973) Theory of psychoanalytic technique, 2nd edn. Basic Books, New York, 1522ff
Merten K (1983) Inhaltsanalyse: Einführung in Theorie, Methode und Praxis. Westdeutscher Verlag, Opladen
Meyer J-E (1972) Klassifikationen von Neurotisch-Kranken (Taxonomien) und von Neurose-Symptomen (Nosologien). In: Kisker KP, Meyer J-E, Müller M, Strömgren E (Hrsg) Psychiatrie der Gegenwart, Bd II/1. Springer, Berlin Heidelberg New York, S 663–685
Miller MP, Murphy PJ, Miller TP (1978) Comparison of electromyographic feedback and progressive relaxation training in treating circumscribed anxiety stress reactions. J Consult Clin Psychol 46:1291–1298
Minsel WR (1974) Praxis der Gesprächspsychotherapie. Böhlau, Wien
Moeller MC (1972) Krankheitsverhalten bei psychischen Störungen und die Organisation psychotherapeutischer Versorgung. Nervenarzt 43:351–360

Moreno JL (1959) Gruppenpsychotherapie und Psychodrama. Thieme, Stuttgart
Morgenthaler F (1978) Technik zur Dialektik der psychoanalytischen Praxis. Syndikat, Frankfurt am Main
Nicassio PM, Boylan MB, McCabe TG (1982) Progressive relaxation, EMG biofeedback and biofeedback placebo in the treatment of sleep-onset insomnia. Br J Med Psychol 55/2
Oberfield R, Ciliota C (1983) A school-age boys/single mothers group. J Am Acad Child Psychol 22:375–381
O'Leary KD, Borkovec TD (1978) Conceptual, methodological and ethical problems of placebo groups in psychotherapy research. am Psychol 9:821–830
Orlando JZ (1975) Learned self-regulation of arterial hypertension utilizing biofeedback and relaxation training. Diss Abstr Int 36/2–8:894
Orne MT (1962) On the social psychology of the psychological experiment: with particular reference to demand characteristics and their implications. Am Psychol 17:776–783
Parin P, Parin-Matthey G (1986) Subjekt im Widerspruch. Aufsätze 1978–1985. Syndikat, Frankfurt am Main
Parker JC, Gilbert S, Thoreson RW (1978) Reduction of autonomic arousal in alcoholics: a comparison of relaxation and meditation techniques. J Consult Clin Psychol 46:879–886
Parloff MD, Dies RR (1977) Group psychotherapy outcome research, 1966–1975. Int J Group Psychother 27:281–319
Paul GL (1969a) Physiological effects of relaxation training and hypnotic suggestion. J Abnorm Psychol 74:425–437
Paul GL (1969b) Inhibition of physiological response to stressful imagery by relaxation training and hypnotically suggested relaxation. Behav Res Ther 7:249–256
Pavlov JP (1928, $^1$1897) Conditioned reflexes. Oxford
Pelliccioni R, Liebner KH (1980) Ultraschalldoppelsonographische Messungen von Blutströmungsänderungen während der Grundübungen im Rahmen des autogenen Trainings. Psychiatr Neurol Med Psychol 32:290–297
Perloff E, Perloff R (1977) Selected processes for evaluation of service delivery programs: Overview. Prof Psychol 8:389
Piper W, Conelly JL, Decarufel FL, Debbane EG (1985) Preabuse termination in group psychotherapy: retherapy and early therapy predictors. (42nd Conference of the American Group Psychotherapy Association, New York)
Plog U (1976) Differenzielle Psychotherapie II. Huber, Bern
Poey K (1985) Guidelines for the practice of brief, dynamic group therapy. Int J Group Psychother 35:331–354
Pohlen M, Bautz M (1974) Gruppenanalyse als Kurzpsychotherapie. Nervenarzt 2:514–533
Pontalis JB (1968) Nach Freud. Suhrkamp, Frankfurt am Main
Pope KS, Geller JD, Wilkinsson L (1975) Fee assessment and outpatient psychotherapy. J Consult Clin Psychol 43:835–841
Popper KR (1934) Logik der Forschung. Springer, Wien (6. erw. Aufl. 1976: Mohr, Tübingen)
Pritz A (1983a) Grundprinzipien und Indikationsstellungen in der analytischen Kurztherapie. Ärztl Prax Psychother 5/1:17–22
Pritz A (1983b) Bemerkungen zu Raoul Schindlers wissenschaftlichem Werk. Gruppenpsychother Gruppendyn 19:88–94
Pritz A (1984) Selbsthilfe bei Stress. Eine Einführung in das Autogene Training. Hollinek, Wien
Pritz A (1985) Gesprächspsychotherapie an der Universität. Personzentriert 2:16–26
Pritz A (1986) Selbsterfahrungsgruppen. Theoretische Konzepte und praktische Ansätze. In: Petzold H, Frühmann R (Hrsg) Modelle der Gruppe in Psychotherapie und psychosozialer Arbeit. Junfermann, Paderborn, S 207–228
Pritz A (1987) Kurzgruppenpsychotherapie: Literaturüberblick und Forschungsperspektiven. Gruppenpsychother Gruppendyn 23:113–153
Pritz A (1988) Pairing und Triangulierung in der gruppenanalytischen Psychotherapie. Springer, Berlin Heidelberg New York Tokyo

Prokop H (1979) Autogenes Training bei Alkoholkranken. Suchtgefahren 25:177–180
Rabin HM (1970) Preparing patients for group psychotherapy. Int J Group Psychother 20:135–145
Rachman S (1968) The role of muscle relaxation in desensitization therapy. Behav Res Ther 6:159–166
Radebold H, Bechtler H, Pina I (1981) Therapeutische Arbeit mit älteren Menschen. Lambertus, Freiburg
Rapaport D (1970) Die Struktur der psychoanalytischen Therapie. Versuch einer Systematik, 2. Aufl. Klett, Stuttgart
Rawlings EI, Gauron EF (1973) Responders and non-responders to an accelerated time-limited group (a case history). Perspect Psychiatr Care 1:65–69
Rechenberger HG (1978) Psychosomatische Aspekte in der Therapie allergischer Atemwegserkrankungen. Psychother Med. Psychol 28:139–141
Redlich FC, Freedman DX (1970) Theorie und Praxis der Psychiatrie. Suhrkamp, Frankfurt am Main
Reich W (1971) Charakteranalyse. Kiepenheuer & Witsch, Köln
Rhodes SR (1973) Short-term groups for latency age children in a school setting. Int J Psychother 23:204–215
Rice CA, Rutan JS (1981) Boundary maintenance in inpatient therapy groups. Int J Group Psychother 31:297–309
Richard HC, Christ DA, Barker H (1985) The effects of suggestibility on relaxation. J Clin Psychol 41:466–468
Richter R, Dahme B (1982) Bronchial asthma in adults. J Psychosom Res 26:533–540
Ringler M (1980) Die Patient-Therapeut-Interaktion und ihre Beziehung zum therapeutischen Prozeß in der Verhaltenstherapie. Partnerberatung 17:32–39
Rockwell WJK, Moorman JK, Hawkins D, Musante G (1974) Individual vs. group: brief treatment outcome in an university mental health service. J Am Coll Health Assoc 24:186–190
Rogers CR (1957) The necessary and sufficient conditions of therapeutic personality change. J Consult Clin Psychol 21:95–103
Rogers CR (1967) The process of the basic encounter group. In: Bugenthal JFT (ed) Challenges of humanistic psychology. McGraw-Hill, New York, pp 261–278
Rogers CR (1970) The interpersonal relationship: the core of guidance. In: Golembiewski RT, Blumenberg A (eds) Sensitivity training and laboratory approach
Rogers CR (1973,[1]1951) Die klient-bezogene Gesprächstherapie. Kindler, München
Rogers CR (1974) Encounter-Gruppen. Kindler, München
Rogers CR (1979) Entwicklung der Persönlichkeit. Klett-Cotta, Stuttgart
Rohrbaugh M, Bartels B (1975) Participants perceptions of curative factors in therapy and growth groups. Small Group Behav 4:430–456
Rokeach M (1973) The nature of human values. Free Press, Collier Macmillian, London
Rollett B (1981) Kleingruppenforschung in der klinischen Psychologie. In: Michaelis W (Hrsg) Bericht über den 32. Kongreß der Deutschen Gesellschaft für Psychologie in Zürich 1980. Hogrefe, Göttingen, S 566–567
Rollett B (1983) Angst und Leistungsverweigerung in der Schule. In: Berufsverband Österreichischer Psychologen (Hrsg) Angst – Streß – Unfall. Psychologie der Belastung. Wien, S 31–35
Rosa KR (1983) Das ist autogenes Training. Fischer, Frankfurt am Main
Rosenbaum M (1986) Vortragsbemerkung am 9. Weltkongreß für Gruppentherapie, Zagreb
Rosenbaum M, Berger M (1963) Group psychotherapy and group function. Basic Books, New York
Rosenberg J, Charbullies T (1979) Inpatient group therapy for older children and pre-adolescents. Int J Group Psychother 28:393–406
Rosenthal D, Frank JD (1956) Psychotherapy and the placebo effect. Psychol Bull 53:295–302
Rosenzweig SP, Folman R (1974) Patient and therapist variables affecting premature termination in group psychotherapy. Psychother Theory Res Pract 11:76–79

Russakoff M, Oldham JM (1984) Group psychotherapy on a short term treatment unit: an application of an object relations theory. Int J Psychother 34/3
Rust M (1983) Inhaltsanalyse. Urban & Schwarzenberg, München
Sandner D (1978) Psychodynamik in Kleingruppen. Reinhardt, München
Satterfield WC (1977) Short term group therapy for people in crisis. Hosp Community Psychiatry 28:539–541
Sauer J, Schnetzer M (1978) Zum Persönlichkeitsbild des Asthmatikers und seiner Veränderung durch unterschiedliche Behandlungsmethode im Verlauf einer Kur. Z Klin Psychol Psychother 26:171–180
Schachter S (1959) The psychology of affiliation. Univ Press, Stanford
Scheidlinger S (1984) Short term group psychotherapy for children: an overview. Int J Group Psychother 34:573–585
Schepank H (1987) Psychogene Erkrankungen der Stadtbevölkerung. Springer, Berlin Heidelberg New York Tokyo
Schill S de (1971) Psychoanalytische Therapie in Gruppen. Klett, Stuttgart
Schindler R (1957) Gruppenprinzipien der Psychodynamik in der Gruppe. Psyche (Stuttg) 11:309–315
Schindler W (1951) Family pattern in group formation and therapy. Int J Group Psychother 24:417–428
Schöfer G (Hrsg) (1980) Gottschalk-Gleser-Sprachinhaltsanalyse. Beltz, Weinheim
Schultz JH (1972) Das autogene Training. In: Gebsattel von E, Giese H, Hirschmann J et al. (Hrsg) Grundzüge der Neurosenlehre, Bd.1. Urban & Schwarzenberg, München, S 339–395
Schultz JH (1979) Das autogene Training – Konzentrative Selbstentspannung, 16. Aufl. Thieme, Stuttgart
Schwartz MD (1975) Situation/transition in groups: a conceptualisation and review. Am J Orthopsychiatry 45:744–755
Schwidder W (1972) Klinik der Neurosen. In: Kisker KP, Meyer J-E, Müller M, Strömgren E (Hrsg) Psychiatrie der Gegenwart, Bd II/1. Springer, Berlin Heidelberg New York, S 351–476
Sedlmayr-Länger E (1985) Klassifikation von klinischen Ängsten. Hogrefe, Göttingen
Seidler C (1981) Autogenes Training in geschlossenen Gruppen unter besonderer Berücksichtigung der Therapeut-Patient-Beziehung. Psychiatr Neurol Med Psychol 33:749–757
Shapiro D (1965) Neurotic styles. Basic Books, New York
Shapiro JG (1968) Relationship between expert and esophyte ratings of therapeutic conditions. J Consult Clin Psychol 32:87–89
Sherman RA (1982) Home use of tape recorded relaxation exercises as initial treatment for stress related disorder. Milit Med 147:1062–1066
Siegel N, Fink M (1962) Motivation for psychotherapy. Compr Psychiatry 3:170–173
Sifneos PE (1961) Psychoanalytically oriented short-term dynamic anxiety-provoking psychotherapy for mild obsessional neurosis. Psychiatr Q 40:271
Sifneos PE (1967) Two different kinds of psychotherapy of short duration. Am J Psychiatry 123:1029
Sifneos PE (1968) The motivational process: a selection and prognostic criterion for psychotherapy of short duration. Psychiatr Q 42:271–279
Sifneos PE (1972) Short-term psychotherapy and emotional crisis. Harvard Univ Press, Cambridge, MA
Sigman M, Amit Z (1982) Progressive relaxation exercises and human gastric acid output: a study using telemetric measurements. Behav Res Ther 20:605–612
Silbergeld S, Koenig GR, Manderscheid RW, Meeker B, Hornung CA (1975) Assessment of environment-therapy systems: the group atmosphere scale. J Consult Clin Psychol 43:460–469
Simon F, Pritz A (1983) Außenseiterstrategien – Die paradoxe Logik sozialer Interventionen. Gruppenpsychother Gruppendyn 19:77–87
Sloane BR, Staples FR, Cristol AH, Yorkston NJ, Whipple K (1975) Psychotherapy vs. behavior therapy. Univ Press, Harvard

Sloane BR, Staples FR, Cristol AH, Yorkston NJ, Whipple K (1981) Analytische Psychotherapie und Verhaltenstherapie. Eine vergleichende Untersuchung. Enke, Stuttgart

Small L (1971) The briefer therapies. Brunner/Mazal, New York, p 16

Smith M, Glass G (1977) Meta-analysis of psychotherapy outcome studies. Am Psychol 32:752–760

Smith PB (1975) Controlled studies on the outcome of sensivity training. Psychol Bull 82:597–622

Speyer H, Stokvis B (1936) Über die subjektiven Phänomene in der Hypnose. Psychiatr Neurol Blatt, Amsterdam 5 und 1

Spielberger CD (1972) Anxiety: current trends in theory and research, vol 1. Academic Press, New York

Spielberger CD, Gorsuch RL, Lushene R (1970) The statetrait-anxiety inventory. Consulting Psychologists Press, San Francisco, CA

Srole L, Langner TS, Michael ST, Opler MK, Rennie TAC (1962) Mental health in metropolis. McGraw-Hill, New York

Stokvis B, Wiesenhütter E (1971) Der Mensch in der Entspannung. Hippokrates, Stuttgart

Stokvis B, Wiesenhütter E (1979) Lehrbuch der Entspannung, 4. Aufl. Hippokrates, Stuttgart

Strotzka H (1969) Psychotherapie und soziale Sicherheit. Huber, Bern

Strotzka H (1973) Neurose, Charakter, soziale Umwelt. Kindler, München

Strotzka H (Hrsg) (1978) Psychotherapie: Grundlagen, Verfahren, Indikationen, 2. Aufl. Urban & Schwarzenberg, München

Strotzka H (Hrsg) (1979) Fallstudien zur Psychotherapie. Urban & Schwarzenberg, München

Strotzka H (Hrsg) (1980) Der Psychotherapeut im Spannungsfeld der Institutionen. Urban & Schwarzenberg, München

Strotzka H (1982) Psychotherapie und Tiefenpsychologie. Springer, Wien

Strotzka H (1985) Macht. Ein psychoanalytischer Essay. Zsolnay, Wien

Strotzka H, Eder A, Fleissner P (1979) Zur Frage der Kosten psychischer Krankheit. Institut für Gesellschaftspolitik, Wien

Strupp H (1986) Vortrag am 35. Kongreß der deutschen Gesellschaft für Psychologie, Heidelberg

Strupp HH, Bergin AE (1969) Some empirical and conceptual bases for coordinated research in psychotherapy: a critical review of issues, trends and evidence. Int J Psychiatry 7:18–90

Strupp H, Binder J (1984) A guide to time-limited dynamic psychotherapy. Basic Books, New York

Stumm G (Hrsg) (1988) Handbuch für Psychotherapie und psychologische Beratung. Falter, Wien

Sullivan S (1953) The interpersonal theory of psychiatry. Norton, New York

Tausch R, Tausch AM (1981) Gesprächspsychotherapie. Hogrefe, Göttingen

Thibaut J, Killey HH (1959) The social psychology of groups. Wiley, New York

Thomä H, Kächele H (1986) Lehrbuch der psychoanalytischen Therapie. Springer, Berlin Heidelberg New York Tokyo

Trakas DA, Lloyd G (1971) Emergency management in a short term open group. Compr Psychiatry 12:170–175

Trautwein H (1968) Das autogene Training in der Behandlung des Asthma bronchiale. In: Langen D (Hrsg) Der Weg des autogenen Trainings. Wissenschaftliche Buchgesellschaft, Darmstadt, S 135–141

Trenkel A (1987) Situation der Psychotherapie und Psychotherapiegesetzgebung in der Schweiz. (Vortrag gehalten an der Tagung „Psychotherapie heute". (Enquete des Dachverbandes der Österreichischen Psychotherapeutischen Vereinigung, Wien)

Tress W (1981) Emotionales Erleben und Angstbewältigung. Psychother Psychosom Med Psychol 31:155–161

Truax CB (1963) Effective ingredients in psychotherapy: an approach to unraveling the patient-therapist interaction. J Consult Clin Psychol 10:256–263

Truax CB (1970a) Therapist's evaluative statements and patient outcome in psychotherapy. J Clin Psychol 26:536–538
Truax CB (1970b) Length of therapist response, accurate empathy and patient improvement. J Clin Psychol 26:539–541
Truax CB, Carkuff RR (1967) Towards effective counseling and psychotherapy: training and practice. Aldine, Chicago
Truax CB, Mitchell KM (1978) Research on certain therapist interpersonal skills in relation to process and outcome. In: Bergin AE, Garfield SL (eds) Handbook of psychotherapy and behavior change. An empirical analysis. Wiley, New York, pp 309–327
Tukey JW (1977) Exploratory data analysis. Addison-Wesley, Reading, MA
Turner RM (1986) Behavioral self-control procedures for disorders of initiating and maintaining sleep (DIMS). Clin Psychol Rev 6/1
Vaillant GE (1977) Adaption to life. Little Brown, Boston
Vogt O (1879) Spontane Somnambulie in der Hypnose. Z Hypn 6:79
Wagner HM, Mitchell K (1969) Relationship between perceived instructors' accurate empathy, warmth and geniuness and college achievement. (Discussion Papers, Arkansas Rehabilitation Research and Training Center, University of Arkansas, p 13)
Wallnöfer H (1972) Seele ohne Angst. Hypnose, autogenes Training, Entspannung, 3. Aufl. Hoffmann & Campe, Hamburg
Walsh JA, Phelan TW (1974) People in crises. An experimental group. Community Ment Health J 10:3–8
Watzlawick P (1963) A review of the double-blind theory. Fam Process 2:132
Watzlawick P, Beavin JJ, Jackson DD (1969) Menschliche Kommunikation. Formen, Störungen, Paradoxien. Huber, Bern
Waxer PH (1977) Short term group psychotherapy: some principles and techniques. Int J Group Psychother 27:33–42
Wechsler IR, Massarik F, Tannenbaum R (1962) The self in process: a sensitivity training emphasis. In: Wechsler IR, Schein EH (eds) Issues in human relations training. Am Psych Assoc, Washington, pp 33–46
Weghaupt A (1986) Therapieabbruch. Diplomarbeit, Wien
Weiner MF (1970/71) Levels of intervention in group psychotherapy. Group Proc 3:67–81
Weizsacker V von (1950) Der Gestaltkreis. Thieme, Stuttgart
Williams J, Lewis C, Copeland F, Tucker L, Fregan L (1978) A model for short term group therapy on a childrens inpatient unit. Clin Soc Work J 6:21–32
Winkler WT (1972) Bedarf an Psychotherapie und derzeitiges Angebot. Psychother Psychosom Med Psychol 22:81–88
Wirth W (1982) Inanspruchnahme sozialer Dienste. Bedingungen und Barrieren. Campus, Frankfurt am Main (Forschungsberichte des Instituts für Bevölkerungsforschung und Sozialpolitik der Universität Bielefeld, Bd 3)
Wittkover ED, Lewis DJ (1970) Training in brief individual psychotherapy. Can Psychiatr Assoc J 15:593–597
Wodak R (1981) Das Wort in der Gruppe. Verlag Österreichische Akademie der Wissenschaften, Wien
Wohlt R (1982) Erfahrungen mit der Behandlung depressiver Erkrankter auf der Spezialstation des PKH Reichenau. In: Wolfersdorf MG, Straub R, Hole G (Hrsg) Depressive Kranke in der psychiatrischen Klinik. Zur Theorie und Praxis von Diagnostik und Therapie, S 37–47
Wolf A, Schwartz KE (1962) Psychoanalysis in Groups. Baric books, New York
Wolpe J (1958) Psychotherapy by reciprocal inhibition. Stanford Univ Press, Stanford
Woods M, Melnick J (1979) A review of group therapy selection criteria. Small Group Behav 10:155–175
Yalom ID (1975) The theory and praxis of psychotherapy. Basic Books, New York
Yalom ID, Houts PS, Newell G, Rand KH (1967) Preparation of patients for group psychotherapy. Arch Gen Psychiatry 17:416–427
Zielke M (1979) Indikation zur Gesprächspsychotherapie. Kohlhammer, Stuttgart
Zung WWK (1964) A self-rating depression scale. Arch Gen Psychiatry 12:63–70

# Sachverzeichnis

Abbrecher 143
Abbrecherrate 23
Abbruchfaktoren 204
Abbruchpatienten 204
Abbruchquote 86
Abbruchrate 204
Abhängigkeit 67, 78, 133, 167, 201, 210
Ablehnung 163, 165
Abstinenz 205
Abstinenzprinzip 56
Abwehr 64
Abwehrvorgängen, unbewußte 56
Abweicher 145
Abweichung/en 144, 145
Achtung 162
–, uneingeschränkte 161
Affekt 70
Aggression 145
Aggressionsäußerungen 70
Aggressionsskalen 97, 100
Aggressivität 133
–, spontane 118, 150
AKG 163–172, 177
– s. analytische Kurzgruppe
AKG-Behandlung 63
AKG-Gruppe 183
AKG-Patienten 180, 183, 188
aktive Problemlösung 181
Aktiviertheit 134, 150
Aktivierung 52
Aktivierungsniveau 134
Aktivität 161
Akzeptiertwerden 152
Allgemeinbefindlichkeit 203
allgemeinbildende höhere Schulen 94, 95, 193
Alltag 181
Alltagsproblembewältigung 133
Alter 25, 94, 120–122, 125, 147, 193, 198
Alternativbehandlungen 75

Altersgruppe 94
Altersstufe 122
Ambulanz 63, 83, 95, 105, 194, 208
– für Psychotherapie 2, 38, 81, 87, 174, 190, 193, 194, 208
Analyseverfahren, statistisches 147
Analytiker 63, 165
analytische Kurzgruppe 56, 62–64, 87, 103, 105, 118, 126, 127, 175, 176, 182–184, 187, 188, 190, 193, 195, 197–202, 207
– Kurzgruppenpsychotherapie 91
Anfangserwartung 123
Angestellten- oder Beamtenverhältnis 95, 193
Angst 23, 35, 40, 45, 47, 55, 107, 118, 124, 133, 134, 140, 146, 171, 195–197, 199, 201, 203
–, allgemeine 107
–, situative 107
Angstgefühle 88
Angstneurosen 101
Angstniveau 149
Angstreaktion/en 53
Angstsymptomatik 55
Angstwerte 101, 140
Anspannung 118, 151, 140, 141
Antwortmöglichkeit 171, 180, 187, 192
Anwendungsforschung 66
Apriorimodell 120
Arbeit, analytische 201
Arbeitsbündnis 26, 27, 29
Artefakte 121
Arthritispatienten 100
Arztbesuche 120, 123–125, 178, 188, 189, 191, 192, 196
Aspekte, gruppentherapeutische 56
–, pragmatische 76
–, therapieverunmöglichende 104
Assoziation, freie 59, 167
AT 163–172

– s. autogenes Training
AT-Gruppe 85, 164, 167–171, 175f., 179, 182, 183, 187–189, 205
AT-Patienten 125, 180, 182, 188, 207
Atemübung 42, 45
Attribuierung, kausale 207
Attributionen 107
Aufforderung, aktive 165, 166
–, passive 165, 166
Aufgehobensein 63
Aufmerksamkeit 50, 172, 199
–, aktive 161
Aufstieg 133
Ausfallszahlen 143
Ausgangswerte 120
Ausgangswertunterschiede 85, 103, 104
Ausgangszeitpunkt 121
Ausgeglichenheit 133, 134, 201
Ausmaß 167, 168, 172, 202
Ausschlußkriterien 23
Außeneinflüsse 73
Auswertung 76, 78, 149, 211
–, statistische 163
–, unvariate 120, 124, 125
Auswirkungen 54, 62, 146
Auszählung 138
autogenes Training 53, 81, 87, 88, 103, 105, 118, 124–127, 182, 184, 187–190, 192, 193, 198, 200–202, 206, 207
Autohypnoid 41
Autorität 133
Autoritätsfigur, positive 63
Ängstlichkeit 107
–, situative 104
Äußerung 167, 171
–, direktive 163–165, 172, 205
–, nichtdirektive 164, 165

Bales-Interaktionsskala 158
Bauchatmung 90
Bearbeitung 91, 92
Bedingtheit, historische 64
Bedingungen, kontrollierte 79
Beeinflussung, hypnotische 39
–, suggestive 39, 52
Beendigung der Therapie 144, 145
–, vorzeitige 143, 144, 146, 203
Befangenheit 177, 191
Befinden 104, 177, 191
Befindkeitsskalen 104
Befindlichkeit 198
–, aktuelle 195, 196
–, emotionale 197

Befragung 177
Befunde, empirische 193
Behandlung 4, 6, 8, 9, 14, 18, 20, 28, 31, 53, 55, 74, 81, 83, 84, 122–124, 132, 177
–, ärztliche 123, 177, 178, 188, 189
–, kurzgruppentherapeutische 107, 190, 194, 196, 201, 202, 207, 210
–, längerfristige 181
–, psychische 183
–, psychotherapeutische 2–4, 63, 64, 73, 74, 76, 81, 94, 95, 124, 178
–, therapeutische 67, 125, 182, 200
Behandlung/en 194, 197, 199, 201, 204, 206
Behandlungsangebot 84, 85, 90
Behandlungsende 124, 209
Behandlungsergebnisse 206
Behandlungsformen 124
Behandlungsgruppe 75, 106, 194, 197, 207
–, therapeutische 103
Behandlungskapazität 194
Behandlungskonzept 53
Behandlungsmethode 66, 68, 75, 76, 83, 124, 128, 197, 208
Behandlungsmonat/e 123, 124, 198
Behandlungsprogramm/e 48, 52
Behandlungssetting 81
Behandlungsstrategie 49
Behandlungstechnik 38, 57, 68
Behandlungszeit 75, 124
Behandlungszeitraum 124, 125, 206
Behandlungsziel 62
Behinderung 138–141
Belastungssituation/en 40, 52
Berechnungsverfahren 170
berufsbildende höhere Schule 193
Berufsschule 94, 95, 193
Beschäftigtenstatus 147
Beschränkung 160, 165–167
Beschreibung 78
Beschwerdebilder 201
Beschwerdedruck 101, 106
–, psychosomatischer 105, 119
–, psychosomatisch hoher 199
Beschwerdefreiheit, körperliche 133
Beschwerden 122, 139, 177, 192, 198
–, körperliche 90, 105, 107, 134, 138, 139, 179, 181, 191, 202
–, psychische 119, 179, 181, 191, 202
–, psychosomatische 102, 105, 139, 196, 197

## Sachverzeichnis

Beschwerden, somatische 199
–, soziale 179, 191
Besorgtheit 151
Besserung 54, 179–181, 196–198, 201
–, psychische 181
Besserungsgründe 180
Besserungsrate 45
Bestätigung 151–153
– von der Außenwelt 154
– zur Außenwelt 153
– zur Gruppe 153
Beurteiler 157, 162
Beurteilung 135, 162, 200
–, allgemeine 183
–, des Therapeuten 87, 126
–, subjektive 126
Bewältigung 55
Bewußtsein 59
Bewußtseinsinhalt/en 41
Beziehung 146, 155
–, analytische 56
–, berufliche 134
–, emotionale 148
–, interpersonale 146
– zu Kinder 134
– zu Partner 134
–, therapeutische 53, 76, 79, 148, 179, 187, 188, 210
–, Therapeut-Klient 148
Beziehungsaspekte 151, 153
Beziehungsäußerung 153
Beziehungshintergrund 171
Beziehungsmitteilung 152
Beziehungsprobleme 134
Beziehungssituation 56
Beziehungsstruktur 45
–, bipolare 58
Beziehungsverhältnis 201
Beziehungszusammenhalt 171
Bevölkerung 1 ff.
Bilderleben, katathymes 46
Bildung 94, 120–122, 124, 125, 147, 198
Bildungsabschluß, schulischer 121
Bildungsniveau 120, 121
Bildungsstufen 193
Bindungen, interpersonale 146, 203
Biofeedback 54, 55
Blutdruck 32, 41, 178

Charakterneurosen 1, 11
$Chi^2$-Test 78, 163

Daten 81, 86, 144, 194
Datenanalyse 86
Datenbasis 70
Datenerhebung 69, 83, 209
Datengitter 69
Datensätze 66, 71
Datenschutz 209
Dechiffrierung 70
Definition 147, 149
Depersonalisationserlebnisse 55
Depression/en 100, 133, 134, 195, 196, 201, 203
Depressionsersatz 102
Depressionskorrelat 102
Depressionsskala 97
Depressionsstatusinventar 86, 100, 102, 195
Depressionswerte 101, 102
– überdurchschnittliche 97
depressive Grundstimmung 101
– Störung/en 53
Depressivität 45, 101, 102, 150, 194
Desensibilisierung, systematische 46, 48
Design 32–36, 68, 83
Determinanten 198
Deutung/en 64, 160, 170, 171
Deutungsarbeit 16, 205
Deutungsmodalitäten 64
Deutungsvorgang 64
Diagnose/n 31, 62
Diagnostik, positive 143
Differential, semantisches 32
Direktheit 73
Diskretionsfähigkeit 59
Distanziertheit 30
Dominanz 97
Doppelbindversuche 74
Drittmessung 83
Drogensüchtige 33
DSI s. Depressionsstatusinventar
Durcharbeiten 170, 200
Durchsetzungsfähigkeit 18
Durchsetzungsvermögen 45
Dynamik 53

Ebene, kontextuelle 172
Echtheit 205
Effekte 50, 69, 76, 119, 121, 194, 196
–, entspannungstherapeutische 197
–, gruppentherapeutische 3
–, positive 24
–, signifikante 120
–, therapeutische 63, 83, 119

## Sachverzeichnis

Effektivität 54, 67, 193, 208
Effektivitätskontrolle 207
Effektivitätsprüfung 143
Effektivitätsuntersuchung 38
Effektstärke, standardisierte 66
Effizienz 78
Effizienzkontrolle 37
Eigenmächtigkeitsgefühl 45
Eigenschaftswörterliste 10, 107, 149, 150
Eigenverantwortlichkeit 29, 33
Eignung 49
Ein- und Durchschlafstörungen 54
Einfluß, negativer 104
Einflußfaktoren, subjektive 206
Einflußgrößen 210
Eingangsinterview 84
Einkommen 95, 147, 193
Einschätzung 75, 101, 139, 191, 194, 201, 202
Einsicht 23, 28
–, psychologische 145
Einsichtsfähigkeit 24
Einstellung 126, 206
Einstellungs- und Motivationsänderungen 74
Einstellungsdimensionen 128
Einstufung 71
Einzel- und Gruppentherapie 144
– oder Gruppensitzung 203
Einzelanalyse 57
Einzeldaten 70
Einzelfall 119
Einzelfallanalyse 73
Einzelfallbeschreibungen 67
Einzelfallforschung 202
Einzelfallstudien 37, 210
Einzeltherapie 15, 22, 24, 35, 55, 81, 143, 190
Elternbeziehungen 134
Emotionalität 54
Emotionen 35
Empathie 172, 205
empathisches Verstehen 167
Empfänger 151, 152
Empfindlichkeit 118, 120, 123, 124, 195
Ende der Therapie 10
Endphase 172
Entlastung 63
Entlastungsreaktionen, situative 63
Entscheidungskriterium 76
Entspannen, systematisches 50
Entspannung 39–42, 48–55, 90, 91, 167, 171, 201

Entspannungserwartung 55
Entspannungsfähigkeit 40
Entspannungsformeln 41
Entspannungsgruppen 172
Entspannungskassette 55
Entspannungsmethoden 38, 49, 119, 124, 128, 158, 165, 195, 197, 206, 207
Entspannungstechnik/en 52, 54, 125, 172
Entspannungstherapie/n 119, 201
Entspannungstherapiegruppen 201
Entspannungstraining 48–50, 54, 158, 167–169
Entspannungstrainingsgruppen 158
Entspannungsübung 172, 199
Entspannungsverfahren 168, 169
Entspannungszustand 50
Enttäuschung 30
Enttäuschungsreaktionen 198
Entwertung 151, 153–155
Erfahrung 87, 145
Erfolg/e 54, 211
Erfolgs- und Prozeßforschung 69
Erfolgsbeurteilung, subjektive 142
Erfolgseinschätzung 200, 209
Erfolgskontrolle, objektive 209
Ergebnisse 32–37, 54, 75, 125, 150, 156, 166, 168, 201
–, testpsychologische 142, 203
Erholung 39, 43
Erklärungsmodelle 67
Erkrankungen 100, 167, 172
Erleben, inneres 197
Erlebnisinhalte 161
Erlernen 38, 44, 48, 56, 125, 169
Ermüdungseffekt 69
Erregbarkeit 45, 97, 107, 118, 133, 195
Erregung, physiologische 54
Erscheinungsbild 196
Erschöpfung 133
Erschöpfungsneigung 100, 101, 106, 149, 150
Erstgespräch 81, 103, 204
Erstinterview 23, 107
Erstmessung 83
Ersttermin 81
Ersttherapeut 31
Erwartung/en 121, 123, 124, 146, 148, 149, 180, 204
Es, Ich und über-Ich 58
Evaluierung 157, 163
Evidenz 151
EWL s. Eigenschaftswörterliste

Experiment 54
Experimentalgruppe 37, 74
Extremantworten 195

Facharbeiter 95
Faktizität, empirische 16
Faktor, genereller 129
Faktor/en 10, 11, 13, 18, 23, 63, 139, 147, 186–188, 191
–, äußere 144, 156
faktoranalytische 120, 126, 128
Fallbesprechungen 88
Fallgeschichte 144
Familie 134
Fähigkeit, interpersonale 149
Feedback 15, 30, 59, 145
Fehlzuweisung 85
Fertigkeit/en soziale 20
Flexibilität 22
Fluchtreaktionen 54
Fokalkonflikt 11
Fokus 12, 14, 25, 26, 28, 29, 33
Follow-ups 67
Formeln, individuelle 41, 42, 44
Forschung 66, 70
Forschungsansätze 69
Forschungsbedingungen 79
Forschungsergebnis/se 48
Forschungsgruppe 151
Forschungsmethoden 79
Forschungsprojekt 74, 76
Forschungsstrategien 69
Fortfahren 160, 165, 166
Fortsetzen der Therapie 148
FPI s. Freiburger Persönlichkeitsinventar
Frage/n 158, 163–167, 171, 172
Fragebogen 35, 83, 125
Fragebogenbehandlung 75
Fragebogenskalen 78
Fragebogenuntersuchungen 144
Fragestellung/en 32–37, 47, 73, 143, 149
Fragestellungen 183, 203
Frauen 94, 121, 124, 147, 193, 199
Freiburger Persönlichkeitsinventar 33, 86, 97, 101, 149, 150, 194
Freud 58
Frustrationstoleranz 8
F-Test 153, 154, 156
Führungsstil 29, 30
Führungsstileffekte 33
Funktion 62, 63
Furchtreaktionen 48
Fuß 51, 52

Gastritis 53
GBB s. Gießener Beschwerdebogen
Gebietskrankenkasse, Wiener 2, 38, 81, 95, 193, 208
Gedächtnisleistung 50
Gedanken, spezifischen 165–167, 205
Gefälligkeitsantworten 128
Gefäßwände 39
Gefühle, positive 148
Gefühlsleben 50
Gegenkonditionierung 48
Gegenübertragung 28
Gegenübertragungsreaktion/en 28, 59
Gegenwartszentrierung 22
Gehäuftheit 129
Gehemmtheit 45, 102, 118
Gelassenheit 40, 106, 120–122, 124, 125, 133, 195, 201
Gelenks-, Rückenschmerzen 133
Genese 85
Gesamtbefindlichkeit, psychische 201
Gesamtergebnisse 103
Gesamtgruppe 17
Gesamtkonstellation 58
Gesamtkontext 69
Gesamtstichprobe 95, 155
Gesamtzustand, psychischer 76
Geschehen, therapeutisches 69
Geschlecht 94, 120, 122, 124, 147, 192
Geselligkeit 97, 118, 195
Gesellschaft 120
Gesichtsmuskeln 56, 57
Gesprächsprotokolle 157
Gesprächspsychotherapie 81
Gesprächstherapie 81, 88
Gestörtheit, psychische 105
Gesunde 42
Gesundheit 124
Gewichtung 183
Gewichtungsfaktor 73, 170
Gießener Beschwerdebogen 86, 104, 149, 150, 194
Gießen-Test 46, 86, 97, 101, 102, 149, 150, 194
Gilles-de-la-Tourett-Syndrom 53
Gleichgewicht, emotionales 30
Gliederschmerzen 100, 106, 118, 119
Gliedmaßen 39, 42
Gottschalk-Gleser-Bales-Skala SMYLOG 74
größere Offenheit 105
Gründe, gruppenbezogene 144
Grundstimmung 194

Gruppe/n 126, 139, 143, 146, 154–156, 164, 167, 168, 174, 177, 180, 183, 184, 188, 189, 192
– AKG 85
–, analytische 57–59, 164, 171, 172, 205
– als Einheit 57
–, entspannungstherapeutische 200
– als Ganzes 20, 57
–, geschlossene 33
–, heterogene 210
–, offene 33
– PME 85
–, psychotherapeutische 190
–, themenzentrierte 24, 46
Gruppenabbrecher 73
Gruppenanalyse 57
Gruppenanalytiker 63
Gruppenarbeit 59, 62
Gruppenartefakte 71
Gruppenatmosphäre, aktivierende 57
Gruppenaufgabe 145, 146
Gruppenbefindlichkeit 200
Gruppenbefindlichkeitssoziogramm 126–128, 200
Gruppenbeurteilung/en 127, 192
Gruppendynamik 53, 55, 200
Gruppenerfahrung 192
Gruppenfähigkeit 55
Gruppenfokus 26
Gruppengespräche 204
Gruppengröße 30, 31, 47
Gruppengrundregeln 26
Gruppenintegration 200
Gruppenkohärenz 90
Gruppenkohäsion 126, 152, 186–188, 200
Gruppenleiter 91
Gruppenmatrix 58
Gruppenmitglieder 91, 92, 145, 146, 186, 187, 203, 210
Gruppenmodell 57
Gruppennorm 64, 144, 145
Gruppenphantasien 58
Gruppenphänomene 57, 76
Gruppenprozeß 27, 29
Gruppenpsychoanalyse 81
Gruppenpsychotherapie 75, 149, 153
Gruppenrolle 146
Gruppensetting 23
Gruppensituation 56, 78, 83, 88, 143, 146, 156, 188
Gruppensitzungen · 126, 129, 144, 145, 157, 194, 208

Gruppenteilnahme 179, 181, 183, 184
Gruppenteilnehmer 187
Gruppentherapeuten 29
Gruppentherapie 5, 63, 88, 143, 144, 148, 187, 188, 182, 203
Gruppentherapiepatienten 203
Gruppenverhalten 143, 149
Gruppenziele 30
Gruppenzusammensetzungen 200
Gruppenzusammenstellung 208
GT s. Gießen-Test

Haltung 50–52, 161, 198
Handeln, therapeutisches 196
Handlungsmodalität 165
Häufigkeit 45, 167
–, durchschnittliche 164, 166, 167
Häufigkeitsanalyse 153
Häufigkeitskreuztabellen 78
Häufigkeitswerte 158
Hausfrauen 95
Hautdurchblutung 45
Hautfärbung 39
Health Opinion Survey 35
Heilfaktor/en 55, 76, 184, 187, 188
Heilfunktion 187
Heilung 177, 179, 195
Heilungsfaktoren 36
Herzbeschwerden 100, 106, 133
Herzinfarktpatienten 32, 45
Herzreaktionen 55
Herzschlagfrequenz 54
Herzübung 42, 45, 88
heterogene Gruppen 25
Heuristiken 76
Hier und Jetzt 26, 31, 33, 35, 145
Hilflosigkeit 100, 139
Hilfsbedürftigkeit 100
Hintergrund 25, 101
Hirnstamm 41
Hochschulabschluß 193
Hochschulstudium 95
hochsuggestible 54 (?!)
Homogenität 25
Hypnoid 46
Hypnose 38, 39, 41, 48, 54, 88
Hypothalamus 41
Hypothesen 63, 71, 76, 78, 206

Ich-Anteile 61
Ich-Bereich 134
Ich-fremd 39
Ich-Funktionen 31

## Sachverzeichnis

Ich-Schwäche 34
Idealvorstellungen 107
Identifizierung 22
Imaginationen 39
Impotenz 119
Indikation/en 37, 42, 44, 46, 52, 59, 67, 119
Indikationsstellung 81, 83, 119, 199, 204, 211
Indikator/en 44, 59, 71
Individualtherapie 37
Individuum 10, 57
Indizes, statische 71
Inferenzstatistiken 78
Information, spezifische 165, 166, 167, 171, 172
Informationen 53, 70, 71, 151, 158, 159, 163–165, 167, 185, 187, 188, 205
Inhalt 70, 73
inhaltliche Kategorien 160, 161
Inhaltsanalyse 68 ff., 143, 172, 193
Inhaltsaspekt 151
Instabilität 105, 119, 195
Integration 8, 15, 126
Intensität 38, 50
Intentionen, paradoxe 54
Interaktion 56, 64, 91, 106, 145, 166, 200, 205, 206
Interaktionsformen 210
Interaktionskonfiguration 124
Interaktionsrichtung 153
Interaktionsstil/e 143, 153, 155
Interaktionsstrukturen 70
Interaktionsverhalten 170
Intercoderreliabilität 157, 162, 163
Interkorrelation 71
Interpretation/en 29–31, 35, 78, 159, 160, 163, 171, 172, 184, 205
Intervention/en 30, 58, 62, 66, 73, 87, 88, 167, 172, 173, 201, 204
Interview 175, 183
–, halbstandardisiertes 175, 190, 206
Interviewer 175, 177, 191
Interviewsituation 175
Interviewverfahren 148
Intimität 144–146
Intrapsychische 58
Introspektion 11
Introversion 107
introvertiert 97, 146
Introvertigkeit 104
Inzidenz 25
Items 69, 202

Jacobson, E. 38, 48–50, 54
James, William 153
Jugendliche 28

Kampf-Flucht-Einstellung 58
Katalepsie 41
Katamnesen 174, 194
Kategorie/n 71, 73, 130, 151, 153, 155, 158–164, 166, 169, 170, 180, 183–185, 188
–, inhaltsanalytische 153
– nach Lennard und Bernstein 157, 162, 163, 165, 166, 168, 169, 172, 177
– nach Temple 157, 158, 163–165, 168, 169, 172, 205
nach Truax und Carkuff 157, 162, 163, 167, 168, 169
Kategorieerstellung 70
Kategorieinhalte 170
Kategorienbildung 70
Kategorienschema 70, 71
–, inhaltsanalytisches 153, 168, 169
Kategorienschemata von Lennard und Bernstein 170
– von Temple 170
– von Truax und Carkuff 170
Kategoriensystem 151, 158, 162, 184
Kategorisierung 138, 151, 153, 154, 157, 162, 172
Katharsis 13, 22, 35, 186–188
Kausalattributionen 174
Kausalkette 174
Kausalmodelle 120
Kerninformation 52
Kernkonflikt 11
Klagsamkeit 196
–, erhöhte 100
Klasse, soziale 146
Klassifikationsprozeß 71, 147
Klärung/en 159, 170–172, 182, 205
Klienten 147
Klima 26, 63
Kniesehnenreflex 40, 49
Kodieranweisungen 162
Kodierer 71
Koeffizienten 125
Kohäsion 26, 29
Kommunanten 151
Kommunikation/en 46, 70, 148, 151, 155
Kommunikationsinhalt 70
Kommunikationsmodell 151
Kommunikator 70
Kommunikationsstil 155

Komponente, neurotische 100
Kompromißbildung, soziale 59
Konfiguration, innere 57
Konflikt/e 8-11, 13, 91, 173, 200
–, fokaler 11
–, innere 101
–, neurotischer 38
–, unbewußter 8, 35
–, ungelöste 63
Konfliktabwehr 199
Konfliktbewältigung 9
Konfliktlösungsfähigkeiten 107
Konfliktspannung 199
Konfliktverarbeitung 62
Konfliktverarbeitungstendenz 199
Konfrontation/en 10, 29-31, 64, 145, 170
Kongruenz 31, 45
Konkurrenzphase 68
Kontakt/e 34, 134, 205
 – heterosexueller 118
 – interpersoneller 161-168, 169, 172
 – sozialer 124, 195, 197, 198
 – unmittelbarer 169
Kontaktaufnahme, positive 155
Kontaktbereitschaft 195
Kontaktfähigkeit 197
Kontext 170, 199
Kontinuität 186-188
Kontraindikation 53
Kontrollbedingungen 66
Kontrolle 41, 106, 150, 166
Kontrollexperiment/e 39
Kontrollgruppe 66, 67, 69, 73, 74, 83, 85, 103-105, 107, 120, 173, 195-197
Kontrollgruppeneffekte 107
Kontrollgruppenformen 73
Kontrollgruppenpatienten 196
Kontrollgruppenvergleich 37
Kontrollmechanismen 97, 102
Kontrollmerkmale 94
Konvergenz 47
Konversation 160, 164
Konzentration 199
Konzentrationsmangel 133
Konzentrationssteigerung 134
Konzeption 183
Konzeptualisierung 10, 193
Kopfmuskulatur 42
Kopfschmerz 52
Kopfschmerzpatienten 55
Körper 50, 51, 118
Korrelation/en 78, 121

Kostennutzenvergleich 33
Kotherapeut 47
Kreuztabellen 78
Kreuzvalidierung 121
Krisensituationen 191
Kriterien 53, 66, 84, 126, 170
Kurzentspannung 88, 90
Kurzgruppe/n 170, 172, 174, 205, 208
 –, analytische 183
Kurzgruppenbehandlung 207
Kurzgruppenmethoden 207
Kurzgruppenpsychotherapie/n 181, 192, 193
Kurzgruppenpsychotherapiemethoden 103
kurzgruppentherapeutische Behandlung 195
Kurzgruppentherapie/n 78, 87, 167, 190, 191, 194, 195, 209, 210
Kurzgruppentherapiemethoden 158, 193, 206
Kurzpsychotherapie/n 9, 10, 12, 17, 31, 67, 83, 84
Kurztherapie/n 64, 84, 142, 192, 194, 207
Kurztherapieformen 192
Kurztherapiemethoden 205
Kurzzeitverfahren 7
Kurzzeitwirkung 207

Labilität 194, 197
–, emotionale 124, 133
Langzeitwirkung 173
Leidensdruck 174, 197
Leistungseffizienz 197
Lennard und Bernstein 205

Männer 193, 199
Medikamente 189, 190, 192
Medikamenteneinnahme 189, 191, 192, 201
Medikamentengebrauch 189-191, 200
Medikamentenverbrauch 190, 201
Medikamentenverzicht 133
Medikamentenzunahme 189
Medikation 201
Methode, entspannungstherapeutische 200, 202
–, somatisch orientierte 183
Mißerfolg 211
Mitteilung/en 151, 155, 185, 187, 188
Mittelrang 138
Mittelschicht 194
Mittelwerte 156, 158, 194

Mittelwertsummationen 192
Motivation 209
Müdigkeit 133

Nachbesprechung 135–138, 175, 209
Nachuntersuchung 173–179, 188, 190, 201, 206, 207, 209, 210
Nervosität 133, 151, 194, 195, 197, 199
neurotische Trias 194
Nichtabbrecher 150, 151, 153, 155, 156

Oberarm 51, 52
Oberbauch 42
Oberschenkel 51, 52
Objektbeziehungstheorie 29
Offenheit 32, 97, 118, 185, 187, 197
Open-ended-Gruppe 26
Organfunktionen 39
Organismus 43, 88
Österreich 2, 95

Paarbildung 58
Parameter, physiologische 32, 40
Partnerschaft 101, 134
Partnerschaftsprobleme 63, 64, 132
Patient/en 51–53, 94, 121, 126, 130, 134, 138–141, 169, 182, 185, 190, 191, 193, 194, 201
Patientengruppe 97, 102
Patientenstichprobe 87, 94, 101, 102, 105, 118, 119, 193
Patiententyp 32–36, 143, 145–147
Persönlichkeit 143, 145
Persönlichkeitseigenschaften 25
Persönlichkeitsmerkmale 54, 71, 101, 104, 105, 107, 120, 121, 123, 156, 173 f.
Pfadanalyse 107, 120, 121, 125
Pflichtschule 94, 95, 193
Phänomene 44, 46, 64, 88, 171
Phobie/n 5, 54
PME s. progressive Muskelentspannung
PME-Gruppe 164, 165, 167, 168, 170, 171, 175, 176, 179, 182, 183, 189, 205
PME-Patienten 125, 180, 182, 187, 188, 197
Polaritätenprofil 87, 104, 107, 150, 196
positive soziale Resonanz 97
Potenz, soziale 197
PP s. Polaritätenprofil
Praxen, private 3
Praxis, therapeutische 143
Problembereich/e 133, 134, 137

–, körperliche 43, 135
–, psychischer 136, 139
Problem/e 15, 81, 88, 118, 134, 158, 159, 170, 181, 185, 187, 188
–, behandlungstechnische 81, 88
–, körperliche 138, 139
–, psychische 2, 91, 134, 138, 140, 195, 200
–, soziale 103, 105, 118, 119, 124–127, 129, 134, 138–141, 157, 202
Problemeinstellung 92
Problemfokus 26, 27
Produkt-Moment-Korrelation 120, 121
progressive Muskelentspannung 38, 42, 47, 48, 52–55, 64, 163–172, 177, 182, 184, 187–189, 192, 193, 195, 198–202, 205, 207
Projektion/en 27, 29
Protokolle 54, 170
Provokateure, frühe 106, 144, 146
Prozess/e 22, 58, 59
–, therapeutischer 55, 64, 69, 70, 76
psychiatrische Erkrankungen 1, 52, 85
psychische Störung/en 1–4, 13, 15, 43, 61, 63, 84
Psychoanalyse 4–6, 8, 9, 22, 33, 56, 57, 64, 81, 88, 164, 167
Psychoanalytiker 4, 5, 16, 29, 206
Psychopharmaka 201, 207
psychosomatische Erkrankungen 1, 54
– Gestörtheit 118, 119, 124
– Störungen 18, 44, 97, 105, 118
Psychotherapeut/en 2, 6, 87, 152, 168, 169
Psychotherapie/n 1–5, 7, 8, 12, 19, 52, 64, 66, 67, 69, 74, 75, 106, 107, 129, 133, 151, 165, 173, 201, 203, 208, 210
Psychotherapieforschung 66–70, 74, 94, 196, 206, 208–211
Psychotherapiegruppen 125, 180, 184
Psychotherapiemethoden 2, 6, 67
Psychotherapiepatient/en 7, 66
Psychotherapiestudien 66, 204
Psychotherapieverfahren, übende 41
Psychotiker 33, 35

Q Sort 34, 36

Rangwerte 135–138
Rationalisierung 13, 145
Reagibilität 49
–, „innere" 76
Reaktion/en 41, 48, 54, 152, 171

reaktive Aggressivität 97
Real- und Idealselbst 45
Realität, subjektive 174
Realitätsbezug 45
Realitätsprüfung 8
Redefreiheit 160, 167
Reduktion 11, 71, 119
Regression 10, 63, 69, 76, 124, 199
Relativierung 185, 187, 188
Relaxation 41, 49, 50
Reliabilität 69, 71, 162
Resonanz, soziale 195, 199
Ressourcen 25, 30
Rückenpartie 38, 51
Rückmeldung 20, 35, 90
Ruhe 39, 134

Schizophrene/n 31, 35, 44
Schlafstörung/en 43, 52, 54, 133
Schulform 94, 95, 122
Schultz, J. H. 38, 39, 50
Schwere 39, 41, 42
Schwereübung 42, 45
Selbstbewußtsein 133, 180, 182, 183
Selbsteinschätzung 46, 148
Selbstenthüllung 25, 29, 32
Selbstentspannung 38, 54
Selbstobjektrepräsentanzen 29
Selbstoffenbarung 145, 146
Selbstöffnung 18, 46
Selbstsicherheit 195
Selbständigkeit 171
Selbstvertrauen 125, 199
Selbstwertgefühl 13, 18, 35
Sender 151, 152
Sensibilisierung 13, 181, 182
Sensitivität 23, 35
Sequenz 163, 167
Setting 6, 25, 32–36, 207
Signifikanzniveau 138–141
Signifikanztest/s 76, 78
Situation 55, 57, 69, 79, 123, 124
–, äußere 124, 125
–, therapeutische 5, 12, 69, 76, 192, 204, 207
–, (gruppen)therapeutische 195, 202
Sitzung/en 26, 48, 70, 84, 129, 130
Skala 128, 169
Skalenwerte 100, 105
Sonnengeflechtsübung 42, 88
Soziabilität 55, 198
soziale Resonanz 97, 120, 121, 123–125
Spannung/en 40, 47, 49, 90

Sprachinhalt/e 70, 71
Stabilisierung 142, 195, 198, 201
Stabilität 105, 152
STAI s. State-trait-Angstinventar
Stärkung 8, 13
State-trait-Angstinventar 86, 104, 149, 150, 195
Stichprobe 52, 102, 106, 121, 122, 124, 138, 147, 149, 174, 175
–, abhängige 78, 135, 137, 139–141
–, unabhängige 78, 153
Stichprobengröße 6, 44, 120
Stimmung, gehobene 120, 121, 123, 195
Stimmungslage 105, 122, 195, 197–199
–, gehobene 124
Stimmungsphasen, depressive 123
Stirn 51, 52
Stirnkühlübung 42, 45, 88
Störungen, psychische 202
–, psychovegetative 197
Streß 40, 133, 134, 148
Struktur 8, 81
Strukturiertheit 28, 33
Studie/n 37, 54, 66, 68, 75, 79, 84, 104, 149
Stützung 13, 28, 31
Suggestion/en 41, 48, 54
Suggestibilität 54
Suggestivtechniken 54
Supervision 81
Surrogatfunktion 10
Symbiosephase 27
Sympathikus 40
sympathischen und parasymatischen System 40
Symptomatik 59, 85, 119, 173, 191, 201, 206
Symptombereiche 119
Symptombeschreibung 145
Symptombildung 61, 199
Symptom/e 8, 9, 11, 25, 38, 52, 61, 151, 177–180, 190, 191, 200, 202, 203
Symptomheilung 177–179
Symptomveränderung 177, 179, 200
Symptomverbesserung 175, 177–179
Symptomverschlechterung 173, 177–179

Technik 168, 169
Techniken 13, 34, 49, 54, 76, 87, 125
Teilnehmer 91, 185, 186
–, männlicher 121, 122
–, weiblicher 122
Teilnehmerstichprobe 97, 100, 101

Temple-Kategorien 162, 163, 172
Test 69, 78, 81
Testbatterie 69, 143, 193
Testdaten, psychologische 146, 147
Testergebnisse 101–103, 149
Testleiter 69, 83, 84
Tests 142, 149
Testskalen 105, 119, 195
Testung 104, 106
Thema, allgemeines 165–167, 205
Therapeut/en 44, 50–53, 81, 88, 128, 164–166, 169, 170, 185
Therapeut, analytisch orientiert 167–169
–, verhaltenstherapeutisch orientiert 168
Therapeutenaufmerksamkeit 59
Therapeutenäußerung 158, 162, 165, 166, 170
Therapeutenbeurteilung 126, 129
Therapeutenpersönlichkeit 128
Therapeutenrolle 22
Therapeutensetting 88
Therapeutenvariable 148
Therapeutenverhalten 37, 73, 87, 126, 128, 157, 158, 162–170, 204
Therapie 83, 123, 143, 148, 157, 169, 178, 181, 191
–, psychoanalytische 3, 4
Therapieabbrecher 27, 85, 148–151, 153, 155, 156
Therapieabbruch 37, 140, 143–149, 156
Therapiebeginn 13, 175, 176, 178, 189
Therapeut 200, 203, 204
Therapeutenverhalten 204–206
Therapie 199, 203, 204
Therapieabbruch 203, 204
Therapiebündnis 31
Therapieeffekte 37, 106, 107, 125, 198
Therapieende 202
Therapieerfolg/e 4, 12, 28, 45, 69, 120, 125, 126, 131, 139, 198, 206
Therapieform/en 56, 64, 68, 79, 86, 118–120, 192
Therapieforschung 67, 68
Therapiegruppe/n 78, 83, 86, 103–107, 119, 127–129, 131, 138–141, 143, 145, 151, 156, 163, 173, 174, 182, 187, 200
Therapiegruppenzugehörigkeit 85
Therapieindikation/en 81, 143
Therapiekonzepte 170
Therapiemaßnahmen 143
Therapiemethode/n 11, 64, 67, 69, 76, 81, 83, 87, 88, 124, 125, 158, 163, 170, 174, 183, 192, 197, 206

–, tiefenpsychologisch orientiert 183
Therapiemethodenvergleiche 75
Therapiemodalitäten 26
Therapiemodell 32–36
Therapieplatz 75, 81, 83, 106
Therapieprozeß 24, 78
Therapieverständnis 171, 172
Therapieziel/e 8, 9, 35, 131, 133, 134, 138, 139, 201
–, persönliche 135–137
Therapiezielbeurteilung/en 125, 138–141,
Therapeutenvariablen 75
Tiefeninterviews, halbstrukturierte 84
Trainingsanweisungen 48
Trait-Angst 150
Tranquilizer 129
Transferleistung 92, 174
Trauerreaktion/en 10, 13
Trennung 27, 30
t-Test 78, 136, 138, 139, 153, 154, 156

Üben 50, 53, 55, 131
Übergangsstadium 41
Überleitung/en 160, 167, 172
Überprüfung, zufallskritische 78
Übersetzungsprozesse 20
Übersichtsarbeiten 66
Übertragung 28, 35, 60
Übertragungs- und Widerstandsreaktionen 8
Übertragungsbearbeitung 25
Übertragungsbeziehung 56
Übertragungsmöglichkeit 57
Übertragungsphänomene 27, 56, 59
Übertragungssituation 152, 201
Überweisung 95
Übung/en 41, 42, 44, 46, 52, 53, 167, 172
Übungsdauer 49
Übungshäufigkeit 87
Übungslösungen, individuelle 91
Übungsprobleme 53
Übungsschwierigkeiten 91
Übungstechnik 199
Übungstherapie 48
Übungsverhalten 46, 125, 126, 200
Übungsverlauf 44
Umschaltung 40, 41
Umweltfaktoren 55
Universität des Leidens 185, 187, 188
Unruhe, innere 151
–, seelische 40

Unterarm 51, 52
Untergruppen 18, 144
Unterleib 42
Unterschenkel 51, 52
Unterschiede 168, 169, 183
Untersuchung 8, 74, 86, 87, 94, 119, 143, 151, 153, 156, 162, 173–175, 193, 203, 204
–, empirische 146, 148
Untersuchungsbeginn 104, 105, 124, 195
Untersuchungsdesign 66, 67, 88
Untersuchungsdurchführung 83, 103
Untersuchungsgegenstand 67
Untersuchungsgruppe 153
Untersuchungsinstrument 192
Untersuchungsmethoden, empirische 6
Untersuchungszeitraum 125, 138–141, 147, 194
USA 2, 6,

Vagotonus 40
Validierung 151
Validität 69, 71
Variable/n 68, 69, 73, 74, 120, 121, 125, 146, 148, 157
–, demographische 146
–, externe 67
–, exogene 120
–, latente 12
–, manifeste 120
–, prädisponierende 204
–, unabhängige 120
Variablengruppen 67
Variablenklasse 75
Varianzanalyse 78
Varianzen 156
Vaterfigur 5
vegetative Störungen 44, 101, 102
Verantwortlichkeit 31
Veränderungen 86, 92, 103, 105, 174, 177, 179–181, 195, 196, 200
–, signifikante 32, 37
Veränderungsgrößen 69
Veränderungsmechanismen 69
Veränderungsmöglichkeit 24
Veränderungsziele 202
Veränderungswerte 68
Verbalisierungsfähigkeit 85
Verbesserung 190, 191
Verdeutlichung 73
Verdrängung 13
Verfahren, kurzgruppenpsychotherapeutische 38

–, standardisierte 86
Vergleich 35, 153, 156
Vergleichbarkeit 149
Vergleichsgruppe 103
Vergleichsmaße 66
Vergleichsmöglichkeit 75
Vergleichsstudien 68
Vergleichsuntersuchungen, testpsychologische 103
Verhalten 146, 167, 170, 171
–, aggressives 149
–, dominantes 149
–, empathisches 168, 205
–, interpersonales 145
–, sprachliches 205
– des Therapeuten 157
–, therapeutisches 128
–, verbales und nonverbales 159
Verhaltensauffälligkeiten 48
Verhaltensmodifikationen 63
Verhaltensregulierung, normative 58
Verhaltensschemata, interpersonale 23
Verhaltenstherapeuten 167, 206
Verhaltenstherapie 6, 22, 81, 88
Verhaltenstherapieprogramme 53
Verhaltensweisen 145, 146, 165, 185
Verkrampfung 118
Verlaufsmessung/en 83, 131, 200
Verletzlichkeit 118
Verleugnung 145, 191
Verleugnungsmechanismus 145
Vermitteln 158
– von Information 163–165
Vermittlung, themenzentrierte 38
Verschlechterung 179, 190, 198
Versenkung 39, 40
Versenkungszustand 41
Versorgung, psychotherapeutische 2, 3
Verspannung 40
Verständnis 31
–, psychologisches 159
Verstimmtheit, depressive 97, 102
Versuche 54
Versuchsanordnung 37, 54, 67
Versuchsdesign 37
Versuchsgruppe/n 32–35
Versuchspersonen 54, 101
Versuchspläne 67
Verteilung 122, 127, 130, 134, 155, 179, 193
Verträumtheit 118, 121, 123
Verwerfen 151–155
Viereck 40

Vorarbeiten, statistische 70
Voraussagemerkmal 28
Voraussetzungen, allgemeine 168
Vorbereitungsphase 52
Vorbereitungstechniken 24
Vorbereitungsworkshops 24
Vorgänge, gruppentherapeutische 73
–, innere, psychische 182, 183
Vorgehen, empirisches 73
–, inhaltsanalytisches 71, 170
Vorhersagekriterien 146
Vorhersagevariablen 147
Vorsätze, formelhafte 41, 88
–, individuelle formelhafte 88
Vorschlag, neuer 165, 166
Vorstellungsbilder, akustische 50
Vortest 121
Vortest-Nachtest-Kontrollgruppendesign 67
Vorübertragung 76

Wachheit 106
Wahrheit 152
Wahrnehmung 20, 48, 149
–, körperliche 107
Wahrscheinlichkeit 73
Wangenpartie 51, 52
Wärme 10, 39, 88
Wärmeempfindung 88
Wärmestrahlung 40
Wartegruppe 83
Warteliste 63, 75, 83, 106
Wartelistengruppe 107

Wartelistenkontrollgruppe 75
Wartezeit/en 75, 81, 105
Wechselwirkung 40
Weiterbehandlung 63
Weiterentwicklung 48
Weltgesundheitsorganisation 3
Werte 104
Wertetest 87
Wertschätzung 10
Widerstand 14, 26, 28
Wirkfaktoren 19, 68
Wirksamkeit 2, 6, 17, 21, 33–35, 38, 48, 54, 64, 66
Wirkung 48, 54, 87
Wohlbefinden, körperliches 34
Wolfsmann 5
Wolpe 48, 49

Zeit 25, 64
Zeitaufwand 10, 12, 48
Zeitbegrenzung 5, 10, 22
Zeitfaktor 73, 92
Zeitgrenze 10
Zeitpunkt/e 26, 30, 67, 69
Zeitverkürzung 6, 7,
zufallsverteilt 35, 36
Zug, mechanischer 50
Zung-Self-Rating-Scale 35, 36
Zusammenhang 147
Zustand, physischer 75
Zustimmung 163
Zuweisung 84, 200
Zweitmessung 83

A. Pritz, G. Sonneck, Wien (Hrsg.)

# Medizin für Psychologen und nichtärztliche Psychotherapeuten

1990. 150 S. Brosch. ISBN 3-540-52678-1

Medizinisches Basiswissen und medizinische Fragestellungen kommen in der Psychotherapieausbildung häufig zu kurz, obwohl sie unerläßlich für die Kooperation zwischen Psychotherapeut und Facharzt anderer Disziplinen sind.

In diesem Buch wird dem psychologisch geschulten Leser, der auch gelernt hat, soziale Faktoren von Gesundheit und Krankheit zu erkennen und zuzuordnen, der biologisch-medizinische Teil der Krankheitslehre und Heilkunde nahegebracht.

Die wichtigsten Störungen, Syndrome und Krankheiten werden leichtverständlich und übersichtlich anhand auffallender Leitsymptome dargestellt. Die medizinischen Termini sind auch in deutscher Sprache aufgeführt, das Sachverzeichnis – zugleich kurzgefaßtes Lexikon der im Buch vorkommenden Leitsymptome – ist als praxisnahe Überblicksinformation konzipiert.

Dieses Buch vermittelt Psychologen und nichtärztlichen Psychotherapeuten die notwendigen Grundkenntnisse, um Differentialdiagnosen zu stellen, und gibt Entscheidungshilfen bei der Frage, wann die Überweisung eines Patienten an einen Arzt nötig ist.

Springer-Verlag Berlin
Heidelberg New York London
Paris Tokyo Hong Kong